De Minas para a Corte
Da Corte para Minas

Paula Chaves Teixeira Pinto

De Minas para a Corte
Da Corte para Minas

Movimentações familiares e trocas mercantis (1790–1880)

alameda

Grafia atualizada segundo o Acordo Ortográfico da Língua Portuguesa de 1990, que entrou em vigor no Brasil em 2009.

Edição: Haroldo Ceravolo Sereza

Editora-assistente: Danielly de Jesus Teles

Projeto gráfico, diagramação e capa: Danielly de Jesus Teles

Revisão: Alexandra Colontini

Assistente acadêmica: Bruna Marques

Imagem da capa: Rugendas, *Mattosinho Pres São João Del Rey*, (1821-1825). Centro de Documentação D. João VI (Fonte: Wikipédia)

CIP-BRASIL. CATALOGAÇÃO NA PUBLICAÇÃO
SINDICATO NACIONAL DOS EDITORES DE LIVROS, RJ

P73d

Pinto, Paula Chaves Teixeira
De minas para a corte : da corte para minas : movimentações familiares e trocas mercantis (1790–1880) / Paula Chaves Teixeira Pinto. - 1. ed. - São Paulo: Alameda, 2018.
23 cm.
Inclui bibliografia

1. Minas Gerais - Condições econômicas - Séc. XIX. 2. Rio de Janeiro - Condições econômicas - Séc. XIX. 3. História econômica - Séc. XIX. 4. Escravidão - Brasil - História. I. Título.

18-51567 CDD: 869.092
CDU: 821.134.3 (81) (092)

ALAMEDA CASA EDITORIAL
Rua Treze de Maio, 353 – Bela Vista
CEP 01327-000 – São Paulo – SP
Tel. (11) 3012-2403
www.alamedaeditorial.com.br

Para meus pais, Jorge Teixeira e Maria Lúcia
Para Jáder

(Sem título)

Posso vim te conhecer
Poder melhor te entender
Lembrar histórias de um passado
Pessoas que teria amado.

Você está agora nos meus pés
Por esses campos
Terras de aventureiros
Imensos paradeiros
Momentos traiçoeiros

Nessas cartas, letras
Nesses tempos removidos
Coisas que esquecemos
De repente se voltando
Morrendo em outros tempos

Eu busco agora
Uma poesia que te alegre
No tempo que se derrete
Na vida que não se devolve.

José Márcio Resende
18 de setembro de 2005

Sumário

Lista de quadros

Prefácio

Com imenso prazer apresento o trabalho de pesquisa de Paula Chaves Teixeira Pinto, elaborado inicialmente como tese de doutorado, tecido com grande paixão, sentimento característico da autora. É uma pesquisa que começou com documentos particulares do século XIX, guardados por décadas, sonho de muitos estudiosos, na qual agregou vasto e diversificado material documental, analisados com competência e criatividade, nos quais desvenda a trajetória da família Pereira Alvim. Membros da elite regional da Comarca do Rio das Mortes, em Minas Gerais, eram comerciantes que se tornaram proprietários de terras e numerosos escravos, desde o início não para a garimpagem de ouro, mas para a criação de gado com destino ao mercado do Rio de Janeiro.

É um trabalho de fôlego, que tem na longa duração uma de suas mais destacadas qualidades, pois faz uma história dos arranjos e rearranjos engendrados pela família para estruturar seu poder e alcançar fatias de mercados importantes na Corte do Rio de Janeiro, isso em um período de grandes transformações políticas, econômicas e sociais. A família sobreviveu à chegada da Corte Portuguesa ao Brasil, em 1808, ao processo de independência, à abolição do tráfico de escravizados, em 1850, e às leis de abolição da escravidão, culminando com a abolição definitiva do sistema escravista em 1888.

Ao passar por diversas conjunturas históricas e pessoais, algumas das quais quase levaram alguns membros à falência, a família utilizou-se de alianças matrimoniais e de parentesco rituais de seus membros dentro da própria família ou com outras, sempre de maneira estratégica e com vistas a ganhos econômicos e simbólicos. Nesse sentido, Gervásio Pereira Alvim se destaca como o personagem que fornece o fio condutor da saga da família, que começa com seu tio avô, Manuel de Pereira Alvim, português do Minho, que migrou para as Minas Gerais em meados do século XVIII. Tornou-se um grande comerciante do setor de abastecimento em uma ampla área mercantil, que englobava tanto as capitanias do Rio de Janeiro e de São Paulo, quanto a praça mercantil da Bahia de Todos os Santos. Dois sobrinhos, Gervásio e José Pereira Alvim, nascidos no reino, atenderam ao chamado do tio e migraram para Minas Gerais, na segunda metade do século XVIII, para se inserir nas redes comerciais da capitania como mercadores, contratadores dos dízimos e sesmeiros. Gervásio ligou-se à família dos Resende Costa, da Comarca do Rio das Mortes, envolvida nas tramas da Inconfidência, de 1789, casando-se com a filha de um dos acusados, mas nem por isso pouco prestigiado.

O neto do primeiro Gervásio foi quem guardou a correspondência, agora divulgada para o grande público. Riquíssimo material, de que Paula se utilizou para compor parte da saga dos Alvim, da segunda metade do século XIX, quando as mudanças nas relações mercantis, ditadas pelo novo Código Comercial, e a abolição do tráfico de escravos, ambos do ano de 1850, deram novos contornos à economia do Império do Brasil. A família foi obrigada a tecer novas estratégias para se manter no interior de Minas Gerais como elementos destacados dos negócios mercantis e do abastecimento da Corte.

A história de formação da família Pereira Alvim, no Brasil do século XVIII, e a de Gervásio Pereira Alvim, em particular, no século XIX, é um excelente exemplo dos caminhos trilhados por produtores ligados ao mercado interno, cujas histórias foram perpassadas por sucessos e reveses, mas que se mantiveram em seus locais por gerações, ultrapassando o século XIX. É uma saga que merece ser conhecida.

Sheila de Castro Faria

Cantagalo, novembro de 2017

Introdução

Esta pesquisa tem como objeto de estudo as articulações sociais, simbólicas, políticas e econômicas implementadas por fazendeiros e comerciantes sul-mineiros que os instrumentalizaram na participação no circuito mercantil interprovincial entre Minas Gerais e a Corte do Rio de Janeiro ao longo do oitocentos. A partir dessas articulações, tais sujeitos retiveram importantes instrumentos nos processos de construção da riqueza, poder e prestígio, que foram dispostos de forma a assegurar o controle da propriedade da terra, a reprodução do sistema escravista e o domínio dos cargos político-administrativos regionais no interior da comarca do Rio das Mortes, capitania/província de Minas Gerais. Do estudo da tessitura dessas articulações, capturadas a partir das alianças familiares, verticais e horizontais, e da ação e interação das redes de clientela, podemos vislumbrar a dinâmica econômica das sociedades pré-industriais e as engrenagens do mercado. Assim, a partir do estudo das alianças construídas pelo fazendeiro mineiro Gervásio Pereira Alvim, seus familiares e parceiros, procuramos descortinar os instrumentos e o funcionamento do comércio regional e interprovincial mineiro, dando ênfase à influência dos elementos sociais e simbólicos na dinâmica mercantil empreendida.

Estes homens eram membros da elite local, atuavam no comércio e na vida política das vilas, participaram da organização do Estado, das milícias e, posteriormente, da Guarda Nacional. Além de controlarem parte considerável das terras nos termos das vilas de São João del Rei e São José, comarca do Rio das Mortes, possuíam grande volume de escravos e participaram ativamente da travessia de cativos do Rio de Janeiro para a capitania/província de Minas. Eles tiveram que se adaptar ao contexto de novas mudanças, articular estratégias que visavam à manutenção e reprodução de suas posições de poder local, estabelecer e/ou reforçar alianças entre eles e, às vezes, com subalternos. Essas estratégias revelaram as suas percepções de mundo, suas orientações valorativas, que precisaram ser adaptadas às transformações e mudanças de regras daqueles anos.

As alianças sociais, políticas e econômicas estabelecidas por estes fazendeiros-comerciantes sul-mineiros observadas desde a geração de seus pais e avós nos possibilitou compreender a lógica de funcionamento da sociedade oitocentista brasileira, dos mecanismos do comércio e as estratégias tecidas para enfrentar as mudanças estruturais e conjunturais que vivenciaram. Essas estratégias visavam não somente à reprodução e manutenção da riqueza e do prestígio, mas, sobretudo, buscavam maior controle sobre suas vidas.

Entre os anos de 1790 e 1880, o Brasil passou por várias transformações de ordem estrutural e conjuntural. De Colônia a Império, esses anos foram seguidos pela transmigração da Corte portuguesa para o Rio de Janeiro, pela abertura dos portos, melhoramento na infraestrutura de estradas para o abastecimento da nova Corte do Império Ultramarino português, elevação do Brasil a Reino Unido de Portugal e Algarves, crise política desencadeada pela Revolução do Porto e Independência do Brasil, pelo processo de formação do Estado nacional brasileiro e sua consolidação em meados do século. A partir de 1850, o período foi marcado pelo debate e desmanche gradual da escravidão, pela promulgação do Código Comercial, pela Lei de Terras, Lei de Hipotecas, sem contar as crises econômicas que balançaram a praça mercantil carioca e, em efeito cascata, atingiram as redes de comércio interno. No âmbito desta pesquisa, esta baliza se justifica por se tratar de momentos especiais de reforço e reorientação das alianças. No ano de 1789, o coronel José de Resende Costa, juntamente com seu primogênito e homônimo, eram presos por conjurar contra a metrópole, abrindo espaço para a inserção do português Gervásio Pereira Alvim, através do matrimônio, em uma família da elite agrária local e para que ele ascendesse socialmente, tornando-se um dos homens mais ricos e influentes do distrito da Lage nas décadas seguintes. A partir da trajetória do avô do comerciante e fazendeiro mineiro atuante no mercado carioca na segunda metade do século XIX, aliada à trajetória de seus filhos e netos, descortinam-se várias articulações sociais, políticas e econômicas com seus pares no interior da comarca do Rio das Mortes que visavam à reprodução da riqueza, reconhecimento social e prestígio. O estudo do cotidiano e das estratégias familiares destes fazendeiros, no exercício da consolidação de suas participações no comércio com a Corte do Rio de Janeiro, permitiu observar o processo de fixação de seus descendentes como comerciantes de grosso trato na principal praça mercantil do país de meados do século até os anos finais do Império do Brasil. Revelou também a cultura e dinâmica mercantil empreendida nas redes de comércio e ainda contribuiu para a compreensão do conjunto das ações dos valores dos elementos simbólicos de poder local na execução das práticas mercantis.

De certo, um período muito agitado, particularmente propício para este estudo, pois trata-se de momentos pelos quais as redes de poder e de clientela se reforçam e se reorganizam para enfrentar as dificuldades que as mudanças estruturais e conjunturais, em âmbito nacional, lhes impuseram. Nesse sentido, os campos de investimentos sociais, políticos, econômicos e simbólicos são ampliados, permitindo observar através de estratégias familiares e de elementos não econômicos o funcionamento e dinâmica dos circuitos mercantis intra e interprovincial ao longo do século XIX.

Enfim, Gervásio Pereira Alvim, sua rede mercantil e as estratégias familiares executadas por gerações antecedentes aparecem como uma janela para o oitocentos, através da qual pudemos observar práticas sociais, políticas, econômicas e simbólicas corriqueiras no cotidiano colonial/imperial desenvolvidas por membros da elite local para garantir suas sobrevivências e a reprodução da riqueza e poder, que vistas "de cima" são imperceptíveis.

Metodologia e fontes

Este trabalho recorre ao método da microanálise para a construção do conhecimento histórico, haja vista a melhor apropriação desse método ao objeto da pesquisa.[1] No processo contínuo de construção de alianças e operações valorativas no interior da sociedade imperial brasileira, a microanálise nos permitiu observar os sujeitos tecendo suas estratégias de sobrevivência, articulando e delineando, num quadro limitado por questões sociais, econômicas e políticas, suas escolhas, seus raios de ação/atuação e interação com outros sujeitos. Ou seja, por meio do

1 REVEL in REVEL, 1998; LEVI in BURKE, 1992; GINZBURG in GINZBURG, 1991.

método da microanálise, que, segundo Jacques Revel, permite a melhor construção do social, uma vez que há o afastamento do modelo de macro-história que sempre optou, prioritariamente, pelas séries e números, "*como se vê, a abordagem da micro-história se propõe a enriquecer a análise social tornando suas variáveis mais numerosas, mais complexas e também mais móveis*",[2] apropriamos de elementos, acontecimentos e fatos significativos que seriam imperceptíveis em outra escala de análise, mas que na micro-história ganham evidências e desnudam as interações sociais dos sujeitos no complexo jogo social. Assim, tais elementos e interações são identificados e interpretados no decurso de suas inserções no contexto social, i.e., no fluxo do discurso social.[3] O que se busca é ação do homem e sua interação com a sociedade, suas reações diante das transformações impostas, suas percepções de mundo, suas ações valorativas que, somente através de uma análise pontual, podemos alcançar.

Nesses termos, a partir da análise microscópica, as estratégias sociais desenvolvidas, as diversidades de formas de ingressos na sociedade e os recursos empenhados para a concretização de projetos se tornaram mais visíveis. Os sujeitos que participaram da construção do cotidiano e da história são mais evidenciados, a realidade mostra-se mais palpável e mais detalhada que a realidade abstrata derivada somente do estudo serial e quantitativo. Procura-se o movimento da sociedade no meio das séries que a petrificam, e os homens por detrás dos números.[4]

> O projeto é fazer aparecer, por trás da tendência geral mais visível, as estratégias sociais desenvolvidas pelos diferentes atores em função de sua posição e de seus recursos respectivos, individuais, familiares, de grupo etc. (...) a participação de cada um na história geral, na formação e na modificação das estruturas de sustentação.[5]

Nesse sentido, o recurso à microanálise nos favoreceu no conhecimento dos meandros das estratégias tecidas pelo fazendeiro Gervásio Pereira Alvim e seus familiares, enriquecendo, dessa forma, a construção do conhecimento histórico

2 REVEL in REVEL, 1998, p. 23.

3 LEVI in BURKE, 1992.

4 FRAGOSO, 2002.

5 REVEL in REVEL, 1998, p. 22.

da sociedade imperial brasileira. Através da redução da escala de análise, esses sujeitos foram apreendidos nas suas labutas diárias no complexo jogo social de produção dos instrumentos materiais e simbólicos necessários a suas sobrevivências enquanto membros do circuito mercantil que ligava a comarca do Rio das Mortes e a Corte do Rio de Janeiro e enquanto membros de uma elite regional. Não apenas isso, temos buscado nas estratégias e nas ações e interações, i.e., nos relacionamentos com outros sujeitos e com o Estado, os diversos meios pelos quais lutavam para garantir a sobrevivência e construir e/ou reproduzir a riqueza, o poder local e o prestígio.

Assim, na busca pelas ações do homem no tempo, o nome fora o principal fio condutor.[6] A partir do fazendeiro Gervásio Pereira Alvim toda uma teia de relações sociais, econômicas e políticas foram desnudadas. A documentação privada do fazendeiro[7] nos serviu de guia na busca pelas informações dos sujeitos, sobre suas famílias, riquezas, moradas, estilos de vida, percepções de mundo, entre outras. Vários arquivos foram percorridos e diversos fundos analisados no intuito de descortinar as movimentações dos sujeitos na sociedade colonial/imperial brasileira.

A documentação privada de Gervásio Pereira Alvim, principal escopo documental desta pesquisa, contém informações que possibilitam a reconstrução da dinâmica dos tratos mercantis entre a província de Minas Gerais e a Corte do Império do Brasil na segunda metade do oitocentos. Também nos permite visualizar o fun-

6 GINZBURG in GINZBURG, 1991.

7 A documentação privada do fazendeiro Gervásio Pereira Alvim, amplamente utilizada neste estudo, está divida em duas partes; a maior delas está sob guarda pessoal de Dênis Gualberto de Paula, em Resende Costa, MG, e, portanto, de acesso restrito. A outra, alocada no Arquivo Histórico do Escritório Técnico do IPHAN-II, em São João del Rei/MG. O acervo abrange o período de 1839 a 1936, sendo o período que refere a Gervásio Pereira Alvim o de 1847 a 1900. Os documentos do período posterior a 1902 referem-se a outros sujeitos, membros da família que, no entanto, não entram nesta proposta de estudo. O número total de documentos avulsos em posse particular é de 282, sendo que, para o período de 1847 ao final da década de 1890, o número é de 238 papéis, que são divididos entre cartas, recibos, acordos, créditos, contas; e há ainda 29 sem menção de datas, mas que se referem a Gervásio Pereira Alvim. Já no Arquivo Histórico do Escritório Técnico do IPHAN-II, encontram-se 56 papéis, também divididos em cartas, recibos, acordos, contas, que abarcam o período de 1847 a 1914. Os documentos que se referem a Gervásio totalizam 46, de 1847 a 1900. Toda a documentação privada do fazendeiro Gervásio foi colhida e digitalizada por mim para as pesquisas do bacharelado (2005) e do mestrado em História (2009). Cf. TEIXEIRA, 2005; TEIXEIRA, 2009.

cionamento das transações mercantis intraprovinciais no mesmo período. As cartas, geralmente, versam a respeito dos negócios, tais como ordens de pagamento, andamento das finanças, retiradas, pagamentos a terceiros, créditos, informações sobre cotação dos produtos (tanto na Corte e mercados locais, como nos mercados internacionais, como, por exemplo, a cotação do café) e até mesmo conselhos de como se portar e como investir. Elas revelam a dinâmica das atividades mercantis, a circulação das mercadorias e os acertos dos créditos. A maioria delas também traz e pede informações sobre familiares, buscando o conhecimento da situação, como, por exemplo, dos estados de saúde, as enfermidades, falecimentos, pêsames e a participação de casamentos e uniões, descortinando, dessa forma, a ação da família nos arranjos de negócios, sobretudo, entre praças distantes onde a referência e o conhecimento dos envolvidos eram necessários para as atividades. Aliada a outras fontes, destacamos um dado momento da história do Brasil, sobretudo, em referência às atividades mercantis entre pontos geograficamente distantes.

No intuito de aprofundar nesse conhecimento outras fontes foram consultadas. Os homens, as famílias, as riquezas, a propriedade cativa e da terra, a posse de cargos político-administrativos, o tráfico interno de escravos, padrões de investimentos foram temas nos quais mergulhamos para atender a nosso objeto. Em função disso, compõem ainda o escopo documental dessa pesquisa inventários *post mortem*, testamentos, libelos cíveis e ações de cobrança, a documentação avulsa da Coleção da Casa dos Contos referentes a esses sujeitos, a documentação da Intendência da Polícia da Corte, os despachos de escravos e passaportes. O cruzamento das informações contidas nessas documentações nos apresentou um mundo bastante dinâmico, no qual os homens teciam e articulavam alianças entre si com o intuito de garantir a sobrevivência, reproduzindo um estilo de vida, um modo de viver, numa sociedade escravista, hierarquizada, na qual uma gama significativa da população era excluída dos postos de poder e aquisição de riquezas.

* * *

O livro está estruturado em quatro capítulos. O primeiro capítulo – "Dinâmica do mercado interno: circulação do crédito e funcionamento da economia regional" – explora as relações mercantis firmadas por Gervásio Pereira Alvim no interior da comarca do Rio das Mortes entre as décadas de 1840 e 1850, momento de transformações na economia e sociedade brasileira. Partindo da análise das relações entre Manoel Ferreira Rodrigues e Gervásio Pereira Alvim, discutimos a natureza das relações econômicas, destacando a presença das relações sociais e dos elementos simbólicos, os vínculos parentesco e amizade como elementos orientadores dos tratos mercantis.

Assim, descortinamos a dinâmica econômica empreendida no comércio regional, sua essência e as características de funcionamento. Destacamos o papel da família na organização da prática mercantil, viabilizando o comércio e moldando os comportamentos. Atitudes e comportamentos que entravam em conflito com a emergência do capitalismo e a incursão do Estado nas relações cotidianas, outrora tratadas como domésticas ou, pelo menos, de âmbito da casa. Por fim, realçamos a importância das relações mercantis, os mecanismos de acesso ao crédito na ordenação social, a partir das cadeias de endividamento a formação das cadeias e redes de amizade assimétricas.

Já o segundo capítulo – "As alianças regionais, redes de clientela e família" – estuda as alianças familiares e os instrumentos sociais, políticos e econômicos utilizados nos processos de produção da riqueza, formação das cadeias hierárquicas e firmamento de redes de amizade assimétricas, ou seja, as redes de clientela, vizinhança e parentesco. Neste capítulo tentamos responder à questão de *"como a família e as redes de clientela promoviam a inserção social de sujeitos externos àquela sociedade e criavam os instrumentos capazes de exercer o controle do comércio regional e assegurar os mecanismos de produção da riqueza"*. Para tanto, recorremos à trajetória de Manoel Pereira Alvim e seus sobrinhos, Gervásio Pereira Alvim e José Pereira Alvim, todos portugueses, na capitania de Minas Gerais, ainda na segunda metade do século XVIII. A análise das trajetórias desses três sujeitos, lusitanos e migrantes para as Minas do Ouro em busca de melhor fortuna, estudados através de seus processos de inserção social, atividades econômicas e redes de clientela, justifica-se por se tratar da origem da rede da qual nosso personagem Gervásio Pereira Alvim, homônimo do avô paterno, fora herdeiro em meados do século XIX. A migração de Manoel Pereira Alvim e seu estabelecimento nas Minas do Ouro, seu envolvimento no mundo dos negócios, o consórcio de atividades mercantis com os contratos régios, com a mineração e aquisição de sesmarias, propiciou a este sujeito o acúmulo de riqueza e prestígio junto à sociedade mineira. Acompanhando os passos do tio, Gervásio Pereira Alvim também migrara para a Minas colonial em busca de riquezas e prestígio, até então, não alcançados no Velho Mundo. A partir desses indivíduos, do estudo de suas labutas diárias e apreensão de seus espaços de manobras, procuramos descortinar as estratégias empreendidas nos processos de enriquecimento e criação das cadeias hierárquicas e das redes de clientela, as alianças sociais, tanto horizontais, quanto verticais, firmadas pela família com outros sujeitos, e a apropriação que estes fizeram da administração local com fins de manutenção da ordem social vigente e produção de riquezas.

No capítulo terceiro – "O comércio entre Minas Gerais e o Rio de Janeiro: os desdobramentos dos negócios regionais" – apresentamos o comércio interprovincial mineiro com a Corte do Rio de Janeiro através da atuação de familiares e amigos do fazendeiro Gervásio Pereira Alvim. Damos destaque aos ramos de atuação, como parte de um projeto familiar de desdobramento dos negócios regionais e busca por novos instrumentos que garantiriam não apenas a reprodução da riqueza material, mas também a consolidação enquanto membros da elite regional, senhores de terras e de escravos e controladores dos instrumentos de poder local. Assim, buscamos desde os tempos de D. João no Brasil as participações desses sujeitos no comércio interprovincial mineiro, os seus ramos de atuação, a movimentação da carga e créditos, a construção das redes de negócios, enfim, a reconstrução e consolidação de um circuito que ligou os termos da vila de São João del Rei e São José à Corte do Rio de Janeiro, no qual o jovem Gervásio teria intensa participação em décadas posteriores. Demos bastante ênfase à atuação do capitão Gervásio do Carmo, pai de Gervásio, por se tratar de um traficante, que atuou durante a década de 1820 e faliu nos anos de 1830, porém sua participação garantiu alguns contatos na praça carioca que facilitaram a inserção do grupo de comerciantes sul-mineiro naquele espaço como negociantes de grosso trato a partir da década de 1840. Enfim, pretendemos neste capítulo clarear, através das atividades mercantis dos sul-mineiros, as estratégias e espaços de manobras dos sujeitos analisados em seus contextos históricos, a fim de discutir a apropriação que fizeram das oportunidades abertas com a instalação da Corte portuguesa no Rio de Janeiro e, posteriormente, com a formação do Estado nacional brasileiro. Frente às mudanças e às oportunidades abertas, tais sujeitos buscavam, dentro de um espaço de escolhas e de ação limitados, participarem do processo de construção do Estado, para dele auferirem lucros, seja de ordem material e/ou imaterial, que garantiam a reprodução dos seus modos de viver.

Por fim, o quarto capítulo, "Letras, dívidas e litígios: as transformações políticas e o impacto na economia regional", tem como questão central estudar os motivos da quase falência de Gervásio Pereira Alvim na década de 1860: seria implicação das transformações sociais e políticas do Império brasileiro na economia regional?

Para entendermos o que acontecia com Gervásio, procedemos a uma análise quantitativa da riqueza na comarca do Rio das Mortes, no distrito da Lage. A partir do quadro esboçado, observamos os principais investimentos e as estratégias adotadas pelos fazendeiros para lidar com as transformações em curso na sociedade brasileira e, então, a partir da análise do comportamento mercantil de Gervásio, os seus negócios e os produtos negociados, vislumbramos seu esforço na manutenção de seu patrimônio material e posição de prestígio no interior dessa comunidade.

Destarte, desvelando o espaço de manobra do fazendeiro Gervásio Pereira Alvim, pontuamos as estratégias econômicas para lidar com as mudanças sociais e econômicas vivenciadas no Império do Brasil, pós 1850, perpetradas por Gervásio, e percebemos a emergência de lógicas distintas nos tratos mercantis e agrários, o que gerou uma série de conflitos entre fazendeiros e comerciantes a partir daquele momento.

Enfim, através das questões pontuadas nos capítulos, apreendemos nosso objeto de pesquisa, qual seja, análise das articulações regionais e controle do comércio inter e intraprovincial, bem como, nos permitiu darmos conta do principal objetivo desta pesquisa que é o estudo da influência e da interpenetração dos elementos sociais, políticos e simbólicos na dinâmica da economia em sociedades pré-industriais. Assim, reiteramos que pesquisa parte do quadro teórico que trata o estudo de uma sociedade com uma lógica de funcionamento distinta da capitalista. As relações econômicas e políticas eram pautadas nos laços de parentesco e vizinhança, as escolhas eram limitadas pela *"estreche del lugar"*, e o espaço de atuação dos sujeitos, também limitados pelos instrumentos mantenedores da hierarquia social, excluía uma gama significativa da população dos postos de poder e aquisição de riquezas. Porém, esse modelo de sociedade começava a ruir com a emergência do capitalismo, em âmbito internacional e, no plano interno, com o avanço da presença do Estado nas relações cotidianas. Eram situações novas, decorrentes de inúmeras transformações, que geraram conflitos e tensões entre os sujeitos que procuravam se adaptar às novas formas de organização da vida, das relações sociais, do comércio e do acesso ao crédito, principalmente, após as décadas de 1850 e 1860.

Dinâmica do mercado interno: circulação do crédito e funcionamento da economia regional

Ano de 1852. Província de Minas Gerais, comarca do Rio das Mortes.

Morador nas redondezas do distrito de Prados, o fazendeiro Manoel Ferreira Rodrigues, já bastante cansado e desiludido, escrevia a Gervásio Pereira Alvim, morador nos Campos Gerais, distrito da Lage, solicitando que o mesmo lhe enviasse uma minuta de sua dívida, pois, devido ao "*infeliz estado*" de sua vida, o abatimento que lhe havia acometido tinha comprometido a sua memória, por isso precisava de algumas informações. Assim, escreveu, em 10 de maio de 1852:

> Meu prezado amigo a sua boa saúde e da ilustríssima senhora dona e de todos quanto respeitam ao Retiro e Campos Gerais é o quanto eu e minha mulher lhes desejamos e muito nos recomendamos a todos os senhores e senhoras, eu em particular a vossa mercê.
>
> Com o infeliz estado de minha vida me tem posto em um estado de abatimento e até de esquecimento, é por este motivo que lhe peço e rogo que o meu amigo me diga o quanto me abati no que lhe devo, em segundo em que tempo era e dia lhe passei a clareza de que quantia, e os recibos que tem do que eu tenho dado, me mande esta minuta que muito preciso dela para ver se ultimo os meus arranjos se todos quiserem ter contemplação com este seu amigo e com os meus pobres

> filhos, espero sua resposta. De seu amigo muito obrigado e criado que de coração lhe estima.
>
> Manoel Ferreira Rodrigues.[1]

Manoel Ferreira Rodrigues fazia parte do círculo de amigos de Gervásio Pereira Alvim, era um velho conhecido da família. Morador no Bichinho, região do distrito de Prados, termo da vila de São José, comarca do Rio das Mortes, ele era fazendeiro e criador de gado. De acordo com a Lista Nominativa da vila de São José del Rei de 1831, Manoel, à época, tinha 23 anos e estava casado com Maria Cândida, 15 anos. O casal não tinha filhos e seu fogo, número 182, contava com dois escravos africanos, Francisco benguela, 26 anos, e Josefa congo, 20 anos, ambos solteiros. Um fogo modesto, porém em fase de expansão.

Alguns anos depois, na Lista Nominativa de 1838, vila de São José del Rei, o fogo do casal foi listado com oito moradores. O casal com seus dois filhos, João, de 7 anos, e José, com um ano, mais quatro escravos: Francisco, 34 anos, Pedro, 14 anos, Maria, 30 anos e Eva, 8 anos. Novamente, o chefe do fogo, Manoel, teve sua profissão discriminada como agropecuário, e a de sua esposa não foi listada. Provavelmente, ela estava atarefada com atividades ligadas à casa, tais como a criação dos filhos e o cuidado com o lar. O fogo do casal era o de número 44, pertencente ao distrito de Prados.

Manoel Ferreira Rodrigues, nos anos de 1830 e início da década seguinte, vivenciou dias de relativo sucesso. Casou-se, teve filhos e expandiu seus negócios através da aquisição de novos cativos. No entanto, nos anos finais de 1840, o fazendeiro e criador de gado assistiria a momentos dramáticos em sua vida. Uma grave crise financeira se abatera sobre ele, ameaçando a reprodução de sua economia doméstica e seu modo de viver. Foram anos de muita aflição, momentos nos quais Manoel precisou contar com a boa vontade e paciência de seus credores, em especial de Gervásio Pereira Alvim, como é reportado na missiva citada. Pelo tom da carta, Manoel sofria muito com os apuros financeiros e tal situação lhe provocara muitos incômodos, sobretudo, na saúde. No ápice dos seus problemas, Manoel se queixava de que tinha apenas poucos amigos com quem contar... E entre eles, estavam Gervásio Pereira Alvim e alguns parentes desse, como o pai, o capitão

1 Arquivo Particular de Gervásio Pereira Alvim. Carta enviada por Manoel Ferreira Rodrigues, Prados, 10 de maio de 1852.

Gervásio do Carmo, o tio vigário, Joaquim Carlos de Resende Alvim e o tio, padrinho e sogro, o major Francisco de Assis Resende.

Essa história nos interessa por permitir analisar a dinâmica do comércio regional e discutir a natureza das relações econômicas, destacando as peculiaridades dos tratos mercantis firmados. Através das relações tecidas entre os fazendeiros Manoel Ferreira Rodrigues e Gervásio Pereira Alvim, podemos estudar a presença das relações sociais e de elementos simbólicos, os vínculos de parentesco e clientela, influenciando as relações econômicas, alterando os comportamentos mercantis. Enfim, pretendemos, a partir deste estudo de caso, desvelar a lógica de funcionamento do mercado regional, atentando-nos para suas especificidades e características, destacando a sua essência e o papel desempenhado na sociedade imperial brasileira.

Voltemo-nos então para esta história...

Dinâmica da economia regional

Segunda metade da década de 1840. O Império do Brasil caminhava rumo a sua consolidação. Passados os tumultuados anos do período regencial com as disputas políticas (que desapareciam quando se tratava de mudanças políticas que afetariam a reprodução do sistema agrário escravista implantado)[2] e os distúrbios

2 Por exemplo, de acordo com Francisco Iglesias, após o julgamento dos rebeldes liberais de 1842 e posteriormente a anistia concedida pelo Imperador em 14 de março de 1844, e acalmados os ressentimentos e desejos de vinganças de ambos os lados, as queixas foram sendo diluídas a ponto de o liberal Teófilo Otoni, em documento de 1860, a "Circular aos eleitores Mineiros", afirmar que os mineiros, ao invés de partirem para o confronto armado, deveriam ter recorrido à oposição pacífica contra o governo e as leis contra as quais se levantavam (*"creio sinceramente que teria ganho o sistema constitucional, se (...) a oposição mineira, em vez de recurso às armas, de preferência empregasse contra o Governo os meios pacíficos que lhe restavam". Apud* IGLÉSIAS in HOLANDA, 1997, p. 411). Contribuíram também para a aproximação entre liberais e conservadores, o fato de que, após a saída dos conservadores do poder e ascensão dos liberais, convocados em 1844 entre os anos de 1844 e 1848, os liberais não tomaram providências para as reformas das leis contra as quais outrora se rebelaram: *"de fato, dominando de 1844 e 48, os antigos rebeldes percebem que elas [as leis do regresso] são essenciais para a defesa da ordem, cuidando de conservá-las"* (IGLESIAS in HOLANDA, 1997, pp. 365-412, citação p. 411-412). Ou ainda, conforme destacado por Maria Yedda Linhares e Francisco Carlos Teixeira da Silva, as diferenças ideológicas entre liberais moderados e conservadores no Brasil Império marcavam posições políticas de descentralização *versus* centralização do poder com sede no Rio de Janeiro e modernização de setores da economia

sociais decorrentes das revoltas que marcaram aqueles anos, o comércio de abastecimento da praça carioca ainda permanecia como ótima oportunidade de geração de riqueza para os mineiros, sobretudo para os residentes no Sul de Minas, em especial, na comarca do Rio das Mortes.

Naqueles anos, o circuito mercantil que ligava o Sul de Minas ao Rio de Janeiro a partir das vilas de São João del Rei e São José e seus termos[3] consolidara-se e, mais que isso, encontrava-se em fase de recrutamento de novos membros,[4] entre eles, entrava em cena o jovem fazendeiro Gervásio Pereira Alvim. Casado há pouco tempo, o fazendeiro iniciava a vida, criando e negociando gado e outros gêneros alimentícios, tocando seu "negócio" na estrada da Lage e desenvolvendo outras atividades mercantis, tanto no interior da comarca do Rio das Mortes, quanto com a praça mercantil do Rio de Janeiro, mantendo contatos herdados de relações estabelecidas por gerações antecedentes. Para a praça carioca, Gervásio enviava seus primeiros acertos nos anos finais da década de 1840, através dos comerciantes de grosso trato José Bernardino Teixeira, Carlos Joaquim Máximo Pereira e Francisco Eugênio de Azevedo. Enquanto que no interior da comarca mineira, dentre os vários negócios e parceiros, o fazendeiro mercanciava com Manoel Ferreira Rodrigues.

Os primeiros contatos entre Gervásio e Manoel, de que temos notícia, datam dos anos finais da década de 1840, e naquela época já se mencionavam os apuros financeiros pelos quais Manoel Ferreira Rodrigues passaria pelos anos subsequentes. Em carta datada de 4 de setembro de 1847, respondendo à solicitação de Gervásio, provavelmente a respeito de acertos de contas, uma vez que o jovem

versus manutenção da estrutura agrária, ou seja, da "vocação agrícola" do país, entre outros. No entanto, no desenrolar das reformas por que passou o país em meados do século XIX, o programa de reformas (o fim do tráfico de africanos, a lei de terras e o Código Comercial), de cunho liberal nos termos acima expostos, foi posto em prática pelo partido conservador. *"O importante é ressaltar que os postulados factíveis do Partido Liberal foram realizados pelos conservadores entre 1848 e 1852, e o que implicava em risco para o Império e seu ordenamento social é esmagado em 1848"* (LINHARES & SILVA, 1981, p. 35).

3 Aqui nos referimos ao circuito mercantil São João del Rei – São José – Lage – Carrancas, incluindo os distritos de Lagoa Dourada, Prados e Mosquito, estudado no mestrado. Cf. TEIXEIRA, 2009.

4 No capítulo segundo deste livro, apontamos os processos de consolidação desse eixo mercantil após o movimento da Inconfidência Mineira e os processos de reacomodação dos sujeitos no novo cenário político e social na passagem da colônia para o Império.

fazendeiro viajaria a negócios em breve, o criador de gado informava que seu capataz havia chegado do Rio de Janeiro e não lhe trazia boas notícias. Na carta, Manoel relatava acerca do prejuízo que teve na praça carioca e que seu intermediário, João Manoel, não havia passado a clareza dos pagamentos efetuados a sua ordem em nome de outros naquela praça. Assim sendo, acreditava que, dentro de oito dias teria em mãos os recibos das transações mencionadas. Por fim, informava que faria todo esforço para o acerto do débito devido ao jovem Gervásio, garantindo que *"na terça feira lá estou sem falta e quando não possa levar tudo, levarei o que puder"*, aproveitava a oportunidade para fechar outro negócio, solicitando *"quero que vm.ce me mande fechar as vacas para eu as trazer"*, e reiterou que sua conduta era confiável, assegurando que *"fique certo que vou fazer todo o esforço afim de que o meu Am.o vá satisfeito comigo"*.[5]

Se o acerto foi efetuado, não temos notícias. Porém, as transações mercantis entre eles ainda continuariam por alguns anos, como também as pressões de Gervásio sobre Manoel para o acerto de seus débitos. Gervásio Pereira Alvim e Manoel Ferreira Rodrigues participavam do comércio de abastecimento da praça mercantil do Rio de Janeiro, fornecendo gado em pé e outros gêneros alimentícios fruto do trabalho escravo em suas fazendas. As suas participações eram condicionadas a uma série de arranjos sociais, políticos e econômicos forjados por gerações anteriores que tinham como objetivo facilitar o comércio entre essas regiões geograficamente distantes, cujos caminhos e trajetos eram inseguros e de difícil acesso.

Viajar a negócio para a capital do Império, a principal praça de comércio do país, era uma atividade restrita a poucos fazendeiros mineiros, fazendo com que a participação no circuito mercantil fosse limitada. Seja, de modo geral, por depender, entre outras, de articulações sociais e econômicas bem tecidas, de intermediários que facilitassem os contatos entre os sujeitos (os acertos de negócios e dos créditos), seja por, como bem experimentado pelo viajante francês Auguste de Saint-Hilaire[6] entre os anos de 1816 e 1818, a viagem ser longa, demandar despesas avultadas, consumir muito tempo e, por fim, por ser pouco conhecido na praça carioca, o fazendeiro não gozaria da mesma credibilidade e, consequentemente,

5 Arquivo Particular de Gervásio Pereira Alvim: carta enviada por Manoel Ferreira Rodrigues, em 4 de setembro de 1847, sua casa.

6 SAINT-HILAIRE, 1974.

do mesmo crédito que em sua região de residência. Por essas dificuldades, além do ótimo mercado consumidor que a praça carioca[7] representava, para aqueles já inseridos nas redes abastecedoras, esse ramo do comércio consistia, ainda em meados do século, em uma ótima oportunidade de geração de riquezas e reprodução da hierarquia social. Todavia, não deixava de ser um negócio de risco.

Como reportado na missiva anterior, Manoel se queixava do prejuízo que teve na comercialização do gado na praça carioca e de que seu intermediário não tinha passado a clareza dos acertos feitos. Ou seja, mesmo constituindo parte de um restrito grupo de fazendeiros sul-mineiros que atuavam diretamente no setor de abastecimento da Corte, Manoel vivenciava o lado amargo de um mau negócio. E neste ramo, o abastecimento de carne verde, em especial, requeria muita atenção e confiança no intermediário, pois o negócio era firmado no sistema de consignação.[8]

Após uma viagem exaustiva de transporte do gado, o fazendeiro entregava sua carga a um vendedor consignatário, sem firmar o valor da carga. De posse desse gado, o consignatário tomaria algumas providências, tais como arranjar pastagens para as reses se recuperarem da longa jornada, bem como cotar o valor de tais mercadorias. Enquanto ao fazendeiro, restava-lhe apenas aguardar a comercialização de sua carga e depois fazer os acertos devidos (pasto e engorda, capataz e tropa, por exemplo), além da comissão do consignatário.

Um exemplo dessa transação, no ano de 1853, o comerciante de gado na praça carioca, Joaquim Manoel Alves de Araújo, apresentava o acerto do negócio de animais com Gervásio Pereira Alvim. Na carta resposta, datada de 03 de março daquele ano, o comerciante informava que havia vendido as 65 reses a diversos senhores e entregue o saldo das transações ao senhor Francisco Eugênio de Azevedo, tio e principal intermediário de Gervásio na praça carioca. De acordo com a conta de venda e líquido rendimento de 65 reses consignadas, 61 reses foram vendidas a um tal de Melo e [ilegível], no valor total de 1:403$000 réis, sendo,

7 Naqueles anos, com a expansão das exportações de café, o mercado carioca crescia em riqueza e dimensões, aumentando consideravelmente a demanda por carne fresca. Cf. GRAHAM, 1997, p. 32. Robert Slenes também pontuou esta época como um momento bastante oportuno para os envolvidos no comércio de abastecimento da Corte, destacando que a década de 1850 fora bastante favorável para a produção de alimentos. Cf. SLENES in ALENCASTRO, 1997.

8 A respeito do comércio de gado e do abastecimento da praça mercantil confira: LENHARO, 1992; PETRONE, 1976; MARCONDES, 2001; MARCONDES & SUPRIANYAK, 2006.

então a cabeça avaliada em 23$000 réis, enquanto quatro cabeças foram vendidas a diversas pessoas no valor total de 105$000 réis, cada cabeça a 26$250 réis. Do total de 1:508$000 réis, foram debitados o dinheiro do capataz, 67$000 réis, idem para as despesas, 45$000 réis e o valor de três por cento da venda, 45$240 réis, que sem discriminação provavelmente faria parte da comissão do comerciante, totalizando as despesas em 157$240 réis. Restara, então, dessa transação a Gervásio a quantia de 1:350$760 réis que foram entregues a Francisco Eugênio de Azevedo.[9]

Quadro 1.1 Conta de venda de gado[10]

<table>
<tr><td colspan="3">Rio de Janeiro, 29 de março de 1853</td></tr>
<tr><td colspan="3">CONTA DE VENDA e líquido rendimento de 65 reses que d me consignou o Snr. Gervásio Pereira Alvim</td></tr>
<tr><td>61 reses vend.as a Mello e [ilegível]
4 D.as a diversos</td><td>23$
p.r
Rs.
D.e</td><td>1:403$000
105$000
1:508$000</td></tr>
<tr><td>Dinr.o ao capataz Silvino (digo S. Anna)
Item (sic) p.a despesa</td><td>67$000
45$000</td><td></td></tr>
<tr><td>Com. de 3 p.r %
Saldo que para o/ entreguei a Fran.co Eugênio d' Azev.do
Joaq.m M.el Alv.z de Araújo.</td><td>45$240
157$240
Rs.</td><td>157$240
1:350$460</td></tr>
</table>

A partir desse caso pontual, podemos observar que as despesas eram muitas, sem contar as não computadas na apresentação do comerciante Joaquim Manoel Alves de Araújo, tal como o gasto com o imposto de passagem desse gado, total de 5$420 réis, além de outras não mencionadas, mas que provavelmente estiveram presentes na travessia do gado para a

9 Arquivo Particular de Gervásio Pereira Alvim. Conta de venda de Joaquim Manoel Alves de Araújo, 29 de março de 1853, Rio de Janeiro.

10 Idem.

praça carioca, a exemplo, a perda de animais no deslocamento do rebanho, seja por cair em valas ou por não aguentar tamanha jornada, entre outras fatalidades; neste caso, ao que tudo indica, Gervásio teve perda de três animais (foram pagos impostos de 68 reses e o comerciante carioca apresentou a conta de venda de 65 reses).[11] Enfim, era uma atividade lucrativa, porém ela despendia dinheiro, tempo e necessitava de intermediários com infraestrutura para receber aqueles animais,[12] bem como que soubessem jogar com as regras daquele ramo, uma vez que todo negócio tem um segredo.[13]

Em suma, como bem analisado por Alcir Lenharo,[14] o fazendeiro mineiro sofria neste ramo do comércio. O gado era entregue sem cotação de preços ao consignatário, que de posse dos animais tomava todas as iniciativas para a comercialização e, retirada sua comissão, prestava as contas ao fazendeiro e, ou lhe enviava o crédito das vendas, ou repassava o dinheiro à ordem do fazendeiro a um intermediário/comissário e, a partir daí, este último iniciava os trâmites de acerto de dívidas contraídas naquela praça.[15] Ou seja, era uma complexa rede de logística.

---

11 Arquivo Particular de Gervásio Pereira Alvim. Carta enviada por Joaquim Manoel Alves de Araújo, 03 de março de 1853, Rio de Janeiro; Conta de venda de Joaquim Manoel Alves de Araújo, 29 de março de 1853, Rio de Janeiro; Arquivo Histórico do Escritório Técnico II – IPHAN, São João del Rei. Documentação particular de Gervásio Pereira Alvim: Província do Rio de Janeiro, Recebedoria da Ponte do Desengano: cobrança de taxas, 18 de março de 1853.

12 No ano anterior, em 06 de fevereiro de 1852, o comerciante de gado, Joaquim Manoel Alves de Araújo, escreveu para Gervásio explicando que não pôde fazer a venda a razão do fazendeiro porque a ocasião não permitia, bem como a fazenda (o gado) não estava gorda, precisando ir para o pasto e não servia para o corte. Cf. Arquivo Particular de Gervásio Pereira Alvim. Carta enviada por Joaquim Manoel Alves de Araújo, 06 de fevereiro de 1852, Rio de Janeiro.

13 Maria Tereza S. Petrone nos mostra, através do caso do Barão de Iguape, algumas particularidades do comércio de gado na região centro-sul do Brasil nas primeiras décadas do oitocentos. De acordo com a autora, uma das estratégias empreendidas por esse comerciante, juntamente com seus parceiros, era a cotação do preço do gado em pé antes da viagem ao Rio de Janeiro; caso o valor estivesse baixo, ou houvesse muitas cabeças no mercado, eles seguravam a carga e esperavam a melhoria do preço ou o esgotamento da carga que lá estava disponível. Cf. PETRONE, 1976. Caso semelhante foi narrado pelo comerciante Joaquim Manoel Alves de Araújo, citado na nota anterior (nota 12). De acordo com a carta resposta, o comerciante informava a Gervásio Pereira Alvim que a ocasião não permitia fazer a venda a sua razão (a seu preço, cotação), sendo então a cabeça de gado comercializada no valor de 20$500 réis. Cf. Arquivo Particular de Gervásio Pereira Alvim. Carta enviada por Joaquim Manoel Alves de Araújo, 06 de fevereiro de 1852, Rio de Janeiro.

14 LENHARO, 1992.

15 Cf. TEIXEIRA, 2009.

Provavelmente, seria neste ponto que Manoel Ferreira Rodrigues pecasse, pois a falta de conhecimento dos pagamentos feitos e a ordem de quem, como mencionado na sua missiva, abriria margens para dúvidas sobre a inteligência do fazendeiro, o que poderia lhe prejudicar no acesso ao crédito. Fosse como fosse, Manoel inauguraria uma terrível fase de insucessos.

Sem saber explicar o mal por que passava, Manoel Ferreira Rodrigues, em abril de 1848, experimentaria um baque nos seus negócios com o falecimento de seu intermediário João Manoel. Na carta datada de 27 de agosto de 1848, ele dizia a Gervásio que, estando ciente dos compromissos firmados, tinha andado o dia todo em São João del Rei em busca de dinheiro a prêmio e nada tinha conseguido a não ser a quantia que enviava inclusa por Manoel Pereira, no valor de 600$000 réis, que foi o que lhe arranjaram. Por conta disso, autorizava o fazendeiro Gervásio que *"meu amigo caso vm.ce ache dinheiro a prêmio aí pode pedir até eu chegar que pretendo ir e vir em 18 dias"* e caso não conseguisse, *"o snr. Antônio Pinto lhe leva"*. Ainda dizia que a morte de João Manoel havia acarretado falhas para os dois, tanto para ele, quanto para Gervásio, e, como sairia em viagem, pedia a paciência do amigo para *"com esta tão grande falha que me faz muita vergonha"*. Por fim, talvez em decorrência da falha ocasionada com a morte do intermediário, o criador de gado desfazia um negócio tratado com Gervásio, afirmando: *"eu não quero trazer mais aquele negócio que lhe falei só quero arrumar minha vida"*. E então, se despedia, informando que sairia naquele dia, mandava lembranças ao pai de Gervásio, o capitão Gervásio do Carmo, e pedia que o mantivesse informado das diligências tomadas a respeito do dinheiro a prêmio para seu governo.[16]

A respeito desta viagem, pouco nós sabemos, bem como quais foram as falhas geradas pelo falecimento de João Manoel e as formas de superação das mesmas, caso tenham sido superadas. Todavia, Manoel retornaria a documentação privada no ano seguinte, em 1849, novamente não sabendo explicar a falta de sorte que decaía sobre ele. Sem resposta para o mal que o afligia, Manoel afirmava que todos os amigos com quem contava crédito certo lhe faltaram, restando apenas a paciência e bondade de Gervásio para com o atraso no acerto do crédito devido. Dizia que na confiança de conseguir dinheiro a prêmio com algum daqueles sujeitos, deixara de enviar o gado para a praça carioca, aproveitando a oportunidade

16 Arquivo Particular de Gervásio Pereira Alvim. Carta enviada por Manoel Ferreira Rodrigues, 27 de agosto de 1848, S. C.

para engordá-lo. Como prova de tal esforço, enviava a Gervásio algumas cartas respostas das negativas de seus presumíveis creditantes, conforme mencionado na missiva. Enfim, Manoel passava por apuros financeiros, não tinha meios para arcar com os tratos firmados e, ainda, estava sem credibilidade na praça junto a seus parceiros. Embora se mostrasse empenhado em contornar a situação, a falta de credibilidade impossibilitava o seu acesso ao crédito com outros sujeitos, tendo que recorrer apenas à boa vontade e paciência do jovem fazendeiro Gervásio e de seu pai, o capitão Gervásio do Carmo.

A credibilidade na praça era uma das prerrogativas para o acesso ao crédito, como já dizia o ditado, *"ter crédito é ter fé"*. Neste sentido, a credibilidade estava relacionada com a fama do sujeito: se era de verdade, portador de boa fé e boa conduta, se era inteligente, pontual e prudente, ou seja, se dotado de boas qualidades, de bons predicados que lhe afiançassem o risco do empréstimo de dinheiro. Caso contrário, a falta de, ou melhor, a mácula e/ou queda de qualquer desses predicados implicaria na diminuição, quiçá perda da credibilidade e, consequentemente, restrição do crédito.[17] Uma economia, como a do Brasil Imperial, marcada pela presença da escravidão, com o mercado restrito e com poucas opções de negócios e, ainda, a falta de numerário circulante, fazia com que a restrição no acesso ao crédito representasse tolhimento nos meios de reprodução da própria subsistência, limitando, ou mesmo colocando em risco a sobrevivência da unidade doméstica e o modo de viver dos sujeitos históricos.

O acesso ao crédito, um dos principais instrumentos de giro do comércio, estava atrelado a elementos não econômicos, condicionados por elementos sociais e simbólicos e, na economia do Brasil Imperial, o funcionamento do mercado dependia deste instrumento. Assim, a fama construída e popularizada dos sujeitos, bem

17 Tais qualidades eram reforçadas nos manuais do comércio e obras que visavam à formação de negociantes nas Aulas do Comércio da Junta do Comércio de Lisboa, segundo pesquisa realizada por Cláudia Chaves. Um desses manuais, a *Postilla do Commercio*, de 1817, definiu como principais requisitos para o bom negociante: *"os predicados de que se forma a estimação do comerciante são: a verdade, a boa fé, a pontualidade, a prudência, a economia, a aplicação ao negócio, a inteligência do negócio mercantil e a exatidão dos seus livros de contas. O conjunto dessas virtudes forma o maior crédito, e a menor falta em algumas delas o diminui: desta nasce o prejuízo dos negociantes, a sua ruína, e o dano geral da sociedade"* (*Apud* CHAVES, 2005). Mesmo que, muito provavelmente, nossos negociantes não tivessem tido acesso a essas obras, tais predicados e comportamentos eram o esperado entre os sujeitos de boa fé, daí o processo de construção da credibilidade dos sujeitos comuns.

como a crença na idoneidade dos devedores, na sua honra pessoal, na palavra dada e os laços de parentesco eram elementos sociais e simbólicos que influíam no acesso ao crédito. Os sujeitos eram conhecidos, as notícias corriam e as fofocas faziam parte do universo social e mercantil como meios de afiançar o caráter dos indivíduos como pessoas dignas de créditos ou não. Obviamente, não estamos afirmando que a economia tivesse seu funcionamento apenas baseado nestes instrumentos sociais e simbólicos (i.e., em elementos extraeconômicos); instrumentos econômicos, tais como as moedas de ouro, prata e cobre circulante no país, bem como os bilhetes de depósito no Tesouro, embora restritos, também faziam parte desse universo.[18] O que queremos destacar é que na falta de instrumentos estritamente econômicos, outras vias, sobretudo não econômicas, eram postas em práticas para fazer circular o mercado, e entre elas estava o uso do crédito. No entanto, o acesso ao crédito não era isento do conhecimento da fama e caráter do devedor, pois necessitavam-se de

18 A respeito dos numerários e outros meios circulantes no Brasil, a reforma e lei bancária de 1853, a qual defendia a monopolização das ações bancárias e de emissões de notas, tinha como objetivo sanar a falta de numerário circulante no Brasil, tônica de preocupações das autoridades, tanto coloniais, quanto imperiais. A esse respeito, confira a dissertação de mestrado Hernán Enrique Lara Saez. No referido estudo, o historiador apresenta a discussão que se antecedeu à promulgação da legislação bancária de 1853, abordando o debate travado na Câmara dos Deputados no período entre 1840 e 1852. De acordo com o autor, através da leitura dos discursos apresentados na câmara, verifica-se que era consenso entre os deputados a dificuldade gerada pela falta de meio circulante (tônica de preocupações por vezes destacadas por diversas autoridades em outros períodos históricos, como, por exemplo, a política emissionista do príncipe regente D. João VI a partir de 1808, quando, na necessidade de enviar quantias avultas a Portugal para o financiamento da defesa do território invadido pelas tropas napoleônicas, ou ainda as denúncias das autoridades mineiras, no século XVIII, de que, na falta de numerário circulante, a população recorria ao uso intenso do sistema de crédito, gerando as cadeias de endividamento), sendo necessária a implementação de uma política monetária. Embora houvesse esse consenso, nos debates sobre a nova legislação, as posições antagônicas e pontos de vistas divergentes dividiram os deputados em duas correntes, que ficaram conhecidas como metalistas e pluralistas. A primeira corrente, resumidamente, defendia o monopólio da emissão de moeda pelo Banco do Brasil, recentemente fundido com o Banco Comercial do Rio de Janeiro, o monopólio do sistema bancário e adoção de práticas bancárias mais ortodoxas, seguindo o modelo do Banco da Inglaterra, enquanto a segunda defendia uma política de emissão difusa por grandes bancos provinciais, tornando as economias provinciais menos dependentes da Corte e tendo sanada de forma mais eficaz as suas necessidades. O impacto de tais correntes de pensamento influenciaria a política monetária no país durante a década de 1850, interferindo diretamente nas economias provinciais. Cf. LARA SAEZ, 2008.

garantias de que o pagamento seria feito, mesmo que se levassem anos para quitar a dívida.[19] Dessa forma, se Manoel estava com a credibilidade em baixa, mesmo não sendo decretada a falência da unidade familiar, uma vez que ele ainda fazia seus negócios de gado na praça carioca, a falta de credibilidade na região sinalizaria os maus tempos que o criador de gado vivenciava. Sem acesso ao crédito, com sua credibilidade abalada, Manoel finalizou a carta, apelando para a caridade de seus credores, dizendo sentir muito por eles não levarem o dinheiro devido, e apontava como causa do insucesso *"não ter tido bom negócio"*.[20]

Apesar de não ter tido bons negócios, Manoel ainda insistia no comércio de gado com a praça do Rio de Janeiro e em São João del Rei, fazendo tratos com fazendeiros da região, incluindo Gervásio. No entanto, seu esforço não era recompensado e, em cartas subsequentes, continuava a relatar mais prejuízos. De fato, *"o mar não estava para peixe"* e Manoel experimentava o agravamento da crise em que se encontrava. Em 14 de fevereiro de 1851, ao responder outra carta de Gervásio, o criador de gado expunha novas dificuldades em acertar o débito devido, afirmando que a

19 Para o século XVIII mineiro, Cláudia Coimbra do Espírito Santo tem um estudo muito interessante a respeito da influência da religiosidade nas práticas mercantis e acesso ao crédito. De acordo com a historiadora, nos processos de cobrança de dívidas, os réus, baseados no direito português, tinham a oportunidade de fazerem o juramento por sua alma no qual ou confessavam a dívida e eram obrigados a quitá-la, incluindo as custas do processo, ou a negavam e seriam absolvidos, sendo o autor condenado a arcar com as custas do processo. Neste recurso estava em jogo a salvação da alma do réu, no plano divino, e, no mundo dos homens, o perjúrio comprometeria o acesso a novos créditos. Isso porque, segundo a autora, a forte presença da religiosidade no mundo colonial mineiro fazia do juramento d'alma um importante instrumento regulador das relações entre os sujeitos, incluindo a prática mercantil, uma vez que o temor da perdição eterna da alma, o medo do inferno e de passar a eternidade na presença do diabo fazia com que os homens confessassem/reconhecessem suas dívidas, mesmo aquelas contraídas no acordo oral, sem documentos escritos. Mas claro, havia os sujeitos que arriscavam as suas almas negando seus débitos com as mãos sobre os Santos Evangelhos. E, diante destes comportamentos, a prática não deixava de gerar polêmicas, contribuindo para isso o fato de que a legislação eclesiástica permitia ao devedor, consciente de sua dívida, negá-la em juramento, obtendo, no entanto, a salvação através do sacramento da confissão. Mas, apesar de todos os contestes, segundo a autora, o empenho da palavra através do juramento d'alma era eficaz no acesso ao crédito, pois que *"a fama de jurar em falso e cometer crime de perjúrio representava um risco muito grande: perder o acesso ao crédito e, assim, ver ameaçada a própria sobrevivência"* (ESPÍRITO SANTO, 2009).

20 Arquivo Particular de Gervásio Pereira Alvim: carta enviada por Manoel Ferreira Rodrigues, em 5 de julho de 1849, sua casa.

comercialização do gado no Rio de Janeiro gerara outros prejuízos e que ele estava se organizando para ir à capital imperial ver o que faria para reverter o quadro. Dizia ainda que na esperança dada pelo jovem fazendeiro Gervásio, o criador de gado sendo afoito, vendeu o gado mal e que, por isso, não tinha meios de arcar com o trato feito no rancho do senhor Medeiros. Mas, afirmava que se empenharia na busca por crédito, dizendo: "*vou fazer toda a diligência de arranjar a quantia que vossa mercê precisa por este tempo*". E finalizou a carta, saudando a todos dos Campos Gerais e Retiro, em particular a Gervásio, e pedindo que transmitisse os cumprimentos de sua esposa às senhoras donas daquelas fazendas.[21]

Para agravar mais a situação, o incômodo de saúde se prolongou por alguns meses e, aliado à falta de meios, impossibilitou o criador de gado de viajar para a praça carioca para tentar reaver seu prejuízo noticiado na carta anterior, complicando ainda mais a situação de Manoel Ferreira Rodrigues. Em carta datada de 21 de julho de 1851, o criador de gado respondia a Gervásio dizendo que "*o meu maior gosto era cumprir o que vm.*[ce] *me pede*", porém devido ao seu estado de saúde e por falta de meios, não teve como ir ao Rio de Janeiro cobrar seu prejuízo, mas que faria todo esforço para o acerto da dívida e finalizava pedindo: "*tenha paciência com estas tão grandes faltas de seu amigo, obrigado e criado*".[22]

Embora estivesse imerso numa lógica socioeconômica em que pedir emprestado não era vergonha, e emprestar, dispor de liquidez, era sinal de opulência e riqueza,[23] e ainda que o acerto de dívidas pudesse levar anos para ser efetuado, Manoel Ferreira Rodrigues passava por "*maus bocados*". A situação em que se encontrava trouxera-lhe "*incômodos de saúde*" e começava a colocar em risco a perpetuação dos laços sociais: ele se queixava da ausência dos amigos que contava certos. Dificuldades e imprevistos podiam acometer qualquer um, e lidar com esses eram preocupações dos sujeitos históricos, incluindo Manoel e Gervásio. Em vários momentos Manoel solicitava paciência para suas grandes falhas a Gervásio e até mesmo chegou a alegar que queria acertar sua vida e de seus pobres filhos sem que fosse preciso justiça. Em outro momento, alegou que "*se eu pensasse que*

---

21 Arquivo Particular de Gervásio Pereira Alvim: carta enviada por Manoel Ferreira Rodrigues, em 14 de fevereiro de 1851, Prados.

22 Arquivo Particular de Gervásio Pereira Alvim: carta enviada por Manoel Ferreira Rodrigues, em 21 de julho 1851, sua casa.

23 Sobre riqueza e opulência no Brasil Imperial, ver MATTOSO in ALENCASTRO, 1997.

a promessa de um amigo que tinha cinco contos a minha disposição havia de falhar, tinha lhe dado o dinheiro que empreguei e ia inteiro para o Rio, porém ninguém advinha. Meu amigo tenha paciência que eu há três noites não tenho sono para dormir com tal desarranjo de minha vida."[24]

Diante de tão desesperado apelo e sincera expressão, não nos parece que o comportamento de Manoel fosse representante de má fé. Tratava-se de um mau negócio, talvez uma falta de sorte no ramo atuante, ou mesmo um erro de contabilidade,[25] e o recuo de seus amigos no arranjo de crédito para a quitação das dívidas lhe prejudicava ainda mais no andamento dos negócios, gerando um ciclo do qual Manoel tinha muitas dificuldades em se desvencilhar. Embora o lucro não fosse um fim em si mesmo,[26] fazia parte desse universo econômico e o constante insucesso de Manoel não lhe permitia dar garantias a seus credores acerca do acerto dos débitos, por isso lhe faltavam. Por mais que, segundo Kátia Mattoso, os credores não lhe parecessem preocupados com o fato de as dívidas não terem sido sanadas, pois acreditavam na honestidade natural dos testadores em listar suas dívidas e dos testamenteiros em sanar tais compromissos,[27] garantias de que o pagamento seria efetuado em algum momento era fundamental para a manutenção do crédito e da credibilidade. Podia, sim, levar anos para quitar as dívidas, às vezes somente após a morte com a abertura do inventário o credor teria seu saldo (e o lucro dos juros correntes) reavido, no entanto, a crença no pagamento não poderia ser maculada ou posta em dúvida em momento algum. O que não foi o caso de Manoel Ferreira Rodrigues.

Nessa situação, Manoel tinha poucos instrumentos, tanto econômicos como sociais e simbólicos, a sua disposição para garantir a reprodução do seu modo de

24 Arquivo Particular de Gervásio Pereira Alvim: carta enviada por Manoel Ferreira Rodrigues, em 27 de agosto de 1848, sua casa.

25 Neste caso, compreendemos que a contabilidade envolvia o cálculo econômico que permitia a reprodução da unidade doméstica e do estilo de vida, levando-se em consideração os aspectos sociais, simbólicos, políticos e culturais que envolviam os sujeitos. Cf. KULA, 1979; CHAYANOV in SILVA & STOLCKE, 1981; LEVI, 2001.

26 Não se tratava de uma lógica capitalista, na qual o lucro é um fim. Em sociedades pré-industriais, o cálculo econômico levava em consideração os aspectos sociais, econômicos, culturais e simbólicos que alteravam os comportamentos dos sujeitos. Cf. KULA, 1979; CHAYANOV in SILVA & STOLCKE, 1981; POLANYI, 2000; LEVI, 2001.

27 Cf. MATTOSO in ALENCASTRO, 1997.

viver. Diante de suas queixas, o criador de gado contava apenas com a boa vontade e paciência de Gervásio Pereira Alvim, essas reconquistadas a cada momento mediante constante apelo aos vínculos de amizade. Em todas as cartas, Manoel iniciava com os cumprimentos de praxe, nos quais, de modo geral, desejava boa saúde a Gervásio Pereira Alvim e sua esposa, bem como estendia saudosos cumprimentos e desejos de saúde a outros familiares do jovem fazendeiro, em especial nas pessoas do capitão Gervásio do Carmo, pai de Gervásio, e dos tios, o vigário Joaquim Carlos e o major Francisco de Assis. Em um mundo hierarquizado pelas relações pessoais, onde o posicionamento social deveria ser constantemente definido e redefinido,[28] essas lembranças tinham como fito o reforço dos laços de amizade, uma demonstração de atenção e estima para com aqueles senhores, uma lembrança das alianças firmadas em momento anterior, por um lado, como também, por outro lado, significava a evocação do recurso de apadrinhamento a estes senhores, visando a um controle social e simbólico sobre as ações de Gervásio para com os atrasos do criador de gado. Isto é, ao reforçar os laços de estima com os familiares de Gervásio, sobretudo, senhores mais velhos, homens aos quais o jovem fazendeiro devia obediência filial e hierárquica, não esquecendo a extensão das lembranças que a senhora de Manoel enviava às senhoras donas do Retiro e Campos Gerais, o criador de gado buscava nessas lembranças um instrumento de controle social e simbólico sobre as ações de Gervásio, no sentido de resguardar os laços de amizade e clientela firmados com outros membros da família, tentando evitar qualquer comportamento mais ríspido do jovem fazendeiro contra ele, como por exemplo, uma cobrança em juízo. Na situação em que Manoel se encontrava, uma ação judicial solaparia de vez quaisquer possibilidades de recuperação da sua unidade familiar, comprometendo a sobrevivência do criador de gado e seus filhos, arruinando de vez o restante de confiança e credibilidade que este ainda mantinha na praça junto aos seus poucos amigos.

Ante esta ciência, Manoel tratava de esboçar sua gratidão, sempre se colocando como *"amigo, obrigado e criado"* e, nos momentos mais tensos, se despedia como *"de seu amigo, muito obrigado e criado que de coração lhe estima."*[29] Essas de-

---

28 Para a manutenção das hierarquias sociais na sociedade imperial brasileira era constante a necessidade de definição e redefinição dos lugares e papéis sociais. Cf. GRAHAM, 1999.

29 Arquivo Particular de Gervásio Pereira Alvim: carta enviada por Manoel Ferreira Rodrigues, em 10 de maio de 1852, sua casa.

monstrações de estima e gratidão eram importantes instrumentos sociais e simbólicos numa sociedade em que as relações pautavam-se na solidariedade emergida dos laços de parentesco e nos vínculos de amizade e clientela. Neste caso, em especial, elas garantiram a manutenção dos laços sociais, evitaram o rompimento dos vínculos, conformando-se em uma estratégia de ganhos simbólicos e econômicos, na qual Manoel Ferreira Rodrigues, entendendo o comportamento e atitude de Gervásio Pereira Alvim como um favor, tinha como obrigação moral restituir-lhe com o respeito e afeição.[30]

E de fato, a estratégia deu certo. Gervásio não processou Manoel, não rompeu os laços de amizade e vínculos de parentela há tempos construídos. Não que isso significasse que Gervásio não se sentisse tolhido no seu direito, ameaçado nos seus negócios. A falta de pagamento, bem como os diversos atrasos no acerto dos débitos por parte de Manoel influía no andamento dos negócios de Gervásio, pois, ao contrário de acordos mercantis nos quais não se estipulava prazo para quitação de crédito, tais negócios estavam vinculados diretamente à circulação do crédito e de mercadorias no interior da comarca do Rio das Mortes. E, neste caso, ao contrário de outros, nos quais percebemos que os acertos levavam anos para serem efetuados - por exemplo, o caso do comerciante Francisco Xavier Pires Campos, que após ter corrido o Império Ultramarino português, participado de diferentes circuitos de comércio interno à Colônia e de redes de comércio do Atlântico Sul, cobrava, em 1816, uma dívida de sua tia viúva, dona Inês Clara de Castro, iniciada em 1784, por serviços prestados na fazenda de seu tio tenente Francisco Xavier Pires, quando ainda era menino, com 14 anos, recém-chegado de Portugal[31] - Gervásio precisava dos acertos para participar do comércio, seja na forma de crédito, seja na forma de mercadorias.

Ou seja, naquela relação mercantil, exemplificada pela ação de Francisco Xavier Pires, percebemos outro comportamento com relação ao produto da atividade econômica fruto da natureza do serviço prestado.[32] Francisco reclamava

---

30 Cf. XAVIER & HESPANHA in MATTOSO, 1998; GRAHAM, 1999; POLANYI, 2012.

31 Arquivo Histórico do Escritório Técnico II – IPHAN, São João Del Rei. Libelo Cível: Francisco Xavier Pires Campos (Autor), Ignês Clara de Castro (Ré), 1816.

32 A noção de crédito nas sociedades pré-industriais deve ser entendida não apenas como resultante de empréstimos de dinheiro feitos entre as partes, mas sim como fruto de pagamentos adiados de serviços prestados, compras e vendas a prazo, rendas ainda não pagas e ainda dívidas dos sujeitos. Um bom exemplo dessa definição da percepção de crédito para o

o importe do serviço prestado na fazenda e participações em negócios do tio homônimo após muitos anos corridos, num período marcado por uma trajetória que percorreu várias praças do Império luso-brasileiro, revelando a dinâmica do comércio e a mobilidade intra-imperial dos sujeitos históricos. De acordo com o relato do autor do libelo cível, ele, Francisco, chegara ao Brasil em 1784 para viver em companhia do tio, este que *"desde muitos anos antes da vinda do autor,* [o tio falecido] *vivia e continuou a viver em abundância e possuía muitos escravos machos e fêmeas seus próprios que os serviam e a sua família, assim em casa na roça, sendo os desta e os da tropa de bestas que conduziam os efeitos de sua lavoura, para as diversas partes administradas por feitores e camaradas que tinha para esse fim, como foram José Soares, Joaquim Ferreira Couto e outros",*[33] e poder aproveitar as oportunidades que as terras mineiras ofereciam,[34] foi atuar inicialmente no ramo do abastecimento interno à capitania. Assim, após ter aprendido, por conta do tio, a ler, escrever e contar, Francisco iniciou suas atividades no comércio de carnes e toucinhos nas comarcas de Sabará e Serro, passando pelo comércio de animais de transporte, indo buscar mulas e bestas na capitania de São Paulo, em Sorocaba e, por fim, atuando no tráfico de escravos africanos, a princípio, reexportando da praça do Rio de Janeiro para a comarca do Rio das Mortes e, por fim, migrando para a África, estabelecendo-se em Angola por mais de vinte anos. Durante esse tempo, os familiares de Francisco reclamavam que mal sabiam do seu paradeiro.[35]

A disputa girava em torno de alguns bens deixados por Francisco em poder do tio antes de percorrer o Império, em suas andanças por negócios. Entre os bens deixados, Francisco dizia ter deixado um crédito resultante da venda de escravos, algumas cabeças de gado, roupas e objetos pessoais. Embora Francisco precisasse

---

momento em questão é encontrado no trabalho de Maria Manuela Rocha sobre as práticas creditícias no cotidiano lisboeta dos séculos XVIII e XIX. Cf. ROCHA, 1998.

33 Arquivo Histórico do Escritório Técnico II – IPHAN, São João Del Rei. Libelo Cível: Francisco Xavier Pires Campos (Autor), Ignês Clara de Castro (Ré), 1816.

34 O Brasil, no contexto do Império luso-Brasileiro, era tido como uma terra de oportunidades, uma região para onde portugueses com parcos recursos migravam para amealhar fortuna e retornar à terra natal, no caso, Portugal. Sobre esse imaginário, confira, entre outros, BOXER, 2000; PEDREIRA, 1992; FARIA, 1998. Ver também capítulo 2 deste livro, o qual aborda a trajetória dos portugueses Manoel Pereira Alvim, Gervásio Pereira Alvim e José Pereira Alvim e os caminhos da construção da riqueza em terras do ultramar.

35 Arquivo Histórico do Escritório Técnico II – IPHAN, São João Del Rei. Libelo Cível: Francisco Xavier Pires Campos (Autor), Ignês Clara de Castro (Ré), 1816.

de crédito e dinheiro para realizar suas atividades, a movimentação dos negócios ocorreu com a comercialização dos produtos que levara consigo para São Paulo, ou seja, a comercialização das *"chiqueiradas de porcos"*. A insegurança dos caminhos forçava as tropas a andarem com pouco numerário, bem como o conhecimento dos sujeitos com quem se envolviam, que acompanhavam a tropa, pois os riscos de levar em suas companhias assaltantes e assassinos também eram reais. Nestes termos, a dinâmica da economia e a movimentação do comércio se davam através das trocas de produtos, do crédito retido nas mãos de pessoas de confiança, em geral, parentes e/ou amigos que compunham as redes de solidariedade e vizinhança em diferentes pontos do comércio, e da circulação de pouco numerário em posse dos viandantes, estes alvos fáceis. E assim, em consonância com a historiografia a respeito do crédito,[36] a cobrança e o acerto das dívidas levavam anos a fio, sem que isso representasse tentativas de calote e/ou má fé; no caso em análise, em especial, sem representar desonra ou má conduta do tio para com o sobrinho. O fato foi que na mobilidade por caminhos e estradas, entre praças distantes, os riscos eram grandes e iminentes,[37] e, assim, Francisco teve que deixar para trás créditos que muito provavelmente necessitaria em mãos do tio. No entanto, recorrendo às redes de contatos mercantis já construídas pelo tio,[38] Francisco conseguia se movimentar, adquirindo produtos que fazia girar suas atividades mercantis. E, portanto, o "papel feio" cometido, neste caso, fora a necessidade de cobrança em juízo; a discórdia com relação aos valores dos bens deixados e as implicâncias e ressentimentos que foram gerados desta ação. Francisco iniciara queixando-se da falta de apoio do tio nos negócios em São Paulo; por sua vez, a viúva e os filhos do finado rebatiam as queixas, afirmando que o mesmo se aproveitara da condição material (empréstimos realizados, pagamento de instruções) e imaterial (as relações de amizade e comércio) já firmadas pelo finado para se estabelecer.

Enfim, percebemos que o comportamento do comerciante Francisco em cobrar a dívida depois de muitos anos passados, após o falecimento do tio, nos

36 Cf. ZEMELLA, 1990; FURTADO, 1999; ESPÍRITO SANTO, op. cit., SANTOS, 2010.

37 Tanto que muitos tropeiros faziam testamentos em cidades distintas antes de partirem com a tropa em novas jornadas de comércio. Cf. ANASTASIA, 2005.

38 A ré do Libelo, dona Inês Clara de Castro, contou na réplica que o sobrinho havia se aproveitado do apoio do tio para conseguir se integrar numa tropa. Cf. Arquivo Histórico do Escritório Técnico II – IPHAN, São João Del Rei. Libelo Cível: Francisco Xavier Pires Campos (Autor), Ignês Clara de Castro (Ré), 1816.

momentos de feitura do inventário, estava em consenso com o comportamento da época. Muitas dívidas eram solvidas nos processos de inventário *post mortem*, quando se necessitava arrolar os bens deixados pelo finado, as dívidas a serem pagas e recebidas e, assim, proceder a partilha dos bens entre os herdeiros legítimos. Porém, a cobrança em juízo já representava uma ruptura brusca nas relações sociais e, principalmente, parentais. Mas, atenhamo-nos no momento para a questão do crédito.

De acordo com a historiografia acerca do crédito em sociedades pré-industriais, havia uma cultura em que os acertos das dívidas e dos créditos faziam-se após muito tempo corrido, sem que isso maculasse a reputação dos sujeitos históricos como caloteiros e/ou pessoas não dignas de crédito. Por exemplo, Mafalda Zemella, ao analisar o comércio de abastecimento de Minas Gerais no século XVIII, percebeu que o intenso recurso ao crédito era resultado da falta de numerário circulante e, portanto, a transformação deste instrumento na principal forma de pagamento entre os mineiros.[39] Júnia Ferreira Furtado, ao estudar as relações mercantis do comerciante lusitano Francisco Pinheiro com seus representantes nas Minas setecentista, discutiu os valores e os princípios nos quais a concessão do crédito e a participação nas redes de comércio estavam lastreados. Segundo a autora, a inserção nas redes de comércio, consequentemente, o acesso ao crédito, estavam pautados no reconhecimento social da hierarquia entre os sujeitos e a expressão dos valores como *"amizade, liberalidade, caridade, magnificência, gratidão e serviço"*.[40] Cada qual com uma função especial, esses valores e princípios regiam as relações sociais, políticas e econômicas, desnudando a subordinação das relações econômicas às relações sociais e políticas.

E ainda, os trabalhos de Cláudia Coimbra do Espírito Santo e Raphael Freitas Santos,[41] ao estudarem mais pontualmente as relações de crédito nas Minas do Ouro, observaram o cotidiano das práticas creditícias e o endividamento dos mineiros. De acordo com os autores, o crédito era bastante difundido entre a população mineira, não sendo restrito apenas a pessoas de posses, demarcando a recorrência das compras a prazo e empréstimos de dinheiro como práticas do cotidiano dos sujeitos, independentemente do estatuto jurídico, se livre ou escravo, bem como do nível

39 ZEMELLA, 1990.

40 FURTADO, 1999, pp. 61-72.

41 ESPÍRITO SANTO, 2009; SANTOS, 2010.

da riqueza. Ou seja, em conformidade com os autores, o acesso ao crédito estava mais atrelado à capacidade de inspiração de confiança no pagamento que o devedor passava ao credor que propriamente à condição material dos envolvidos. Neste sentido, os instrumentos morais e religiosos, como por exemplo, os Juramentos D'Alma, estudados por Cláudia Coimbra do Espírito Santo, eram importantes instrumentos simbólicos no lastramento das relações sociais, incluindo as práticas mercantis. Já Raphael Freitas Santos observou que, nas práticas creditícias cotidianas foram baixos os registros de taxas e juros nos compromissos de créditos, bem como a estipulação do prazo para a quitação dos mesmos, o que reforça que o fundamento principal das trocas estava baseado em elementos sociais, em especial, na presteza e gratidão com que o devedor deveria tratar seu credor. O autor também destacou que, como um *habitus* bastante difundido entre os mineiros, "*vários habitantes de Minas eram, em diferentes momentos da sua vida, credores e devedores*" e, nesse sentido, a prática creditícia ganhava a "*forma de entreajuda, com base na confiança e na expectativa de um tratamento idêntico no futuro*".[42] Isto é, como algo bastante difundido entre os mineiros de diversas posições sociais e estatuto jurídico, as trocas, sempre baseadas em algum benefício, alguma vantagem, implicavam em um custo que, mesmo não se estipulando retornos financeiros imediatos, seriam cobrados os custos sociais, presentes ou futuros.

Ao longo do século XIX, a despeito das transformações econômicas que se processavam em âmbito europeu, em especial na Inglaterra, exemplificadas no avanço do capitalismo, com a transformação das relações sociais e econômicas, a emergência do Estado liberal burguês e a abolição das leis elisabetanas,[43] a economia e sociedade brasileira ainda mantinham fortes traços de sociedades pré-industriais. A economia era fortemente impregnada pelas relações sociais, ainda não

---

42 SANTOS, 2010, pp. 82-83.

43 Na coletânea *Costumes em comum*, E. P. Thompson, em diversos capítulos, discute o impacto das transformações econômicas decorrentes do avanço da industrialização no cotidiano inglês do século XVIII e início do XIX. De acordo com o autor, a cultura popular dos ingleses, à medida que se afastava da cultura patrícia, e a incessante recorrência ao costume como referência ao direito consuetudinário, se apresentavam como instrumentos de resistência às mudanças e as transformações decorrentes do rearranjo socioeconômico, eram mecanismos de luta por novos direitos no contexto de transição da sociedade pré-industrial para a sociedade de mercado. "*O costume era um campo para a mudança e a disputa, uma arena na qual interesses opostos apresentavam reivindicações conflitantes.*" (THOMPSON, 2010, pp. 16-17). Cf. THOMPSON, 2010; POLANYI, 2000.

havia processado a sua desagregação da esfera social, ou seja, o econômico ainda não constituía um sistema à parte passível de compreensão por si só.[44] No Brasil oitocentista, em especial na província de Minas Gerais, no interior da comarca do Rio das Mortes, a influência das relações sociais ainda era forte sobre as relações econômicas, sobretudo no acesso ao crédito e na construção da credibilidade. A produção e distribuição dos bens materiais, as trocas entre os sujeitos eram orientadas pelos princípios da reciprocidade e redistribuição, enraizados nas relações sociais, sendo a orientação econômica submetida aos laços sociais de parentesco, amizade e clientela.[45] Neste sentido, entendemos o comportamento de Francisco Xavier Pires Campos ao deixar passar tantos anos para resgatar alguns de seus bens e capital. Todavia, quando a necessidade se apresentou, no caso, o falecimento do tio, a cobrança foi processada e, para o contexto da época, de forma desarmônica e, quiçá, desleal, uma vez que poderia representar ingratidão para com os familiares que o inseriram nas redes de comércio e o instrumentalizaram materialmente com empréstimos e créditos, com o pagamento de instruções nas primeiras letras, entre outros tipos de financiamentos, e imaterialmente, com a inclusão nos circuitos de abastecimento interno à capitania. No entanto, foi a necessidade da cobrança o motivador da ação. Isto é, a necessidade é a palavra chave para compreender o comportamento diferente de Gervásio Pereira Alvim ao pressionar de formas variadas Manoel Ferreira Rodrigues para que este acertasse o que devia.[46]

Por mais generalizadas que fossem as práticas creditícias nas sociedades pré-industriais - por importantes que fossem para garantir a própria dinâmica da economia e o funcionamento do mercado, uma vez que a irregularidade dos flu-

44 Cf. POLANYI, 2012; MALINOWSKI, 2008.

45 Ver em especial o artigo de Karl Polanyi, "A economia enraizada na sociedade", no qual o autor, recorrendo a trabalhos de Bronislaw Malinowski sobre o funcionamento de sociedades primitivas, discutiu a funcionalidade da economia nas sociedades pré-capitalistas e a impossibilidade de desagregação do econômico das relações sociais, destacando que, enquanto instituição, a economia não podia ser entendida como um sistema, tal como nas sociedades capitalistas. Cf. POLANYI, 2012, p. 95-106 e MALINOWSKI, 2008.

46 Maria Manuela Rocha, no estudo sobre o crédito na praça de Lisboa, pontuou que as cobranças dos créditos se faziam em momentos de necessidade do credor. Caso contrário, perpetuavam-se os adiamentos nos saldos das dívidas como mecanismo reprodutor dos vínculos de clientela. No entanto, isso não quer dizer que *"a atividade de cobrança das dívidas não era tarefa que se descurasse"*, ainda sim a atenção a quem se dava o crédito deveria ser observada. Cf. ROCHA, 1998.

xos de rendimentos era uma constante não apenas no âmbito das relações locais e regionais e da esfera doméstica e da parentela, o Estado também se apresentava como um devedor de seus funcionários[47] – a necessidade de geração de recursos para a participação nas redes de abastecimento, seja na forma de créditos lastreados, seja na forma de dinheiro e/ou mercadoria, fazia com que em determinados momentos as dívidas fossem cobradas. De fato, o tipo de crédito gerado na relação entre Gervásio e Manoel, fruto da troca mercantil, distintamente dos créditos resultantes de empréstimos, compras a prazo e/ou prestação de serviços, fazia com que Gervásio tivesse um comportamento distinto e, consequentemente, uma orientação mais econômica nas suas ações.

Ou seja, no tipo de relação estabelecida entre Gervásio Pereira Alvim e Manoel Ferreira Rodrigues, o comércio de mercadorias para o abastecimento do mercado interno à comarca do Rio das Mortes e das redes interprovinciais, sobretudo o abastecimento da praça mercantil carioca, fazia com que o não pagamento dos débitos implicasse diretamente na reprodução física dos instrumentos econômicos que os capacitavam para a atuação nestes circuitos do comércio. Implicava incisivamente na reprodução da unidade doméstica, no sustento da casa, no provimento de mercadorias. Gervásio Pereira Alvim necessitava do saldo das dívidas e de mercadorias para participar das redes de comércio, seja no abastecimento da Corte, seja no interior da comarca do Rio das Mortes. Neste sentido, destoando um pouco do que a historiografia acerca da economia pré-industrial defende ao discutir que a produção e distribuição dos bens materiais, as trocas entre os sujeitos não detinham uma orientação econômica e se encontravam enraizadas em relações sociais, pautadas nos princípios da reciprocidade e redistribuição,[48] havia sim uma orientação econômica neste comportamento, qual seja, a necessidade da sobrevivência e a reprodução do modo de viver de Gervásio, que, no entanto,

47 Sobre o papel do Estado como devedor a seus funcionários, e consequentemente, o alargamento dos créditos, faz-se menção aos atrasos nos acertos dos soldos dos funcionários que eram reclamados, inclusive, nos processos de solicitação de mercês e hábitos. Entre outros, confira ROCHA, 1998.

48 Karl Polanyi defende que nas economias pré-industriais, as trocas entre os sujeitos não tinham conotações econômicas, elas estavam assentadas nos princípios de reciprocidade e redistribuição, não havendo espaço para ganhos econômicos propriamente ditos. Já Bronislaw Malinoski afirma que, quando havia risco à reprodução da subsistência e da unidade familiar, as trocas entre os sujeitos ganhavam conotações econômicas como vias para garantir a sobrevivência. Cf. POLANYI, 2012; MALINOSKI, 2008.

não suplantava as relações sociais, os laços de amizade e vínculos de clientela, nas ações do fazendeiro. Isto significa que Gervásio não processou Manoel em função de os prejuízos sociais serem maiores que o lucro dessas atividades mercantis. Porém, isso não quer dizer que Gervásio não se sentisse tolhido no seu direito, não se sentisse lesado no seu negócio, mas sim que pesava mais em suas decisões a manutenção dos laços sociais há muito construídos, que o rompimento dos laços sociais com seu parceiro em dificuldades.

Todavia, essa concepção não assentia somente a Gervásio Pereira Alvim. Um exemplo de comportamento semelhante, em momento posterior, onde já vigoravam transformações sociais, políticas e econômicas no cotidiano brasileiro, decorrentes das transformações impostas pela consolidação do capitalismo, é percebido na própria documentação do fazendeiro. Em 10 de julho de 1854, o comerciante de grosso trato da praça de São João del Rei, Sabino de Almeida Magalhães, escrevia a Gervásio solicitando o acerto do débito no valor de 38$020 réis, contraídos em 03 de julho do ano de 1853, pois havia a necessidade de *"dispender de quantias avultadas para solver* [o] *débito no Rio de Janeiro, contando para esse fim com a colaboração dos bons fregueses (...) esper*[ava] *portanto que V. Sª. tendo a consideração o justo motivo acima expedido, não deixará de anuir ao meu pedido"*. Em 1 de novembro de 1858, Manoel Luís de C., morador em Prados, termo da vila de São José, comarca do Rio das Mortes, escrevia solicitando o acerto final *"de sua clareza de principal e prêmios até o presente 448$315 réis, descontados os 400$ que deu no Rio a 10 de fevereiro deste ano como consta do recibo que vm.ce ainda tem em seu poder"*, pois que precisava aprontar dinheiro para entrar no Cofre dos Órfãos, por isso contava com a ajuda do fazendeiro Gervásio. Já em 15 de agosto de 1859, o comerciante Francisco Paulo de Almeida, com casa mercantil no distrito de Lagoa Dourada, termo da vila de São José, comarca do Rio das Mortes, também solicitava o acerto da conta no valor de 154$060 réis, pois que *"tendo de partir para o Rio de Janeiro muito bem e achando me indo com falta de dinheiro para este fim, vou rogar-lhe o especial favor mandar-me com brevidade o importe de sua conta (...) esper*[ava] *em meu amigo não haver falta pois que tenho grande precisão; ofereço lhe meu limitado préstimo para aquela Corte"*. E, em 10 de novembro de 1861, o fazendeiro Francisco Xavier da Silva, residente no Ribeirão de Santo Antônio, distrito da Lage, termo da vila de São José, escrevia a Gervásio para rogar-lhe o favor *"mandar a quantia de 200$000 réis que preciso muito nesta ocasião por causa de ter* *comprado* [uma] *parte de* [uma] *escrava do meu genro tão necessário*".[49] Momentos distintos, senhores distintos, com atividades profissionais também distintas e todos com a mesma argumentação: a necessidade. A necessidade como motivador da cobrança fazia com que o comportamento desses homens tivesse uma orientação econômica destinada a garantir a reprodução física dos seus negócios e, assim, garantir a sobrevivência dos seus modos de viver.

No entanto, nem todos receberam a contemplação do pedido em sua totalidade. A falta de meio circulante fazia com que os acertos demorassem a ser realizados e, por isso, em todas as cartas os sujeitos históricos pediam a confirmação se podiam ou não contar com a efetividade do pagamento, se não tudo ou o que pudesse ser abatido. Não obstante, tal fato não comprometia as relações entre eles, ou seja, o bom relacionamento entre credores e devedores. Isso porque, primeiro, as relações mercantis firmadas no interior da comarca do Rio das Mortes sofria muita interferência das relações de amizade, parentesco e vizinhança. Embora em outros espaços do Império brasileiro, principalmente, na praça mercantil do Rio de Janeiro, as relações mercantis passassem por transformações, através da promulgação do Código do Comércio e da criação do Tribunal do Comércio em 1850, que visavam dirimir as influências sociais nas atividades econômicas, dando mais segurança e estabilidade aos praticantes do comércio, no interior da comarca mineira a proximidade social entre os sujeitos, as relações familiares e os vínculos de amizade e clientela ainda constituíam elementos muito influentes nas decisões a serem tomadas, perpetuando a noção de uma economia moral.

Além disso, há que se destacar que a solvência das dívidas por completo poderia também representar um rompimento dos laços comerciais. De acordo com Maria Manuela Rocha, em Lisboa, nos séculos XVIII e XIX, devido à irregularidade nos fluxos de rendimentos, as compras a crédito constituíam o único procedimento que permitia assegurar a circulação de bens e serviços, apresentando-se como processo perfeitamente normal da prática comercial. Na forma mais usual,

49 Arquivo Histórico do Escritório Técnico II – IPHAN, São João del Rei. Documentação Particular de Gervásio Pereira Alvim: Carta enviada por Sabino de Almeida Magalhães, em 10 de julho de 1854, São João; Arquivo Particular de Gervásio Pereira Alvim: Carta enviada por Manoel Luís de C., em 01 de novembro de 1858, Prados; Arquivo Particular de Gervásio Pereira Alvim: Carta enviada por Francisco Paulo de Almeida, em 15 de agosto de 1859, Lagoa Dourada; Arquivo Particular de Gervásio Pereira Alvim: Carta enviada por Francisco Xavier da Silva, em 10 de novembro de 1861, Lage.

os comerciantes atentavam para que as dívidas não atingissem montantes demasiado elevados, e os devedores eram identificados pelo nome, morada, profissão ou a combinação desses elementos. Diante de uma clientela regular, a autora percebeu que a solvência das dívidas acontecia à medida que se contraíam outras, gerando uma cadeia de crédito e a insolvência total das dívidas. Ou seja, numa relação de confiança mútua, o comerciante deveria garantir facilidades a seus clientes, favorecendo e ampliando o crédito como meio de garantir a sua clientela. Assim, quando um cliente tomava a decisão de quitação total das dívidas, o ato traduzia-se no rompimento dessa relação de confiança mútua entre vendedor e cliente.[50] Enfim, segundo as palavras da autora,

> Apesar dos eventuais transtornos que podiam decorrer da cobrança das dívidas, o sistema de vendas a crédito não deixava de funcionar, o que traduz evidentemente a vantagem que dele advinha para a manutenção da actividade económica dos comerciantes. A eventual irrecuperabilidade do correspondente retorno monetário dos géneros vendidos nestas condições era encarada como um risco inerente à própria actividade comercial. A recusa de fornecimento de crédito, essa sim, poderia pôr em perigo o negócio, dada a quase certa transferência de clientes, que procurariam outros estabelecimentos com um funcionamento mais conforme às necessidades e expectativas dos consumidores.[51]

Enfim, o comportamento de Gervásio Pereira Alvim, o recurso ao crédito como instrumento viabilizador da prática mercantil, a cobrança nos momentos de necessidades, a solvência parcial das dívidas, eram atitudes coerentes com as práticas mercantis usuais não apenas na economia regional mineira, mas também verificadas em outras praças de comércio, cuja economia ainda estava subordinada às relações sociais e a sociedade ainda mantinha os traços pré-industriais, como por exemplo, a praça de Lisboa.

Como também atentado pela autora, Maria Manuela Rocha, vez por outra, eventuais transtornos nas cobranças das dívidas faziam-se presentes na prática

50 ROCHA, 1998, pp. 09-10.

51 Idem, p. 16.

mercantil. Em alguns momentos, os comerciantes estudados por ela estavam envolvidos em cobranças em juízo de dívidas de antigos ou *ex* clientes.[52] Todavia, o recurso à esfera jurídica e a passagem para o Estado da responsabilidade pela solução de dilemas dessa ordem não era tão corriqueiros. A família e os vínculos de clientela e amizade, neste momento, ainda eram importantes instrumentos mediadores das relações entre os sujeitos, em especial, das atividades mercantis. Somente quando os comportamentos eram tidos como ilegítimos e/ou rompiam com o costumeiro, e, assim, instaurava-se uma crise, outras instâncias de poder eram acionadas como árbitros das pendências[53] como, por exemplo, a justiça.

De acordo com os modelos explicativos construídos por António Manuel Hespanha a respeito da justiça e seu funcionamento no cotidiano português de Antigo Regime, até meados do século XVIII, a lei era, dentro do direito oficial português, aquele aplicado nos tribunais centrais e alguns pontos periféricos, uma fonte minoritária, uma vez que ela se encontrava entremeada por cima entre o poder doutrinário do direito geral e natural e, por baixo, o poder das comunidades primárias, dos grupos particularistas. Assim, a maior parte da vida jurídica das pessoas corria à margem do direito escrito, sendo que, de acordo com seus dados estatísticos, em Portugal, no século XVII, o mundo dos escritos de direito e da prática jurídica não devia tocar mais do que 15% da população, o que correspondia, provavelmente, ao âmbito do grupo alfabetizado de então. Já o restante, correspondente ao índice de 85% da população, regulava-se por padrões de conduta fixados pela tradição, tutelados por formas antigas de organização da sociedade em geral, e, no caso do mundo dos negócios, pelos padrões da sociedade mercantil.[54] No

52 Idem.

53 Outro exemplo pode ser encontrado em E. P. Thompson na definição de turba e *economia moral*, ao estudar a lógica dos motins da fome na Inglaterra, no século XVIII. De acordo com o historiador inglês, a motivação da ação da multidão baseava-se no princípio, em tempos de crise, da moral e do direito costumeiro, consuetudinário, na definição dos preços do trigo e do pão praticados pelos comerciantes e moleiros ingleses. A questão que se colocava era *"se os produtores e comerciantes em conjunto podiam, com uma longa sequência contínua de circunstâncias favoráveis, tirar proveito de seu controle sobre uma necessidade fundamental da vida e aumentar o preço para o consumidor"* (THOMPSON, 2010, p. 160). Nesta interpretação, o autor defendeu que as ações da multidão buscavam reforçar as antigas leis paternalistas num momento de transformações decorrentes do avanço do capitalismo. Diante das transformações, a multidão tentava resistir às mudanças, resgatar alguns ideais da economia moral e garantir a sobrevivência do costume. Cf. TOMPSON, 2010.

54 HESPANHA, 1993, p. 15.

caso aqui analisado, em especial, a economia regional mineira, representada pela comarca do Rio das Mortes e seu vigoroso comércio de abastecimento, na segunda metade do oitocentos, os valores que regulamentavam a vida social e mercantil ainda se baseavam nas relações morais, pautadas no conhecimento dos sujeitos, da família, nos princípios da gratidão e vínculos de clientela alargados com a consolidação no tempo das amizades e das relações de parentela e, principalmente, nos princípios de reciprocidade. Assim, a forma de garantia do crédito estava ancorada num código de ética construído na convivência dos mineiros, com orientação típica de sociedades pré-industriais e escravistas, nas quais as orientações de mercado não suplantavam as percepções sociais das obrigações morais e em que o Estado e a lei ainda corriam a margem.

Neste sentido, voltando ao modelo de António Manuel Hespanha, que defendeu que o próprio direito erudito era obrigado a reconhecer este enorme universo que lhe escapava, levar para a esfera do Estado e da justiça as pendências mercantis, ou mesmo de outra natureza, ocorria quando as estruturas sociais e simbólicas (por exemplo, a família e as relações de amizade, parentesco e clientela), que moldavam os comportamentos dos sujeitos históricos, mostravam-se ineficientes nas coerções dos atos e atitudes, em especial, no comércio regional no interior da comarca do Rio das Mortes. Isso acontecia quando as relações sociais que sedimentavam as relações de confiança mútua, necessárias à prática mercantil, não surtiam mais efeito sobre as condutas dos sujeitos envolvidos. Ou seja, processar alguém para a cobrança de dívidas antigas e/ou crédito vencido era o último estágio de apelação para a recuperação de um crédito, porém significava o rompimento dos laços sociais e familiares entre os envolvidos. Foi justamente essa concepção que orientou as ações de Gervásio para com Manoel. Processá-lo significaria o rompimento das relações sociais e familiares há muito estabelecidas e reafirmadas por gerações antecedentes.

Naquele momento, a ordem imperial estava se consolidando, levando o país a passar por transformações sociais, econômicas, políticas e culturais, representadas, por exemplo, pelas disputas de projetos políticos diferentes entre liberais e saquaremas. A esse respeito é possível retomar o debate iniciado por Alcir Lenharo,[55] que destacou a luta dos mineiros na praça carioca para defender o seu modo mercadológico de negociar e garantir o abastecimento de carnes verdes

55 LENHARO, 1992.

naquele mercado, sendo registrada a derrota dos liberais no debate político. E, ainda, a atualização desse debate por Wlamir Silva, ao defender que a construção do Estado Imperial brasileiro resultou de um confronto entre os projetos políticos formulados no seio da sociedade e foi concomitante com a formação de uma classe senhorial e de hegemonia conservadora. A disputa real sobre o formato do Estado, das hierarquias sociais e de definição da liberdade envolveu uma proposta de relação dialética entre Estado em formação e sociedade.[56] Além disso, inerente a este processo, no seu modelo jurídico, as transformações decorrentes da luta pela hegemonia político-jurídica, a disputa pela direção moral e intelectual da sociedade, obviamente que, em busca de consenso, a vitória dos conservadores e a derrota da proposta liberal incluíram, ao mesmo tempo, a construção de uma classe senhorial envolvendo a formulação de suas representações e visões de mundo. Assim, a identificação entre os políticos nacionais, na posterior relação política de luzias e saquaremas, representou a formação de um modelo político-jurídico de Estado, expressa na visão que possuíam e veiculavam da política e de sociedade.[57]

Essas mudanças afetariam as relações mercantis firmadas à medida que vislumbravam a interposição da lei escrita sobre as formas de organização social forjadas na conformação da sociedade ainda em tempos coloniais. Este projeto legalista de interferência nas relações particularistas ganhava impulso cada vez maior nestes anos, segunda metade do oitocentos, seguindo o curso das transformações nacionais. Seus impulsos, de acordo com o projeto saquarema, político conservador, com sua dimensão civilizatória poderia se tornar vitorioso, ao construir o consenso e penetrar na casa, ou seja, nas províncias. A disciplinarização das relações comerciais, via institutos e instrumentos legais, foi obra do fortalecimento das relações do Estado. Neste sentido, a transferência para a esfera pública das questões afetas ao comércio, como as cobranças de dívidas, representaria a superação da intermediação das relações sociais entre os sujeitos em disputas. Isto é, ao se colocar em demanda judicial uma cobrança de dívidas comerciais, significava a superação das antigas relações familiares, o avanço do Estado na mediação da vida dos particulares. Enfim, apesar desses impulsos, esta superação não seria ainda de todo processada nas relações mercantis estudadas. O comportamento de Gervásio para com os constantes atrasos de seu velho amigo e parceiro de negócios de gado

56 SILVA, 2009, p. 27.

57 MATTOS, 2004, p.105-106.

fora significativo dessa limitação do avanço do Estado nas decisões mercantis regionais. Ao que tudo indica, o cálculo efetuado pelo jovem fazendeiro levou em consideração as relações sociais há muito firmadas e o fato de que o impacto social seria maior que o lucro econômico advindo de tal rompimento.

Neste sentido, apesar de todas essas mudanças em curso, as relações de vizinhança e parentesco ainda se mantinham fortemente influentes nas relações mercantis firmadas em âmbito regional. Gervásio preferia manter sua amizade com Manoel, estendendo seu séquito, recriando as cadeias de amizade assimétricas, pois a família e as redes de clientela e amizades assimétricas constituíam importantes instrumentos de sociabilidade e sustentação dos sujeitos em meados do oitocentos. Tanto a família quanto as redes de clientela mantinham importantes papéis de identificação de seus membros, apresentando-os e creditando-lhes como pessoas de boa fé, boa conduta e boa família. E ao caminhar lado a lado família, riqueza e prestígio social, seus membros conseguiam alcançar determinados postos da administração bem restritos ao grosso da população, como também diversas graças honoríficas. A importância desses instrumentos no cotidiano mineiro oitocentista se apresentava, sobretudo no mundo mercantil, nas possibilidades de manter parceiros fiéis, homens de confiança que, devedores de favores, além de ampliar a parentela, favoreciam a formação de novas redes de contato mercantil no presente ou no futuro.

Além disso, há que se destacar que as diversas mudanças em curso, que penetravam o universo sociocultural dos sujeitos, provocando alterações nos comportamentos,[58] consistiam em um processo lento que pretendia romper com as percepções de mundo, com a cultura e com os costumes até então vigentes. Neste sentido, essas mudanças paulatinamente provocavam a desintegração dos costumes, das formas de sociabilidades, dos comportamentos; e a imposição de novos atos e formas de vivência, por sua vez, não estavam isentos de tensões sociais e resistências por parte dos envolvidos. Por exemplo, Gervásio Pereira Alvim não processou Manoel Ferreira Rodrigues por acreditar nos benefícios sociais que

58 Aqui podemos destacar diversas mudanças que visavam à transformação dos comportamentos dos sujeitos históricos, entre eles, para fugir um pouco do âmbito da política e da economia, destacamos a ascensão do romantismo e a crítica à política de casamentos, como também, em outra ordem, a maior interferência do Estado nas relações escravistas. Cada vez mais, as relações entre senhor e escravo abandonavam as características particulares e passavam ao domínio do Estado. Entre outros trabalhos, ver: MATTOS in ALENCASTRO, 1997.

colheria se mantivesse o criador de gado como um amigo que lhe devia favores, estes não só econômicos. Do mesmo modo, Sabino de Almeida Magalhães, comerciante de grosso trato sanjoanense, após insistente pedido de acerto de débito e nada manifesto por parte de Gervásio, também optou pelo não rompimento dos laços sociais, quiçá de parentela, previamente existente entre eles, provavelmente também imerso nessa lógica socioeconômica da importância da parentela. E mais, no testamento desse comerciante,[59] entre as diversas determinações e disposições testamentárias, Sabino deixava claro para seu testamenteiro que, contra aqueles sujeitos cujas dívidas inscritas no seu livro de contas constava que não tinham meios para arcar com as mesmas, não se deveria para mover ações judiciais. A princípio seria uma dívida falida, por outro lado, há que se considerar que tal comportamento também era representativo de uma lógica mercantil, social e cultural na qual, na impossibilidade do pagamento em meios materiais, resguardavam-se as relações de clientela. E naqueles anos, não só em Minas Gerais, mas também na Bahia, "*as relações de dependência permeavam toda a escala social*", bem como na praça carioca, mesmo diante das transformações decorrentes da urbanização e da diversificação dos investimentos, a parentela e os vínculos de amizade, estreitados com o domínio político, tinham peso decisivo no mercado e nos rumos da economia, por meio da ingerência destes sujeitos nos destinos da política econômica nacional.[60] Tampouco não podemos deixar de citar outros lugares nos quais, mesmo frente a mudanças nos rumos da política e economia nacional, a família e as redes de clientela ainda se faziam importantes instrumentos de intermediação das relações sociais e econômicas, bem como na manutenção da hierarquia social e da riqueza. Assim, neste mesmo período, podemos citar, na província de São Paulo, vila de Bananal, o cuidado e atenção para com os laços familiares e de parentela por parte de membros da família Aguiar Vallim na consolidação do *status* familiar e na preservação e controle social e político, como também as estratégias matrimonias que visavam a ampliação da riqueza.[61]

---

59 Arquivo Histórico do Escritório Técnico II – IPHAN, São João del Rei. Testamento. Sabino de Almeida Magalhães (Tenente Coronel), São João del Rei, 1876, caixa 78.

60 MATTOSO, 1992, p. 218; FRAGOSO & MARTINS, 2003.

61 FARIA in CASTRO & SCHNOOR, 1995. No estudo de Carlos de Almeida Prado Bacellar sobre família e sistemas sucessórios entre membros da elite do Oeste Paulista, o autor destacou a interligação entre o casamento e a dinâmica do mercado interno. De acordo com as pesquisas realizadas pelo autor, havia duas orientações nas escolhas matrimonias empreendidas pelos

Enfim, mesmo tratando-se de momentos de transformações, existiam certos entraves sociais e culturais que dificultavam a racionalização da vida em sociedade, a gerência do Estado e da justiça nas relações econômicas, a superação dos particularismos na economia regional e da influência dos vínculos sociais e simbólicos nas atividades mercantis. Para compreendermos melhor o que se quer dizer, voltamos para alguns estudos de E. P. Thompson sobre a ação da multidão no século XVIII diante das transformações sociais, políticas, econômicas e culturais pelas quais a Inglaterra passava. A turba, frente de um comportamento que rompia com o costume e, portanto, que ganhava conotações de ilegitimidade, de algo que fugia ao costumeiro, ao direito consuetudinário, logo explodia em movimentos de motins, cuja intensidade, força, violência e velocidade da ação era também rapidamente drenada pela própria multidão como se nada houvesse acontecido;[62] ou ainda, as tensões geradas entre os camponeses diante do avanço dos cercamentos dos campos, que – rompendo com a estrutura tradicional dos costumes e dos direitos dos aldeões e impondo de forma bastante violenta as definições de propriedade capitalista nas vilas – estavam ameaçando-lhes o modo de viver, de se sustentar e de se relacionar. Assim, entre as diversas formas de resistência e protestos dos camponeses pobres, em 1799, um grupo de aldeões escreveu uma car-

senhores de engenho do Oeste paulista. A primeira, intrafamiliar, tinha como objetivo a consolidação da família na região, buscava dentro dos laços de consanguinidade o estreitamento dos ramos familiares, não permitindo a dispersão dos filhos em ramos familiares "estranhos", sobressaindo a estratégia de reforço de vínculos já preexistentes. A segunda orientação estava atrelada ao interesse econômico, buscando unir os filhos com pessoas e/ou familiares que lhes assegurassem algumas vantagens econômicas, como por exemplo, as alianças com membros ligados ao setor exportador. Para o autor, devido à natureza da atividade econômica desenvolvida no Oeste Paulista, entre os anos de 1765-1855, a produção do açúcar, a aliança dos senhores de engenhos com membros ligados ao comércio exportador visava garantir um melhor aproveitando nos ramos mercantis, mesclando relações familiares com a dinâmica do comércio interno. Em suas palavras, "*a dinâmica específica da economia colonial escravista de exportação transformava o grande agricultor paulista em proprietário exclusivamente voltado e concentrado sobre sua atividade de produção de açúcar. Seu sucesso não poderia jamais depender apenas de seu desempenho pessoal como senhor de engenho e do bom comportamento das variáveis climáticas e de mercado, mas também, e em escala não desprezível, dos frutos de seus relacionamentos comerciais, em que incluía-se o negociante de escravos, o 'capitalista' fornecedor de créditos, o tropeiro e o comerciante de açúcar. Neste jogo, o parentesco – de sangue ou de compadrio – era usado como uma garantia a mais para a boa conclusão dos negócios.*" (BACELLAR, 1997, p. 89-98, citação p. 97).

62 Cf. THOMPSON, 2010.

ta anônima endereçada a Oliver Cromwell, proprietário rural de Cheshunt Park, na qual exprimia seus sentimentos de tolhimento e revolta diante do avanço dos cercamentos dos campos. Em suas palavras, eles expressavam suas percepções de mundo e compreensão do fenômeno como algo ilegal e que lhes feria o direito costumeiro, portanto, afirmavam e ameaçavam: *"esse ato sanguinário e ilegal vai deixar seus corações sem sangue; se o senhor proceder a este ato sanguinário, vamos urrar* como relincham os cavalos, *até derramarmos o sangue de todos que quiserem roubar os inocentes"*. Também fizeram questão de frisar que não garantiriam pela vida do proprietário, pois este não estaria seguro, uma vez que *"não está em seu poder afirmar, 'eu estou livre das mãos dos meus inimigos', porque estaremos à espreita, como aves de rapina, para derramar o sangue dos indivíduos mencionados, cujos nomes e casas são como chagas putrefatas para nossas narinas. Declaramos que o senhor não poderia dizer, 'estou seguro' quando for para a cama, esteja alerta para que, ao abrir os olhos, não veja entre chamas"*.[63] Tais passagens revelam as tensões cotidianas geradas a partir de um rompimento com um modelo de vida, bem como sinalizam que a recepção de novas orientações sociais, políticas, econômicas e culturais não eram assimiladas de um momento para o outro.

Outra influência para compreender a assimilação das transformações é encontrada no estudo de E. Powell sobre a justiça, litígios e ações legais na Inglaterra no final da Idade Média. Segundo o autor, ao analisar as ações litigiosas na Inglaterra nos anos finais da Idade Média, o fraco aparato jurídico e a força da comunidade geraram um papel mediador da justiça, cuja função nos dias de hoje é muito mais a de fazer uma investigação e uma ameaça do que finalizar com uma sentença definitiva capaz de dar razão exclusiva a uma das partes. Assim, em conformidade a essa diferenciação, o autor defendeu que, naquele momento passado, a grande maioria dos processos jurídicos não era resolvida em um tribunal, era preciso buscar a solução em outras esferas. Nesse sentido, E. Powell salientou que, enquanto historiadores defendem que a fraqueza dos tribunais ingleses durante os anos do século XV se devia à Guerra das Duas Rosas, um fator conjuntural, na verdade, a resolução dos problemas era garantida por meio da influência de elementos da estrutura social, tal como a interferência religiosa.[64] Seja como for, o que nos interessa para nosso estudo é a questão da força e penetração do Estado

63 THOMPSON, 2002, p. 39-68, citação p. 47.

64 POWELL in HESPANHA, 1993.

na região da comarca do Rio das Mortes, bem como avaliar, à luz dessas premissas, alguns elementos presentes em nossa situação de análise. Entendemos que há elementos comuns e algumas rupturas, no entanto, percebemos que os estudos sobre os litígios contribuem para clarear a compreensão do que estava acontecendo no interior da comarca mineira.

No caso do Brasil Imperial, a comarca do Rio das Mortes e sua cabeça representaram uma região onde a penetração da justiça encontrava-se em estágio menos primário. Se o gigantismo territorial da nova nação demandou cuidados intensivos para a preservação da unidade, a penetração da justiça e do Estado Imperial também não se deu no mesmo ritmo nas diversas partes de Minas Gerais. É amplamente conhecido o trabalho de colonização e integração de outras partes das Minas, tal como a região do Vale do Mucuri. Pois bem, já na comarca do Rio das Mortes e em São João del Rei a região se destacava pelo seu comércio com a praça do Rio de Janeiro e já era uma região de mais antiga administração da justiça. E, conforme já foi lembrado, a penetração do governo que se deu em mais de uma via metodológica, ou seja, dominar o governo da casa, pressupunha educar as pessoas dentro da lógica da penetração da lei do Estado; assim, na região a utilização dos libelos para solução dos possíveis litígios era mais presente. No entanto, cumpre lembrar que a presença da família era um fator de arbitragem nos negócios da comarca do Rio das Mortes. Ainda tomando a inspiração de E. Powell, entendemos que a ausência do Estado na arbitragem dos casos não pressupunha caos econômico, muito ao contrário, houve uma funcional organização e pagamento das dívidas, conforme as cartas apontam, e como inúmeros estudos já demonstraram, o baixo índice de inadimplência e endividamentos em terras mineiras. Assim, os vínculos de parentesco, gratidão e amizade como elementos de coerção extrajudicial não comprometiam o crescimento econômico e nem representavam um declínio da produção econômica.

A penetração da arbitragem do Estado e sua aceitação e utilização em terras mineiras conforme o caso estudado pode parecer a alguns um avanço nas relações dos negócios, se concebida como uma novidade da administração moderna do Estado em organização, mas ela não era tão amplamente usada. Ainda permaneciam os antigos padrões de negócio. Isso pode ser tomado como influência do direito canônico e da sociedade onde a religião católica estava muito enraizada. E. Powell aponta que a arbitragem era encorajada formalmente pelo direito canônico, tornando-se popular entre a pequena nobreza dos condados para a solução de disputas sobre a propriedade, e para o estabelecimento de penas nas agressões físicas. Segundo ele, os registros monásticos e episcopais mostram que a Igreja dava preferência aos meios de paz em relação aos processos religiosos. Ele afirma que esses procedimentos de busca da paz estavam perfeitamente adaptados à resolução dos assuntos comerciais.[65] Neste sentido, temos que o comportamento de Gervásio para com Manoel e a ação destacada do comerciante Sabino de Almeida Magalhães eram coerentes com uma lógica social e econômica, na qual outras estruturas sociais se sobrepõem aos impulsos puramente econômicos. Enfim, o que se quer destacar é que a interferência da família era também a interferência da comunidade. A ampla participação da família na região, bem como das redes de clientela, registra que o domínio de terras e negócios era feito por um grupo social de proprietários, e o controle das riquezas era reforçado através de casamentos endógenos. No caso específico de nossa pesquisa, os acordos eram feitos na comunidade marcada pelos costumes comuns, em vez da utilização da lei escrita como elemento de equilíbrio. No entanto, vez por outra esse equilíbrio era quebrado e gerava não apenas desgaste econômico, mas, e sobretudo o rompimento dos laços sociais de amizade.

O que se quer destacar é o imperativo da centralidade dos laços familiares nas relações mercantis no interior da comarca do Rio das Mortes ainda em meados do século XIX. Mesmo que o país passasse por transformações, representadas pelo avanço do Estado na mediação das relações entre os sujeitos, o rompimento com o costumeiro e com as articulações sociais e familiares forjadas desde os tempos coloniais não era isento de tensões e resistências entre os parceiros. O cálculo econômico ainda era administrado pelas relações sociais, movidos pela expressão do *status*, pela definição do lugar social e da reprodução das hierarquias. Em uma economia onde o mercado era restrito, no qual nem todos os componentes resultantes da atividade econômica eram reinvestidos na reprodução do sistema, ou seja, a apropriação do excedente econômico tomava outras direções, tais como o investimento em elementos extraeconômicos e simbólicos de prestígio, poder e hierarquia social, impingia-se a esta economia um caráter de apêndice da vida social, i.e., *"a economia era um meio de existência e reprodução de uma organização social determinada de outra maneira (...) a função econômica era desempenhada por outras estruturas dominantes como o parentesco, a hierarquia política ou a tra-*

65 Idem, p. 172.

dição religiosa".[66] Compreender as relações entre Gervásio Pereira Alvim e Manoel Ferreira Rodrigues nos permitiu destacar as nuances da economia regional da comarca mineira, desvelando sua natureza e especificidade, elucidando o cotidiano das relações econômicas interpeladas pelos vínculos sociais de família e de parentela e por elementos simbólicos de prestígio e poder.

Assim, diante de muitas dificuldades e desacreditado na praça, Manoel se despede da documentação privada de Gervásio Pereira Alvim, solicitando, em maio de 1852, uma minuta dos acertos efetuados, pois que devido ao infeliz estado em que se encontrava não se recordava dos acertos realizados. A história acima relatada revela a luta pela sobrevivência de um casal, que, com dificuldades financeiras, recorria aos mais diversos meios, tanto sociais e simbólicos (o constante apelo à caridade e à paciência e as diversas reiterações de saudações e recomendações aos senhores e senhoras residentes nos Campos Gerais e Retiro), quanto econômicos (a busca incessante por crédito e dinheiro a prêmio lhes negados pelos amigos que contavam como certos) para manter a sua unidade doméstica e seu modo de viver. Com os poucos recursos que lhe restaram, Manoel tentava manter a sobrevivência da família e resguardar "*seus pobres filhos*" através do reforço dos laços sociais, num momento de crise da sociedade brasileira, no qual se buscava a superação de antigas concepções de economia e sociedade, a maior interferência do Estado nas relações cotidianas privadas, com o avanço das críticas à escravidão e a destruição do sistema escravista implantado.

Apesar da resistência a essas mudanças por parte dos fazendeiros e comerciantes regionais da comarca do Rio das Mortes, pouco a pouco tais transformações passaram a ser sentidas no cotidiano dos negócios, e a gerência da família e das redes de clientela começaria a perder forças na mediação das relações mercantis, sobretudo, se tais relações não estivessem assentadas fortemente em vínculos de parentela, como até então discutido. Paulatinamente, verifica-se a emergência de relações mais capitalistas no mundo mercantil, através das escrituras públicas de dívidas e de exigências do cumprimento dos prazos cujos pagamentos deveriam ser efetuados em dinheiro e, na falta, não haveria pudor social que coibiria a ação judicial litigante. Através das relações firmadas entre Gervásio Pereira Alvim e o comerciante português radicado na praça mercantil de São João del Rei, Manoel Gomes de Castro, entre os anos finais de 1850 e início da década de

66 CANGIANI in POLANYI, 2012, p. 18.

1860, percebemos o outro lado da moeda. Se, até então, a lei oficial dos tribunais foi parcamente usada, porque suprida com os instrumentos sociais de controle, os sinais da modernidade entrariam na região e seriam adotados, rompendo com uma força de articulação social e comercial sustentada, até então, nos vínculos locais. Naquele momento, o Código Comercial e os tribunais oficiais ainda cobriam pouco na regulamentação e disciplinarização das relações mercantis, e a cobrança judicial sobre Gervásio, empreendia pelo comerciante lusitano Manoel Gomes de Castro e sua sogra, pode ser entendida como um elemento na transformação do sistema jurídico em curso a partir dos impulsos cariocas, bem como de impulsos decorrentes da consolidação do capitalismo na Inglaterra, naqueles anos.

Em raciocínio análogo, Roger Chartier lembra que, talvez, o fato mais marcante da segunda metade do século XVIII fosse a intervenção do Estado nas formas de vida da coletividade e a penetração de sua regulamentação em forma de serviços que não pararam de se impor com a tendência de codificação aberta no século seguinte. O novo papel do Estado vai interferir com maior frequência cada vez mais no espaço social que antes estava entregue às comunidades. Ele lembra que esse movimento não teria ocorrido sem uma tendência de forças centrífugas e que a interferência, pelo menos nominal e depois com frequência de fato do Estado na vida privada, não se fazia sem que os indivíduos tentassem defender ou ampliar seu papel social que a comunidade podia tolerar.[67] Pois então, no território das Minas, parte de um Estado nacional em construção ou ainda recentemente construído, a manutenção das formas sociais de controle do crédito ainda se encontrava no estágio em que a sociedade podia tolerar, até que a publicação de instrumentos jurídicos controladores, com vistas a promover o crescimento modernizante do Império do Brasil, alteraria tal quadro e percepções. A partir da segunda metade do século, principalmente depois da década de 1860, a organização das regras de crédito e mercadológicas no território das Minas, exemplificadas na fase em que as regras locais e de família mantinham o controle local, estavam sendo superadas por uma vertente mais impessoal. A demanda judicial que envolveu Gervásio Pereira Alvim e Manoel Gomes de Castro[68] revela-nos como o modelo da penetração do Estado, de seus tribunais na

67 CHARTIER in CHARTIER, 2009.

68 A análise das relações entre Gervásio Pereira Alvim e Manoel Gomes de Castro e as mudanças nos comportamentos mercantis no mercado regional são assuntos abordados no quarto capítulo deste livro.

vida dos particulares, alterava o quadro de funcionamento de um modelo político e econômico localmente mantido.

Essas transformações foram, de certo modo, atualizadas à memória de Gervásio Pereira Alvim quando seu tio Francisco Eugênio de Azevedo fez o papel de lembrar-lhe que estava se arriscando muito, ao descuidar de enviar o dinheiro suficiente para quitar os compromissos assumidos. Os espaços de manobra da sociedade foram se reduzindo a partir do momento em que as regras do Estado e de seus tribunais se tornavam cada vez mais presentes, deixando de ser apenas nominais.

A comarca do Rio das Mortes na historiografia

Efervescido com a vinda da Corte portuguesa em 1808, o comércio de abastecimento do Rio de Janeiro a partir do Sul de Minas teve suas origens ainda em meados do século XVIII, quando, em busca por mercado para suas produções e em concorrência com os campos do sul da Colônia, as primeiras boiadas mineiras rumaram para o Rio de Janeiro e São Paulo, já em 1765.[69] Naqueles anos, a comarca do Rio das Mortes, identificada como o Sul de Minas, já era vista como o "celeiro de Minas" com seu comércio de gênero alimentício voltado para o abastecimento interno. As transformações demográficas, por que passariam as diversas regiões mineiras no cenário de crise da mineração, já se processavam naquele espaço, que apresentava um intenso crescimento demográfico, face as novas tendências de reconfiguração econômica.[70]

Famosa na historiografia brasileira, a economia agropastoril, voltada para o comércio interno, implantada na comarca do Rio das Mortes, antes mesmo da crise da mineração do ouro, em tempos historiográficos em que se cantava a decadência da economia de Minas Gerais após o ciclo do ouro, com a completa desarticulação da empresa mineradora e *"decaindo os núcleos urbanos e dispersando-se grande parte de seus elementos numa economia de subsistência* (...) *trabalhando com baixíssima produtividade"*,[71] já tinha sinalizada a sua vultuosidade. Caio Prado Júnior, ao analisar a formação das estruturas socioeconômicas do Brasil, no período colonial, destacou a vivacidade das atividades agrárias e criação de animais, voltadas

69 PRADO JR., 1987, p. 198. Ver também ZEMELLA, 1990; LENHARO, 1992; RESTITUTTI, 2006.

70 PAIVA, 1996, p. 16.

71 FURTADO, 1985, p. 85-86.

para o abastecimento interno, instaladas na bacia do Rio Grande e seus afluentes. Mesmo considerando este ramo da agricultura como um setor secundário da vida econômica da Colônia e do Império, subsidiário da agroexportação e ocupado por homens de baixa qualidade, pobres e sem perspectivas de ascensão social e econômica, o autor ressaltou a proeminência e especificidade da economia do Sul de Minas.[72] Segundo as palavras do autor,

> É um setor subsidiário da economia colonial [a agricultura de subsistência], depende exclusivamente do outro [a monocultura exportadora], que lhe infunde vida e forças.[73]
>
> A mediocridade desta mesquinha agricultura de subsistência que praticam, e que nas condições econômicas da Colônia não podia ter senão este papel secundário e de nível extremamente baixo, leva para elas, por efeito de uma espontânea seleção social, econômica e moral, as categorias inferiores da colonização. Não encontramos aí, por via de regras, senão um elemento humano, residual, sobretudo mestiços do índio que conservaram dele a indolência e qualidades negativas para um teor de vida material e moral mais elevado. Ou então, brancos degenerados e decadentes.[74]
>
> A proximidade [de Minas Gerais] de um importante núcleo de povoamento do litoral como o Rio de Janeiro, veio reforçar aquela situação [o desenvolvimento de uma apreciável agricultura voltada inteiramente para a produção de gêneros para o consumo local]. E graças a estas perspectivas excepcionais, a agricultura mineira, embora quase exclusivamente de subsistência – as únicas exceções são os casos já assinalados do algodão em Minas Novas e do tabaco no Sul, – adquire um nível bem mais elevado que o das demais regiões

72 Em várias passagens da obra *"Formação do Brasil contemporâneo"*, Caio Prado Júnior destacou o Sul de Minas Gerais, sobretudo a região às margens da bacia do rio Grande e seus afluentes, rio das Mortes, Peixe e Verde, com sua economia agropastoril voltada para o mercado interno, como uma excepcionalidade no conjunto das atividades econômicas e sociais do Brasil. Cf. PRADO JR., 1987.

73 PRADO JR., 1987, p. 159-160.

74 Idem, p. 161.

> similares da Colônia. E é aí que encontramos as principais daquelas poucas exceções acima lembradas, de grandes propriedades, fazendas, ocupadas unicamente com a produção de gêneros de consumo interno.[75]

Mafalda Zemella, ao estudar o abastecimento da capitania de Minas Gerais no século XVIII, também destacou os núcleos de produção do Sul de Minas e sua participação no provimento de gêneros alimentícios nas minas. De acordo com a autora, se na primeira metade do setecentos o maior fluxo do comércio abastecedor mineiro provinha de zonas externas à capitania, principalmente do interior da Colônia, de São Paulo, Rio de Janeiro e Bahia e, nas relações com o exterior, participavam do abastecimento os mercados platino de animais, o africano com os escravos e o europeu com suas manufaturas e produtos de luxo, na segunda metade, com a alteração da paisagem econômica da capitania e a crise da mineração, houve uma transformação no padrão de consumo de seus habitantes.[76]

Naquele novo contexto, *"a medida que decrescia o rendimento das lavras, ganhava em importância a agricultura, ampliavam-se as áreas de plantação"*.[77] O abastecimento das minas, sobretudo de gêneros alimentícios e animais, passara a ser provido pelos núcleos de produção internos à capitania, somente os manufaturados e os escravos permaneceram encaminhados de mercados externos.

A evolução econômica da cabeça da comarca do Rio das Mortes, São João del Rei, por exemplo, segundo Mafalda Zemella, se destacava no conjunto da formação dos núcleos de produção mineiro devido ao fato de, inicialmente ter tido seu povoamento marcado pelas fazendas de cultura e criação, mantendo-se uma região agrícola e pastoril até o descobrimento de ouro nas margens do rio que banhava a vila. A partir daí, seu desenvolvimento foi marcado pela extração mineral e, com a crise da mineração, a mesma região retomaria as atividades dos anos iniciais da ocupação.[78] A respeito deste desenvolvimento, Sérgio Buarque de Holanda assinalou que, mesmo cessada a atividade mineradora, *"para o antigo arraial do*

---

75 Idem, p. 162.

76 ZEMELLA, 1990, sobretudo os capítulos 6, 7 e 8 nos quais a autora abordou o consumo da população das Gerais, a crítica do abastecimento, as crises de fome e a formação dos núcleos de produção de gênero.

77 Idem, p. 215.

78 Idem, p. 221-22.

Rio das Mortes [São João del Rei] *a cessação da exploração aurífera não impede que muito ouro continue a afluir, mesmo nos tempos de depressão, pois abastece toda a capitania do fruto de sua atividade agrária, pastoril e até manufatureira*".[79]

O processo que se seguiu à crise da mineração, a ruralização da população mineira, "*em busca de meios mais seguros de subsistência*",[80] fez com que os fluxos do comércio se alterassem. Minas Gerais diversificaria suas exportações, incluindo os gêneros alimentícios e os animais para o mercado carioca, principalmente, enquanto diminuiria as suas importações, restringindo a produtos manufaturados europeus e escravos.[81]

Acompanhando estas transformações, a população mineira abandonava antigas áreas de extração mineral e buscava nas áreas de fronteira os novos meios de garantir a sobrevivência.[82] O intenso movimento migratório proporcionou um crescimento desigual entre as quatro capitanias mineiras, sendo a comarca do Rio das Mortes a região que mais cresceu demograficamente.[83] A mudança da população para a porção meridional da capitania sinalizaria as transformações e funções que a economia de Minas Gerais passaria a ter após a década de 1760.[84] Essas transformações representaram mais do que o já sabido em termos demográficos e econômicos. Elas vão além, nos apontam para a reconfiguração de novas ordenações econômicas e sociais despontadas no Brasil colonial, sobretudo no território das Minas Gerais enquanto capitania e, posteriormente, província.

---

79 HOLANDA in HOLANDA, 1997, p. 306-307.

80 ZEMELLA, 1990, p. 171.

81 Cf. ZEMELLA, 1990 e um trabalho recente, porém para o século XIX, ver RESTITUTTI, 2006.

82 As mudanças na economia movimentavam a população que reduzia seu influxo em áreas clássicas da exploração mineradora, nelas se assistindo à diminuição da imigração de livres e da importação de escravos. Se em Vila Rica e no Serro a população diminuiu, em Sabará ela permaneceu estável, enquanto na comarca do Rio das Mortes se concentrou maior percentual de habitantes, inclusive com predominância de população livre de cor. Cf. PAIVA, 1996.

83 Segundo dados apresentados por Kenneth Maxwell, nas quatro décadas seguintes ao censo de 1776, a comarca de Vila Rica, principal centro minerador, teve um declínio demográfico de 4%, enquanto a comarca do Rio das Mortes, no mesmo período quase triplicou sua população, com o crescimento demográfico de 158%, e as comarcas de Sabará, Serro Frio e Paracatu, englobando as regiões mineradoras e outras mais distantes, um crescimento conjunto de 42%. Cf. MAXWELL, 2009.

84 MAXWELL, 2009, p. 147-149.

O impacto da crise da mineração do ouro, na capitania das Minas Gerais, fora respondido, segundo Kenneth Maxwell, pela economia regional por meio da diversificação da produção rural que, ao longo do setecentos, já recebia estímulos internos, qual seja o abastecimento da própria capitania e as áreas mineradoras.[85] De acordo com as palavras do autor,

> a economia regional, com suas propriedades rurais horizontalmente integradas, era particularmente capaz de absorver o choque das transformações que vieram após a exaustão do ouro aluvial.(...) Depois do decênio de 1760, qualquer produto local suportava comparação favorável com os artigos importados.[86]

Intensificando o processo acrescentaram-se os estímulos externos, sobretudo as relações com o abastecimento do Rio de Janeiro que, naqueles anos, já havia se transformado num importante porto exportador da Colônia e, portanto, importante praça de comércio do Brasil,[87] que contribuíram para o reordenamento econômico da capitania,[88] principalmente na sua porção meridional.

A comarca do Rio das Mortes, que se apresentava economicamente mais equilibrada e diversificada no conjunto das capitanias mineiras, se beneficiaria com a proximidade geográfica do Rio de Janeiro no comércio abastecedor dessa cidade, mesmo antes da chegada da Corte portuguesa, em 1808. Prova disso foi a prontidão com que os mineiros atenderam às solicitações vindas do Príncipe regente para a instalação da Corte no Rio de Janeiro,[89] bem como a ordem dada pelo governador da capitania mineira ao ouvidor da comarca do Rio das Mortes

85 MAXWELL, 2009, ver também ZEMELLA, 1990, HOLANDA in HOLANDA, 1997.

86 MAXWELL, 2009, p. 151.

87 FRAGOSO & FLORENTINO, 2001; SAMPAIO in FRAGOSO, ALMEIDA & SAMPAIO, 2007.

88 De acordo com Sérgio Buarque de Holanda, no artigo "Metais e pedras preciosas", somente com o descenso da mineração foi que a agricultura de gêneros alimentícios em Minas Gerais ganhou algum destaque, já que a produção rural na capitania, diferentemente de outras áreas, era pouco incentivada. HOLANDA in HOLANDA, 1985.

89 LENHARO, 1992, p. 34, em que o autor fez referência a casos de proprietários particulares do interior da capitania, com vistas nas recompensas e graças que poderiam receber do Regente, em fazer doações a família real, como por exemplo o caso de dona Joaquina do Pompeu, moradora em Pitangui, que, orientada por seu representante em Vila Rica, Diogo

para que aprontasse grande quantidade de tropas muares e cavalares para o transporte de "*gados, toucinhos, carnes de porco, arroz, queijos, farinha de trigo, açúcar, farinha de mandioca, feijão e tudo o mais que parecer necessário*" para a recepção da Família Real.[90] Ou ainda, o ofício de 08 de março de 1808, no qual o governador das Minas garantia ao visconde de Anadia "*terem já setecentas e tantas cabeças de gado vacum, 250 de porcos e outros gêneros mais, que espontaneamente têm sido oferecidos pelos povos, e tudo isto há de ser conduzido com o cômodo possível, o que não será com muita brevidade, pela distância e longes*".[91]

A instalação da Corte portuguesa e do aparato burocrático e administrativo do Estado na capital da Colônia, o Rio de Janeiro, dinamizou ainda mais a economia da comarca do Rio das Mortes, aumentando o fluxo do comércio entre as duas regiões, contribuindo para a reordenação e nova inserção econômica da capitania no cenário colonial. A partir daquele momento, tornaram-se mais frequentes as descidas das tropas mineiras, rumo ao mercado carioca, carregadas de mantimentos, tais como: café, milho, arroz, feijão, toucinho, porcos, gados, galinhas, carneiros, patos, doces, azeites de mamonas, etc. Em contrapartida, as tropas, que seguiam pelo Caminho Novo, subiam para as Minas Gerais, rumo à comarca sul-mineira, carregadas de produtos importados, manufaturas e escravos.[92]

Com o passar dos anos, este circuito mercantil foi ganhando mais vulto e os tropeiros mineiros, que na maioria das vezes também eram fazendeiros, acumularam riquezas. Em termos econômicos, demográficos e políticos os desdobramentos das mudanças conjunturais na história do Brasil colonial e do processo de interiorização da metrópole no cotidiano da comarca do Rio das Mortes podem ser verificados por meio da maior projeção da cabeça da comarca, São João del Rei, e do seu comércio no processo de integração do Centro-Sul da Colônia, reforçando o caráter dessa praça mercantil como importante entreposto regional.[93]

O desdobramento não se fez esperar, uma vez que tais comportamentos movimentaram a região com ocupações e disputas locais. O reflexo da expansão do

---

Pereira de Vasconcelos, encaminhou à fazenda de Santa Cruz duzentas cabeças de gado para o provimento da família real.

90 F. em S. J. D'El Rey (Chegada de D. João VI). Revista do Arquivo Público Mineiro. X, Fasc. III e IV, jul-dez. de 1905, p. 719-21.

91 *Apud* LENHARO, 1992, p. 34.

92 LENHARO, 1992; CUNHA, 2008.

93 Cf. GRAÇA FILHO, 2002.

comércio de abastecimento a partir de São João del Rei se fez presente nas economias dos distritos vizinhos através da maior produção de alimentos e animais nestas regiões, da expansão das áreas de fronteira e do crescimento demográfico de regiões para além dos antigos centros mineradores da comarca;[94] os processos de emancipação de vilas, como por exemplo, as vilas de Barbacena e de Campanha, dos seus antigos distritos, formando novos termos;[95] a melhoria da infraestrutura de acesso entre o Sul de Minas e o Rio de Janeiro com a abertura de novos caminhos, como por exemplo, as estradas da Polícia e do Picu;[96] a generosa distribuição de sesmarias que D. João efetuou para a região em troca da abertura de estradas[97] e, já no período imperial, os sucessivos desmembramentos jurídico-administrativos da comarca do Rio das Mortes nos primeiros anos da década de 1830,[98] em função do crescimento das vilas e seus termos para áreas distantes da cabeça da comarca. Todos esses movimentos atestam a formação e a injeção de novos polos do crescimento regional na capitania e, depois província de Minas Gerais. Em termos sociais, verificou-se a ascensão política e econômica de comerciantes e fazendeiros nos seus contextos regionais, com a formação de novos circuitos e redes de comércio de abastecimento e através do controle de cargos jurídico-administrativos regionais. Cabe lembrar, ainda, as doações de sesmarias na região do Vale do Paraíba fluminense para fazendeiros sul-mineiros por D. João VI como recompensa pelos bons serviços prestados à Coroa e/ou ao Estado Imperial do Brasil.

Enfim, mesmo em tempos historiográficos em que se cantavam a decadência da capitania mineira após a crise da mineração e a passagem para a economia agrária, tratando o processo vivenciado como um sintoma da mais grave involução econômica, *"a mais espantosa decadência que uma região de colonização europeia já assistira"*,[99] alguns historiadores pontuavam a vivacidade da agricultura de subsistência na porção meridional da capitania, tendo suas percepções corroboradas por pesquisas posteriores. Segundo Maria Yedda Linhares e Francisco Carlos Teixeira da Silva, a excessiva ênfase que esta corrente historiográfica deu ao sentido de ser da Colônia e aos mecanismos de transferência de renda para a

94 Cf. TEIXEIRA, 2006; GRAÇA FILHO, 2002; PAIVA, 1996.

95 Cf. TEIXEIRA, 2005; ANDRADE, 2007.

96 Cf. LENHARO, 1992; RESTITUTTI, 2008.

97 LENHARO, 1992.

98 Cf. CARVALHO, 1917; GRAÇA FILHO, 2002.

99 FURTADO, 1985.

metrópole criou *"a concepção de que os vínculos comerciais de um produto com o mercado mundial são suficientes para dotá-lo de certa magia que irradia por todos os demais setores da economia colonial dando-lhe um sentido inequívoco"*[100] e, portanto, relegou a agricultura de subsistência a uma posição secundária, incoerente com sistema colonial implantado, criando um paradigma de compreensão histórica e historiográfica.

A ruptura desse paradigma somente viria a se consolidar a partir de novos impulsos e tendências de interpretação histórica. Assim, a crítica soara em momento de renovação da historiografia brasileira, com a incorporação de novos métodos de pesquisa e novas fontes, muito influenciados pela historiografia francesa com a renovação proposta pela Escola dos *Analles* e pelos estudos históricos de cunho marxista.

Ainda assim, é importante salientar que a corrente interpretativa das décadas de 1950 e 1960 que cantava o "sentido da colonização" e a "decadência da economia mineira" fazia eco no quadro teórico-conceitual em que se sustentava, mas também refletia o escopo documental em que pesquisava. As interpretações sobre a história de Minas Gerais encontravam-se reunidas em conjuntos explicativos para toda a economia brasileira e amparavam-se em uma documentação de caráter mais político, tal como correspondência entre governadores, e não se utilizavam de informações contidas nos arquivos regionais, paroquiais, ou mesmo os estaduais, não sendo, portanto, possível observar a diversidade das relações sociais e econômicas no cotidiano colonial e imperial brasileiro.

A afirmação da história problema como método para apreender a complexidade da realidade histórica interpôs novas abordagens sobre o passado. Acompanhando esse processo, com a adoção de novas fontes de pesquisa, a escrita da História também passaria por uma revisão, sendo os trabalhos de caráter nacional, as sínteses da história geral do Brasil substituídos pela história regional,[101] e a

100 LINHARES & SILVA, 1981, p. 113.

101 Em função das novas abordagens sobre o passado a partir de novos métodos de pesquisa e fontes primárias, tornou-se nada fácil seguir a evolução da sociedade, em termos sociais, econômicos, estruturas políticas, demografia e mentalidades, em âmbito nacional, sendo a regionalização, e, posteriormente comparação entre os estudos, a melhor estratégia de compreensão e apreensão do passado. Assim sendo, a história total seria abordada através do aprofundamento do estudo da vida cotidiana em nível regional. A respeito dessas mudanças metodológicas, Ciro F. S. Cardoso, ao apresentar o método da História Regional e sua apropriação pela História da Agricultura, recorrendo às explicações e justificativas de Pierre Goubert sobre a regionalização, ressaltou: *"1) a região constitui uma unidade de*

comparação entre as regiões oferecendo outras interpretações para a complexidade social, econômica e política do país.

A história econômica, que ganhou mais espaço e atenção dos historiadores, também passaria por inovações metodológicas de técnicas e fontes de pesquisa. De acordo com Ciro Cardoso, numa análise de métodos para apreender a história da agricultura pelo viés da história econômica a partir dos dois modelos apresentados por F. Mauro,[102] embora houvesse duas posições limite para empreender a história econômica, a melhor estratégia de pesquisa para abordar o econômico em sociedades passadas era aquela em que se buscava na análise ressaltar as características sociais, políticas e simbólicas de cada sistema incorporadas ao papel do econômico nessas formações. Ou seja, se a "econometria retrospectiva" buscava a criação de uma teoria econômica única válida para todas as sociedades em qualquer época e sistema socioeconômicos, a outra corrente, muito influenciada pelo marxismo de Alexander Chayanov, pela escola histórica francesa e pelos antropólogos "substantivistas", defendia a criação de tantas teorias econômicas quantos sistemas socioeconômicos existirem.[103] Enfim, como bem defendeu Witold Kula,

---

análise apropriada, na medida em que, até o século XVIII, a vida quotidiana estava mais marcada pela região do que pela nação ou por quadros ainda mais vastos. 2) o estudo regional permite que um só historiador, trabalhando de maneira 'artesanal', utilize a totalidade da documentação disponível. 3) É possível seguir, na longa duração, a evolução de uma comunidade regional em diversos níveis estruturais - demografia, econômico, social, ideológico, etc. - coisa nada fácil para todo um país (...) As duas últimas razões dadas por Goubert - que têm a ver com a estratégia da pesquisa - são válidas para a América Latina." (CARDOSO, 1978, p. 75).

102 As duas "posições limites" de métodos de pesquisa em história econômica sistematizadas por F. Mauro, às quais Ciro F. S. Cardoso se refere são: *"a) a que consiste em acreditar na validade dos instrumentos de análise forjados pela ciência econômica atual para o estudo de qualquer sistema econômico presente ou passado, independentemente das suas especificidades estruturais: é a opinião da escola de Chicago, de todos os tipos de 'econometria retrospectiva' e da Antropologia Econômica chamada 'formalista'; b) a posição oposta - do marxismo, de A. V. Chayanov, da escola histórica francesa e dos antropólogos econômicos 'substantivistas' seguidores de Polanyi - que, sustenta, de maneira mais ou menos radical conforme os casos, a necessidade de construir tantas teorias econômicas quantos sistemas econômico-sociais existirem historicamente."* (Idem, p. 45).

103 De acordo com Maria Yedda Linhares e Francisco Carlos Teixeira da Silva, a "econometria retrospectiva" pertencia a uma geração de economistas, *"neopositivistas"*, que não levava em consideração o social nas formações passadas, limitando-se *"a enfocar o econômico, no sentido mais restrito da palavra, reduzindo o seu campo de análise à economia e 'o seu sistema descritivo e interpretativo ao que foi elaborado pela ciência social mais rigorosamente constituída da atualidade: a economia política'"*. Os autores destacaram ainda a intenção desses

ao justificar a necessidade de criação de uma teoria econômica do sistema feudal para a Polônia, recorrendo a Engels, a tentativa de impor as regras econômicas da atualidade a formações socioeconômicas remotas nada mais alcançaria que proposições lugar-comum da mais vulgar trivialidade, já que *"as leis econômicas mudam em simultâneo com a mudança das estruturas socio-económicas"*.[104]

No Brasil, essas renovações metodológicas e de técnicas de pesquisa, com a incorporação de novas fontes na construção do conhecimento histórico e a implementação da pesquisa empírica facilitadas pelas proximidades arquivísticas e pelo crescimento gradativo do número dos programas de pós-graduação em diversas regiões do Brasil, promoveram o estudo da história problema. Na esteira desta tendência, um intenso processo revisionista nas principais teses defendidas pela historiografia, incluindo as versões historiográficas sobre a decadência de Minas Gerais no século XIX, foi construído.

A partir do final da década de 1970, o contato com fontes primárias inéditas revelou uma realidade econômica e social bastante distinta da apregoada pela historiografia brasileira sobre a escravidão, a economia e mercado interno, a agricultura, tanto de áreas voltadas para a exportação, quanto da agricultura voltada para o mercado interno, entre outros temas.[105] Sobre a província de Minas Gerais,

---

economistas em aplicar a teoria econômica presente ao passado, *"tomando como 'modelo nossas contabilidades nacionais atuais' para preencher as 'colunas de um quadro imaginário de input e output'"* (LINHARES & SILVA, 1981, p. 79-80).

104 KULA, 1979, p. 08.

105 Como exemplos de trabalhos que trouxeram novas interpretações da realidade colonial e imperial, podemos destacar, sobre a escravidão: SCHWARTZ, 1988; MATTOSO, 1982; LIBBY, 1988; sobre a economia e mercado internos: PETRONE, 1976; LENHARO, 1992; MATTOSO, 1978; LINHARES, 1979; FRAGOSO, 1998; FLORENTINO, 1995; a agricultura: MATTOS, 2009; LINHARES & SILVA, 1981; riqueza e família: FARIA, 1998; entre outros. Em especial, para o período da Independência, dois artigos de Sérgio Buarque de Holanda contribuíram na renovação historiográfica, *"Sobre uma doença infantil na historiografia"* publicado originalmente no Suplemento Literário d' O Estado de São Paulo, e o capítulo *"A herança colonial - sua desagregação"*, em História Geral da Civilização Brasileira. A partir desses textos, Maria Odila da Silva Dias desdobrou a pesquisa através do projeto *"A interiorização da metrópole"*, que resultou no artigo de mesmo título e nas dissertações de Alcir Lenharo, Riva Gorenstein e Lenira Martinho, que centraram suas análises nos mecanismos de acomodação e re-acomodação dos grupos sociais frente ao impacto da transferência do aparato burocrático português e da chegada da Família Real ao Rio de Janeiro e as transformações econômicas e políticas resultantes da transmigração. Lenharo ainda destacou que a política administrativa de D. João teve que admitir uma virada modernizadora em suas diretrizes básicas, após a instalação da Corte no Brasil, e a forma como

as teses sobre a decadência e o retrocesso à economia natural[106] foram revistas mediante a constatação, embasada em novas fontes de pesquisa, passíveis de quantificação, da manutenção do sistema escravista. Depois de muitos estudos, percebeu-se que ao longo do oitocentos a província não apenas mantinha os cativos, que até então se acreditava terem sido exportados para regiões de pressupostas economias mais dinâmicas, como também a escravaria mineira apresentou vigoroso crescimento numérico, *"de aproximadamente 170 mil indivíduos, em 1819, ela* [a escravaria] *passou a mais de 380 mil em 1875"*,[107] constituindo-se, na província mineira, o maior sistema escravista do país.

Diante dessas novas evidências, a história da escravidão no período provincial mineiro foi um dos focos centrais do processo revisionista. Um dos trabalhos pioneiros foi realizado por Francisco Vidal Luna, Iraci Nero da Costa e Wilson Cano.[108] Embasados em extensa pesquisa empírica sobre material arquivístico jamais utilizado, concentraram-se em estudos quantitativos de demografia histórica e revolucionaram a historiografia mineira, bem como a nacional, ao defenderem que a reprodução natural era a responsável pelo crescimento da população cativa em Minas Gerais ao longo do século XIX. Em uma sucessão de artigos, os autores defenderam que, em Minas Gerais, após o fim da mineração e a passagem para a economia agrária, criou-se uma atmosfera propícia ao crescimento endógeno da população cativa, com a redução da jornada de trabalho e menor exaustão dos escravos. No entanto, a impossibilidade de comprovação de taxas positivas de crescimento vegetativo para os mancípios fez com que as formulações dos historiadores fossem fortemente rebatidas e, com isso, a outra vertente, defensora da importação de escravos, ganhou maior sustentação.

Roberto Martins,[109] outro pesquisador pioneiro do tema, em segunda vertente e opondo-se veementemente à tese do crescimento endógeno da escravidão,

tal fato influenciara diretamente na abertura de estradas e na integração do Centro-sul na política interna. Assim, os estudos destacaram as articulações dos grupos e interesses regionais na tentativa de participar desse novo Estado, tirando proveitos não apenas financeiros, mas também prestígio, através das honrarias e privilégios. Cf. DIAS in MOTA, 1986; LENHARO, 1992; MARTINHO & GORENSTEIN, 1992.

106 Neste caso, entendemos a economia natural, diferente da agricultura de subsistência, como aquela que produz para o sustento imediato da pessoa, a produção "da mão para a boca".

107 MARTINS, 1982, p. 01.

108 LUNA & COSTA, 1982.

109 MARTINS, 1982; MARTINS, 2002.

defendeu, sustentado nos maços populacionais coevos do período imperial, que o grande número de escravos em Minas Gerais não era herança da economia mineradora do século XVIII, mas sim resultado de importações recentes, também não induzidas pela mineração, que ao longo do século XIX ocupava apenas uma pequena parcela da mão de obra escrava. Ao contrário dos postulados em décadas anteriores, o autor defendeu que as Minas Gerais foram capazes de resistir às demandas de braços das zonas agroexportadoras em expansão e era grande importadora de cativos africanos através das reexportações do porto do Rio de Janeiro. Estes escravos eram empregados na agricultura, pecuária e várias atividades artesanais e manufatureiras, como por exemplo, a indústria têxtil e a siderurgia. Assim, de acordo com os dados apresentados pelo autor, no auge do tráfico africano de escravos para o Brasil, Minas Gerais era uma das maiores províncias importadoras de mão de obra cativa, senão a maior importadora de cativos do Brasil e, na América, era superada apenas por Cuba. Ressaltou ainda que a demanda por cativos em Minas Gerais não partia de áreas voltadas para a agroexportação, mas sim pelos setores agropecuário, artesanal e manufatureiro não vinculados ao mercado. Com essa última afirmação, o autor inaugurou um novo ciclo de debates a respeito do caráter e natureza da economia escravista mineira.

Para Roberto Borges Martins, em uma sucessão de artigos, individualmente e em coautoria com Amílcar Martins Filho e com Maria do Carmo Salazar Martins,[110] a economia escravista mineira não era constituída pelas *plantations* e tampouco orientada para a exportação. A paisagem econômica era fortemente marcada pelas fazendas, nas quais a produção de alimentos e criação de víveres voltava-se para o autoconsumo e abastecimento interno à província, sem especialização para a produção mercantil e pouco determinada por forças de mercado. A autossuficiência, o isolamento de mercados externos e a diversificação interna seriam, então, as características principais da economia mineira no oitocentos.

Quanto ao setor exportador, Roberto Borges Martins defendeu que Minas Gerais tinha o mais baixo índice de exportação per capita do país, exercendo a economia mineradora e a cafeeira funções menores na dinamização da vida econômica da província. Com relação à mineração, o autor destacava que as minas em operação eram apenas pálidas sombras do que tinham sido, apresentando uma

110 Cf. MARTINS, 1982; MARTINS FILHO & MARTINS, 1983 e MARTINS & SALAZAR MARTINS, 1982.

produção bastante modesta.[111] Nem mesmo a entrada de companhias extrativistas estrangeiras no setor, após a Independência do Brasil, como por exemplo, a participação dos ingleses através da Imperial Brazilian Mining Company, na mina Congo Sôco, em Santa Bárbara, e da Saint John del Rey, conseguiram reverter o quadro de acentuado declínio da mineração. Assim, constituindo um setor menor da economia, a mineração empregava um pequeno número de escravos, não representando nem mesmo 1% da população escrava da província.[112]

Já sobre a área de *plantation* exportadora representada pela cafeicultura, contrariando uma corrente historiográfica que via nesta atividade a salvação da economia mineira no século XIX,[113] Roberto Martins afirmava que o setor praticamente não surtia nenhuma influência sobre o restante da vida econômica da província, estando confinada a uma área bastante reduzida do território. Segundo Martins, em primeiro lugar, é preciso desmistificar o florescimento da cafeicultura

111 De acordo com os dados apresentados pelo autor, se em 1736-51 a produção do ouro atingira a cifra de 10.036 quilos, no período entre 1801-20 a produção alcançou apenas 1.883 quilos de ouro. Cf. MARTINS, 1982, p. 06.

112 Idem, p. 07-09.

113 De acordo com a corrente historiográfica anterior ao revisionismo, a economia mineira, decadente após o declínio da produção aurífera e durante quase todo período provincial, aguardava, com a manutenção dos seus cativos, o aparecimento de um novo produto que daria impulso à economia, retirando-a da estagnação e do retrocesso da economia natural (claro exemplo da crítica proferida por Maria Yedda Linhares e Francisco Carlos Silva, exposta nas páginas anteriores). A ascensão da cafeicultura na Zona da Mata mineira e no Sul de Minas fora vista, então, como a salvação da economia mineira. No entanto, contrariando essas postulações, em 1958, o historiador econômico mineiro Francisco Iglésias denunciava o ostracismo da história de Minas Gerais no período provincial, afirmando a falta de atenção dispensada a este período pela historiografia brasileira. Segundo o autor, até por volta da década de 1950, a historiografia brasileira, ao abordar a história de Minas Gerais, focava suas análises ora na opulência da sociedade mineradora setecentista – ressaltando as atividades coloniais exportadoras percebidas nas noções de ciclos de produção, a produção mineradora do ouro e diamantes e as riquezas desse período – ora ressaltava a influência e participação dos políticos mineiros na "República Velha", através do pacto político entre os estados de Minas Gerais e São Paulo, o que garantiu o controle da política em âmbito nacional, fenômeno conhecido como "República do café-com-leite". Ao escolher o tema (a Província de Minas) para seu trabalho de pesquisa e titulação, o historiador destacou: *"afastada a capitania, colocava-se a província. As suas dificuldades parecem-nos insuperáveis. Mais ainda: tudo estava por fazer. É verdadeiramente chocante a ausência de bibliografia para essa fase: nada de estudos gerais, poucos aspectos. A vida provincial mineira quase ainda não existe como tema para o historiador."* (Cf. IGLÉSIAS, 1958, p. 09).

no Sul de Minas, a mais dinâmica, como área aglutinadora de mão de obra escrava, pois esta somente se desenvolvera nas décadas finais do século XIX, apresentando o auge do desenvolvimento no período republicano, não tendo, portanto, efeito na economia provincial. Já a respeito das áreas voltadas para a produção do café no período provincial mineiro, o autor ressaltou que, mesmo apresentando um crescimento muito rápido e mais intenso do que qualquer outra área cafeeira do Brasil, a produção ainda era pequena e estava circunscrita a menos de 4% do território mineiro. Na região característica, a estreita faixa da Zona da Mata mineira, na direção sudoeste-nordeste, limitada pela fronteira do Rio de Janeiro e ao norte pelas serras da Mantiqueira, da Gameleira e do Caparaó, o cultivo da rubiácea não abrangia todos os municípios da região, sendo o papel da cafeicultura limitado no que tange ao emprego de cativos no conjunto das atividades econômicas desenvolvidas na província, mesmo nos anos finais da escravidão.[114]

A essa explicação sobre a natureza da economia escravista mineira, Robert Slenes rebateu, com algumas críticas às proposições de Martins, sobretudo no que se referia ao pouco dinamismo da economia mineira e ao papel menor da cafeicultura no conjunto de atividades da província. Um dos questionamentos de Robert Slenes, no debate travado com os irmãos Martins, era: como aquela economia, voltada para a produção de gêneros alimentícios para o autoconsumo, com baixo dinamismo em relação ao mercado externo à província e suas exportações, conseguiria manter o maior sistema escravista do Brasil? E, ainda, concordando com as afirmações de Roberto Martins de que o crescimento da escravaria era devido à importação de cativos africanos, via tráfico negreiro, como essa economia gerava riquezas para a aquisição desses cativos africanos?[115]

Robert Slenes aceitava parte das argumentações de Roberto Martins, não questionando o que se referia à existência de grande quantidade de cativos nas Minas, mas não aceitava que a grande escravaria mineira fosse sustentada em uma economia independente das práticas exportadoras. Ele entendia que, mesmo estando a grande maioria dos cativos empregada fora do setor exportador de Minas Gerais, isso não significava independência. Assim, argumentava acerca dos reflexos que a economia exportadora do Rio de Janeiro e São Paulo provocavam na produção mineira, discutindo se a economia de abastecimento interno se voltava

114 MARTINS, 1982, p. 15-20.

115 SLENES, 1988.

exclusivamente para um mercado interior nas Minas. Portanto, ao tratar os "*múltiplos de porcos e diamantes*" o autor defendia que o setor exportador dinamizava a produção mineira de víveres e de alimentos, bem como o setor artesanal e a incipiente manufatura, refletindo nas economias regionais das fazendas e vilas.[116]

Para Robert Slenes, a produção de abastecimento, ou produção não exportadora das Minas, era dinamizada com os impulsos que o setor exportador gerava, fosse com a demanda por alimentos ou com a demanda por instrumentos utilizados na exportação, como por exemplo, a sacaria para o embalo do café. Em resumo, o que Robert Slenes refutava era o argumento de existência de uma economia independente no território das Minas. Assim, ele se perguntava pela capacidade monetária para importar os cativos, mercadoria cara em um mercado de importação e exportação. Atualmente, os estudos já responderam a essa questão, mas na época e na ausência de estudos pontuais permanecia a dúvida sobre o funcionamento da economia não exportadora de Minas Gerais. Esse debate, realizado em uma série de artigos com resultados profícuos, estimulou muitos historiadores a pesquisar e responder às questões que não encontravam satisfação apenas com especulações teóricas.

Douglas Libby,[117] pioneiro nos estudos da economia provincial mineira, contribuiu com o debate acima encetado salientando a existência de uma "economia de acomodação" em Minas Gerais, na qual ao lado da economia mercantil de subsistência havia uma gama variada de atividades de transformação, com produção suficiente para suprir parte da demanda interna e liberar a província do ônus de certas importações. Para ele, a "acomodação" em Minas era a versão da secular retração da agricultura de exportação que naquele estágio se mantinha ao expandir o setor de subsistência, onde a presença do cativo era mais do que significativa. Isto é, sem desmantelar a estrutura escravista, a economia mineira implementava variadas formas de se rearranjar.

Realçando a presença de fortes indícios de produção e tecelagem no século XIX mineiro, o autor tendeu a buscar elementos de uma protoindustrialização no território mineiro, estudando a siderurgia e a mineração subterrânea enquanto setores de transformação. No entanto, a acentuação maior do trabalho de Douglas Libby foi na estrutura escravista mineira, destacando o forte apego a essa forma de trabalho pelos mineiros, representado pela maciça presença de escravos nas unidades de

116 Idem.

117 LIBBY, 1988.

produção, bem como o esforço dos políticos mineiros nos debates e disputas contra a Lei do Ventre Livre. Libby reafirmaria a força da presença escrava na economia mineira do século XIX e, a partir de seus estudos, ninguém mais colocaria em dúvida o comportamento e o apego escravista da população de Minas Gerais.

Assim, no final da década de 1980, já se aceitava que vigorava nas Minas Gerais oitocentistas o desenvolvimento de uma economia não exportadora com forte capacidade de manter a escravatura, com amplas evidências de importação de cativos e, principalmente, a questão da decadência mineira no século XIX era tratada como um mito produzido por um modelo de explicação historiográfica, resultante de escolhas políticas nos estudos historiográficos e da ausência de neutralidade na problematização da História.

Apontando a agenda para futuros estudos, Douglas Libby realçou a necessidade de pesquisas empíricas para responder às dúvidas que foram introduzidas na História de Minas Gerais no século XIX. O autor admitiu a hipótese sobre o crescimento endógeno da população escrava de Minas Gerais como não absurda, mas também não descartou a entrada de africanos via tráfico negreiro como componente da manutenção da grande escravaria mineira oitocentista. Para este tipo de questão, Douglas Libby salientou que os próximos estudos precisavam de forte base empírica para respondê-la. Enfim, apenas se falou em decadência nas Minas Gerais para refutá-la. Começava-se a admitir a existência de uma produção para o mercado interno, com capacidade de acumulação endógena, porém não se sabia sobre seus números e sua produção. Falava-se em importação de cativos, mas não se conhecia o esteio econômico que financiava a capacidade de importar cativos africanos.

Seguindo os trabalhos historiográficos, e contando com um pouco de sorte, pois encontrar fundos documentais não é uma tarefa fácil e sem eles a pesquisa não é realizada, Clotilde Paiva e a equipe de pesquisadores do CEDEPLAR iniciaram a compilação das listas nominativas da província de Minas Gerais existentes no Arquivo Público Mineiro. Trata-se de uma enorme coleção de mapas de população produzidos na década de 1830 sob ordens do presidente de província, que tinha como objetivo conhecer a população livre e escrava do território sob sua administração. Esse conjunto documental foi trabalhado e transformado em um banco de dados, dando suporte a inúmeras pesquisas, tal o volume de informações contido neles. Clotilde Paiva, compartilhando os louvores da localização deste *corpus* documental, afirmou que *"o riquíssimo conjunto de listas nominativas de habitantes de 1831/1832"* fora primeiro localizado por Douglas Libby no Arquivo

Público Mineiro, mas que as restrições e o andamento da pesquisa empreendida o forçam a usar senão uma pequena parte do fundo.[118]

Assim, em consonância com o ciclo de debates e com novos métodos de pesquisa, a produção historiográfica avançou com inovadoras pesquisas que ganharam muito com a presença dos mapas de população e das listas nominativas para o século XIX. De cunho mais demográfico, as pesquisas procuraram mapear a província mineira, apontando a diversidade das atividades econômicas e emprego da mão de obra escrava no interior da província, destacando a complexidade da realidade socioeconômica mineira no oitocentos, bem como as diferentes formas de engajamento das regiões/comarcas no reordenamento econômico vivenciado na passagem para o século XIX. Essas pesquisas desvelaram o famoso "mosaico" da economia mineira e, mais que isso, apontaram a necessidade da regionalização dos estudos de história de Minas Gerais, com o recurso a fontes regionais e locais no intuito de aclarar aspectos econômicos, sociais e políticos dos diversos espaços mineiros, possibilitando a comparação entre as realidades mapeadas, como foi o caso da pesquisa relatada na tese *"População e Economia nas Minas Gerais do Século XIX"*, de autoria de Clotilde de Andrade Paiva. Nesse estudo, a autora desdobrou a tese de Roberto Martins, destacando uma nova visão sobre a economia e sociedade mineira no oitocentos: *"está se consolidando mais e mais a ideia de uma Minas oitocentista economicamente diversificada e regionalmente diferenciada"*.[119]

A Minas oitocentista como cenário de estrutura ocupacional diversificada e complexa, com seu dinâmico perfil de economia de subsistência, foi se consolidando, mesmo que ainda se considerassem inúmeros pontos obscuros, carentes de pesquisas empíricas. A contribuição no processo revisionista de inúmeras pesquisas monográficas regionais foi bastante considerável na contribuição do conhecimento histórico sobre a economia e sociedade mineira no oitocentos. A par disso, por exemplo, com pesquisa empírica monográfica, sustentada no cruzamento das listas nominativas com os inventários *post mortem* e com os dados de batismos, Maria Lúcia Resende Chaves Teixeira destacou a presença da família escrava como um dos mecanismos de acumulação na variadíssima gama de atividades econômicas nas fazendas mineiras.[120]

---

118 PAIVA, 1996.

119 Idem, p. 12.

120 TEIXEIRA, 2006.

Outros estudos mais gerais sobre o comportamento social e político em sociedades escravistas também fizeram parte dos estudos de revisão historiográfica na Minas oitocentista. Se a Província Mineira sustentava um variadíssimo leque de pequenas atividades econômicas, de perfil de consumo interno, sob ampla base de trabalho e população cativa, tornava-se mais ou menos óbvio perguntar sobre as relações de dominação escravista, bem como o processo de reprodução social desse universo.

Assim, o destaque para o estudo de cidades mineiras, bem como da capital da comarca do Rio das Mortes, São João del Rei, da população e composição social, dos outros polos regionais, bem como os estudos sobre o perfil da propriedade mineira e das relações de vizinhança, amor e amizade viriam a engrossar o caudal da historiografia mineira. Contribuições nesse sentido vieram de Afonso de Alencastro Graça Filho que, ao estudar São João del Rei, "A Princesa do Oeste e o mito da decadência mineira", destacou o perfil da propriedade rural, a posse de escravos e as principais atividades concentradoras das maiores riquezas declaradas nos inventários *post mortem*.[121]

Destacando as influências que a concentração de rendas e o caráter da reprodução da riqueza exerciam sobre os comportamentos sociais, Sílvia Brügger escolheu estudar o papel das famílias patriarcais, das relações matrimoniais e da presença de escravos no cenário social. Ela constatou que as relações econômicas racionalizavam as escolhas de matrimônio, mas que isso não retirava do cenário cotidiano as relações de afinidade amorosa que eram construídas entre homens brancos, senhores e cativos ou forros de cor.[122] Enfim, ao lado da revisão econômica construía-se também uma revisão das relações sociais cotidianamente tecidas, estudava-se o processo político de disputas internas e externas e a inserção dos diferentes agentes históricos nas experiências construídas e traçadas. Quer fossem de dominação, de conflitos, de acomodação, ou de aproximação, o certo é que, sob um amplo e diversificado cenário mineiro, regionalizado e localizado, pessoas de matizes sociais e estatutos jurídicos diferentes trabalhavam, construíam relações de dominação, abasteciam as cidades, circulavam transportando mercadorias, enfim, arranjavam as suas vivências diárias.

O desdobramento deste processo revisionista da historiografia brasileira e mineira provocou a delimitação de novos objetos de pesquisa, cujo sentido foi e

121 GRAÇA FILHO, 2002.

122 BRÜGGER, 2007.

é aprofundar o conhecimento da realidade socioeconômica de Minas Gerais nos tempos do Império do Brasil. A partir do século atual tornou-se inadmissível a tese acerca da decadência das Minas oitocentistas, bem como se aceitou como indubitável que o território das Minas Gerais sustentou ampla população escrava, como também se entendeu que o trabalho que envolvia tamanha população escrava era sobre uma economia de abastecimento e, finalmente, que as principais relações que sustentavam as Minas eram os contatos comerciais com o Rio de Janeiro. Em resumo, de que o movimento econômico das Minas estivera estritamente ligado com as exportações e importações para e da praça carioca ninguém mais duvidava; mas, em quais termos essa dinâmica se construía, ainda estava por conhecer.

Importante destacar os ajustes historiográficos realizados, bem como o processo de desbastamento que alguns escritos clássicos demandam, sem, contudo, negar a contribuição que deles vem, há décadas, avolumando os conhecimentos históricos. Destacando, ou mesmo, apresentando elementos do cenário social, econômico e político das Minas Gerais, temos o trabalho de inúmeros estudos. Assim, por exemplo, Kenneth Maxwell ao abordar o cenário histórico dos conjurados na "Inconfidência Mineira", nome que o próprio autor submete a um crivo de desconstrução, já realçava o papel diversificado da produção nas fazendas mineiras. Caio Prado Jr., a despeito de se concentrar no problema do exclusivo metropolitano, destacava a importância do setor abastecedor. Isso implica em entender que o processo de produção historiográfica é construído a partir da aproximação de temáticas e do diálogo entre as inúmeras problematizações e abordagens. Em parte, entender as construções históricas da historiografia significa aproveitar os elementos de construção do conhecimento, pois mesmo que o *leitmotiv* de determinada obra seja proveniente de outros tempos e debates, junto às questões postas se encontram abordagens e formas de raciocínio que muito contribuem para os avanços das pesquisas. Portanto, a revisão historiográfica da História do Império do Brasil traz muitas novidades, mas faz um movimento sobre uma base de estudos que foi acumulada durante décadas.

Nessa inflexão, o estudo realizado em "*Negócios entre mineiros e cariocas*",[123] possível graças ao acervo de cartas de negócio de Gervásio Pereira Alvim, foi realizado em um diálogo com os estudos revisionistas, mas que bebeu fundamentalmente em fontes clássicas de estudos coloniais e imperiais. Nele, procurou-se

123 TEIXEIRA, 2009.

traçar os termos em que a dinâmica do comércio de abastecimento entre Minas e o Rio de Janeiro era traçada. Procurou-se nela entender como as mercadorias eram encaminhadas, vendidas, como os balanços e pagamentos eram efetuados. Assim, aprofundar a discussão, com percepções mais amadurecidas, na compreensão da tessitura das relações cotidianamente traçadas entre os mineiros e cariocas, nas suas transações econômicas, bem como nas relações sociais de créditos e negócios, ressaltando o papel da família, da vizinhança e dos costumes nas práticas econômicas do Brasil oitocentista.

Em face disso, percebemos a formatação que as relações econômicas e interpessoais adquirem com a interferência do Estado nas práticas comumente existentes em uma sociedade, bem como entendemos de forma mais aplicada a conceituação clássica da formação do Estado Imperial. Entendemos que as idas e vindas das transformações sociais e políticas provocaram mudanças, mas que também eram provocadas por alterações nas políticas econômicas e na adoção de medidas impostas pelo Estado através de ordenamentos legalistas. Para isso, assumimos que as aproximações historiográficas são necessárias e contribuem para o alento das pesquisas. E, se por um lado, o avanço sobre os estudos de economia e relações escravistas muito fizeram para a compreensão da História do Brasil (colonial e imperial), no caso específico aqui tratado nas Minas Gerais, outro caudal de estudos sobre as transformações políticas e administrativas deságua em novas percepções historiográficas, e é necessário aproximá-los, conforme apontou Sílvia Lara.[124]

124 LARA in BICALHO, 2005.

As alianças regionais, redes de clientela e família

Em 03 de fevereiro de 1854, Gervásio Pereira Alvim recebia o dote por seu casamento com dona Maria Salomé de Resende, realizado algum tempo antes. O dote, de acordo com o documento de doação,[1] era composto por uma escrava crioula de nome Jacinta, que, na época, já estava em posse do casal, e parte por terras na Picada, distrito da Lage, composta por campos e capoeiras na extensão de vinte e quatro alqueires, tudo avaliado na quantia de 1:300$000 réis, que, no tempo do falecimento dos pais da noiva, deveriam entrar na colação dos bens no processo de inventário.

O casamento entre Gervásio e dona Maria Salomé fora uma união endogâmica por estrato social e familiar. Uma estratégia que visava evitar o fracionamento do patrimônio da família, bem como um meio de manter o controle das terras no distrito da Lage. Os parentes de Gervásio foram dos primeiros ocupantes das terras que conformavam o distrito. A ocupação dessa região, segundo Maria Lúcia Resende Chaves Teixeira, não se deu antes da década de 1740 e não fora motivada pela extração aurífera, pelo contrário, *"as fazendas foram as únicas responsáveis pelas suas primeiras paisagens"*.[2] As primeiras sesmarias datam da década de

1 Arquivo Particular de Gervásio Pereira Alvim: acordo de doação de dotes feito por Francisco de Assis Resende e Maria Vitória do Nascimento, Fazenda das Lages, 03 de fevereiro de 1854.

2 TEIXEIRA, 2006, p. 40.

1750, sendo o sacerdote José Alves Preto, em 1758, e José de Resende Costa, 1759, ambos parentes antigos de Gervásio Pereira Alvim, os primeiros a receberem tal graça. Tais homens, senhores de respeito, num movimento rumo à fronteira, procuravam ampliar suas possibilidades econômicas e reproduzir socialmente seus *status*, firmando-se em meados do setecentos naquela região ainda desabitada.

> Os primeiros ocupantes da região não foram pessoas de camadas mais pobres. Fazendeiros bem situados e relacionados eram os proprietários das terras e fazendas do Distrito de Lages.[3]

Neste espaço, desde, pelo menos, 1759, a família de Gervásio Pereira Alvim vinha tecendo seus laços de parentesco e amizade, numa trajetória que nem sempre fora marcada pela tranquilidade. Os laços se fizeram e refizeram de acordo com as conjunturas econômicas e políticas que acometeram a história do Brasil entre os anos finais do século XVIII e todo o período imperial. Nas idas e vindas da vida, esses laços fizeram parte de estratégias traçadas pelos familiares do fazendeiro para manterem suas riquezas materiais e perpetuarem-se como os principais da terra, os *"homens bons"*, membros da elite regional da comarca do Rio das Mortes.

Neste capítulo, abordaremos a trajetória dessa família observando os reveses da vida de alguns e sucesso na de outros, destacando as alianças de casamento e as relações de compadrio como partes de projetos que visavam à continuidade social enquanto membros da elite e à estruturação das redes de clientelas e amizade que também garantiam a continuidade da casa, o controle do poder local e a ordem hierárquica da sociedade escravista.

Comecemos, então, pela trajetória de Manoel Pereira Alvim, português, natural da freguesia de Santa Maria do Salto, comarca de Chaves, Arcebispado de Braga, pois fora a chamado deste que o avô paterno de Gervásio migrara para o Brasil nas últimas décadas do século XVIII.

De Portugal para as Minas do Ouro: a trajetória de Manoel Pereira Alvim

A descoberta das minas de ouro na América portuguesa realizara um sonho antigo da metrópole: depois de quase dois séculos de colonização, o tão sonhado

3 Idem, p. 50.

eldorado fora finalmente encontrado. A notícia surtira dois efeitos principais e vários desdobramentos. Dentre eles, em primeiro lugar, a metrópole portuguesa respirava aliviada e eufórica com as notícias da Colônia americana, pois o ouro deveria reestabelecer o equilíbrio dos cofres reais lusos, que se encontrava em estado de penúria após a união das coroas ibéricas e do processo de restauração monárquica lusa, e, juntamente com o projeto de maior centralização administrativa colonial, o ouro deveria salvaguardar a sobrevivência de Portugal como país independente.[4] Em segundo, um intenso movimento migratório, não apenas do reino, mas de outras partes das terras brasílicas, rumou para as minas, intensificando o processo de colonização do interior do Brasil colonial:[5]

> A notícia da descoberta do ouro espalhou-se rapidamente. A febre do ouro contaminou milhares de pessoas. O sertão foi tomado de assalto por bandeiras que se sucederam e as descobertas se multiplicaram ininterruptamente.[6]

O fascínio causado pelo ouro, a possibilidade de enriquecimento fácil e rápido – pois, ao contrário do que acontecia com a produção açucareira e/ou do tabaco, o metal não dependia da demanda internacional, era dinheiro em estado puro, pronto para ser posto em circulação[7] – atraiu para as áreas mineradoras um fluxo migratório sem precedentes na história colonial brasileira. De várias partes da Colônia e do reino de Portugal, *"um enxame de aventureiros e desempregados (...) convergiu para a região"*.[8] O movimento foi tão intenso que, se nos anos iniciais foram facilitados os acessos às regiões mineradoras, com vista a maior extração do mineral e arrecadação de impostos, dentro em breve, o *rush* tornar-se-ia proporção de calamidade pública.[9] Segundo relatos de época, a ganância pelo vil metal fora tamanha que o reino e as cidades litorâneas do Brasil estavam em vias de despovoar-se em face do intenso fluxo migratório.[10] Prova disso seria o relato de

4 PRADO JR., 1994: 49-65; FURTADO, 1985. p. 73-77.

5 PRADO JR., 1994, p. 64.

6 ZEMELLA, 1990, p. 39.

7 CARRARA, 2008, p. 16-21.

8 BOXER, 2000, p. 65.

9 ZEMELLA, 1990, p. 46-49.

10 Idem.

dom Álvaro da Silveira Albuquerque, governador da Repartição Sul, que, ao escrever ao governador da Bahia, em 1704, lamentava a triste situação de abandono e despovoamento que vivenciava naquele tempo. Segundo suas palavras:

> Eu cada dia me acho mais só, assim de soldados como de moradores, porque o excesso com que fogem para as minas nos dá a entender que brevemente ficaremos sem ninguém. Também suponho que V. S. assim o experimenta porque das minas me escreve o Conego Gaspar Ribeiro que he tanto o excesso de gente que entra pelo sertão da Bahia que brevemente entende se despovoará essa terra.[11]

Diante de tais situações e riscos, já nos primeiros anos do XVIII, as autoridades coloniais escreviam ao rei informando sobre as possibilidades de esvaziamento que algumas regiões sofriam em função das descobertas das minas e solicitavam provisões para conter o ritmo do fluxo. O discurso eufórico dos governadores nos primeiros anos da descoberta do ouro transformava-se em um manifesto explícito das desgraças e malefícios vividos pelo intenso movimento migratório. Para dom Álvaro de Albuquerque, *"estas minas perdem todo este Brasil e fora muito útil que Deus as acabara"*, enquanto para Antonil, as minas seriam uma maldição e castigo divino, e dom Rodrigo da Costa também não hesitava em pontuá-las como um castigo de Deus infligido ao Estado do Brasil e reino de Portugal.[12]

Tais lamúrias representavam o desconforto vivenciado pelo súbito povoamento das minas com sujeitos vindos do reino e de outras capitanias do Brasil, abandonando plantações e demais trabalhos e ofícios nas suas regiões de origem. Diante de tais relatos e notícias, o *boom* populacional rapidamente chamou a atenção dos governantes coloniais e autoridades metropolitanas de modo que, depois de efetivada a dominação lusa, a Coroa portuguesa, numa tentativa de ordenar e regulamentar a exploração aurífera para salvaguardar seu quinhão, tratou de impor alguns obstáculos aos aventureiros. Segundo Mafalda Zemella, as primeiras tentativas de restrição à emigração datam de 1709 e 1711, quando, tanto no reino, quanto nas cidades do litoral brasileiro, tentava-se impedir a passagem de migrantes para as minas exigindo

11 *Apud* ZEMELLA, 1990, p. 47-48.

12 ZEMELLA, 1990, p. 48-49.

passaportes e licenças dos transeuntes.[13] Todavia, as constantes fraudes e desobediências dos colonos fizeram com que uma nova legislação de transição de Portugal para o Brasil fosse adotada pouco tempo depois, em 1720. De acordo com Sérgio Buarque de Holanda, a partir daquele ano, somente as pessoas investidas de cargos públicos poderiam embarcar para o Brasil. No entanto, as necessidades do comércio abastecedor e da comunicação fizeram com que licenças fossem expedidas a particulares que conseguiam adentrar o território mineiro.[14] Isso sem contar o número de passageiros que chegaram ao Brasil e depois às Minas do Ouro pela via clandestina, sem autorização do Estado português, através de vários meios ilegais de transporte e passagem.[15]

Para esses homens, o Brasil, sem sombra de dúvidas, era a terra das oportunidades, *"uma terra de promissão e, em muitos casos, de realização"*,[16] e em Minas Gerais a riqueza, no imaginário popular, era fácil e acessível a todos. Entretanto, a mudança, a migração para a Colônia não era algo tão simples. A passagem e estabelecimento nas terras de além-mar, para quem o fez, fazia parte de um projeto de vida, no qual todos os passos deveriam ser bem calculados, verdade que demanda-

---

13 Idem, p. 49.

14 HOLANDA, 1986, p. 86-89.

15 Mariana Alicia Pérez, ao trabalhar com os migrantes espanhóis para a região do Rio da Prata entre os anos finais da colonização hispânica e a Revolução de Maio, apontou alguns mecanismos utilizados pelos europeus para burlar as regras de migração para o Novo Mundo impostas pelo Estado espanhol. A despeito das diferenças nos projetos políticos de colonização e das estruturas político-administrativas coloniais, a vinda de europeus para a América era, nesses anos, controlada pelos Estados, numa tentativa de garantir para si o domínio das regiões, que impunham uma série de restrições e barreiras burocráticas, religiosas e sociais aos migrantes, cuja preocupação seria também a qualidade moral dos sujeitos que habitariam essas regiões. Nesse sentido, o acesso legal ao mundo colonial para os homens simples dependia da superação dessas barreiras, que, além de custosas no sentido econômico, às vezes, implicavam até na aprovação escrita dos cônjuges que migravam sozinhos e da família, quando havia dependentes, no caso mães viúvas, irmãs solteiras e irmãos menores e comprovação de não ser judeu, protestante e/ou cristão-novo. Por isso, muitos migrantes optavam pela via clandestina, os *polizón*, embarcando nos navios de forma escondida dos capitães e marinheiros, ou como criados de algum viajante legalizado ou do próprio capitão, entre outros meios de ludibriar as autoridades e alcançar o Novo Mundo. Cf. PÉREZ, 2010, p. 57-63. Não obstante, no mundo português essas questões e preocupações também faziam parte do universo político, e várias restrições, como fora demonstrado acima, foram impostas aos aventureiros, sobretudo no alcance a Minas Gerais. Além de querer salvaguardar o quinhão do ouro, a Coroa portuguesa, influenciada pelo discurso da Igreja, também tentava restringir o acesso a judeus, protestantes e cristãos-novos às terras brasílicas. Cf. NOVINSKY, 1992.

16 BOXER, 2000, p. 34.

va tempo de planejamento e algum dinheiro acumulado.[17] Caso contrário, a vida na Colônia poderia se configurar num verdadeiro purgatório, ou seja, um deslize, e o sonho se transformaria em um verdadeiro pesadelo. As notícias enviadas por alguns comerciantes lusos a seus parceiros em Portugal, na primeira metade do século XVIII, insistiam em relatar as dificuldades encontradas no mundo colonial, sobretudo em Minas Gerais. Segundo eles, *"não era nada fácil iniciar a vida nas Minas, pois numa sociedade estratificada em hierarquias, era difícil ascender econômica e socialmente. (...) Como as despesas para mudar-se para o interior da Colônia eram tão grandes, em geral dependia-se do favor, da proteção e dos préstimos de algum poderoso"*.[18] Ou ainda o relato de Manuel Barbosa Jacome, datado de 1740, um dos correspondentes do grande negociante lusitano Francisco Pinheiro,

> Quem não traz brazil, custa-lhe muito principiar a vida, [...] quem chegava a uma terra estranha, sem o mínimo conhecimento nela, que vendo eu todos estes contratempos, não sei como não endoideci, vendo a despesa que ele me tinha feito e vendo que ficava devendo sem modo de poder corresponder.[19]

A migração implicava no afastamento, senão ruptura, dos laços sociais e familiares constituídos por gerações na região de origem num mundo no qual a identificação dos sujeitos e seu respectivo posicionamento social pautavam-se no conhecimento do círculo familiar e de amizades. Nesse sentido, a mudança para os domínios lusos no ultramar, além de implicar no afastamento do *"mundo civilizado"*,[20] exigia o conhecimento de pessoas ali estabelecidas que pudessem servir de apoio.

Apesar dessas dificuldades e rompimentos, ao longo de todo o século XVIII milhares de reinóis desembarcaram no porto do Rio de Janeiro e Salvador rumo às Minas do Ouro em busca de novas oportunidades e de uma vida melhor do que

17 Idem, p. 34-38.

18 FURTADO, 1999, p. 150.

19 *Apud* FURTADO, 1999, p. 150.

20 A expressão foi utilizada por Stuart Schwartz referindo-se aos argumentos que alguns magistrados lusos utilizaram para tentar evitar a mudança para certos domínios portugueses no ultramar. SCHWARTZ, 1979.

aquela que levavam no Velho Mundo. Conseguindo vencer as barreiras naturais e burocráticas,[21] ou ainda por via ilegal, muitos dos que ali chegaram, sem acesso imediato à posse da terra e/ou *"mesmo os que tinham ganho a vida empunhando o alvião ou a enxada em Portugal e nos Açores, não tinham a intenção de fazer o mesmo no Brasil, se lhes fosse possível evitá-lo"*,[22] enveredaram-se no mundo dos negócios.[23] A opção pelo comércio, mesmo por aqueles cujas atividades anteriores estavam vinculadas ao mundo rural, era feita em função de, em primeiro lugar, as atividades agrárias exigirem maior esforço dos sujeitos e capital inicial e produzir baixa rentabilidade em curto espaço de tempo, uma vez que a maioria ainda sonhava em retornar à Europa enriquecida. Em segundo, porque as atividades mercantis apresentavam maiores oportunidades de enriquecimento, tendo o acesso mais facilitado, pois não exigiam grandes conhecimentos específicos – saber ler, escrever e contar, mesmo que de forma rudimentar, já era suficiente (todavia, o fato de ser analfabeto também não inviabilizava a prática da atividade) – além de poder ser iniciada com baixo capital, atuando como ambulantes e ajudantes de alguma casa mercantil e/ou ainda como sócio de alguém.[24] E ainda, segundo Fernand Braudel, no século XVIII, em quase toda a Europa os lucros resultantes das atividades mercantis eram muito superiores ao lucro da agricultura e/ou indústria,[25] o que instigava o imaginário popular e reforçava *"las promesas de prosperidad que ofrecía un futuro dedicado al comercio"*.[26] Neste sentido, a atividade mercantil se apresentava mais atrativa ao migrante que, a princípio, sonhava retornar a Portugal enriquecido.

21 Em primeiro lugar, situam-se as questões de ordem da natureza, pois a travessia do oceano era algo bastante inseguro, podendo ocorrer naufrágios e ataques de corsários e, em terra, o caminho que ligava os portos do Rio de Janeiro e Salvador à região das minas era bastante acidentado, com cadeias montanhosas que dificultavam o acesso, além dos perigos de assaltos. Já de ordem burocrática, referimo-nos à necessidade de autorização especial – o passaporte – para circular nesta área. Sobre os perigos inerentes à travessia do oceano e os caminhos que ligavam os portos ao interior da colônia, há uma vasta bibliografia, dentre a qual, podemos destacar: BOXER, 2000; ZEMELLA, 1992; ANASTASIA, 2005.

22 BOXER, 2000, p. 36.

23 FARIA, 1998, p. 163-166; FURTADO, 1999.

24 PÉREZ, 2010, p. 72-82.

25 BRAUDEL, 1998, p. 378-382.

26 PÉREZ, 2010, p. 73.

No entanto, apesar da visão romantizada da vida na Colônia e da atividade mercantil, em especial para as Minas do Ouro, as ilusões com a atividade mineradora, bem como com as possibilidades de mobilidade social, o acesso à riqueza e o prestígio foram restritos a um pequeno grupo, que comporia o estrato social dos homens ricos e integraria as elites mineiras. Dentro desse universo, muitos desses homens migrantes, sentindo-se prósperos e com os negócios estabilizados, conseguindo alcançar o sucesso e a riqueza que nunca amealhariam nas suas terras de nascimento, não obstante as promessas feitas a parentes e amigos, preferiram assentar raízes nas Minas Gerais, prolongando suas estadias, e, em muitos casos, nunca mais retornaram ao reino de Portugal.[27] E este foi o trajeto de Manoel Pereira Alvim.

Manoel Pereira Alvim, tio do avô paterno de Gervásio Pereira Alvim, chegou às Minas do Ouro por volta da década de 1750, ainda no auge do período minerador.[28] Embora não saibamos ao certo a data, tampouco temos informações a respeito da travessia e os possíveis pousos de Manoel em outros lugares da Colônia, a mudança para o Brasil, como muitos outros reinóis de seu tempo, fora motivada pela busca de uma vida melhor. Ao abandonar sua família e amigos na região do Minho, Manoel Pereira Alvim tinha em mente que *"Portugal não tem outra região mais fértil, mais próxima, nem mais frequentada, bem como não encontram seus vassalos melhor e mais seguro refúgio do que no Brasil"*.[29] Acreditava que na vastidão de terras a serem ocupadas e exploradas na América portuguesa, ele encontraria uma gama muito interessante de oportunidades e, como nas histórias de sucesso que ouvia e circulavam no imaginário popular lusitano, sua riqueza seria coroada com patentes civis, militares e/ou eclesiásticas.[30] De fato, Manoel alcançaria aqui toda a riqueza, prestígio e posição social que talvez nunca alcançasse no Velho Mundo.

---

27 ALMEIDA, 2001.

28 Segundo a periodização de Carla Maria Carvalho de Almeida, apesar do auge da produção do ouro ter se dado entre os anos de 1735-1739, na década de 1750, a extração do ouro, embora em decréscimo, ainda superava, por vezes, a quota de 100 arrobas anuais; já no decênio seguinte, a produção caíra para 86 arrobas. Somente entre os anos de 1774-1785 foi que se verificou uma queda brusca, 68 arrobas de média anual. Portanto, a atividade mineradora entre os anos de 1750 e 1770 ainda permanecia como a principal atividade econômica da região e conservava a sua estrutura produtiva intacta, pelo menos até os anos 70, quando o declínio da produção começava a provocar uma rearticulação econômica na região. Cf. ALMEIDA, 2001, p. 06-07.

29 BOXER, 2000, p. 35.

30 FARIA, 1998, p. 108-114.

Fixando-se na capital da capitania mineira, Vila Rica de Ouro Preto, Manoel Pereira Alvim, provavelmente, fora motivado pelo fascínio causado pelo ouro e pela maior diversidade de atividades que poderia exercer ali, devido, sobretudo, ao caráter mais urbano dessa sociedade. Vila Rica, pela própria condição de capital da capitania, constituía-se em um importante centro comercial, administrativo, religioso e demográfico, e sua íntima ligação mercantil com o Rio de Janeiro fazia da região a mais fulcral, juntamente com a comarca do Rio das Mortes, em termos de efervescência econômica de Minas Gerais.[31] Muitos viajantes europeus que por ali passaram não deixaram de reparar a vivacidade do comércio na vila e seus vínculos com a praça carioca há muito estabelecidos. Segundo relato de Spix e Martius, na viagem pela região entre os anos de 1817 e 1820,

> Entre todas as cidades do interior do Brasil, nenhuma tem comércio tão animado como Vila Rica. Daqui partem estradas para São João d'El Rei; por Minas Novas, para a Bahia; por São Romão, Tejuco, Malhada, para Paracatu, Goiás e Mato Grosso; porém nenhuma é tão movimentada, com vaivém de tropas, como a estrada que leva ao Rio de Janeiro, sede do governo, distante setenta léguas.[32]

Tal relato não diferenciava muito dos escritos coevos do século anterior. Segundo Charles R. Boxer, Vila Rica, nas primeiras décadas do setecentos, era considera uma das cidades mais importantes da América, a *"Potosí de ouro"*, com uma civilização peculiar com a mais bela florescência que se podia atingir.[33] Vila Rica e seus habitantes, na década de 1730, fora descrita, pelo autor de *Triunfo Eucarístico*, em 1734, como:

> Nesta villa habitão os homens de mayor comércio, cujo trafego e importância excede sem comparação o mayor dos mayores homens de Portugal: a ella, como a porto, se encaminhão, e recolhem as grandiosas sommas de ouro de todas as Minas na Real casa da Moeda: nella residem os homens

31 ALMEIDA, 2001, p. 07.

32 SPIX e MARTIUS, 1981, p. 205.

33 BOXER, 2000, p. 189-190.

> de mayores letras, seculares, e eclesiásticos: nella tem assento toda a nobreza, e força da milícia; he por situação da natureza cabeça de toda a América, pela opulência das riquezas a pérola preciosa do Brasil.[34]

O ouro e o modelo de sociedade *sui generis* formado em Vila Rica, sem dúvida, tornava a vila em um excelente lugar para o jovem Manoel Pereira Alvim iniciar a vida no Novo Mundo. Seu processo de fixação em Vila Rica, provavelmente, fora acompanhado por algum amigo e/ou parente anteriormente estabelecido nas redondezas. Os migrantes, desconhecidos, ao chegarem à nova região, necessitavam de laços sociais que pudessem servir de identificação e sustentação, pois numa sociedade hierarquizada, os valores de parentesco e pertencimento demarcavam as posições sociais dos sujeitos e, nesse sentido, a presença de pessoas de convívio anterior, ou indicação por outras, auxiliava no processo de inserção e inclusão social. Como em Minas havia uma população muito grande de comerciantes portugueses originários da região do Arcebispado de Braga,[35] talvez isso, além da crença no enriquecimento fácil na região mineradora, tenha motivado a instalação de Manoel Pereira Alvim na região e auxiliado no seu estabelecimento nas atividades mercantis. Muito provavelmente, essa rede de comerciantes portugueses do norte facilitou a inserção de Manoel Pereira Alvim que, alfabetizado, já na década de 1760, estava envolvido em importantes ramos do comércio e da administração colonial.

Manoel Pereira Alvim, durante sua vida em Minas Gerais, tornara-se um proeminente homem de negócios. Através do consórcio de diversas atividades econômicas e político-administrativas, algo almejado por vários comerciantes, porém restrito a poucos, o português conseguiu se destacar na hierarquia social, amealhar riquezas e prestígio, sendo este consagrado com a nobilitação do hábito da Ordem de Cristo, entre os anos de 1778 e 1780.

No comércio, Manoel enveredou no ramo de abastecimento das Minas. De Vila Rica, sua rede de contatos mercantis se expandia para o norte, alcançando a Bahia, passando pela vila do Serro Frio, e ao sul chegava até as capitanias de São Paulo e Rio de Janeiro, percorrendo grande parte da comarca do Rio das Mortes. A

34 *Apud* BOXER, 2000, p. 189-190.

35 BOXER, 2000, pp. 190-193; FURTADO, 1999, p. 152-155.

extensão de sua rede mercantil e o antigo hábito de comprar a prazo com intenso recurso ao crédito nas atividades do comércio exigiam a presença de intermediários, pessoas instituídas pelo próprio comerciante, para facilitar o bom desenvolvimento do comércio e mediar as relações entre comerciante e fornecedor, entre credor e devedor. Assim, em diversas vilas e pontos de passagem, Manoel Pereira Alvim mantinha os contatos que auxiliavam na dinâmica da atividade mercantil. Esses homens, escolhidos entre o círculo de amizades e parentes, deveriam ser sujeitos dotados de credibilidade e serem parceiros fiéis e confiáveis. No exercício de suas funções, eles representavam os comerciantes na localidade em que residiam, negociavam em seus nomes, recebiam os seus créditos e mercadorias, faziam diversos acertos, entre outras atividades, e, assim, a obediência e fidelidade às ordens passadas deveriam ser rigorosamente acertadas.

A título de exemplificação da atuação dos intermediários, temos a carta de José Pereira Sales, morador em Paraíbuna. Em 07 de dezembro de 1763, ele escrevia a Manoel acusando o recebimento da sua carta e informava os procedimentos tomados para cumprir as ordens dadas. Nesse sentido, José Pereira Sales escreveu:

> Sr. Manoel Pereira Alvim
>
> Amigo e senhor, recebi a sua carta e nela me ordenava que desse a João de Sousa vinte e seis do 3 [ilegível] os quais ajuntei com trinta mil e novecentos e sessenta réis que emprestou João de Sousa Vilar, porque da conta de vm^{ce} só tinha 45$40 réis – e assim fora sua conta pelos meus escritos para se ajustar; e adeus e tenha saúde e aqui estou para servir a vm^{ce}.
>
> Paraíbuna a 7 de dezembro de 1763.
>
> José Pereira Sales.[36]

Como se pode observar na carta acima, José Pereira Sales informava a Manoel Pereira Alvim o cumprimento de sua ordem, qual seja o pagamento a João de Sousa. Para tanto, ele informava que não tendo a quantia suficiente para tal acerto, teve que recorrer ao dinheiro emprestado de João de Sousa Vilar e que levava tudo à conta de Manoel Pereira Alvim. Assim, observamos que, no exercício

36 Arquivo Público Mineiro. Fundo: Casa dos Contos, documentos avulsos: Manoel Pereira Alvim. Microfilme: 535 A, planilha 20746.

da função, José Pereira Sales, mesmo não tendo os meios próprios para executar a ordem, fizera de tudo ao seu alcance para que a mesma fosse cumprida.

A comunicação dos estados de negócios era também essencialmente importante na atividade. Noticiar sobre os acertos feitos, informar a fama de devedores, apresentar róis de créditos, informar sobre cobranças, fazer ajustes de viagens de negócios, etc., eram igualmente posturas e ações que se esperavam do intermediário. Sobretudo, porque o uso generalizado dos créditos e compras a prazo na Minas Gerais setecentista fazia com que nem todos os devedores fossem pessoas conhecidas do titular da rede e, assim, os intermediários os endossavam e os habilitavam através de seus conhecimentos e suas redes de parentesco e amizade. Neste sentido, a rede se ampliava e os negócios ganhavam maior volume, alcançando pessoas estranhas ao titular da rede, mas que eram próximas e conhecidas de seus intermediários e, por isso, José Pires Lages, outro agente de Manoel Pereira Alvim, sempre escrevia informando o andamento dos negócios e apresentando as listas de créditos.

Provavelmente, José Pires Lages atuava pelos caminhos que ligavam Minas Gerais, Rio de Janeiro e Bahia, pois diversas cartas foram escritas com endereços distintos. A vida itinerante de José Pires Lages era benéfica para os negócios de Manoel, pois, além de ampliar o circuito de atuação – uma vez que a atividade alcançava as fronteiras – as dificuldades inerentes ao comércio colonial mineiro, como por exemplo, o hábito de comprar fiado e as complicações das cobranças, eram, em partes, suprimidas por suas andanças. E essas andanças de José facilitavam, também em parte, a vida de Manoel Pereira Alvim, pois o mesmo teria mais tempo para exercer outras atividades em Vila Rica e encontrar-se-ia a salvo dos perigos dessa aventurosa jornada, que ora enfrentava a natureza inóspita, ora a falta de segurança e ordem nos lugares, pois, como descreveu João Pinheiro Neto ao tio Francisco Pinheiro, as cobranças dos créditos demandavam viagens por vezes longas, por lugares rudes, ao sabor dos caprichos da natureza e das inseguranças sociais vigentes, ou seja, era *"uma jornada mui perigosa de moléstias e sezões"*.[37]

Para auxiliar nos negócios, Manoel Pereira Alvim convidou seus sobrinhos Gervásio Pereira Alvim, avô paterno de Gervásio, e José Pereira Alvim para atuar como seus intermediários nas atividades mercantis. Os irmãos, motivados pela carreira de sucesso que o tio vinha traçando nas Minas Gerais, migraram para a região, deixando para trás pais e amigos. O convite soara para os irmãos como

37 FURTADO, 1999, p. 170.

uma oportunidade ímpar de conseguir uma vida melhor, de alcançar riquezas e prestígio no Novo Mundo. Trajetórias semelhantes às de vários portugueses[38] que, após o estabelecimento e alcance de certo grau de fortuna, convidavam parentes e amigos para mudarem-se e tentarem uma melhor sorte na Colônia. Exemplo disso foi a trajetória de vários parentes do contratador dos diamantes João Fernandes de Oliveira. De acordo com Júnia Ferreira Furtado, o pai do famoso contratador dos diamantes, João Fernandes de Oliveira, homônimo, migrara para as Minas na primeira metade do século XVIII e, alcançado certo grau de fortuna no mundo dos negócios, convidara alguns parentes para atuar junto dele. Na região, eles enveredaram para as atividades mercantis e associaram-nas à ocupação de cargos da administração colonial através dos contratos de cobranças de impostos e, assim, alcançaram fortunas que os permitiram retornar a Portugal, galgar melhores posições sociais e participar de outros importantes leilões de arrendamento de contratos, por exemplo, a extração de diamantes.[39]

O convite a parentes e amigos para atuar juntos nas atividades mercantis, além de proporcionar aos convidados uma chance de melhorar de vida e o exercício de uma atividade muito lucrativa, era também uma estratégia por parte de quem chama (de quem convida), pois este precisava, para o bom andamento dos negócios, de contar com pessoas de sua confiança. O convite, a oferta e, por vezes, o custeamento das despesas da travessia, criavam entre os sujeitos envolvidos uma relação clientelística e hierárquica, na qual os sentimentos de gratidão, benevolência e honra permeariam o trato cotidiano das relações sociais que interligariam esses sujeitos. O simbolismo criado por esses sentimentos reproduzia a prática cotidiana da "economia moral" do dom.

O termo e conceito "economia moral" do dom, abordado por Ângela Barreto Xavier e António Manuel Hespanha, explica a formação das cadeias de poder informal e das redes de clientela como parte do exercício da dominação política no

38 O envio de convite e cartas de chamada a parentes por migrantes que conseguiram enriquecer e alcançaram certo posicionamento na hierarquia social no Novo Mundo não foi observado apenas para as Minas Gerais e o Brasil de modo geral. Mariana Alicia Pérez, ao estudar o movimento migratório de espanhóis para a região do Rio da Prata no final do século XVIII, constatou que muitos dos que conquistaram certo grau de fortuna enviaram cartas chamando suas esposas, irmãos, sobrinhos e primos para irem juntar-se a eles naquela região com promessas de uma vida feliz e próspera. Cf. PÉREZ, 2010, p. 35-66.

39 FURTADO, 2003.

Antigo Regime que estruturava toda a sociedade. De acordo com os autores, a prática cotidiana da dominação envolvia um complexo jogo social de lealdades, honras, fidelidades e prestação de serviços tecidos a partir de um intricado sistema político, e às vezes econômico, assentado na tríade dar, receber e restituir. Assim, esse sistema, compondo o universo mental que moldava os modos de ver, pensar e agir das pessoas, criava uma lógica de ação que condicionava as representações e práticas sociais. Nesse sentido, quando um sujeito tinha meios para beneficiar outro indivíduo, seu parceiro, era socialmente esperado que ele o fizesse. Em contrapartida, o recebedor do benefício deveria honrar ao benfeitor com os laços de lealdade e fidelidade e sentimentos de estima e gratidão.[40]

Essa lógica social sedimentada nas relações de clientela, na obrigação moral de dar e na tríade dar, receber e restituir, envolvia os sujeitos numa teia perpetuadora de uma economia de favores. Devido ao posicionamento desigual na hierarquia, a prestação de serviços (os favores) apresentava natureza diversa e variava em consonância com o capital social, econômico e simbólico dos sujeitos interligados. Nesse sentido, de acordo com os autores Xavier e Hespanha, as regras de doação das mercês como estratégia de ganhos simbólicos e valorização social e política eram proporcionais à posição social dos amigos, quer dizer: o benfeitor devia prolongar a restituição do beneficiado escolhendo os bens a serem dados dentre os que sustentassem temporariamente a obrigação; por outro lado, o beneficiado podia restituir a mercê em nível inferior. Porém, no plano do amor, ele deveria ser superior ao benfeitor: a gratidão era uma obrigação moral do beneficiado. Nas palavras dos autores, *"o modelo de troca é o mesmo – prestações materiais em troca de submissão política,* effectus *em troca de* affectus".[41]

Formava-se, então, um ciclo que tendia a nunca se findar através de *"um contínuo reforço econômico e afectivo dos laços que uniam, no início, os actores, numa crescente espiral de poder, subordinada a uma estratégia de ganhos simbólicos, que se estruturava sobre os actos de gratidão e serviço"*.[42]

No mundo dos negócios, a formação e consolidação desses vínculos de amizades, lealdades, gratidão e prestação de serviço eram importantíssimas, pois os comerciantes necessitavam de pessoas de sua confiança para auxiliar no giro do comércio. O convite, a carta de chamado de parentes e amigos para se estabele-

---

40 XAVIER & HESPANHA in MATTOSO, 1998.

41 Idem, p. 386.

42 Idem, p. 382.

cerem no Novo Mundo proporcionava a quem recebia a oportunidade de mudar de vida e tentar a sorte numa terra mais promissora. Assim, elas eram aguardadas ansiosamente por parentes e amigos e, quando chegavam as notícias da prosperidade[43] de quem partiu, eram lidas em público. A leitura da carta recebida para os vizinhos da aldeia e/ou vila, sobretudo se fosse de chamado, era uma forma de exteriorização das relações sociais, era um ato simbólico, uma forma de ressaltar a estima com que o destinatário era tratado pelo missivista. Isso não apenas pelo chamado e promessas de ascensão social, mas também pelo fato de as cartas muitas vezes serem acompanhadas de dinheiro para socorrer a família.[44] Elas também simbolizavam uma via de demarcação de posições sociais, uma vez que, além das informações sobre os familiares e assuntos diversos, os destinatários eram "donos" de informações preciosas do outro lado do Atlântico, que instigavam o imaginário popular. E ainda, receber uma carta, num mundo iletrado no qual os conhecimentos e as informações circulavam na oralidade, era um demonstrativo de *status* de prestígio perante os outros.[45]

---

43 Neste caso, concordamos com Mariana Alicia Pérez, que apontava como símbolo de prosperidade, não só, obviamente o enriquecimento e o coroamento das fortunas com patentes, mas também o fato de os migrantes terem alcançado melhores condições de vida nas colônias em comparação ao estado de penúria em que viviam na metrópole. Assim, os autores das cartas de chamado, para convencer suas esposas e outros parentes a tentar a vida no Novo Mundo, enfrentar os riscos da travessia e abandonar suas redes sociais, relatavam o estado feliz e de riqueza (aqui não apenas material, mas também de abundância de alimentos, por exemplo) em que viviam. Exemplo disso, a autora, entre outras cartas, cita a de Antonio Monasterio, de 1781, a sua esposa que, na tentativa de convencê-la a juntar-se a ele, escreveu: "*Determínate a passar tres meses de quebrantos para descansar aquí toda tu vida [...] La casa que hicetan acomodada y bonita para que tu vivieras a gusto juntamente tengo puesta mi tienda y uma esclava que he comprado y la tengo dada a que me la enseñen a planchar y demás servicios de la casa porque la compre bozal*" (PÉREZ, 2010, p. 45).

44 PÉREZ, 2010, p. 45-47.

45 Júnia Ferreira Furtado, ao abordar a importância das correspondências na estruturação e dinâmica do comércio colonial, também destacou a importância simbólica das cartas como demonstrativo de poder e afirmação dos destinatários perante outros sujeitos. Para explicitar a relação, a autora recorreu a uma carta de Francisco da Cruz para Francisco Pinheiro na qual o primeiro escrevia dizendo "*que mal sabe VM* [Francisco Pinheiro] *o sumo gosto que recebi entre mim, não só pelas cartas, como também ser eu o primeiro que nesta terra [que] tive cartas do reino, pois pela qual estima-se muito lograr uma pessoa apavonada de todos estes, mas as virem à casa a saber de novidades de Lisboa*" (FURTADO, 1999, p. 107). Cf. FURTADO, 1999, p. 104-119.

Enfim, diante de todos os significados simbólicos das cartas, principalmente, as de chamado, elas eram, acima de tudo, a demonstração de estima do missivista para com o destinatário, eram a expressão, nas relações cotidianas, de concessão de uma mercê a um amigo e/ou parente necessitado. Foi assim que os irmãos Gervásio Pereira Alvim e José Pereira Alvim receberam a carta de chamado de Manoel Pereira Alvim e sentiram-se honrados com o convite. Testemunho disso eram as demarcações de lugares presentes nas cartas trocadas entre tio e sobrinhos. Em todas elas, pelo menos naquelas a que tivemos acesso, os sobrinhos fizeram questão de frisar seu respeito e fidelidade ao tio. Manoel Pereira Alvim era tratado como *"meu tio e senhor"* e dele, os irmãos eram *"de vm.ce sobrinho muito seu venerador e criado"* ou ainda *"de vm.ce sobrinho muito obrigado e criado"*.[46]

Por outro lado, Manoel Pereira Alvim, além de cumprir com um dever moral, *"a obrigatoriedade de conceder mercês aos mais amigos"*,[47] criando oportunidades de ascensão social e melhor fortuna para seus sobrinhos, ele estendia sua rede de clientela. Numa sociedade, como as Minas do Ouro setecentista, na qual os valores pessoais pouco interessavam, assentada numa hierarquia social de difícil mobilidade e em que o reconhecimento das pessoas se dava através dos vínculos sociais firmados, a presença dos sobrinhos de Manoel, cujos sentimentos de lealdade e confiança eram fortalecidos pela mescla dos laços de família e clientela, aumentava-lhe o poder. Ou seja, ao convidar os sobrinhos para atuar como seu intermediário na sua ampla rede de negócios de abastecimento de Minas Gerais, Manoel Pereira Alvim cercava-se de pessoas de confiança, garantido melhores êxitos no desempenho da atividade mercantil.

Além disso, devemos destacar também que o aceite da carta de chamado e consequentemente a presença de parentes migrantes na nova terra de morada era um importante mecanismo para a reconstrução dos laços familiares nesse novo ambiente. No Novo Mundo, o estatuto de migrante, mesmo para aqueles que obtiveram certo grau de enriquecimento e sucesso, era de ser um desenraizado, um sujeito solitário sem laços fixos, e a identificação se tornava mais sólida quando habilitada pela família. Nesse sentido, convocar parentes para ir ao encontro em outros lugares distantes auxiliava também no processo de identificação desses su-

46 Biblioteca Nacional, Rio de Janeiro, Seção de Manuscritos. Microfilme MS580 (24): Cartas a Manoel Pereira Alvim. Documentos 04 a 17.

47 XAVIER & HESPANHA in MATTOSO, 1998, p. 381.

jeitos, no estabelecimento de uma rede de parentesco consanguíneo. Enfim, era mais um para atestar a verdade, intenções e honestidade do migrante. No caso de Manoel Pereira Alvim, além de contar com pessoas de confiança, era uma forma também de estender suas relações familiares no Novo Mundo com antigos parentes de sangue, seus sobrinhos Gervásio e José.

Embora não saibamos ao certo a data de chegada dos irmãos, Gervásio e José, supomos que eles tenham chegado à região por volta da década de 1780, momento em que Manoel já se apresentava bastante próspero. Nas Minas do Ouro, os irmãos foram enviados para a comarca do Rio das Mortes. Gervásio Pereira Alvim ficou nas imediações das vilas de São João del Rei, sede administrativa da comarca, e de São José, enquanto José Pereira Alvim ficou nos entornos das vilas de Queluz e Barbacena. Nessas localidades, os irmãos auxiliavam o tio nos seus negócios.

Como intermediários, eles tinham funções de mediar as relações mercantis entre fazendeiros e comerciantes locais com o tio, que morava nas imediações de Vila Rica. Assim, eles deviam prestar contas dos negócios e créditos firmados com bastante rigor. As anotações e apresentações de róis, os dados e valores de devedores e credores, tudo devia ser minuciosamente elaborado pelos intermediários. Não podia haver falhas, pois representavam prejuízos e descrédito. Neste sentido, em 08 de julho de 1793, José Pereira Alvim, já enraizado na região com laços familiares, morador em Contra-Mestre, escrevia ao tio Manoel reportando a situação dos seus negócios e créditos. Na carta, o autor da missiva listava os devedores e seus respectivos créditos, segundo ele:

> o crédito de Bernardino Coelho, que para na mão do G. M. Domingos Dias Pereira é bem certo que segundo me diz é de duzentos e dezesseis mil réis, e que tem nas cartas um recibo de 16/8 passado por Domingos Glz. Barroso, o que eu recebi para ele o que consta da conta que dei a vm.[ce] e por esta vm.[ce] sabe o que lhe resta, [...]. No que respeita o Tiantônio Francisco Ribeiro, a mesma conta, que dei a vm.[ce] se pode conferir pelos recibos que passei ao mesmo este os apresentara e nada mais recebi. Se vm.[ce] acha em conta o crédito de que foi entregue por Antônio de Sá Calheiros de 3 bestas que Francisco Antônio de Oliveira Lopes vendeu a José Pinto [ilegível] e eu o cobrei para pagamento de vm.[ce] não sei conta fizesse quando se ajuntaram mas o [mesmo] recibo que pas-

> sei ao dito se há de constar; porque este se acha para o Serro, quando vier fará a vm.[ce] certo de quanto era se 90$000 ou 92$000 rs. Não é verdadeira a conta dos r. Coronel Francisco Antônio por que a mim se me não entregou mais crédito só das duas bestas, que de conta dos mesmos se venderam na mesma ocasião a Manoel Gomes de Abreu o entregou o P.[e] José Lopes de Oliveira a Joaquim Marques da Silva por contas que tinham, e para esta mesma ainda não cobrou senão 31/8 e disto mesmo se pode vm.[ce] mandar informar, e achará que nada deu senão os 20$000 mil rs. Seu recibo, que [ilegível] do crédito sendo de 90$000 ou de 92$000 mil réis, quanto a conta da casa, nessa vila anda Bento Roiz de Oliveira, e este mesmo, que foi o que passou as contas digo se paguei o fiquei devendo, [...] a mim me ficaram devendo um milheiro de cravo, 18/L.[as] de canela que até hoje não sei quem me há de pagar enquanto as estribeiras não sei aonde se vendem estribeiras de latão a 3/8 por que eu as comprei por 5/8 e o mesmo coronel quando foi para as festas reais [me as] pediu emprestadas e nunca mais as quis dar, e agora se lembra de dar 3/8...[48]

O critério e a precisão das anotações dos créditos e seus caminhos, os objetos negociados e as situações, além dos destinos dos sujeitos envolvidos eram observações inerentes e importantes da prática mercantil, pois o sucesso dos negócios dependia do conhecimento dos sujeitos e seus paradeiros, uma vez que o intenso uso e repasse dos créditos ao lado da grande mobilidade espacial dos homens, em busca de melhores oportunidades, faziam com que as garantias do acerto final fossem, entre outras circunstâncias, o esclarecimento das situações e dos sujeitos.

Por conseguinte, não poderia haver falhas e erros nas anotações. Caso contrário, o comerciante e/ou intermediário poderia ter sua fama e credibilidade manchados perante os seus contatos e a comunidade. E, foi justamente essa a preocupação de José Pereira Alvim que, na mesma carta citada acima, tentava se explicar ao tio e não ter sua imagem corrompida por um erro na sua contabilidade. Assim, José ressaltava que,

48 Biblioteca Nacional, Rio de Janeiro, Seção de Manuscritos. Microfilme MS580 (24): Cartas a Manoel Pereira Alvim. Documento 15: Carta de José Pereira Alvim, Contra-Mestre, 08 de julho de 1793.

> os mesmos meus recibos que pararam em poder do mesmo Coelho a de amostrar se esta conta não compreender, aqueles recibos devo eu responder, não por que eu o comesse, nem seja da minha intenção possuir o alheio, mas por que assim foi d.º Servido, e é muito justo, que vm.ce o haja, e eu pague, e por essa causa veja vm.ce o que lhe dei em conta e pagarei o mais.[49]

O comportamento de José, neste caso, era condizente com o esperado, pois, diante da sua falha, ele deveria arcar com os prejuízos e, assim, manter sua honra e credibilidade perante seus pares. A complexidade da atividade mercantil, na qual os laços sociais constantemente interpenetravam e influenciavam a dinâmica econômica, fazia com que a desconfiança e/ou a falta de credibilidade nos sujeitos envolvidos inviabilizasse a atividade. A falta de instrumentos mais precisos de proteção aos comerciantes (e também aos consumidores contra maus agentes) e de cobranças exigiam dos praticantes um comportamento idôneo que mantivesse sua credibilidade e honra.

Por fim, José ainda manifestava os sentimentos de gratidão e fidelidade, desejando ao tio que "*Deus Nosso Senhor guarde a vm.ce com uma saúde e muitas felicidades, para me mandar como pode de Contra-Mestre a 8 de julho de 1793. De vm.ce sobrinho muito seu venerador e criado*". A missiva fora respondida rapidamente por Manoel, talvez um sinal de acerto. Embora não saibamos o conteúdo da carta resposta, no verso desta Manoel Pereira Alvim anotou que enviara a resposta poucos dias depois, em 23 de julho de 1793.

Além das funções corriqueiras no trato do comércio, os sobrinhos de Manoel Pereira Alvim também lhe auxiliavam nos trâmites judiciais, o representando junto às justiças e buscando informações de possíveis contendas e corrupções. Nesse sentido, em 26 de julho de 1793, José Pereira Alvim, recém-chegado à vila de Queluz, reportava, às pressas, ao tio as notícias que ouvira sobre uma ação, que provavelmente, era dos seus interesses. Segundo José:

> Sr. G. M. Manoel Pereira Alvim.
>
> Meu tio e sr. cheguei a esta vila, e primeiro de nada falei os r. D.or Domingos José de Souza, e este diz vinha a sentença

49 Idem.

> dada por quem quiser, que [está] temperado o juiz a vista disto vm.ce veja se jaz algum milagre, e venham remetidos ao dito [ilegível] Souza. Estimo que vm.ce esteja com alívios na sua moléstia e que Deus Nosso Senhor guarde por muitos anos. Vila de Queluz a 26 de julho de 1793.
>
> De vm.ce sobrinho muito venerador e criado.
>
> José Pereira Alvim.[50]

A comunicação também tinha um sentido de informar o destinatário sobre notícias que estavam para além dos trâmites dos negócios. Era de suma importância ter ciência e conhecimento dos burburinhos contados de boca em boca nas localidades onde se tinha interesses mercantis. As alianças, as brigas, as novidades, ou seja, o dia a dia também fazia parte do interesse dos missivistas e influenciava na dinâmica do comércio, como na carta acima ficam patentes as preocupações de José e Manoel com a corrupção do juiz num caso que, provavelmente, afetaria seus negócios ou de seus parceiros. De acordo com Fernand Braudel, "*informar-se conta mais ainda do que se formar, e a carta é, acima de tudo,* informação".[51] Saber o que acontecia ao seu redor, "*notícias políticas, notícias militares, notícias sobre colheitas, sobre as mercadorias esperadas*"[52] eram informações preciosas que ajudavam a projetar um futuro com mais segurança e controlar situações adversas.

Comportamento semelhante também era esperado de Gervásio Pereira Alvim. Nos entornos das vilas de São João del Rei, sede administrativa da comarca do Rio das Mortes, e de São José, Gervásio atuava como intermediário de Manoel Pereira Alvim. Dali, ele cuidava dos negócios do tio, que abrangia grande parte do Sul de Minas. Em primeiro de novembro de 1792, Gervásio respondia a carta datada de 27 de outubro passado de Manoel Pereira Alvim. Na missiva, Gervásio reportava-lhe a situação dos negócios e os caminhos percorridos para auxiliar alguns amigos, citados pelo tio, nos processos de cobrança na região, além de apresentar algumas informações pessoais. Assim ele escreveu:

---

50 Biblioteca Nacional, Rio de Janeiro, Seção de Manuscritos. Microfilme MS580 (24): Cartas a Manoel Pereira Alvim. Documento 16: Carta de José Pereira Alvim, vila de Queluz, 26 de julho de 1793.

51 BRAUDEL, 1998, p. 361.

52 Idem.

Tenho presente a de vm.ce de 27 de 8bro do próximo passado a que devo dar a resposta. O primo Ricardo lhe dará o que passou com os devedores dos créditos, e mais clareza que se penhoraram o Pedro Duarte de Camargos, com.mo primo leva os créditos e mais clarezas para vm.ce ver, e se precisarem lá deles podem ficar, e só falta um crédito que é devedor Francisco Roiz. Duarte que está correndo uma remenda por virtude de um recibo que apresenta do S. M. Dâmaso José de Castro, e Joaquim Alz. Batista também foi citado, porém não tem com que pagar, e diz já pagou Pedro Duarte.

Remeto mais o livro da Sociedade dos D.os que me disse o camarada do s.or José Batista que o queria lá, eu sou depositário dele, e dos créditos e recibos que eu afinal não tenho incomodo. O despacho de S. Ex.a hei de fazer requerimento ao juiz para [lacrar] dos autos, remeter-[lhe], o que agora não se pode ser por não estar o escrivão dos autos na vila.

Faça-me mercê dizer em que estado está a cobrança de Antônio Pereira da crioula Efigênia, que já não posso aturar [...] me ordena diga a vm.ce que já não há mais demora em se executar que não tem dúvida levar a Apelação para o Rio quando saia contra ele, vm.ce me diga que despesa se tem feito para cobrar dele.

Agora vou para as Lavras do Funil, hei de mandar citar a Alexandre Pinto Magalhães pelo crédito que passou aos Bravos, e destes recebi a carta inclusa que remeto para vm.ce ver. Em quanto ao capitão José Alz. de Figueredo julgo não haver dúvida na paga por que é de verdadeiro.

Sua com.e dona Elena viúva de Miguel de Sousa aqui tem vindo chorar, dizendo que fica perdida que pelo amor de Deus lhe espere mais. Tem aqui 83/8 para se fundirem, e lhe disse que fosse ver o resto, vm.ce ordenará o que entender. O S. M. Luís Antônio de Sousa para lá está, e em São João estão correndo duas execuções contra ele por mais de 12 mil cruzados dos Ausentes exija dele por lá dar algum dinheiro a conta.

Sim senhor batizou-se o meu menino, e [ilegível] da sua Procuração tenha paciência com estas causas tem vm. mais um criado as suas ordens.

Os ancorotes podem vir por meu primo, e diga-me se estava sofrível a manteiga, que podem ir outra vez cheias por que nada me custa.

Fui a São João ter com Antônio da Costa Braga escrivão da câmara, respeito ao negro barbeiro da testamentaria de José Antônio de Azevedo, praticou uma ação comigo não muito boa, por que apresentando-lhe a carta dele que vm. mandou pegou nela, não me quis entregar mais, usei de prudência pela carta não conter circunstância, e por isso não a remeto outra vez. Estava com o negro um chamado Bento José Guimarães não sei com que título ou consciência se é que sempre o teve consigo, por que é bem certo que o [...] foi ter comigo para me comprar no Mato, por que me não chegou a conta por isso [lhe] não vendi. Por não estar com mais a vingar o vendi por 80$000 e se obrigou a dar o dinheiro daqui há um mês o S. M. Gabriel Antônio de Mesquita que não falta. Não dá notícia do outro negro José, porém o tal Bento merecia uma lição mestra por que quando me falou para mos comprar era a ambos de dois no Mato porém eu hei de ver se dá conta do outro, e conforme ele se portar verei se há de pagar os jornais dele.

Remeto a Certidão e a [Atestação] que pede o D.^or^ Manoel de Sousa Dias peço para remeter ao mesmo, e desejarei que vão em termos.

Entreguei a Precatória a meu primo Ricardo, com.^mo^ leva a diligência feita.

Não me entendo com Francisco José Alz. procurador de João Roiz. de Macedo para o rateio dos bens de Manoel Gomes de Sousa por que está coliado com os [arrematantes] dos bens, e nada bem para o Juízo, nem ele faz rateio na execução do dito Macedo, veja se este de lá manda concluir esta ladroeira, a Francisco Glz. de Gouveia, Joaquim Silvério que com meu tudo está no Rio, e que se faz é fazerem-se custas.

Desejo a vm. boa saúde e felicidades e que Deus o guarde por muitos anos. Lage, 1 de 9bro. de 1792.

De vm. sobrinho muito obrigado e criado.

Gervásio Pereira Alvim.[53]

A carta fora respondida em 4 de janeiro de 1793 e enviada por Ricardo Pereira Gomes, sendo acompanhada ainda do inventário de João Gonçalves Guimarães e da carta dos Bravos.[54]

Pelo conteúdo da carta, observamos algumas nuanças das ações dos intermediários. Gervásio, além de noticiar as informações habituais da atividade, apresentando as listas de créditos e as cobranças efetuadas e por executar, repassando os casos que ouvira e que poderia interessar ao tio, demonstra na correspondência sua disponibilidade para solucionar problemas e cobranças de outros parceiros de Manoel Pereira Alvim. Nesse sentido, ele apresentou os procedimentos e encaminhamentos tomados para a solução das questões pendentes de outras pessoas. Ele mostrava-se bastante disposto a tais ações, e isso era muito importante na construção e reforço das alianças, pois era sinônimo da prestação de serviços. Por exemplo, na pendência com o procurador João Rodrigues de Macedo, sobre a qual reportava que não havia comunicação, pois ele não estava disposto a ratear os bens de Manoel Gomes de Sousa, ficaram evidenciadas as disputas entre os grupos. Segundo o missivista, o procurador já estava acordado com os arrematantes dos bens e, portanto, não havia negócio na divisão da execução dos bens efetuada pelo Macedo. A mediação de Gervásio e a tentativa de conciliação entre as diferentes partes interessadas são demonstrativos das tensões cotidianas que rondavam os sujeitos coloniais na conquista de melhores condições de vida ou ainda na labuta diária para a manutenção e reprodução de suas posições sociais e padrões de riqueza. Essas disputas eram motivadas pela salvaguarda da sobrevivência individual e do grupo, através da aquisição de bens que garantiam a reprodução material da riqueza e a divisão dos bens entre os seus pares, fortalecendo, portanto, o grupo.

Além disso, nota-se na carta também os conflitos com os menos afortunados, com os subalternos. Gervásio Pereira Alvim reportava ao tio sua indisposição com o escrivão da câmara, Antônio da Costa Braga, e seu acompanhante, "*o negro*

53 Biblioteca Nacional, Rio de Janeiro, Seção de Manuscritos. Microfilme MS580 (24): Cartas a Manoel Pereira Alvim. Documento 04: Carta de Gervásio Pereira Alvim, Lage, 01 de novembro de 1792.

54 Idem.

um chamado Bento José Guimarães", afirmando que, de fato, ambos o irritaram por seus comportamentos, mas que, apesar disso, o autor da carta preferiu agir com prudência. No entanto, ao se referir "*a ação comigo não muito boa*", Gervásio colocara em dúvida as verdadeiras intenções do escrivão nas relações que este mantinha com Manoel Pereira Alvim. O conflito, embora não deflagrado, revela as tensões cotidianas frutos da presença da escravidão e alto índice de forros nas Minas do Ouro, na segunda metade do século XVIII. A dicotomia social gerada pelo sistema escravista acarretava alguns conflitos velados entre dominantes e dominados, entre senhores e subalternos. Naquele caso, provavelmente, Gervásio usou de prudência mais pela posição social de Antônio da Costa Braga, que, sendo escrivão da câmara, poderia contar com o apoio de algum potentado local não muito afeito a sua pessoa ou a algum de seus parceiros, pois, na opinião do missivista, "*o tal negro Bento merecia uma lição mestra*". Enfim, apesar do desaforo sofrido, a postura de Gervásio Pereira Alvim fora uma tentativa de evitar um confronto que poderia tomar maiores proporções, envolvendo outros grupos dominantes, num momento bastante delicado para seu grupo nas Minas, qual seja, a execução de Tiradentes como resultado da forte repressão do Estado português ao infame levante que ocorreu naquela região.

Outro aspecto da carta trata da forma como os devedores de Manoel Pereira Alvim percebiam seus intermediários. A viúva de Miguel de Souza e comadre de Manoel Pereira Alvim, dona Elena, segundo Gervásio, o procurou pedindo mais tempo, provavelmente, para a quitação de algum negócio inacabado, pois que "*andava perdida*". Muito possivelmente, o marido de dona Elena fosse um parceiro de Manoel Pereira Alvim em uma das suas atividades, a saber, a mineração do ouro. Como já havia ressaltado, Manoel Pereira Alvim consorciava diferentes atividades econômicas e político-administrativas, e mesmo com o declínio da produção aurífera em Minas Gerais, nas décadas de 1770 e 1780, ele não abandonou a atividade. Segundo Beatriz Nizza da Silva, entre os anos de 1778 e 1780, Manoel Pereira Alvim havia levado nove arrobas de ouro para serem fundidos na Casa de Fundição de Vila Rica.[55] Talvez, o falecimento do marido de dona Elena tenha sido algo recente e ela passava dificuldades para realizar os acertos da testamentaria[56]

55 SILVA, 2005, p. 201.

56 Sheila Siqueira de Castro Faria analisou um caso semelhante de falecimento do chefe do domicílio no momento de expansão da unidade produtiva. O caso analisado pela autora foi do lavrador Manoel Antônio Sobreira que, acreditando nos rendimentos de sua produção

e por isso *"tem vindo chorar, dizendo que fica perdida que pelo amor de Deus lhe espere mais"*. Gervásio ainda informava que ela enviara 83/8 para se fundirem e que o resto, fosse Manoel (ou ordenasse alguém) verificar. Neste caso, dona Elena procurava Gervásio para que enviasse as oitavas de ouro e tentava sensibilizá-lo para que ajudasse no trato com o tio. Na percepção de dona Elena, Gervásio, na função de intermediário, era o representante de Manoel e como tal poderia auxiliar na solução de seus problemas.

Ainda podemos destacar na carta acima as famas de alguns sujeitos como bons pagadores e a desconfiança com relação a outros. Gervásio era enfático ao citar os sujeitos que acreditava serem homens de boa fama e apresentava suas dúvidas com relação a outros. O conhecimento das famas dos sujeitos era indispensável na prática mercantil, pois, como temos ressaltado, o hábito de se vender fiado e a prazo exigia dos comerciantes e seus intermediários um controle sobre a credibilidade e popularidade de seus devedores, pois, caso contrário, eles poderiam se ver perdidos em meio a tantos calotes.

Outrossim, havia as questões particulares e pessoais entre Gervásio Pereira Alvim e seu tio, Manoel Pereira Alvim. Gervásio havia acabado de batizar o filho e, ao que tudo indica, houve um problema com a procuração passada por Manoel, padrinho da criança. Apesar desse contratempo, Gervásio pedia ao tio paciência e que não ficasse ressentido, pois havia ganhado *"vm. mais um criado as suas ordens"*. As relações de compadrio criavam elos de parentesco ritual que, neste caso, foram importantes no reforço dos vínculos entre os pais da criança, os padrinhos e a criança. Nestes termos, o filho de Gervásio teria a proteção de Manoel, um homem afortunado que no futuro poderia lhe auxiliar no acesso a determinados postos, enquanto Manoel contaria com a fidelidade e lealdade de seu afilhado e, por fim, Gervásio expressava seus sentimentos de gratidão e fidelidade e reforçava os vínculos familiares com Manoel Pereira Alvim.

---

agrícola, fez diversos empréstimos com vistas à ampliação da unidade produtiva. No entanto, o falecimento do lavrador fez com as dívidas fossem cobradas, e a família encontrar-se-ia, então, numa situação muito delicada, perdendo parte significativa dos bens, comprometendo a reprodução de sua sobrevivência. *"O sonho de ser senhor de escravos e, talvez, de engenho, encontrou um fim, no caso de Manoel Antônio Sobreira, na morte. Tudo voltou para os comerciantes. Outros, como Manoel, perderam tudo ainda em vida, com execução de dívidas e confisco dos bens"*. (FARIA, 1988, p. 236). Cf. FARIA, 1998, p. 228-237.

Enfim, a carta de Gervásio é bastante extensa e permite vislumbrar alguns dos problemas cotidianos com que ele e Manoel Pereira Alvim tinham que lidar. Além das questões pessoais, o batizado do filho de Gervásio e o embaraço com a procuração de Manoel e o envio da manteiga, num determinado momento, conseguimos perceber os desafios enfrentados no mundo dos negócios, como por exemplo, as dificuldades nas cobranças, os acertos efetuados e por fazerem, as notícias de processos movidos, além das dificuldades no trato com outras pessoas e as tensões sociais vigentes na ordem escravista colonial. Essa carta, juntamente com a ação de outros intermediários, revela a complexidade da atividade mercantil em sociedades pré-industriais, na qual o econômico estava diluído em relações sociais, políticas e simbólicas, e, portanto, no trato e giro do comércio a mescla desses elementos se apresentava através dos instrumentos de acesso ao crédito e construção da credibilidade, bem como a importância das redes de clientela e amizade e a necessidade de intermediários para o bom desempenho da mercancia.

Nestes casos, vários trabalhos têm pontuado a associação entre família e negócios devido, entre outros aspectos, ao imperativo de se ter pessoas de confiança e leais para atuarem junto às casas mercantis. Como bem atentou Fernand Braudel, no mundo mercantil o mercador não poderia dispensar uma rede de comparsas e sócios de confiança e, nesse sentido, a família era naturalmente a solução mais procurada, embora não fosse a única, em função dos fortes laços que interligavam os sujeitos.[57] Fosse qual fosse a solução adotada ou o arranjo feito, segundo Braudel, "*seja qual for a forma do entendimento e da colaboração mercantil, ela exige fidelidade, confiança pessoal, exatidão, respeito pelas ordens dadas. Uma espécie de moral comercial muito rigorosa*".[58]

Além das atividades no mundo mercantil, sobretudo no setor de abastecimento da capitania das Minas do Ouro, Manoel Pereira Alvim também esteve envolvido com outras atividades que, além dos lucros que rendiam, constituíam importantes fontes de poder local, reprodução social do prestígio e fortalecimento dos grupos aliados. Desde a década de 1760, ao lado do sócio e amigo Domingos de Abreu Vieira e de João de Souza Lisboa,[59] Manoel Pereira Alvim atuava em dois

57 BRAUDEL, 1998, p. 125-128.

58 Idem, p. 127.

59 Segundo Ângelo Alves Carrara, o contratador João de Souza Lisboa junto com João Rodrigues de Macedo foram os dois maiores arrematantes do contrato de dízimos e entradas

importantes contratos de cobrança de impostos nas Minas do Ouro: o contrato dos dízimos e o contrato de entradas, no posto Matias Barbosa, no Caminho Novo.

O dízimo, que originalmente era um imposto eclesiástico e por concessão do papa tinha sua receita destinada ao rei, por ser o grão-mestre da Ordem de Cristo, e este delegava a cobrança a particulares via arredamentos, nas Minas do Ouro incidia sobre qualquer gênero alimentício produzido internamente para o comércio, com exceção do ouro, cobrando-se a décima parte sobre a produção agrícola e pastoril;[60] enquanto o direito de entradas de mercadorias fora criado em 1715 após acordos feitos entre as autoridades metropolitanas e os habitantes de Minas a respeito do pagamento dos quintos. Assim, ficou instituído que as mercadorias importadas pelos mineiros deveriam ser taxadas, e o total arrecadado comporia o montante do quinto enviado ao rei. Mesmo com mudanças no sistema de pagamento do quinto anos mais tarde, o tributo de entradas não fora extinto.[61]

A Coroa portuguesa, ao instituir a forma de contrato para a arrecadação dos tributos coloniais, excetuando o quinto, abria um importante espaço de atuação econômica para os negociantes da Colônia. Modelo também adotado no reino de Portugal, o sistema de arrematação de contratos funcionava a partir de um leilão, no qual a Coroa garantia a posse de uma determinada quantia em troca do exercício particular da cobrança do tributo nas áreas abrangidas por ele. Através desse método, a Real Fazenda garantia a posse de um valor determinado e em contrapartida, exonerava-se dos gastos com a cobrança, tais como pagamento de funcionários reais e despesas com a manutenção de postos fiscais.[62] Já para os arrematantes, geralmente grandes negociantes, pois a arrematação dos contratos exigia investimento de soma avultada, ela constituía oportunidade ímpar de expansão

---

da capitania de Minas Gerais. O primeiro se destacou pelo período de atuação, auge do período minerador, quanto conseguiu amealhar grande fortuna nas atividades. Já o segundo, ao arrematar tais contratos fiscais em momento de crise da mineração e problemas na administração dos contratos, teve grandes dificuldades para solver a dívida contraída com os contratos. Cf. CARRARA, 2011. Em especial sobre João de Souza Lisboa e os contratos de dízimos e entradas, ver os trabalhos de Luiz Antônio Silva Araújo, nos quais destacou as articulações e a formação de sociedades entre comerciantes para assegurar a arrematação dos contratos régios nas Minas setecentistas. Cf. ARAÚJO, 2002 e 2008.

60 CARRARA, 2011, p. 32-36; FURTADO, 2003, p. 75.

61 CARRARA, 2011, p. 34.

62 Idem, pp. 31-33; RODRIGUES, 2005, p. 125; FURTADO, 2003, p. 73-102.

dos negócios e, para além de ser, frequentemente, uma fonte de renda bastante lucrativa, não deixava de ser também uma forma de esses sujeitos participarem da administração colonial.

Tais tributos, os dízimos e entrada de mercadorias, eram, segundo Ângelo Alves Carrara, os impostos que tinham maior rendimento na capitania mineira, bem como os responsáveis pela quase totalidade da receita da Real Fazenda. Ao fazer uma comparação com a arrecadação do quinto real, que era enviado diretamente ao rei, por ser considerado um direito régio e, nesse sentido, nunca ter sido contado na massa dos rendimentos totais da Real Fazenda, o autor observou que

> no triênio de 1762 a 1764 os dízimos renderam aos cofres da Provedoria da Real Fazenda de Minas 229:530$000, enquanto que as entradas atingiram a cifra de 587:040$000 réis, quase três vezes mais. A soma do valor arrecadado com estes dois tributos era suficiente para comprar 1952.15Kg de ouro em barra. Os quintos renderam no mesmo período 2950.13 Kg de ouro.[63]

Sem dúvida, tais contratos eram negócios bastante lucrativos que aguçavam a ganância dos comerciantes. Mesmo nos anos após a década de 1760, quando, de acordo com Luiz Antônio da Silva Araújo e Ângelo Alves Carrara, a crise da mineração surtia efeitos diretos na arrecadação desses impostos, diminuindo as taxas de recolhimento e seus rendimentos, os contratos de dízimos e entradas não deixaram de ser uma interessante fonte de renda para os negociantes.[64] Havia muito interesse nos contratos, pois, na dinâmica de funcionamento das cobranças de impostos, os contratadores agregavam-se ao Estado metropolitano como um braço privado ou, ainda, como um intermediário entre os súditos e o rei. Nesse sentido, de acordo André Figueiredo Rodrigues, *"assumiam o encargo de arrecadar impostos, como mandatários privados, ou melhor, como comerciantes que intermediavam uma mercadoria - o tributo - entre os súditos e o rei, auferindo lucro, que era a diferença entre o preço fixo do contrato e o excedente arrecadado"*.[65] Claro que nem todos os contratos renderam os lucros esperados, e neste caso, o contratador

63 CARRARA, 2011, p. 34.

64 ARAÚJO, 2002; CARRARA, 2011; OLIVEIRA, 2009, p. 100-150.

65 RODRIGUES, 2005, p. 125.

amargou o prejuízo. Talvez, o maior exemplo disso fora o caso do contratador João Rodrigues de Macedo.

Português, natural de Coimbra, migrara para o Brasil aos 15 anos de idade, a chamado de parentes estabelecidos na praça mercantil do Rio de Janeiro, tornara-se um grande comerciante na praça carioca e mantinha fortes laços sociais e econômicos com a capitania mineira. Em 1775, talvez incentivado pela posição do tio, que era desembargador e provedor geral da Real Fazenda de Minas Gerais, e pelos fortes vínculos mercantis com a capitania mineira, Macedo fora até Vila Rica para arrendar os contratos de Entradas para o triênio de 1776 a 1778 e de 1779 e 1781 da capitania mineira pelo valor de 766:726$612 réis, e ainda o mesmo contrato para a capitania de Mato Grosso, Goiás e São Paulo, pelo valor de 189:044$918 réis, totalizando 944 contos de réis. O comerciante ainda arrematou o dízimo, para o período de 1777 a 1783, pela quantia de 395:378$957 réis.[66] O negócio que, até então, era certo e bastante lucrativo e fizera riqueza de João de Souza Lisboa no período anterior, mostrara o lado mais amargo para Macedo. Diante de sérios problemas na arrecadação e administração dos contratos, sobretudo o de Entradas, João Rodrigues de Macedo se viu embaraçado nas dívidas contraídas. Sem ter como saldar as dívidas, que, segundo a *Instrução para o governo da capitania de Minas Gerais,* entregue ao visconde de Barbacena em 1788, era superior a 750 contos, Macedo teve seus bens sequestrados em 1797 e, até 1803, quando conseguiu amortizar 111:001$734 réis da dívida que possuía, teve o restante dos bens confiscado pelo Erário Régio.[67]

Situações como estas não foram tão incomuns. De acordo com Ângelo Alves Carrara, o sistema de contratos não estava imune às fraudes e às corrupções, havendo inúmeros exemplos disso nos séculos XVII e XVIII, comprovados pelos pedidos de isenção da dívida feitos pelos contratadores ao rei.[68] Este fora apenas mais um caso, que por coincidência fora de um sujeito próximo e amigo de membros da rede de Manoel Pereira Alvim.

Mas, voltemos a Manoel Pereira Alvim. No universo restrito dos contratos e contratadores, Manoel Pereira Alvim atuara como administrador do contrato de

66 Idem, p. 122; CARRARA, 2011, p. 36.

67 MAXWELL, 2009, p. 119; RODRIGUES, 2005; CARRARA, 2011.

68 : CARRARA, 2011, p. 32-33.

Entrada arrematado pelo coronel João de Souza Lisboa e Cia.,[69] entre os anos de 1762 e 1764.[70] Nesta função, ele fora designado para atuar no registro de Matias Barbosa, no Caminho Novo, o mais importante e de maior rendimento dos registros de Entrada na Minas do Ouro, pois, como o porto do Rio de Janeiro ia tomando a primazia no abastecimento das Minas com produtos europeus e africanos, e a ligação entre as duas capitanias se dava por este caminho, por ali passava a maior parte dos produtos destinados ao mercado mineiro. *"Entre 1765 e 1768, o Caminho Novo respondia por três quartas partes do rendimento total das entradas"*.[71] Com certeza, uma atividade que renderia avultados lucros para Manoel Pereira Alvim, já que, de modo geral, os administradores recebiam uma comissão de 8% sobre o rendimento total de seu registro.[72]

A ocupação desse cargo, em primeiro lugar, tinha como prerrogativa ser do círculo de amizade e confiança do contratador (e dos sócios, caso os tivesse), pois neste tipo de atividade o administrador era responsável direto pela receita do registro. A relação estabelecida era bem parecida com a do intermediário nas transações mercantis, era preciso confiança nos dados e nas ações, uma vez que o administrador era quem lidava diariamente no registro com os sujeitos que passavam e com a mercadoria que estes levavam e, assim, controlava as cobranças. Como bem atentaram André Figueiredo Rodrigues e Ângelo Carrara, um dos motivos do insucesso do contrato de Entradas de João Rodrigues Macedo foram problemas na arrecadação dos impostos nos registros. João Rodrigues de Macedo enviara a seus administradores várias cartas se queixando da falta de atenção aos desvios e contrabandos que se faziam pelos caminhos.[73]

No desempenho da função, mês a mês, o administrador devia apresentar ao contratador uma lista dos rendimentos do período e, a cada ano, fazer um balanço.[74] Além disso, o bom administrador devia deter alguns conhecimentos especí-

69 A companhia era formada por João de Souza Lisboa, capitão João de Sequeira, capitão José Caetano Rodrigues Horta, Manoel Teixeira Sobreira e Manoel Machado. Sobre a atuação do coronel João de Souza Lisboa nos contratos de dízimos e Entrada nas Minas do Ouro confira os trabalhos de ARAÚJO, 2002 e 2008.

70 OLIVEIRA, 2009, p. 128; ARAÚJO, 2002, p. 116.

71 CARRARA, 2011, p. 37; OLIVEIRA, 2009.

72 CARRARA, 2011, p. 41.

73 RODRIGUES, 2005; CARRARA, 2011.

74 CARRARA, 2011, p. 40-41.

ficos sobre o mercado mineiro e um aporte moral, social, econômico, simbólico e coercitivo na região em que atuaria. Em outras palavras, para desempenhar a função, segundo Felipe Rodrigues de Oliveira, para o sucesso do empreendimento, o administrador devia ter conhecimentos sobre as pessoas, seus paradeiros e suas famas, sobre os circuitos de abastecimento e mercadorias, a cotação dos preços dos produtos, as picadas e os possíveis desvios nos caminhos e registros,[75] enfim, devia ser um sujeito bem informado sobre o funcionamento e dinâmica do mercado. Além disso, era preciso também que estes homens fossem reconhecidamente sujeitos de verdade e com poderio coercitivo, pois, na maioria das vezes, assim como no comércio, na arrecadação dos impostos, muitos indivíduos passavam créditos. Nesse sentido, além da capacidade de discernir quem eram os sujeitos com credibilidade ou não, as dificuldades de cobrança dos créditos eram as mesmas da atividade mercantil. Portanto, os administradores, como responsáveis pelo rendimento, eram também responsáveis pela liquidação dos créditos.[76]

Já no contrato de dízimos, Manoel Pereira Alvim atuara ao lado do amigo Domingos de Abreu Vieira, com o qual forjou também uma sociedade. Em função da punição de Domingos de Abreu Vieira pela participação na Inconfidência Mineira e a insolvência dos débitos com a Coroa portuguesa, decorrentes da arrematação de contratos, a correspondência da administração de seu contrato dos dízimos junto com Manoel Pereira Alvim foi copilada pelo escrivão da Junta da Real Fazenda, em 1797.[77] Embora seja uma série de correspondências enviadas aos credores do contrato entre os anos de 1797 e 1802, provavelmente, estas cobranças se referem ao contrato de Domingos de Abreu Vieira dos anos de 1784 e 1789.

Pela correspondência, observamos que Manoel Pereira Alvim atuara no contrato como caixa da administração dos dízimos de Domingos de Abreu Vieira. Nesta função, assim como na de administrador, Manoel Pereira Alvim também tinha responsabilidades com o rendimento e cobrança dos dízimos. Diferentemente da cobrança das Entradas, no qual havia os postos de arrecadação nas passagens, o

75 OLIVEIRA, 2009, p. 123-141.

76 Idem.

77 Arquivo Público Mineiro. Fundo: Casa dos Contos. CC - 2185, Microfilme: 144 (7/11), Período: 1797-1802. Livro copiador de cartas e anotações da administração do contrato dos dízimos de Domingos de Abreu Vieira e Manoel Pereira Alvim, pelo escrivão da Junta da Real Fazenda, Carlos José da Silva. Vila Rica, 1797.

imposto dos dízimos incidia sobre a produção agrícola e pastoril de toda a capitania mineira que voltasse para o mercado de abastecimento interno. Assim, para a efetividade das cobranças, os administradores e auxiliares da atividade (os avençadores) deveriam manter uma atenção especial, um conhecimento específico sobre a produção das localidades e os vínculos com o mercado, ainda mais porque a maioria das informações era repassada pelos próprios lavradores e fazendeiros.[78] Nesse sentido, as providências, anteriores às avenças (valor da cobrança), eram que não se avençassem *"pela conta que derem os lavradores sem primeiro examinem a fábrica que tem o lavrador de escravos, bestas e agregados para pelo mesmo ... se regular os mantimentos que gastam por ano e logo ver a conta que lhe dão se é verdadeira"*.[79] As instruções do contratador dos dízimos João de Souza Lisboa a seus administradores demonstram bem as dificuldades enfrentadas na lida cotidiana da cobrança. Os sujeitos deveriam estar atentos às notícias e confirmá-las, pois as chances de falsidades eram grandes. Portanto, João de Souza Lisboa determinava a seus administradores saber:

> Dos vizinhos o quanto plantaram e quanto colheram, examinando miudamente o estado em que se acha a sua fazenda, os frutos, criações que regularmente promete à estimação que estes têm naquele distrito ou nas suas vizinhanças, sempre advertidos de que, se entre esses lavradores achar um que lhe fale a verdade, há de achar dez e vinte que lha não hão de falar.[80]

Como o pagamento era determinado pela negociação entre avençadores e lavradores, e acordados também os valores e as prestações ao longo do ano, tanto o contratador quanto o administrador deviam ter um bom conhecimento sobre as fazendas e suas produções, os fazendeiros, suas posses de escravos e a presença de agregados, os sítios, as chácaras, os roceiros e posseiros, os sesmeiros, enfim, todos os lavradores que, independentemente do tamanho da posse da terra e de escravos, produziam com vistas ao mercado interno, para terem bons rendimentos com a cobrança dos dízimos. Caso contrário, amargariam os prejuízos e colocariam em risco o próprio contrato. Exemplo disso foram as diversas repreensões

78 CARRARA, 2007, p. 224-233.

79 Idem, p. 224-225.

80 *Apud* CARRARA, 2007, p. 228.

que João de Souza Lisboa fez a seus avençadores por maus serviços prestados na cobrança do imposto. Com um de Congonhas do Campo o contratador reclamou que *"Francisco Pereira da Silva, na Casa da Moeda da Paraopeba [avençado em trezentas oitavas], se anda gabando que logrou a Vossa Mercê"*, e ao de Carijós, ele repreendeu por não ter taxado as produções dos agregados, escrevendo, *"ser segundos dizimeiros: Vossa Mercê avençou um [lavrador proprietário] com os agregados nesse campo em 64 oitavas (...) que só os agregados no primeiro ano lhe deram dízimo que valia as ditas 64 oitavas"*.[81]

Enfim, o contrato dos dízimos, assim como o comércio, demandava a presença de pessoas de confiança e com certos conhecimentos (e maldades) para lidar com as diversas situações. Talvez aí, a extensa rede mercantil de Manoel Pereira Alvim tenha auxiliado no desempenho do contrato, dando o apoio necessário às cobranças através de seus conhecimentos a respeito dos sujeitos nas diferentes localidades e regiões em que atuavam. Além disso, os intermediários também detinham informações preciosas sobre a dinâmica do comércio regional, como por exemplo, a cotação e preços dos gêneros alimentícios e sua oferta no mercado. Nesse sentido, eles auxiliariam também na lucratividade do contrato, pois essas informações permitiam aos contratadores jogar com as cobranças dos dízimos, buscando o melhor tempo para efetuá-las. A especulação com os dízimos era uma prática comum entre os contratadores a ponto de Cunha Matos, no século XIX, dar conhecimento que *"os rendeiros dos dízimos oprimiam os povos"*.[82]

A rede mercantil de Manoel Pereira Alvim também poderia ser útil na mercantilização dos gêneros arrecadados. Embora a maioria dos pagamentos, em Minas, fosse efetuada em moeda e/ou ouro em pó, alguns produtos, como por exemplo, o gado, eram pagos em espécie. De acordo com Ângelo Alves Carrara, enquanto a décima parte dos produtos agrícolas deveria ser calculada com base no preço dominante do gênero no horizonte rural e pago em oitavas, com o gado o procedimento era diferenciado, a quitação era *"em gado mesmo, que era levado para as fazendas e pastos de largar, as quais eram os contratadores [dos dízimos] obrigados a estabelecer para a subsistência dos gados dizimados"*.[83] Portanto, a rede mercantil de Manoel Pereira Alvim poderia muito bem atuar no contrato de dízimos, revendendo o gado dizimado e enviando os efetivos e créditos ao contratador

81 Idem, p. 228.

82 *Apud* CARRARA, 2007, p. 226-228.

83 Idem, p. 225.

e seu administrador. Claro, descontando a sua parte na transação, pois, segundo o exemplo explorado por Ângelo Alves Carrara sobre o rendimento de uma escrituração de arrecadação do dízimo em gado apresentada por um cobrador, cuja denominação era *"tirador dos gados"*, o contratador ao final da cobrança ficaria com 75% da décima parte do gado, enquanto o tirador ficava com 25%, valor referente ao seu pagamento.[84]

Naqueles anos, década de 1780, a economia mineira passava por uma reorientação em suas unidades de produção. A mineração do ouro deixava de ser a principal atividade e grande parte da população rumava para as áreas rurais, para as fronteiras para desenvolver a agricultura e pecuária. Neste processo, houve um incremento da produção agrária interna, que reverteu numa queda no recolhimento dos impostos de Entradas e, no entanto, uma leve queda, promovendo uma estabilização dos rendimentos dos dízimos na capitania mineira.[85] De acordo com Ângelo Alves Carrara, embora esse processo (aumento da produção agrária e estabilização dos rendimentos dos dízimos) fosse incoerente, tal fato se justificou por, em Minas Gerais, nem todos os lavradores pagarem os dízimos, pois estava fora da taxação a produção para o autoconsumo e algumas ordens religiosas, bem como pela vigência, segundo determinações das *Constituições Primeiras do Arcebispado da Bahia*, do pagamento das *conhecenças* ou dízimos pessoais. Estas eram doações pessoais que se faziam, em geral no tempo da quaresma, por cada comunhão recebida. Em 1711, quando foi regulamentada no território mineiro, a *conhecença* fora taxada em uma oitava (1$200 réis) por pessoa de comunhão e meia oitava para os escravos que não comparecessem. Mas, a partir de 1735, esse valor foi alterado, passando a 300 réis por pessoa.[86]

Apesar dessas alterações nos rendimentos dos contratos de dízimos e Entradas, a participação nestes contratos reais, juntamente com as outras atividades econômicas, conferia a Manoel Pereira Alvim uma posição social e econômica privilegiada nas Minas do Ouro. Sobretudo, a arrematação desses contratos, para além de simbolizar uma fonte de renda muito interessante, foi uma forma encontrada por Manoel Pereira Alvim de participar da administração colonial e, assim, demarcar seu lugar social como um agente detentor de prerrogativas e de estar inserido numa rede de clientela bastante influente. Enfim, de fazer parte de um grupo restrito de pessoas

84 Idem.

85 Idem; OLIVEIRA, 2009.

86 Idem, p. 230-237.

que, através do controle de cargos da administração colonial, buscavam ampliar os benefícios pessoais, mesclando os interesses público e privado.

Além disso, não podemos deixar de supor que a participação nesses contratos, sobretudo o de dízimos, asseguraria a Manoel Pereira Alvim o conhecimento dos mercados consumidores mineiros e o favoreceria no acesso aos núcleos de produção, que garantiam a sua participação nos circuitos de abastecimento não só de Minas Gerais, mas também nos circuitos das capitanias do Rio de Janeiro, Bahia e São Paulo. Ou seja, a participação no contrato de dízimos, além de ser uma fonte de renda muito importante, bem como uma via de projeção social e controle do poder local, era também um meio de controlar o abastecimento de vários circuitos nos quais ele e sua rede mercantil atuavam, pois, através do controle das informações sobre a produção, o mercado consumidor e os fornecedores (ou seja, os núcleos de produção), Manoel Pereira Alvim tinha em suas mãos os instrumentos e conhecimentos necessários que, se não proviam, facilitavam o sucesso das suas atividades mercantis.

Por outro lado, a participação nesses contratos, consorciado com as atividades mercantis, favoreceu a inserção Manoel Pereira Alvim no restrito grupo que compunha as elites mineiras, sobretudo a elite de Vila Rica. Entre o círculo de amigos, ele contava com o apoio dos contratadores Domingos de Abreu Vieira, João de Souza Lisboa e João Rodrigues de Macedo, com o fazendeiro Inácio Correia Pamplona, importante líder de expedições para os Sertões de Minas para o apresamento de índios e quilombolas,[87] o capitão José Álvares Maciel, além do contato com o ouvidor geral Tomás Antônio Gonzaga[88] e as relações, posteriores, com coronel José de Resende Costa e seu filho homônimo e com os seus sobrinhos Gervásio Pereira Alvim e José Pereira Alvim, que haviam se inserido em importantes redes sociais nas localidades onde residiam. Todos estes homens se destacaram por suas riquezas, prestígio e exercício do mando em suas regiões de morada. Assim, por certo, o contato com estes sujeitos coloniais, senhores de fortunas e prestígio, ocupantes de cargos administrativos importantes na Colônia, revela que Manoel Pereira Alvim fora um homem com bom relacionamento social.

Manoel Pereira Alvim, sem dúvida, alcançou nas Minas do Ouro toda a riqueza, prestígio e poder que buscara ao migrar para o Novo Mundo. Muito prova-

87 AMANTINO, sem data.

88 FRANCO, 2009.

velmente, o fato de saber ler e escrever o tenha favorecido nessa trajetória. Como bem atentou Charles R. Boxer, os migrantes, quando alfabetizados, logo eram incorporados às casas mercantis para atuarem nos caixas.[89] Talvez esse predicado tenha sido o início do caminho traçado por Manoel para se inserir nas redes de abastecimento interno à capitania mineira. A partir do consórcio de diversas atividades econômicas que auferiam riquezas, controle do comércio e participação na administração colonial, Manoel Pereira Alvim conseguiu uma projeção social e o acesso ao restrito grupo das elites mineiras. Apesar de não haver referência ao estabelecimento de vínculos familiares em Minas Gerais em suas correspondências – talvez, o português não tenha encontrado uma parceira ideal, ou ainda, ao migrar tenha deixado para trás a esposa, que não animara a aventurosa travessia do mar oceânico – Manoel Pereira Alvim conseguiu se projetar como um "*homem bom*", e o coroamento de sua riqueza e de seu prestígio vieram entre os anos de 1778 e 1780, quando requereu e teve concedido o hábito de cavaleiro da Ordem de Cristo, uma das mais distintas honrarias doadas pelo rei.

Essa miríade de atividades econômicas, conjugadas ainda com as propriedades rurais adquiridas em Borda do Campo, sendo uma das sesmarias próximas ao rio Jacaré, nas mediações da vila de São José, e outra sesmaria no sertão do Rio Doce, termo da vila de Mariana,[90] o posto de guarda-mor das águas minerais dos distritos de Carijós, em 1778,[91] além de ser o modelo econômico adotado pelos homens ricos da capitania, que formaram verdadeiros "*latifúndios horizontalmente integrados*",[92] era uma via de diversificação econômica capaz de amenizar e absorver as transformações em curso na labuta cotidiana para a sobrevivência.

Provavelmente, fora uma vida árdua de "muito siso e pouco riso", pois não deveria ser nada fácil abandonar família e amigos e tentar a sorte em lugar distante, correndo-se os riscos de um naufrágio, das desordens, da falta de relações sociais numa sociedade em que os valores pessoais não interessavam e as chances de mobilidade social eram restritas. Nesse sentido, embora a trajetória de Manoel Pereira Alvim tenha sido semelhante à de vários portugueses que migraram para o Brasil na época colonial e construíram fortunas consorciando atividades mercantis com exercícios de cargos da administração colonial, nem todos os portugueses

89 BOXER, 2000.

90 OLIVEIRA, 2009, p. 147-148.

91 SILVA, 2005, p. 201.

92 MAXWELL, 2009, p. 149-153.

migrantes tiveram a mesma sorte na América portuguesa. Muitos se tornaram pequenos comerciantes, mascates e ajudantes em casas de comércio, quando contavam com o apoio e proteção de algum sujeito colonial. Outros permaneceram à míngua, tornaram-se vadios e foram vistos como desordeiros pela população e autoridades régias.[93]

Enfim, a migração para os sujeitos comuns – não ocupantes de cargos da administração colonial ou da justiça designados pelo rei e/ou Conselho Ultramarino português – apesar de motivada pela melhoria na qualidade de vida, busca de fortuna e riqueza, era algo bastante incerto. Podia ter sucesso, como aconteceu com alguns, cujas histórias foram cantadas nas aldeias e vilas de Portugal, mas poderia se tornar um pesadelo, como fora para outros, e não ser noticiada no Velho Mundo. E isso não era exclusivo da América portuguesa. As histórias de sucesso e infortúnio também se repetiam na vizinha América hispânica.[94]

A Inconfidência Mineira e a desestruturação da rede mercantil de Manoel Pereira Alvim

Em 21 de abril de 1792, Joaquim José da Silva Xavier era levado ao Campo de São Domingos, no Rio de Janeiro, para ser executada a sua pena pelo *"horroroso crime de rebelião e alta traição"* que se pretendia na capitania das Minas do Ouro, da qual fora considerado o chefe. Sob as justiças de Sua Majestade, a rainha dona Maria I, ele deveria ser enforcado para *"sofrer morte natural para sempre"* e separada a cabeça do corpo, teria as partes expostas em diferentes pontos por todo o caminho que ligava a capital da Colônia, Rio de Janeiro, a Vila Rica, e nesta a cabeça deveria ser conservada em *"poste alto junto ao lugar de sua habitação"* até que o tempo a consumisse.[95] A execução de Tiradentes era a resposta da metrópole ao levante rebelde intentado por alguns membros das elites mineiras em 1789 naquela capitania. Além de Tiradentes, vários sujeitos foram presos e tiveram como punição o banimento para a África, em possessões portuguesas.

Após o episódio, missas foram celebradas em louvor da autoridade de Sua Majestade imperial, dona Maria I, e o seu domínio sobre o Brasil, contando com presença da população e autoridades régias e religiosas, como o vice-rei, a vice-

93 Cf. SOUZA, 2005.

94 Cf. PÉREZ, 2010.

95 SOUZA, 2006, p. 83.

-rainha e bispos. Além disso, foi ainda comemorado o fato de o acontecimento ter ficado circunscrito à capitania de Minas Gerais, não contagiando a capital colonial, o Rio de Janeiro, e, assim, deu-se graças e tentava-se persuadir os povos a permanecerem fiéis ao reino de Portugal.[96]

O movimento rebelde das elites mineiras, delatado em 1789 por partícipes,[97] refletia as transformações econômicas e as tensões sociais que afloravam na sociedade mineira e no Império Ultramarino português nas últimas décadas do século XVIII.[98] A ascensão de dom José I, em 1750, e a contratação de Sebastião José de Carvalho e Melo,[99] mais tarde, marquês de Pombal, como secretário de Estado para Relações Exteriores e Guerra de Portugal, marcaria o reino e suas colônias com as profundas transformações sociais, políticas e econômicas vivenciadas no interior Império Ultramarino português em função do programa de *"revitalização do sistema político econômico"* posto em prática pelo ministro Sebastião José de

---

96 SOUZA, 2006, p. 83-84.

97 Na tentativa de aliciar novos adeptos, os inconfidentes expunham seus planos a outros sujeitos, que possuíam meios materiais para contribuir com o levante, e/ou ameaçavam outros, endividados com o Real Erário, sugerindo-lhes que o sucesso do empreendimento seria benéfico. Assim, apostaram na adesão do coronel Silvério dos Reis, do tenente coronel Basílio de Brito Malheiros e do mestre de campo Inácio Correia Pamplona que, em troca do perdão das dívidas e mais privilégios na administração colonial, denunciaram a revolta que se pretendia. Cf. MAXWELL, 2009.

98 Como bem contextualizou Sérgio Buarque de Holanda, a Conjuração Mineira prendia-se à conjuntura histórica ocidental, marcada pela corrosão do Antigo Regime (e suas instituições) e do Sistema Colonial, os quais sofreram fortes abalos com a Independência dos Estados Unidos, em 1776, e o movimento revolucionário na França, em 1789. A repercussão dessas ideias e acontecimentos que abalaram a ordem política e social vigente no mundo Ocidental contribuiu, junto com a influência dos ideais iluministas e tendências renovadoras às quais os estudantes brasileiros foram expostos nas universidades europeias, para a formação de uma incipiente consciência nacional e do *status* de colônia da terra natal, o Brasil. Nas palavras do autor, a Conjuração Mineira *"era um sintoma da desagregação do Império Português na América"* (HOLANDA, 1985, p. 394-396, citação à página 405). Para uma leitura mais aprofundada do movimento, confira MAXWELL, 2009.

99 Segundo Kenneth Maxwell, Sebastião José Carvalho e Melo pertencia a uma geração de funcionários e diplomatas lusitanos de mente aberta. Um grande observador e estudioso, a estadia em Londres e a passagem por Viena o instrumentalizaram nos seus estudos sobre a organização dos impérios e suas técnicas mercantilistas que, a seu ver, estavam por trás da riqueza e poder que conquistavam. Assim, antes mesmo de assumir o cargo no reinado de dom José, o futuro Marquês já tinha uma apreciação bastante detalhada da posição britânica no comércio mundial, suas técnicas e mecanismos para produzir riquezas e poder. Cf. MAXWELL, 1999, p. 89-99.

Carvalho e Melo.[100] O alcance dessas transformações fora um divisor de águas na história do Império Ultramarino português a tal ponto de as relações entre Portugal, metrópole, e Brasil, colônia, segundo Kenneth Maxwell, na década de 1770, estarem fundadas em um novo tipo de relacionamento:[101] um mercantilismo mais flexível regado pelos ideais iluministas e uma visão mais ampla de império.

O principal objetivo de Pombal, à frente dos negócios de Estado de Portugal, era o fortalecimento do seu país, tornando-o menos dependente da Inglaterra e do comércio inglês, através de uma política econômica e administrativa que visava à nacionalização da economia luso-brasileira. Neste projeto, o ministro, após avaliar criticamente a posição de Portugal no comércio mundial, sobretudo as relações mercantis e os tratados de comércio com a Inglaterra, constatando os graves erros cometidos pelos lusitanos, implementou, por meio da racionalização da economia e da administração, reformas nos principais setores de produção da riqueza do reino e da Colônia.

Em Portugal, Sebastião José de Carvalho e Melo adotou algumas medidas que visavam ao próprio fortalecimento. Assim, dentre algumas medidas, o futuro marquês aboliu a escravidão no território metropolitano, liberando, dessa forma, a mão de obra escrava para as áreas coloniais; incentivou a criação de manufaturas, buscando com essa medida diminuir a dependência do comércio inglês e equilibrar a balança comercial; reformou o ensino por meio da modernização da Universidade de Coimbra; aboliu as distinções entre cristãos-novos e cristãos-velhos, uma medida que buscava investimentos para as companhias de monopólio criadas; criou a Junta de Comércio de Lisboa e instituiu as aulas de comércio, matemática, aritmética, cujo objetivo seria o fortalecimento da incipiente burguesia lusitana. E ainda, combateu os privilégios fiscais usufruídos pelos nobres, buscou a qualificação de homens de negócios para os cargos públicos e a permissão correspondente para que autoridades públicas se envolvessem em assuntos comerciais.[102]

Enfim, tais medidas em Portugal tinham a finalidade de centralizar a administração e economia imperial como uma via para a diminuição, se não contorno, da situação de dependência e grande influência que a Inglaterra exercia sobre a eco-

100 MAXWELL, 1999, p. 99.

101 MAXWELL, 2009, p. 111-144.

102 MAXWELL, 1999, p. 89-123; MAXWELL, 2001; MAXWELL, 2009, p. 21-56; CARDOSO 2000, p. 114-119.

nomia do país. Nesse sentido, segundo Kenneth Maxwell, a política econômica e administrativa do novo regime inaugurava uma nova orientação das relações entre os países sem, contudo, significar um rompimento com a velha aliada comercial.

> O novo reino e a preeminência do futuro marquês de Pombal inauguraram um desafio meticuloso e tenaz à influência dominante dos britânicos, além da determinação de criar uma relação mais equilibrada entre os dois aliados. Carvalho e Melo, usando de diversos métodos, tentou pôr fim à dependência semicolonial de Portugal com relação à Grã-Bretanha.[103]

E nessa nova orientação, o Brasil, principal colônia portuguesa, também estava incluído nas reformas postas em prática por Carvalho e Melo. Uma de suas primeiras medidas foi a reforma dos métodos de supervisão da produção do ouro nas minas brasileiras, reestabelecendo o sistema de cobrança do imposto pelas Casas de Fundição. Esta reforma tinha como objetivo garantir maior eficácia na arrecadação do imposto régio. Além dessa, outra reforma de grande impacto nas relações cotidianas nos processos de construção da riqueza foi no sistema de arrematação dos contratos régios de cobranças de impostos. A criação do Erário Régio, em 1761, e a transferência para as capitanias os processos de arrematação dos contratos sob a carga das Juntas da Fazenda, possibilitou aos (grandes) negociantes locais participarem diretamente do processo.

As reformas implementadas pelo ministro Sebastião José de Carvalho e Melo, nas Minas do Ouro, resultaram no fortalecimento das elites coloniais, as quais, no novo sistema, passariam a dominar importantes postos da administração colonial e utilizá-los para ampliar suas fortunas e poder local. Enquanto, segundo Kenneth Maxwell, os interesses públicos e privados eram coincidentes, o modelo adotado funcionaria muito bem. No entanto, um conflito de interesses, a oligarquia, formada em Minas Gerais, passaria a governar de acordo com seus interesses privados, negligenciando as funções públicas. Nesse sentido, a política que deveria trazer consenso e união, fortalecimento das relações entre metrópole e colônia, na verdade provocaria efeitos contrários. Os novos agentes do governo, ao invés de defenderem os interesses do Estado, ao contrário, colocavam os cargos públicos submetidos às ambições pessoais e aos interesses de homens que parti-

103 MAXWELL, 1999, p. 115.

cipavam de seus círculos de amizades.[104] Ilustração disso era a ação dos contratadores. De acordo com o autor, eram ferozes nas cobranças das dívidas, todavia quando se tratava de acertar o débito com a Real Fazenda, faziam-se de surdos. E neste sentido, segundo as palavras do autor,

> Com a ironia e a tragicomédia que foram o resultado prático de tantas reformas de Pombal, as nomeações de funcionários administrativos, de fiscais, magistrados e militares nascidos na colônia apenas estimularam as disputas e aborrecimentos que pretendiam minorar. Colocar a responsabilidade da arrematação dos contratos vitais nas mãos de um órgão localmente constituído, sujeito às influências e pressões locais era exagerar as desvantagens do sistema dos contratos, cujas únicas justificativas eram proporcionar à coroa receita imediata e livrá-la de despesas administrativas. Nem com uma exuberância de imaginação se veria tal resultado em Minas: o poder público não teve qualquer vantagem embora os contratantes fossem tão violentos e eficazes na arrecadação de suas receitas quanto a Junta da Fazenda negligentes em pressioná-los a pagarem os preços contratados em atraso.[105]

Enfim, as novas orientações político-econômicas e administrativas foram bastante benéficas para as elites regionais de Minas Gerais. Participar da administração do Estado era especialmente favorável no processo de enriquecimento, reprodução do poder e prestígio e na formação das redes de clientela; naqueles anos, essa oportunidade foi aberta aos grupos de elite. Fora nesse contexto, extremamente favorável, que Manoel Pereira Alvim e seu grupo construíram fortunas. Eles foram beneficiários dessa nova política. Portanto, após a demissão do marquês de Pombal do cargo de secretário de Estado, em função do falecimento de dom José e ascensão de dona Maria, e seu substituto, Martinho de Melo e Castro, abandonava a política e a visão ampla de Império do governo anterior, essas elites sentiam-se ameaçadas, tolhidas em seus meios de sobrevivência.

Preocupados com a nova política imposta pela metrópole e defendida pelo novo ministro Martinho de Melo e Castro, que acreditava que a proteção dos "*inte-*

104 MAXWELL, 2009, p. 115-120.

105 Idem, p. 121-122.

resses da poderosa oligarquia comercial-industrial metropolitana significava o abandono do flexível sistema pombalino e a implantação, em seu lugar, de um neo-mercantilismo mais rígido e efetivo",[106] os conflitos e as divergências entre as elites mineiras coloniais e o governo metropolitano tomavam contornos mais evidenciados.

A crise da mineração acrescentaria mais ingredientes a essas divergências. A partir da década de 1760, a arrecadação do quinto real não mais conseguiria atingir a cota anual de 100 arrobas. Entre os anos de 1760 e 1770, a arrecadação rendeu em média 86 arrobas e a situação ficou mais crítica entre os anos de 1774 e 1785, quando a produção aurífera caiu ainda mais e o rendimento do quinto fora apenas 74 arrobas anuais.[107] Diante de tal quadro, as respostas econômicas das regiões diretamente afetadas, Minas Gerais e o reino de Portugal, foram distintas, fato que contribuía para o aumento das tensões. Em Portugal, definitivamente, o abandono da política colonial mais flexível de Pombal e o centralismo da administração no formato mais rígido de mercantilismo era o caminho mais lógico a ser seguido. Embora a queda na capacidade de importação tenha favorecido, juntamente com a demanda interna por produtos, a instauração de manufaturas como resultado da substituição de importações, a burguesia emergente metropolitana precisava acentuar alguns princípios do mercantilismo para garantir o sucesso de seus empreendimentos, ou seja, precisava garantir o monopólio comercial sobre os domínios no Ultramar para poder se desenvolver.

Em Minas Gerais, a crise da mineração fora absorvida pela diversificação econômica das fazendas mineiras. Diferentemente das outras economias agrárias do Brasil, que se voltavam para o setor agroexportador, em Minas Gerais as fazendas formavam um sistema horizontalmente integrado, tornando-se capazes de absorver os choques da queda da mineração, de alimentar não só o comércio interno à capitania, como também passaram a abastecer de gêneros alimentícios outras capitanias, como por exemplo, o Rio de Janeiro.[108] Pouco a pouco, os fluxos do comércio abastecedor entre as capitanias mineira e do Rio de Janeiro invertiam os movimentos, sobretudo a partir do caminho que ligava a capital da Colônia à comarca do Rio das Mortes, no Sul de Minas. Antes mesmo da queda da mineração, a região sul mineira já se destacava pelas atividades agrárias instaladas e o

106 MAXWELL, 2001, p. 392.

107 MAXWELL, 2009, p. 118-119.

108 Idem, p. 150-151; ZEMELLA, 1990.

comércio fornecedor de alimentos para o Rio de Janeiro.[109] As primeiras boiadas rumo à capital colonial datam de 1765 e, para São Paulo, em concorrência com os fornecedores dos campos do sul, Curitiba e Rio Grande, de 1756.[110]

No ápice dos desentendimentos e das divergências, aliado ao incipiente sentimento de nacionalismo, alguns sujeitos coloniais apostaram que a solução dos conflitos entre política metropolitana e interesses das elites regionais mineiras estava no rompimento da capitania de Minas Gerais com a metrópole através da substituição da forma de governo, uma alternativa para a constituição de um novo ordenamento social, político e econômico para a região.[111] Nesta perspectiva, o grupo principal, embora os sujeitos mantivessem interesses e motivações particulares distintas, buscava junto de seus aliados o apoio e a adesão para a instauração de uma nova ordem. Acreditando na vitória da revolução, as funções foram divididas entre os "líderes" (embora apenas Tiradentes fosse considerado líder e idealizador do levante, segundo os autos da devassa, o movimento contava com outros agentes cujas funções eram extremamente importantes para o levante).[112] O sucesso do levante garantiria a esse grupo o controle do mando e a reprodução de suas riquezas, além dos benefícios, privilégios e honrarias por serem os agentes do novo governo.

A vitória representaria a perpetuação do domínio político, econômico, social e simbólico do grupo. Porém, para os delatores, o coronel Silvério dos Reis, o tenente-coronel Basílio de Brito Malheiros e o mestre de campo Inácio Correia Pamplona, o sucesso do empreendimento não seria tão benéfico. Ficar ao lado da Coroa portuguesa lhes pareceu mais sensato, prudente e seguro, como de fato o foi. Os inconfidentes delatados foram presos e seus bens confiscados pela Fazenda

109 PRADO JR., 1987, p. 78; ZEMELLA, 1990; BERGARD, 2004, p. 68.

110 PRADO JR., 1987, p. 57 e p. 198.

111 A respeito do conceito de conjuração, revolução, sedição e rebelião, de acordo com István Jancsó há diferenças ao aplicar os conceitos frente a uma gama variada de contestação da ordem no interior da América portuguesa ao longo do século XVIII. Para o autor, os personagens dos primeiros movimentos tinham percepções distintas quanto ao caráter de suas contestações, pois nem sempre visavam ao rompimento. Já os movimentos das últimas décadas (Conjuração Mineira e Conjuração Baiana) têm princípios distintos, pois os sujeitos participantes tinham em mente fazer uma revolução (uma conjuração) na qual instalariam um novo sistema de governo e propor um novo ordenamento social, político e econômico na região, ver JANCSÓ in SOUZA, 1997.

112 Cf. MAXWELL, 2009.

Real.[113] Enquanto os delatores tiveram o perdão das dívidas e o aumento do poder em suas localidades.[114] Nas disputas intragrupos das elites regionais, os inconfidentes perderam e seus parceiros, aqueles que conseguiram escapar da devassa, pois como bem atentou Kenneth Maxwell, *"por trás dos ativistas e dos ideólogos havia um terceiro grupo de homens, mais discretos, também interessados na ruptura com Portugal"*,[115] sofreram abalos em seus negócios.

Para Manoel Pereira Alvim, a prisão do amigo e sócio Domingos de Abreu Vieira desarticulou parte de seus negócios e de sua rede. Embora Manoel Pereira Alvim tenha conseguido escapar da devassa instaurada para apurar as denúncias, a prisão de Domingos de Abreu Vieira não apenas punha fim no sonho de maiores possibilidades de enriquecimento para ele e seus parceiros no novo regime de governo, mas também prejudicaria os negócios de Manoel e sua rede ao ter investigado o contrato dos dízimos do qual era caixa. Se através desse cargo Manoel Pereira Alvim se beneficiava, para além dos rendimentos da atividade, com o controle de importantes informações e instrumentos do comércio de abastecimento da capitania, com a suspensão do contrato e a cobrança dos débitos o português via desapropriado um importante setor de produção da riqueza e de poder. A situação era por demais crítica e a tensão era evidente. Manoel Pereira Alvim precisaria retomar suas atividades, firmar novas alianças e reforçar os laços com os parceiros remanescentes.

Nesse processo, o primeiro passo seria, talvez, uma mudança no comportamento da rede. Se, de acordo com Fernand Braudel, os desentendimentos e con-

---

113 Segundo André Figueiredo Rodrigues, embora a Coroa portuguesa intentasse o sequestro dos bens dos inconfidentes como parte do processo de repressão ao movimento rebelde, o rendimento dos bens sequestrados aos conjurados da comarca do Rio das Mortes foi bastante modesto, principalmente em relação aos valores originais da parte que cabia à Fazenda Real. Cf. RODRIGUES, 2008.

114 Não queremos com isso insinuar que as famílias dos inconfidentes foram alijadas do poder, mas sim que o espaço aberto pela saída dos homens de seus postos permitiu a ascensão de outros sujeitos. Assim, as famílias dos conjurados tiveram que se articular com outros sujeitos coloniais, seja com familiares e/ou com amigos não indiciados, a fim de manter seu patrimônio e atuação no mando local. Por exemplo, a aliança entre Bárbara Eliodora e João Rodrigues Macedo para que a primeira mantivesse o padrão de vida após o sequestro dos bens de Inácio José de Alvarenga Peixoto (cf. RODRIGUES, 2008) ou, ainda, a ascensão de Gervásio Pereira Alvim a membro da família de José de Resende Costa, importante fazendeiro da comarca do Rio das Mortes, membro da elite regional, como se verá mais adiante.

115 MAXWELL, 2009, p. 200.

flitos no interior das associações e redes mercantis eram comuns,[116] eles não eram isentos de criar desconfortos sociais e transtornos econômicos, especialmente naqueles anos; era preciso evitá-los. Com os parceiros, sobretudo com os sobrinhos Gervásio Pereira Alvim e José Pereira Alvim, as alianças foram fortalecidas. Gervásio reforçaria os laços através da aliança de compadrio, enquanto José procurava inserir parentes de sua esposa no círculo de amizades de Manoel.

Com outros sujeitos, Manoel procurava com sua influência beneficiar alguns amigos e parentes rituais com algumas mercês e favores. Fosse na conquista de um cargo administrativo, fosse na resolução de alguma pendência judicial ou na intercessão de algum negócio, Manoel Pereira Alvim fortalecia e recriava laços com outros sujeitos das Minas coloniais. A ação visava à reconstrução das redes clientelares que garantiriam o sucesso dos negócios e o controle de determinados instrumentos do mando local. Neste sentido, o compadre Ignácio Antônio de Sousa Alvim, morador em Congonhas do Campo, escreveu diversas cartas a Manoel solicitando o apoio necessário para que este conseguisse o cargo de ajudante da escrivania em Matias Barbosa e, um ano depois, no *"empenho do Ouro Branco"*. Segundo o missivista, em 3 de março de 1793, ele tinha procurado Carrolos José em busca da carta de empenho para o Vale a fim de que este o admitisse como ajudante da escrivania em Matias Barbosa com o rendimento semelhante ao do último, que no momento servia de escrivão. No entanto, não encontrando Carrolos José e não tendo conhecimento com um certo Pamplona citado na carta, solicitava a intervenção de Manoel Pereira Alvim, seu compadre. Assim, ele escreveu:

> *Snr. G. M. Manoel Pereira Alvim.*
>
> *Meu comp.^{e} e sr. hei de estimar que vm.^{ce} esteja bom da moléstia das suas pernas. Eu de saúde fico só a com.^{de} e cr.^{a} de vm.^{ce} é que está molesta, causa p.^{r} onde deixo de ser o portador desta.*
>
> *Fui ao Pamplona procurar a Carrolos José p.^{a} dele apanhar a carta de empenho p.^{a} o Vale, porém tive a infelicid.^{e} de lá ir ter a certeza de que o d.^{o} Carrolos, está nesta vila desde o ano passado e juntam.^{te}* não achei o Pamplona pois este se acha na Fazenda do Capote, e como com ele não tenho conhecim.^{to} *deixei de o procurar e por isso peço a vm.^{ce} queira p.^{r} seu res-*

116 BRAUDEL, 1998, p. 137-139.

> *peito apanhar ou conseguir hua carta de empenho de Carrolos José a meu favor p.ª o Vale a fim de que este me admita por ajudante da escrivaria (sic) com porção semelhante a que ganhava o ajud.^{e} que agora serve de Escrivão, que eram cem mil réis, ou mais algua cousa (sic), este ajud.^{e}* só admite querendo o Vale requerê-lo, por ser quase desnecessário, e por isso é que preciso de empenho, porque o tendo com mais ânimo me exponho a escreve-lhe e pedir-lhe que admitido seja fica o mais por m.ª *conta, e [me há de] querer toda benevolência, pois sei que a porção ele a acrescenta, e a diminui q.^{do} m.^{to} quer conforme [ilegível] do sujeito; esta carta de empenho, que peço a vm.^{ce} me consiga sendo com algum excesso me servirá dem.^{do} pois o d.º Carrolos José, foi que introduziu em Mathias Barbosa o irmão de Manoel [ilegível] e o mesmo, que agora o introduziu por ajud.^{e} da Junta.*
>
> *Caso venha a carta hei de estimar por ter portador seguro esta semana, que vai para Mathias Barbosa, e assim desejo vm.^{ce} consiga o que lhe peço.*
>
> *Serei m.to gosto saber da sua melhora, e não menos, se no meu nada prestar lhe p.ª algua cousa (sic), por querer ter a honra de servir a q.^{m} tanto desejo a com.^{e} e cr.ª de vm.^{ce} se lhe recomenda em particular. D.^{s} G.^{e} a vm.^{ce} por m.^{tos} anos felizes. Cong.^{as} a 3 de m.^{ço} de 1793.*
>
> *De vm.^{ce} comp.^{e} m.^{to} obrg.º e fiel cr.º*
>
> *Inácio Antônio.*[117]

Diante das dificuldades em encontrar com Carrolos José, Ignácio Antônio escrevia a Manoel Pereira Alvim pedindo sua intercessão no acesso ao cargo de ajudante de escrivão, utilizando para isso os laços de amizade firmados entre eles. Como o cargo não era necessário no desenvolvimento da atividade, tratava-se, na verdade, de assegurar uma fonte de renda e possibilitar ascensão futura a escrivão para Ignácio Antônio. Tendo consciência disso, Ignácio Antônio insistia em con-

117 Biblioteca Nacional, Rio de Janeiro, Seção de Manuscritos. Microfilme MS580 (24): Cartas a Manoel Pereira Alvim. Documento 19: Carta de Ignácio Antônio de Sousa Alvim, Congonhas, 03 de março de 1793.

seguir sua carta de empenho e aproveitava dos laços de amizade e parentesco ritual com Manoel Pereira Alvim para solicitar o apoio necessário. Mesmo com parte da rede mercantil desarticulada, o português ainda mantinha sua posição social e o prestígio junto às elites mineiras. Neste sentido, auxiliar Ignácio Antônio na conquista desse cargo, embora fosse, para Manoel Pereira Alvim, uma via de reforçar os laços e expandir geograficamente sua rede, era uma questão de escolha e cálculo dos benefícios que isto lhe auferiria.

Tendo ciência disso, alguns meses passados, em primeiro de agosto de 1793, Ignácio Antônio, mesmo com certo receio no desempenho da atividade e suas implicações, voltava a lembrar a Manoel Pereira Alvim de seu particular em Matias Barbosa. Segundo o missivista, mesmo desanimado com a atividade, acolhia o conselho dado por Carrolos José de que *"é sempre bom lançar barro a parede"*, assim insistia na ajuda de Manoel no seu caso. Na carta, Ignácio Antônio escreveu:

> *S.or Guarda-mor Manoel Per.a de Alvim.*
>
> *Meu comp.e e senhor da m.a maior veneração, por José Soares tive notícia que V.M. andava molesto, o que m.to sinto e só estimarei a melhora da sua moléstia. Eu e a com.de de vm.ce vamos apelando, já livres da peste bexigal, porém não dos seus efeitos, por que temos tido várias camadas de perebas e [ilegível] e principalm.e eu que inteiram.te me vejo impossibilitado, e como a estação do tempo não permite medicam.tos vou esperando, que a natureza vença tudo, o que Deus permita.*
>
> *Eu não tenho lembrado a vm.ce do meu particular de Mathias Barbosa, por q. penso não estará em esquecimento, ainda me vejo resoluto a ir caso se alcance o lugar de ajud.e suposto é [ilegível] vida seg.do me expos Carrolos José, com tudo sempre é bom lançar barro a parede, isto é q.do* não de detrim.to *a vm.ce. Por todo meado, ou fins de Agosto, pretendo ir a Campanha do Rio Verde, caso lhe sirva p.a algua cousa (sic) terei m.to gosto em lhe obedecer.*
>
> *A com.e e criada de V.M. se lhe recomenda m.to em particular desejando, todos os alívios e melhoras de sua moléstia, e eu faço o mesmo, e aqui ficamos m.to prontos p.a tudo, que for de lhe dar gosto.*

> *D.^{s} G.^{e} a V.M.^{ce} por anos. Vila Cong.^{as} do Campo no primeiro de agosto de 1793. De V.M.^{ce} comp.^{e} o mais obr.^{o} e amante.*
>
> *Ignácio Antônio de Sz.^{a} Alvim.*[118]

"Lançar barro a parede" era a expectativa de Ignácio Antônio e para Manoel Pereira Alvim auxiliar o amigo e compadre na ocupação desse cargo era uma forma de reforçar os laços entre eles e expandir sua rede de comparsas. Além disso, a ocupação do cargo de ajudante de escrivão, seja em qualquer órgão da administração, colocava Ignácio Antônio numa posição privilegiada de detentor de informações acerca das ações movidas, dos agentes e suas motivações. Em qual fosse o órgão, essas informações tinham seu valor, e o controle delas também podia influir na dinâmica dos negócios. Mesmo os burburinhos e as fofocas tinham sua importância naquela sociedade, não só para demarcar as posições sociais, mas também para reforçar as famas dos sujeitos e dar ciência dos sucedidos de parentes, amigos e inimigos. E, neste sentido, talvez, a ascensão de Ignácio Antônio interessasse a Manoel Pereira Alvim.

Após fazer o pedido, Ignácio Antônio informava ao compadre sua viagem agendada à região de Campanha do Rio Verde para final do mês de agosto. Talvez aí, o autor da carta apresentasse ao benfeitor, num primeiro momento, a sua moeda de troca pelo empenho em auxiliá-lo no acesso ao cargo. Naqueles anos, não existiam correios na Colônia, e a comunicação e troca de correspondência entre os sujeitos era feita por meio de portadores. Muitas vezes, eles eram comerciantes itinerantes, que perambulavam pelas vilas e fazendas, comercializando mercadorias (venda, compra e troca) e realizando suas cobranças de créditos. Todavia, nem sempre se podia contar com esses sujeitos. Havia situações que exigiam maior rigor, segurança e confiança no curso das correspondências, como por exemplo, o transporte de dinheiro, o envio de listas de créditos, ou ainda informações mais confidenciais sobre o comércio e/ou alguma ação e intenção, e, neste sentido, para a condução dessas, necessitava-se de pessoas de maior confiança do remetente e, portanto, elas não podiam ser entregues a quaisquer sujeitos. Cientes dessa condição e restrição, era um hábito informar aos amigos das viagens que se pretendiam fazer, o seu destino, o tempo em que iam e permaneceriam, justamente para em

---

118 Biblioteca Nacional, Rio de Janeiro, Seção de Manuscritos. Microfilme MS580 (24): Cartas a Manoel Pereira Alvim. Documento 09: Carta de Ignácio Antônio de Sousa Alvim, Congonhas, 01 de agosto de 1793.

casos semelhantes se prestarem um favor. De acordo com esse costume, Ignácio Antônio queria prestar um favor a Manoel, demonstrando-se atencioso com o compadre. Tal comportamento pode ser lido como a representação cotidiana dos desdobramentos da "economia moral" do dom.[119] Enquanto Manoel Pereira Alvim concedia uma graça que prolongaria por um bom tempo rendimentos significativos a Ignácio Antônio, este, por sua vez, iniciava sua retribuição no plano da atenção e estima para com o compadre. Talvez, a intenção de Ignácio Antônio fosse atentar a Manoel as possibilidades e utilidades da ocupação desse cargo também para os negócios do amigo. Aliado a isso, não podemos deixar de mencionar a atenção e o amor com que o missivista tratava ao compadre, conforme revelado nas suas preocupações com o estado de saúde de Manoel, que andava molestado, e os votos de melhoras e de muitos anos de vida sob a proteção divina.

Embora não saibamos o desfecho desse empenho, se Manoel realmente auxiliou o amigo e se Ignácio Antônio conseguiu o cargo de ajudante de escrivão em Matias Barbosa, fato foi que, no ano seguinte, Ignácio Antônio voltava a escrever a Manoel, porém agora para ilustrar um sucedido com um parceiro seu. Na carta, datada de 11 de março de 1794, Ignácio Antônio relevava a Manoel Pereira Alvim uma versão do incidente judicial envolvendo José da Costa Pires e José Teixeira a respeito da comercialização de um escravo e seu penhor no Juízo de Órfãos aos bens do falecido Vicente Teixeira. Segundo a narrativa, José da Costa Pires tinha comprado um escravo de José Teixeira e o alugara para um período de quatro dias. Findo o tempo do aluguel, o escravo não retornara e *"se lhe cortaram o dedo no levante que ouve no Rio do Peixe"*, motivo por que José da Costa Pires não o aceitara sem uma avaliação para pagamento da depredação de seu bem, uma vez que o escravo *"por infelicidade (...) perdeu a avalia maior"* e o novo proprietário, José da Costa Pires, havia pago o preço do escravo sem defeito. Neste ínterim, o escravo lhe foi tirado e penhorado a requerimento do tutor dos Órfãos do falecido Vicente Teixeira e, sabendo disso, José Teixeira o mandou citar para defender o negro e *"lhe* [pedia] *q. não só lhe há de pagar o d.º negro como também a demasia a que se tinha obr.º Antônio de Oliveira fiador do d.º Costa"*. Diante de tal circunstância, José da Costa Pires mandou defender o negro, intitulando seu procurador Antônio de Abreu Lobato para se encarregar dos procedimentos legais. Como o juiz que ponderaria a causa seria Manoel Pereira Alvim, José da Costa Pires pedia a Ignácio

119 XAVIER & HESPANHA in MATTOSO, 1998.

Antônio que informasse a seu compadre, Manoel, "a verdade" dos fatos a fim *"do direito e reclam.to literal, esta é a pura verdade, e de vm.ce se espera retidão como costuma"*.[120] Por fim, Ignácio Antônio lembrava Manoel Pereira Alvim sobre seu *"empenho do Ouro Branco"* dizendo que *"espero de vm.ce ser servido, pois sei q. com a mínima diligência sua hei de ser admitido"* e mandava-lhe lembranças suas e de sua esposa e afilhada. E assinou a carta como *"de vm.ce comp.e m.to am.te e obr.o cr.o"*.

Cartas como essas, difíceis de serem encontradas, seja por causa da ação do tempo, seja pela ação do homem, revelam as práticas cotidianas envolvidas na faina diária para salvaguardar a sobrevivência e garantir a reprodução da riqueza no mundo colonial mineiro. As relações clientelares aparecem como importantes instrumentos nos tratos diários. Sua importância reverberava na ascensão de determinados grupos a postos e cargos restritos provedores de renda, poder e prestígio. Ou seja, eram essenciais na construção da riqueza e reprodução do poder.

Após as prisões dos inconfidentes e promulgação de suas sentenças, Manoel Pereira Alvim procurava, através do reforço das alianças e construção de novos laços de amizades assimétricos, reestruturar suas redes. Não era momento de rompimentos e sim de afirmação dos laços e construção de novas alianças. Nem mesmo com Domingos de Abreu Vieira, que se encontrava preso em cárceres no Rio de Janeiro, havia espaço para romper. Na verdade, naqueles anos que se seguiram, era o momento de ser solidário e mostrar-se verdadeiro amigo. E foi o que Manoel fez.

Em 20 de junho de 1794, o tenente coronel Domingos de Abreu Vieira escrevia a Manoel Pereira Alvim apresentando algumas clarezas sobre sua partida para o degredo em Angola, punição recebida por participar da Inconfidência Mineira, e os últimos acertos. Na missiva, o tenente Domingos de Abreu Vieira, bastante abatido e desolado com a situação, solicitava ao amigo alguns favores, incluindo cobranças e acerto de créditos para que o mesmo seguisse menos desafortunado para a África. Segundo o missivista,

> Sr. G. M. Manoel Pereira Alvim.
>
> Meu amigo e sr. os dias passados escrevi a vm. respondendo lhe a sua e dizendo-lhe o que se me oferecia e os favores que

120 Biblioteca Nacional, Rio de Janeiro, Seção de Manuscritos. Microfilme MS580 (24): Cartas a Manoel Pereira Alvim. Documento 10: Carta de Ignácio Antônio de Sousa Alvim, Congonhas, 11 de março de 1794.

havia recebido por recomendação de vm. do senhor Patrício José Lopes e a assistência, que me havia feito por ordem sua, e me havia dado três doblas, com que tenho me remediado, e agora me deu mais 104$000 r.^{s} que junto com as três doblas importa 142$400 rs. De que lhe passei de todas as quantias recibos para apresentar a vm., e a meu sobrinho o padre Luís Vieira de Abreu para seu desembolso. E tendo recebido de vm. tantos favores espero na sua bondade os continue para o diante, pois não me acho com mais recurso se não o q. de vm. tenho recebido. E vou muito mal arrumado para Angola para onde embarco amanhã, ou depois, onde espero da sua bondade todo o favor. E espero também faça aviso para Minas Novas. Recomendando isto mesmo; e o q. me remeterem seja por via de vm. ou do sobred.^{o} Patrício José Lopes. Bem tenho espera de por meu sobrinho não só p.^{a} ter o gosto de viver como p.^{a} ir melhor arrumado; porém com a infelicidade de não poder suceder assim. Também lembro a vm. que me deu aqui o cap.^{am} Antônio Jacinto Machado, que ainda esta no desembolso de uma assistência, q.^{e} aqui fez a aquele p.^{e} que foi a Roma ordenar-se filho ou cunhado de meu comp.^{e} Domingos Pinto e vm. me pediu p.^{a} eu escrever ao m.^{mo} para q. lhe assistisse. Lembre vm. ao d.^{o} R.^{do} para lhe remeter o q. o sobred.^{o} recebeu. Também um maço de créditos que estavam em minhas caixas, nele estava um crd.^{o} de vinte e tantos mil rs. que o d.^{o} cap.^{am} Machado me remeteu p.^{a} cobrar do licenciado, ou boticário Pedro Teixr.^{a} ... p.^{a} crédito estava com uma cota por fora a quem pertencia, e q.^{m} devia para verem, que não era mui; tenha vm. a bondade também de lhe ver isso, aqui seja embolsado o d.^{o}. E mais nada digo por agora estar um barulho muito grande por razão do embarque que está propínquo (...).

Como vm. sabe as necessidades em que me poderei ver não lhe digo mais nada, e o que lhe houver de mais lho participarei de Angola, onde e em toda parte me achará prontíssimo as suas ordens. Desejo lhe saúde e felicidades que Deus continue como bem deseja quem é de vm. am.^{o} e m.^{to} seu venr.^{o} e obrg.^{do} cr.^{o}

Domingos de Abreu Vieira.

Rio de Janeiro, 20 de junho de 1792

> Na que escrevi a vm. lhe disse tinha recebido a barrinha que me fez vm. md.^{ar} de 35$600 r. pelo crioulo Bernardo, do q.^{e} já lhe dei os agradecim.^{to}, e por esta o repito. Agora também acresce o dizer lhe q. também fico devendo ao cap.^{am} Antônio Jacinto Machado 56$900r.^{s} em dr.^{o} que me deu e algumas coisas de que preciso, lhe passei um recibo da mesma quantia p.^{a} vm. ou meu sobrinho o p.^{e} Luís Vr.^{a} satisfazer q.^{do} puder.
>
> Abreu.[121]

Domingos de Abreu Vieira encontrava-se em uma situação bastante difícil. Naquele momento, precisava muito da ajuda dos amigos e parentes, e Manoel Pereira Alvim ao lado do sobrinho do inconfidente, o padre Luís Vieira de Abreu, foram quem o auxiliava na organização da sua partida. Pela carta, observamos que Manoel Pereira Alvim não media esforços em ajudar o velho amigo, procurando atender todas as solicitações: enviava-lhe dinheiro e mais *"coisas de que precis*[ava]*"*, dava ordens de repasse de créditos ao réu, acertava os seus débitos e, ainda, ficara responsável pelas cobranças em favor do inconfidente que estavam pendentes nas Minas do Ouro. Tudo isso para que Domingos seguisse a viagem com mais recursos e pudesse melhor enfrentar *"as necessidades em que me poderei ver"* inerentes da migração compulsória, bem atentada pelo missivista.

Domingos de Abreu Vieira também agradecia todos os préstimos do amigo Manoel Pereira Alvim e de seus sobrinhos, Gervásio e José, reconhecendo os seus empenhos em socorrê-lo. Em função da grande amizade firmada em anos de convivência e de atuação econômica nas Minas do Ouro, Domingos de Abreu Vieira, na mesma carta, pedia ainda outro favor, o qual era muito especial. Segundo o missivista, *"vai comigo na mesma embarcação o ten.^{e} coronel Francisco de Paula, e os mais que estamos como seja o cap.^{am} Resende, o f.^{o}, e o Dr. Vidal e João Dias da Mota partem, como se diz no dia sábado próximo p.^{a} Lisboa na Fragata p.^{a} de lá voltarem aos presídios de Cabo Verde onde é o seu destino"* e que com todos havia construído uma boa amizade, em especial com o capitão José de Resende Costa e seu filho, homônimo. Assim, devido às solidariedades formadas no cárcere, Domingos de Abreu Vieira repassava um pedido do capitão José de Resende Costa e seu filho qual seja, que Manoel Pereira Alvim cuidasse da família deles, lhes

121 Arquivo Público Mineiro. Fundo: Casa dos Contos, documentos avulsos: Manoel Pereira Alvim. Microfilme: 549, planilha 10012.

socorrendo e beneficiando no que fosse possível, estendendo o pedido a Gervásio Pereira Alvim, que acabara de se tornar genro do capitão. Domingos reforçava o pedido dos inconfidentes afirmando *"sei que vm. também tem tantos meios de poder beneficiar, e o seu maior desejo seja de achar em vm. um pai e protetor a sua família, pelo favor com q. vm. tanto me honrou e honra lhe suplico, a trate e proteja, como ambos tanto desejam, o q. sei alcançarão da sua bondade"*.

O pedido do capitão José de Resende Costa, reforçado pelo de Domingos de Abreu Vieira, era reflexo da tensão que envolvia os inconfidentes, seus parentes e amigos. A migração forçada para a África, o sequestro dos bens, o abandono das famílias, a desarticulação dos negócios eram questões preocupantes para quem partia e para quem ficava. De ambos os lados, a superação, se não o abrandamento dos problemas advindos das punições da participação no movimento rebelde de 1789, exigia dos sujeitos envolvidos precauções e cuidados, reforços de alianças e busca de novos instrumentos que pudessem servir de apoio e proteção para todos. Isso porque a prisão dos inconfidentes e seu degredo abria espaço para a ascensão de outros grupos de elite no controle do poder e no exercício do mando, apropriados à reprodução da riqueza e prestígio. Nesse sentido, os remanescentes deveriam tecer estratégias que assegurariam a reprodução material do grupo, seus *status*, prestígio e influência na política local, mesmo que em níveis mais modestos. Essas estratégias dependiam de arranjos bem feitos e cálculos bem projetados. Por isso, o apelo aos amigos que não foram indiciados e o reforço das alianças.

De acordo com Fernand Braudel, os recuos e oscilações no interior das redes mercantis, mesmo nas mais fortes, foram bastante comuns, e as consequências disso repercutiam em toda sua extensão, atingindo até a sua periferia. Assim, uma das saídas seria o desdobramento dos negócios em outros espaços e ramos, ou seja, *"perdem um império a leste, constituem outro a oeste"*.[122] Na verdade, após o episódio da Inconfidência Mineira, além de os remanescentes terem que se reorganizar para reconquistar posições, salvaguardar seu quinhão e a participação em importantes ramos da economia mineira, os degredados em África também o fizeram. Para garantir suas sobrevivências, aos poucos, esses homens foram adentrando as estruturas administrativa e militar em Angola e Cabo Verde, ganhando poder e prestígio e ocupando o espaço de intermediários dos negócios entre essas

122 BRAUDEL, 1998, p. 139.

regiões e o Brasil, galgando para si importantes postos e posições na economia africana e suas engrenagens no Império Ultramarino lusitano.[123]

Por exemplo, José de Resende Costa, filho, durante seu exílio, ocupou vários cargos da administração colonial. Ele fora escrivão da Mesa do Tesouro Público, Secretário do Governo da Ilha de Cabo Verde, capitão-mor e comandante da praça da Vila da Praia e nessas atividades, segundo seu relato,

> elevou as Rendas daquela capitania [Ilhas de Cabo Verde] de maneira, que tendo sido antes onerosas ao Estado carregando as suas despesas sobre o Erário de Lisboa pelo qual eram na maior parte satisfeitas o aliviou deste peso; foram no tempo de sup.^e pagas pelos rendimentos da capitania; deixou nos Cofres mais de trinta mil cruzados, e enviou ao Er.^o de Lisboa a primeira remessa de saldos que houveram; no tempo da guerra com a França construiu ali a sua custa uma Bataria, em que se assistiram nove peças de artilharia. (...)[124]

Depois de cumprida a pena, o inconfidente mudara para Lisboa, onde se ocupou no Erário de Lisboa, apresentando uma trajetória ascendente no órgão. Segundo seu relato,

> No ano de 1803 se grassou ao Erário de Lisboa onde serviu até o de 1810, em que por ordem do governo veio servir no desta Corte [Rio de Janeiro] no lugar de Primeiro Escriturário encarregado dos Negócios relativos à Portugal, Inglaterra e Diamantes, e Administrador da Fábrica dos mesmos, sendo promovido depois a Contador Geral graduado, a Contador Geral Ajudante do Escrivão da Mesa do Tesouro, e ultimamente ao de Escrivão da mesma, em cujos empregos sempre procurou eniamavelmente (sic) o desempenho de seus deveres, ainda socorrendo em todo o decurso deste tempo as urgências de Estado com quantias q. até o presente

123 FERREIRA, 2008, p. 21-23.

124 Biblioteca Nacional, Rio de Janeiro, Seção de Manuscritos. José de Resende Costa, escrivão da mesa do Tesouro, Rio de Janeiro. C-990,108 nº 001, f.01.

> montam a um conto noventa e oito mil seiscentos e setenta e cinco réis (...)[125]

Como José de Resende Costa, filho, provavelmente, a maioria dos inconfidentes reconstruiu a vida no outro lado do Atlântico. Embora não tenhamos fontes nas quais apoiarmos, a não ser o caso de José de Resende Costa, pois este retornou ao Brasil à época da transferência da corte portuguesa para o Rio de Janeiro, tornando-se, na década de 1820, representante da câmara da vila de São João del Rei na corte do Rio de Janeiro e, em 1821, eleito deputado para representar Minas Gerais juntos às Cortes de Lisboa, posto que acabou não ocupando, e, posteriormente fora um dos constituintes da Constituição Imperial de 1824 e membro do I Conselho do Estado Imperial,[126] muito possivelmente, estes homens, com suas experiências na administração e nas atividades mercantis, integraram, pouco a pouco, o corpo de administradores e comerciantes nas novas regiões e, por que não, reconstruíram os laços familiares naquelas terras. Segundo Roquinaldo Ferreira, as relações entre africanos e brasileiros iam muito além do tráfico de escravos, eles estavam unidos também por laços mercantis, familiares e culturais.[127] Provavelmente, alguns desses homens, com larga experiência nas atividades mercantis e contatos em diversas praças brasileiras, como, por exemplo, Domingos de Abreu Vieira, podiam muito bem ter se aventurado no comércio negreiro, pois, como pontuou Roquinaldo Ferreira, *"a maioria dos brasileiros em Angola tinha ligações com o tráfico de cativos. Degredados, agentes de casas comerciais sediadas no Brasil e marinheiros não vacilavam em se aventurar pelos sertões angolanos em busca de bons negócios"*.[128] Seja como for, houve um esforço por parte desses homens para reconstruir seus meios de vida e incluir-se na nova sociedade, que não lhes era tão estranha e fechada de oportunidades. Pelo contrário, de acordo com Luiz Felipe de Alencastro, nos domínios lusos no Atlântico Sul formou-se uma matriz espacial específica que unia bilateralmente os brasileiros aos angolanos e Golfo da Guiné num mesmo projeto de reprodução econômica e social[129] e, portanto, favorável à inclusão desses homens.

---

125 Idem, f. 01.

126 PINTO, 2009, vol. I, p. 305-307.

127 FERREIRA, 2008, p. 21.

128 Idem, p. 22.

129 ALENCASTRO, 2008, p. 18-20.

Nas Minas do Ouro, Manoel Pereira Alvim continuava no esforço de reconstruir sua rede e buscar novas oportunidades e lugares para atuar. Nesse sentido, a ocupação do cargo de juiz dos Órfãos lhe facultava uma posição de prestígio no seio da sociedade colonial mineira; além de lhe auferir rendas originárias do exercício da atividade, o cargo ainda era muito interessante no processo de construção da riqueza e poder local. Como temos atentado, a ocupação de cargos públicos possibilitava a integração de interesses públicos com os privados, permitindo aos ocupantes participarem da organização do Estado em níveis locais e, assim, angariar benefícios para si e seus parceiros através da apropriação de instrumentos públicos para fins privados. Em especial, o cargo de juiz de Órfãos, era bastante propício a usufruto dos instrumentos públicos para benefícios particulares, sobretudo dos juízes. Angariar tal cargo, além de possibilitar ao titular interferir num setor nevrálgico da vila, qual seja a justiça, ser fonte de poder local, prestígio e renda pecuniária, permitia ao juiz recorrer à "arca dos órfãos" como uma fonte de crédito nas suas transações pessoais. A "arca dos órfãos" era o cofre onde ficavam guardados os bens herdados pelos órfãos, ou seja, todo o dinheiro, dívidas ativas e rendimentos dos pais falecidos ficavam em poder do juízo dos Órfãos até os herdeiros constituírem idades legais para recebê-los e, neste sentido, ter acesso a esse dinheiro ampliava a capacidade mercantil dos sujeitos e suas redes. Assim, *"em uma sociedade marcada pelas dificuldades de créditos a arca* [dos órfãos] *se apresentava como uma das principais fontes de crédito".*[130]

Sem dúvida, tal cargo também serviria aos propósitos mercantis de Manoel Pereira Alvim. Com acesso à "arca dos órfãos", provavelmente, muitos negócios foram fechados, dívidas liquidadas e alianças firmadas. Enfim, a posse do cargo mantinha Manoel Pereira Alvim no grupo restrito das elites mineiras, detentoras de riqueza e poder e com o controle de importantes instrumentos do comércio regional, da justiça e administração colonial.

Os sobrinhos de Manoel Pereira Alvim também procuravam junto a outros *"homens bons"* das suas regiões a construção de laços de amizade e clientela, favoráveis à reprodução da riqueza e do poder. Novamente, uma mudança de comportamento era necessária para garantir a sobrevivência do grupo e a reprodução de suas riquezas materiais e imateriais. Após o movimento rebelde, os sobrinhos de Manoel Pereira Alvim apostaram na consolidação de laços familiares (casamento

130 FRAGOSO & FLORENTINO, 2001, p. 66.

e compadrio) como estratégia eficaz na reestruturação dos seus negócios entre a última década do século XVIII e início do oitocentos.

Talvez a rede mercantil de Manoel Pereira Alvim não tenha sido reestruturada por completo, o que é mais provável; no entanto, um importante eixo fora mantido através de alianças com outros sujeitos coloniais e com o auxílio das redes paralelas de seus sobrinhos. Manoel Pereira Alvim e seus sobrinhos, nos últimos anos do século XVIII, continuariam no comércio de abastecimento de Minas Gerais atuando, principalmente, no comércio do sul de Minas Gerais com a corte do Rio de Janeiro, tendo seus sobrinhos permanecido na comarca do Rio das Mortes. Naqueles anos, a região já tinha invertido seus fluxos de comércio com a praça mercantil carioca. A comarca do Rio das Mortes, antes mesmo do declínio da atividade mineradora, em meados do setecentos, já vinha crescendo em importância econômica e demográfica no conjunto da capitania mineira. Segundo Caio Prado Júnior, a produção agrícola e pastoril instaladas na região da bacia do Rio Grande se destacava no cenário econômico mineiro, tornando-se, em pouco tempo, juntamente com outros núcleos de produção para o abastecimento interno, os fornecedores do mercado carioca e nos "*princípios do século XIX* [a região da comarca] *oferecem as melhores perspectivas*".[131] O simbolismo das transformações por que passava a região, segundo ainda o autor, era a abertura, em princípios do oitocentos, de uma variante no caminho que ligava São Paulo, Minas Gerais e Rio de Janeiro, passando pela comarca do Rio das Mortes, que se tratava de um caminho mais curto para quem se destinava a esta região mineira.

> E ela é simbólica da transformação que se operava em Minas Gerais que de mineradora se tornava em agrícola e pastoril; é uma zona sobretudo de produção agrária, e como tal que a nova estrada procura pôr em comunicação mais direta e fácil com seu mercado principal que é o Rio de Janeiro.[132]

Seria, então, naquele espaço que Manoel, Gervásio e José recriaram as novas bases para a produção de riqueza e controle do poder local, atingindo seus objetivos ao migrarem para o Novo Mundo.

---

131 PRADO JR., 1987, p. 78.

132 Idem, p. 245.

A construção da riqueza na comarca do Rio das Mortes: laços familiares e negócios de Gervásio Pereira Alvim

Em 03 de março de 1791, na capela da Lage, termo da vila de São José del Rei, Gervásio Pereira Alvim e dona Francisca Cândida de Resende contraíram as primeiras núpcias. O sacramento fora ministrado pelo vigário Manoel Gomes de Sousa e testemunhado pelo reverendo João Tomás Ribeiro Miranda e José Pereira Alvim, irmão do noivo.[133] O casamento selava a inserção de Gervásio Pereira Alvim no seio de uma família da elite da comarca do Rio das Mortes.

O noivo era português, natural e batizado na freguesia de Santa Maria do Salto, comarca de Chaves, Arcebispado de Braga, reino de Portugal. Era filho legítimo de Tomé Afonso e Senhorinha Gomes Pereira. Migrara para o Brasil, por volta da década de 1780, junto com seu irmão, José Pereira Alvim, para auxiliar o tio, Manoel Pereira Alvim, nas suas atividades mercantis e tentar uma melhor sorte na América portuguesa. Instalados em Minas Gerais, Gervásio Pereira Alvim foi intermediar as relações mercantis de Manoel na comarca do Rio das Mortes, residindo nos entornos das vilas de São João del Rei e São José.

Com trabalho árduo, Gervásio Pereira Alvim foi, aos poucos, conquistando posição social, riqueza e construindo suas redes de amizades naquela região e no interior da rede mercantil de Manoel Pereira Alvim. A atuação nos negócios do tio e a circulação no restrito grupo de homens de negócios bem sucedidos e com controle de certos postos da administração colonial constituíram em importantes ferramentas no seu processo de identificação e sustentação social nos entornos das vilas de São João del Rei e São José. Além disso, sendo português, letrado, branco, com certo grau de fortuna, Gervásio ia preenchendo qualidades úteis para realizar um bom casamento e coroar de vez, os objetivos que o motivaram no abandono de sua terra natal, de parentes e suas origens, qual seja, tornar-se um homem de fortuna e prestígio. E, neste sentido, o casamento com Francisca Cândida seria a concretização de parte do projeto e marcaria o seu ingresso como membro de uma das elites regionais de Minas Gerais.

A noiva, dona Francisca Cândida, natural e batizada na capela da Lage, era filha legítima do capitão José de Resende Costa e dona Ana Álvares Preto. O capitão José de Resende Costa fora um dos primeiros habitantes da região do distri-

133 Arquivo Eclesiástico da Matriz de Nossa Senhora do Pilar, São João del Rei. Banco de São José: Casamentos, Livro 24, f. 51v.

to da Lage. Num movimento rumo às fronteiras da comarca do Rio das Mortes, como via reprodução da riqueza e *status* social, em 1759 ele tinha confirmado sua carta de sesmaria na região dos Campos Gerais, distrito da Lage. De acordo com o documento, José de Resende Costa já estava em posse do sítio da Boa Vista, nos Campos Gerais e queria formalizar sua legítima posse solicitando *"com mais legítimo, e verdadeiro título me pedia lhe mandasse nele passar carta de Sesmaria de meia légua de terras em quadra, e que este fizesse peão onde mais conveniente fosse na forma das ordens de Sua Majestade"*.[134]

O distrito da Lage, cuja ocupação se deu a partir da segunda metade do século XVIII, acompanhando o processo de expansão da economia de abastecimento das Minas Gerais, tivera sua paisagem marcada pelas fazendas e por escravos ocupados na produção de gêneros alimentícios.[135] Naquela região, na fazenda Boa Vista, José de Resende Costa, ao lado de sua esposa, dona Ana Álvares Preto, iniciou a vida e permaneceu ali até sua prisão, em 1791, por participação no levante rebelde de 1789 na capitania mineira.

O casal tivera dois filhos, José de Resende Costa, homônimo, batizado em 15 de junho de 1765, na capela da Lage, filial da Matriz de Santo Antônio da vila de São José, pelo seu tio paterno, o padre João de Resende Costa, sendo seus padrinhos o padre José Álvares Preto, tio materno, e Helena Maria, provavelmente, sua avó materna; e Francisca Cândida de Resende, batizada em 04 de abril de 1769, também na capela da Lage, pelo padre Mateus Ficher, sendo seus padrinhos Severino Ribeiro, morador na freguesia de Prados e cunhado de José de Resende Costa, e Luciana Clara, esposa do tenente Odras Álvares.[136] Os padrinhos faziam parte dos círculos de parentesco e amizade do casal José de Resende Costa e dona Ana Álvares Preto. E assim como eles, os padrinhos escolhidos eram pessoas bem situadas social e economicamente na região, o que favorecia na reprodução das estruturas sociais e na circulação da riqueza naquele espaço. Os vínculos de compadrio, além de reforçar os laços familiares já existentes, ampliavam o poder da família por meio do fortalecimento das solidariedades entre parentes e das cadeias de proteção. Nesse sentido, a família teria mais espaço e meios de se apropriar dos

134 Arquivo Público Mineiro. Fundo: Seção Colonial - Doação de Sesmaria. SC125, f. 5 a 6v.

135 TEIXEIRA, 2006.

136 Arquivo Eclesiástico da Matriz de Nossa Senhora do Pilar, São João del Rei. Banco de São José: Batismos, Livro 07, fls. 226 e 297.

instrumentos do mando local, como por exemplo, o controle das terras, o exercício de cargos administrativos, entre outros.

Na região do distrito, o casal se destacava entre os fazendeiros por suas posses de escravos e atividades econômicas. Em maio de 1791, o casal, o capitão José de Resende Costa e dona Ana Álvares Preto, teve seus bens listados no processo de sequestro impetrado pelas justiças de Sua Majestade Imperial, dona Maria I, como parte da punição do capitão pela participação no crime de lesa-majestade de 1789. Junto com o auto de prisão do capitão e o seu filho homônimo, expedido em 10 de abril de 1791 e efetivado em 20 de maio, a família teve que apresentar seu patrimônio. O escrivão da devassa responsável pela prisão e sequestro, José Caetano César Manitti, registaria os bens de raiz, as cartas de créditos, as datas minerais, os escravos, animais e os utensílios domésticos em duas visitas à propriedade familiar, uma no dia da prisão, 20 de maio, e a segunda, três dias depois, dia 23. Assim, segundo o auto de sequestro, o casal teve confiscado pela Fazenda Real a fazenda em que morava, chamada Boa Vista, com a extensão de meia légua de terras em quadra, composta casas de vivenda, engenho de pilões de fazer farinha, paiol e moinho, tudo coberto de telha, curral cercado de pedra e quintal com árvores de espinho, senzala de capim, terras de cultura e capoeiras, restingas de matos virgens e seus logradouros, uma morada de casas no arraial da Lage, uma sorte de capoeiras, 194 animais (sendo, setenta e três gado vacum, oito gado cavalar, cinco gado muares, setenta e oito suínos e trinta ovino), trinta e um cativos, 245 datas de extração aurífera, cinco ferramentas, dez cartas de crédito (valor total das dívidas ativas, 343$056 réis) e uma coleção de obras literárias (20 títulos em 61 volumes).[137] José de Resende Costa, filho, não teve bens sequestrados, por se apresentar na condição filho-família e viver debaixo do pátrio poder de seus pais.[138] Embora o documento não represente fielmente todos os bens possuídos, pois as fraudes e omissões na apresentação dos bens, sobretudo os semoventes, foram práticas usuais de membros da família para burlar o confisco, além de outras mais aprimoradas no correr dos processos,[139] os autos de sequestro nos dão uma dimensão, mesmo que parcial, do patrimônio acumulado pelo casal.

137 Auto de sequestro dos bens de José de Resende Costa, *Apud* RODRIGUES, 2008, p. 59, 94-95, 146, 156, 190, 212-213.

138 Além de José de Resende Costa, filho, José Álvares Maciel também não teve bens sequestrados pela coroa portuguesa por estar na mesma condição de José, filho-família e viver sob o pátrio poder dos pais. Cf. RODRIGUES, 2008: 17.

139 RODRIGUES, 2008, p. 202-222.

Pela descrição dos bens feita pelo escrivão da devassa, observamos que a base de produção da riqueza do casal assentava-se no consórcio de diferentes atividades econômicas. A produção agrícola e pastoril voltada para o abastecimento interno da Colônia, principalmente das capitanias de Minas Gerais e do Rio de Janeiro, que nestes anos já recebia suprimentos alimentícios da região do sul de Minas Gerais aliados ao imediatismo da extração do ouro, formaram as bases nas quais o casal reproduziu sua fortuna. A expansão para as áreas de fronteiras mesclada à mineração do ouro, mesmo em declínio, e a posse de contingente cativo para trabalhar em suas terras e datas minerais, são demonstrativos do sucesso alcançado, pois, em primeiro lugar, as doações de sesmarias e de datas minerais perpassavam pela comprovação do solicitante em comprovar meios materiais de explorá-las; em segundo, a posse de escravos, pois o casal tinha possuía um grande número de cativos para a época e lugar, o que era outro sinônimo de riqueza. Aliado a esses demonstrativos de poderio econômico, o fato de José de Resende Costa ter se tornado capitão do Regimento de Cavalaria Auxiliar da Lage e Santa Rita, do termo da vila de São José, facultava a esta família mais um posto de comando militar e de defesa, que lhes assegurava o domínio de poder na região.

Enfim, o capitão José de Resende Costa, por suas posses materiais, atividades econômicas, relações familiares, controle de instrumentos do mando local e sua representação social junto à sociedade regional, era qualificado como um membro das elites regionais. Sua fortuna e prestígio o inseriam nas fileiras dos *"homens bons"* e das famílias dos principais da terra no interior da comarca do Rio das Mortes.

Sem dúvida, a entrada de Gervásio Pereira Alvim, via casamento com dona Francisca Cândida de Resende, a esta família consolidava a sua inserção como parte membro da elite regional da comarca do Rio das Mortes. O casamento era uma importante instituição que influenciava na reprodução material e social das famílias e seus envolvidos. Neste sentido, certos cálculos eram empreendidos ao se tratar dos laços matrimoniais, que seguiam, entre os membros das elites, um rigoroso sistema de normas. A *"brancura da pele, prestígio familiar, ocupação de postos administrativos importantes, atividade agrária, acesso à escolaridade e fortuna anterior ou no presente, senão dos envolvidos, pelo menos de parentes próximos"*[140] eram "qualidades" nas quais se buscavam fundamentar as escolhas dos genros e noras. Além disso, esperava-se que o homem, o genro, tivesse um estabelecimento sólido

140 FARIA, 1995, p. 82.

e um modo de vida definido que garantisse a reprodução material e imaterial da nova unidade familiar.[141]

Nestes termos, para Gervásio Pereira Alvim, o casamento com Francisca Cândida assinalava a concretização de seu projeto de se tornar um homem de fortuna e prestígio. O casamento lhe proporcionaria a entrada no seio de uma família da elite regional mineira, que, através das cadeias de solidariedades já constituídas, lhe dotaria socialmente. Apesar de deter certas qualidades que o tornavam um bom partido para as jovens casadoiras, Gervásio era um migrante e seus laços familiares na América portuguesa eram circunscritos a Manoel Pereira Alvim, seu tio, e José Pereira Alvim, seu irmão, e, portanto, o casamento constituía uma importante via de sociabilização e inserção social. A partir do enlace matrimonial, os tios, tias, o irmão, os primos e primas de Francisca Cândida passariam a ser seus parentes também, bem como as solidariedades naturais que fluíam dos laços familiares lhe abarcariam. Mesmo com certo grau de fortuna e prestígio, o casamento dava a Gervásio um domicílio fixo e o reconhecimento social de pertencimento na comunidade que o acolhera.[142]

Já para a família de Francisca Cândida, o casamento representou uma estratégia de manutenção dos bens sequestrados devido à participação do cabeça do casal no movimento rebelde de 1789, e a busca de proteção para a família. A participação do capitão José de Resende Costa e seu filho, homônimo, na Inconfidência Mineira, acarretou em inúmeros transtornos para os familiares, principalmente, para as mulheres que se viram em situação bastante delicada e com um problema sério em mãos com a prisão do marido/pai e filho/irmão e, devido à natureza do crime, o consequente processo de sequestro dos bens.

A participação do capitão José de Resende Costa e de seu filho no movimento rebelde fora cooptada pelo padre Carlos Correia de Toledo e Melo, amigo e vizinho da família, e por seu irmão, o sargento-mor Luís Vaz de Toledo Piza, morador na vila de São José. Com participação pequena, o capitão José de Resende Costa passou a ser investigado após algumas referências a seu nome nos depoimentos desses sujeitos. Embora o sargento-mor Luís Vaz de Toledo Piza tenha mencionado o conhecimento que o capitão José de Resende Costa tinha sobre o levante que se pretendia, afirmara que este, por estar velho, doente e trêmulo não servia

141 SILVA, 1984, p. 66-70; MUAZE, 2008.

142 PÉREZ, 2010, p. 151-157.

aos propósitos dos conjurados;[143] tal informação não fora suficiente para isentar o capitão José de Resende Costa e seu filho homônimo de prestarem depoimentos, em dois momentos distintos, nas devassas abertas em Minas Gerais e no Rio de Janeiro. Em 28 de julho de 1789, o capitão e seu filho foram testemunhar sobre o levante, na devassa aberta em Minas Gerais. Em seus depoimentos, ambos negaram a participação, embora tivessem notícias do levante.

Em 05 de junho de 1791, no Rio de Janeiro, novamente o capitão voltava a dar esclarecimentos sobre o movimento rebelde e sua participação. Ele afirmara que, embora soubesse do movimento, nem ele nem seu filho participaram. Dizia que, como pretendia enviar seu filho, José de Resende Costa, para estudar na Universidade de Coimbra, no reino de Portugal, fora procurar o padre Carlos Correia de Toledo e Melo na vila de São José para que este pudesse encaminhar o jovem em Portugal, uma vez que o mesmo estava de viagem marcada. A princípio tudo estava acertado com o vigário e, durante o processo de organização da partida do filho, o padre lhe mandara um recado avisando-lhe da desistência da viagem. Passado um tempo, o capitão encontrara por acaso com o sargento-mor Luís Vaz de Toledo, irmão do vigário, e o mesmo lhe informara que o seu irmão havia desistido da viagem por causa da sublevação e levante que estavam armando na capitania e, assim, que o capitão não mais precisaria enviar o filho homônimo para estudar em Portugal, porque eles, os conjurados, pretendiam criar uma universidade em Vila Rica semelhante à de Coimbra.[144]

Buscando se defender e não entrar em contradições entre os fatos narrados e as pretensões dos conjurados, o capitão justificava a desistência de enviar o filho José para estudar em Portugal. Segundo seu depoimento, ele dissera que, feitas as contas, sua casa não possuía meios suficientes para arcar com as despesas e manter o filho em Coimbra e por isso desistira de enviá-lo. Assim, procurava argumentar que sua decisão não tinha nada a ver com a crença no sucesso do movimento e a conseguinte criação de uma universidade em Minas Gerais. Todavia seu discurso não convenceu as autoridades. Mesmo tentando poupar o filho dizendo que ele ignorava o assunto, José de Resende Costa, o filho, foi inquirido sobre o movimento

---

143 *Apud* RODRIGUES, 2008 – em especial, cap. 4.

144 Arquivo Nacional, Rio de Janeiro. Inconfidência em Minas Gerais – Levante de Tiradentes: sequestros, cópias de dados relativos aos inconfidentes desterrados para Angola. Microfilme: 021.1-74, vol. 6, nº 23.

e, após acareação,[145] ambos tiveram suas prisões decretadas em 10 de abril de 1791 e efetivadas em 20 de maio do mesmo ano, acusados de conhecerem os planos do levante e as pessoas envolvidas na sedição. Como pena por terem conhecimento do crime de lesa-majestade e não tê-lo denunciado, pai e filho tiveram, inicialmente, como castigo morte natural na forca com direito a sepultamento, promulgada em abril de 1792, porém, pela carta régia de 15 de outubro de 1790, mantida em segredo pelas autoridades responsáveis pela apuração e julgamento do crime, eles tiveram suas penas comutadas para degredo em possessões portuguesas na África por 10 anos e sequestro dos bens.[146]

Eles partiram em 24 de junho de 1792 na fragata Golfinho em companhia de outros conjurados.[147] O capitão falecera no exílio, em 1798, e o filho retornara ao Brasil em 1809, a chamado do príncipe regente, dom João, para ocupar o cargo de administrador da Fábrica de Lapidação dos Diamantes, após uma carreira de sucesso em órgãos da administração imperial.

As apurações sobre o movimento dos conjurados e as possibilidades de punição evidentes com o decorrer do processo deixaram a família do capitão José de Resende Costa numa situação bastante delicada. A família vivenciava dias difíceis, pois os homens da casa estavam prestes a serem punidos pela participação na conjuração. E isso deixava a família, sobretudo as mulheres, "desprotegidas", a fazenda e os negócios sem uma gerência masculina, e eram grandes as chances do sequestro dos bens, em função da natureza do crime pelo qual estavam sendo processados. Possivelmente, Gervásio Pereira Alvim tenha se aproveitado da situação, se não para arranjar, para apressar seu casamento com Francisca Cândida. O pai da noiva, vendo os envolvidos no movimento serem presos e os transtornos decorrentes da punição,[148] assegurando-se da possibilidade de ser punido também,

145 Idem.

146 RODRIGUES, 2008, p. 32-33.

147 PINTO, 2009, p. 301-303.

148 Vale lembrar que o padre Carlos Correia de Toledo e Melo era vizinho do capitão José de Resende Costa na Lage. Ele tinha uma casa no arraial vizinha à do capitão e uma sesmaria naquela região, e o tenente-coronel Francisco Antônio de Oliveira Lopes era o proprietário da Fazenda da Lage, no distrito da Lage, e Ponta do Morro, em Prados. Ambos foram presos em 1789. A proximidade geográfica e social com essas pessoas e seus familiares provavelmente deixava o capitão a par das notícias do processo. Além disso, os dois foram chamados para prestar esclarecimentos nas duas devassas abertas para apurar os responsáveis e partícipes do movimento rebelde.

tratou logo de ajeitar a casa, acertando o consórcio matrimonial da filha. Entre 03 de março de 1791, data do casamento de Francisca Cândida e Gervásio e 20 de maio de 1791, prisão do capitão e seu filho, Gervásio Pereira Alvim e o capitão articulariam as estratégias para evitar o confisco dos bens e assegurar a posse do patrimônio familiar. Dois dias após o sequestro dos bens em 21 de maio, Gervásio se apresentava como fiel depositário dos bens do capitão.

Na luta para salvaguardar o patrimônio da família frente ao confisco impetrado pelas autoridades régias, Gervásio Pereira Alvim, junto com Severino Ribeiro, cunhado e compadre do capitão, e o próprio capitão teceram estratégias para reaver os bens confiscados e burlar a ação do fisco metropolitano.[149] De acordo com o auto de sequestro,[150] o capitão José de Resende Costa teve apreendidos uma morada de casas no arraial da Lage, a fazenda da Boa Vista, 31 escravos, cinco utensílios minerais, 245 datas de exploração mineral e dez créditos que totalizavam 333$461 réis. No entanto, devido à natureza do processo, os bens confiscados eram meados entre os cônjuges, quando o casamento era regido pela comunhão de bens, e à parte sequestrada era passível de se ajuizar ações de cobranças de dívidas anteriores ao processo e condenação do réu.[151]

Nestes termos, depois de realizado o casamento, em 25 de abril de 1791, o capitão José de Resende Costa assinou o contrato de dote de Francisca Cândida com o seu então genro, Gervásio Pereira Alvim. De acordo com o documento, Francisca Cândida trazia para o consórcio oito escravos, sendo cinco homens e três mulheres, avaliados em 710$000 réis, oitenta cabeças de gado sortidos, no valor de 160$000 réis, trinta cabeças de éguas sortidas, 120$000 réis, a fazenda do Rio dos Bois, no curato de Passatempo, 550$000 réis, e mais 800$000 réis em dinheiro. Tudo somado em 2.340$000 réis.[152] Com este valor, parte significativa do patrimônio do capitão José de Resende Costa era transferido ao novo casal e, portanto, não passível de confisco pela Fazenda Real.

No entanto, diante do sequestro efetuado e perda de parte do patrimônio familiar para o Fisco e Câmara Real, Gervásio Pereira Alvim, fiel depositário dos

149 RODRIGUES, 2008, p. 237-247.

150 *Apud* RODRIGUES, 2008, p. 59, 94-95, 146, 156, 190, 212-213.

151 André Figueiredo Rodrigues, no primeiro capítulo da sua tese, explica detalhadamente o processo de sequestro e sua estrutura. Cf. RODRIGUES, 2008, especialmente as páginas 60-73.

152 Libelo Cível entre Gervásio Pereira Alvim (autor) contra a Fazenda Pública pelos bens de José de Resende Costa (réu), *Apud* RODRIGUES, 2008, p. 241-242.

bens do capitão José de Resende Costa, moveria uma ação de libelo cível de cobrança de dívidas contra a Fazenda Real nos bens confiscados de seu sogro. De acordo com as alegações iniciais do autor do libelo, o seu sogro lhe era devedor na quantia de 1.172$856 réis originários de resto do dote no valor de 600$000 réis e de dívidas que ele havia pago em nome do capitão José de Resende Costa.[153] O autor alegava que:

> Provara que o autor teve em outro tempo boa amizade com José de Resende Costa, debaixo do qual lhe pedia este houvesse o dito Autor de lhe pagar algumas de suas dívidas.
>
> Que debaixo da dita amizade, intentou aquele José de Resende Costa que o Autor se casasse com sua filha, no que convenceu o mesmo e tratando-se o dito casamento, lhe prometeu o dito Resende em dote o que consta do papel junto em último lugar.
>
> Que aceitando que foi o referido casamento, recebeu o Autor os bens constantes do papel que entrega, que lhe fez o mesmo Resende e passando-lhe a clareza de 800$000 réis, à conta dos quais recebeu o Autor 180$000 réis nos bens aí declarados, e tudo o mais lhe está devendo.
>
> (...)
>
> Provará que depois de casado foi continuando a pagar as dívidas daquele seu sogro José de Resende Costa, por ordem que este lhe dava. Umas vezes por escrito, e outras vocalmente, como tudo consta das cartas e papéis juntos...[154]

Dessa forma, Gervásio Pereira Alvim procurava reaver parte dos bens confiscados, comprovando as dívidas que o capitão tinha com ele. Além desse processo, Severino Ribeiro, cunhado e compadre de José de Resende Costa, também entrou com uma ação de libelo cível de cobrança de dívidas contra a Fazenda Real nos bens sequestrados ao capitão, provando que o mesmo também lhe era devedor há muitos anos.[155] Assim, para saldar essas e outras dívidas menores – que não foram citadas

153 Idem, p. 239-242.

154 *Apud* RODRIGUES, 2008, p. 239.

155 RODRIGUES, 2008, p. 238-239.

individualmente no processo de cobrança movido pelo Gervásio Pereira Alvim, mas cujas existências foram demarcadas nas entrelinhas e que, somadas, eram superiores ao valor das dívidas ativas sequestradas ao capitão, totalizando em 3.237$652 réis – Gervásio Pereira Alvim, na qualidade de fiel depositário, empreendeu uma separação e avaliação dos bens do capitão que lhe foram confiados a administração.[156] Segundo André Figueiredo Rodrigues, os bens do capitão foram separados em três lotes e levados a leilão para a arrematação pública. A maior parte dos bens separados e avaliados por Gervásio Pereira Alvim fora arrematada por ele mesmo. Ou seja, na verdade, Gervásio Pereira Alvim, para assegurar a posse da maior parte dos bens sequestrados ao capitão, os quais ele também administrava como fiel depositário, arrematou-os em leilão, assumindo o compromisso de quitar as dívidas com os outros credores. De acordo com André Figueiredo Rodrigues, com esta estratégia Gervásio Pereira Alvim conseguira uma transferência legítima dos bens do inconfidente para seu domínio, e ao fazer a Prestação das Contas daquele patrimônio, em 1 de dezembro de 1804, ele *"informou que 'todos' os bens de Resende Costa 'foram arrematados em várias execuções por dívidas que o casal devia'"*.[157]

Recorrendo a ferramentas comuns no trato cotidiano colonial, como por exemplo, o dote e afirmação de créditos, o capitão José de Resende Costa transferia parte do patrimônio a seu genro, Gervásio Pereira Alvim, evitando o sequestro total dos bens. Conjuntamente com a ação de Gervásio Pereira Alvim, a cobrança judicial e a arrematação dos bens que foram a leilão, a família conseguiria burlar o fisco da coroa. Além disso, segundo André Figueiredo Rodrigues, outras ações menos elaboradas, como por exemplo, a omissão de parte dos bens semoventes da família, sobretudo os escravos mais bem avaliados, foram sonegados no processo de sequestro.[158] Embora este não fosse um comportamento específico desta família, ou seja, no lado vizinho, na fazenda Ponta do Morro, em Prados, dona Hipólita Jacinta conseguira omitir grande parte do seu patrimônio no processo de sequestro,[159] ela fora uma ação que evitou a exposição de todo o patrimônio familiar. Apesar do sucesso das estratégias adotadas pelos familiares e de o Fisco e a Coroa portuguesa não obterem rendimentos com os bens sequestrados ao capitão

---

156 Idem, p. 243-244.

157 IHGB, DL 70.9, 1799, fl. 15, *Apud* RODRIGUES, 2011, p. 7.

158 RODRIGUES, 2008, p. 212-215.

159 Idem, p. 202-212.

José de Resende Costa,[160] a transferência dos bens para Gervásio Pereira Alvim não deixara de preocupar o capitão e seu filho. A saída dos homens da casa deixara a família vulnerável, passível de sofrer um golpe de um forasteiro e a transferência dos bens era algo com que se preocupar.

Neste sentido, a carta enviada por Domingos de Abreu Vieira a Manoel Pereira Alvim, em 20 de junho de 1792, às vésperas da partida para o degredo em África, da prisão no Rio de Janeiro, além de passar as últimas instruções e agradecimentos, como visto no excerto, o missivista pedia um favor muito especial ao amigo e a seu sobrinho, Gervásio Pereira Alvim. Ele reforçava o pedido do capitão José de Resende Costa e seu filho, homônimo, em função dos fortes laços de amizade e solidariedade construídos no cárcere. Domingos de Abreu Vieira pedia que Manoel Pereira Alvim, com os meios que possuía, tomasse conta da família do capitão José de Resende Costa, que os protegesse e tratasse com muita honra, benevolência e bondade, pois o maior desejo desses homens era que na pessoa de Manoel Pereira Alvim e seu sobrinho Gervásio as mulheres encontrassem "*um pai e protetor a sua família, pelo favor com que vm. tanto me honrou e honra lhe suplico, a trate e proteja, como ambos tanto desejam e que sei alcançarão da sua bondade*".[161]

Os desdobramentos da participação do capitão José de Resende Costa e seu filho na sedição deixaram a família numa situação delicada, e a transferência dos bens a Gervásio Pereira Alvim influenciaria na perpetuação da família enquanto membro da elite regional. O casamento era uma instituição importante que interferia na reprodução social e econômica das famílias, sobretudo as que conformavam as elites. A ascensão e/ou queda de determinado grupo familiar, segundo Sheila de Castro Faria, estava na escolha certa de genros e noras, e o simples fato de obter riqueza não significava ser homem de respeito e prestígio. Outras qualidades também implicavam na reprodução do *status* familiar.[162] Assim, as preocupações do capitão e seu filho eram legítimas e, por isso, pediam ao amigo Domingos de Abreu Vieira que intercedesse junto a Manoel a proteção para as mulheres da casa e, em especial para Gervásio, para que ele fosse bom marido e bom genro.

---

160 Idem, p. 247.

161 Arquivo Público Mineiro. Fundo: Casa dos Contos, documentação avulsa. Caixa 160, planilha 10012, Rolo 549, Doc. 1.

162 FARIA, 1995.

Talvez, a escolha de Gervásio como genro já vinha sendo acertada há mais tempo, afinal ele detinha certas qualidades que o abonavam como bom partido, e o processo envolvendo os inconfidentes e a possibilidade de prisão iminente do capitão José de Resende Costa e seu filho, homônimo, tenha precipitado o casamento. Seja como for, o fato é que a parceria com Gervásio Pereira Alvim foi bastante benéfica para a família. O novo genro não apenas utilizara de recursos judiciais para salvaguardar os bens da família do sequestro instaurado aos inconfidentes, como também, com muito esforço, trabalho árduo e tessitura de alianças certas com outros sujeitos da região, soube ampliar a fortuna e prestígio da família no interior da comarca do Rio das Mortes. E, nestes termos, o desejo do capitão fora alcançado; sem dúvidas Gervásio fora um bom marido, bom genro e bom administrador dos seus bens.

Após o casamento, Gervásio Pereira Alvim mudou para a fazenda Boa Vista, nos Campos Gerais, para viver ao lado da esposa e seus familiares. Ali permaneceu até os últimos dias de sua vida, em 1837. Durante quase meio século naquele espaço, Gervásio Pereira Alvim se tornaria um dos homens mais ricos e importantes do distrito da Lage, com atuação política e administrativa na câmara de São José e exercício nas atividades de defesa e militares da região. O consórcio de atividades agrárias e mercantis, aliado ao controle de certos órgãos da administração, lhe rendia riqueza material que pode ser percebida através da posse de escravos e terras.

Gervásio Pereira Alvim, no Rol dos Confessados de 1795 da vila de São José, foi listado no fogo de sua sogra, dona Ana Álvares Preto, e junto com sua esposa apareceram como agregados. O fogo, número 15 do distrito da Lage, era o maior domicílio em número de pessoas maiores de sete anos, contava com 49 moradores, e, de acordo com Maria Lúcia Resende Chaves Teixeira, possivelmente este pode ter sido o maior domicílio em função de haver muitos casais escravos e, assim, *"deve haver muitas crianças escravas"*.[163] Na listagem, dona Ana Álvares Preto apareceu como chefe do domicílio, com idade de 59 anos, casada,[164] encabeçando a posse de 29 cativos. Gervásio Pereira Alvim e dona Francisca Cândida apareceram como agregados e com a posse de nove cativos.[165] Anos mais tarde, em 1831,

163 TEIXEIRA, 2006, p. 51.

164 O marido e o filho estavam ausentes em função do degredo em África como parte da punição por participação na Inconfidência Mineira.

165 Rol dos Confessados da freguesia de São José, 1795.

na lista nominativa produzida em Minas Gerais sob as ordens do presidente da província Antônio Paulino Limpo de Abreu para se conhecer a população e redes de povoamento, o domicílio de Gervásio e dona Francisca Cândida apresentou seus habitadores. Ainda moradores no distrito da Lage, fazenda da Boa Vista nos Campos Gerais, o fogo, número 68, contava com 52 cativos empregados em atividades agropastoris e produção têxtil. Moravam também no domicílio o filho padre, Joaquim Carlos de Resende Alvim, com dois escravos seus e o jovem casal Francisco de Assis Resende e Maria Vitória, com seus cinco cativos. No total, o fogo contava com 64 pessoas.[166] Era o terceiro maior do distrito.

O forte apego à escravidão pode ser verificado nas posses de Gervásio Pereira Alvim e dona Francisca Cândida de Resende. O casal formava o grupo de grandes proprietários de escravos no distrito da Lage, entre os anos finais do XVIII e a primeira metade do século seguinte. Naqueles anos, segundo Maria Lúcia Resende Chaves Teixeira, o distrito se destacava no termo da vila de São José del Rei e na comarca do Rio das Mortes por sua alta concentração de mancípios numa economia voltada para a produção de gêneros alimentícios. De acordo com a autora, entre 1795, 1831-33 e 1838-40, o distrito da Lage, ao ter listada sua população, apresentou proporção de cativos superior ao de livres.[167] Ao cobrir 79,6% dos distritos existentes em Minas Gerais entre os anos de 1833-1835, a lista nominativa, copilada por Maria do Carmo Salazar Martins, apresentou a comarca do Rio das Mortes dividida em quatro termos e sessenta e três distritos, com a população total, aproximadamente, de 110.463 almas, sendo que, em termos percentuais, 61,40% eram pessoas livres (67.829 almas) e 38,60%, escravos (42.634 almas).[168] Dentro deste universo, a Lage, naquele ano, possuía "*41,58% de livres e 58,41% de escravos, percentuais demográficos quase que proporcionalmente inversos aos da comarca. Ocupou nela* [na comarca do Rio das Mortes] *o sexto lugar em termos do peso da população cativa, apresentando, ainda, o maior índice de escravos do termo de São José*".[169]

Nesse quadro demográfico, segundo Maria Lúcia Resende Chaves Teixeira, a população cativa, nos momentos históricos 1795, 1831-33 e 1838-40, era bastante difundida entre os fogos que compunham o distrito. Os fogos com até cinco escra-

---

166 Lista Nominativa de 1831, termo da vila de São José del Rei.

167 TEIXEIRA, 2006.

168 MARTINS, 1990.

169 TEIXEIRA, 2006, p. 63-64.

vos representavam, respectivamente, 49%, 59,7% e 48,3% dos domicílios listados em 1795, 1831-33 e 1838-40, e essas cifras significavam 13,4%, 14,2% e 9,3% do percentual de escravos. Já os médios e grandes proprietários de escravos, com posses entre dez e trinta cativos, representavam 27,5%, 25,8% e 23,6% dos fogos nos referidos momentos históricos respectivamente, e suas escravarias figuravam com 50,4%, 43,3% e 42% do total de mancípios do distrito. Por fim, os muito grandes proprietários, com posse superior a trinta escravos, perfaziam 5,9%, 8% e 7,9% dos fogos e detinham 22,8%, 37,8% e 35,6% dos escravos arrolados nas listagens de 1795, 1831-33 e 1838-40.[170] Enfim, no distrito da Lage, nos três momentos, quase a metade dos fogos tinha entre um e cinco cativos, e as cifras dos muito grandes proprietários, acima de trinta cativos, compunha um grupo restrito de fazendeiros que concentrava mais de um terço da mão-de-obra escrava, excetuando o ano de 1795, quando o índice era pouco superior a um quinto. Dentro desse universo apresentado por Maria Lúcia Resende Chaves Teixeira, inserimos o casal Gervásio Pereira Alvim e dona Francisca Cândida de Resende no restrito grupo de muito grandes proprietários de cativos do distrito da Lage.

Mesmo na listagem de 1838, após o falecimento de Gervásio Pereira Alvim, o fogo de dona Francisca Cândida, viúva, contava com forte presença da escravidão. No tempo da feitura da lista, devido ao processo de inventário dos bens de Gervásio, os escravos já haviam sido partilhados entre os herdeiros e a viúva. O fogo, número 17, apareceu com dona Francisca Cândida encabeçando a posse de 34 cativos, e moravam no seu domicílio os netos, Gervásio Pinto, com 13 anos, Antônio de Pádua, 14 anos, e Rita, 13 anos.[171] Enquanto os filhos, o padre Joaquim Carlos de Resende e Francisco de Assis Resende, foram listados em fogos distintos, embora o primeiro fosse seguido ao da mãe, fogo 18, e o último foi listado no fogo 23.[172] O desmembramento dos fogos dos filhos é um representativo do desdobramento da riqueza com a formação de novos domicílios e atividades independentes.

O grande contingente cativo do casal Gervásio Pereira Alvim e dona Francisca Cândida estava empregado nas atividades agrárias e pastoris, e algumas mulheres cativas também eram utilizadas na produção têxtil doméstica. Na lista nominativa de 1831-33, Gervásio Pereira Alvim, que à época era capitão-mor, teve suas ativi-

170 Idem, p. 84.

171 Lista nominativa de 1838, termo da vila de São José del Rei.

172 Idem.

dades econômicas enquadradas no mundo rural, sendo inscrito como agricultor, criador e "*engenheiro*" (dono de engenho). Na sua fazenda, nos Campos Gerais da Lage e Sumidouro, que era composta por 413 alqueires de cultura e 220 alqueires de campos, plantava-se cana, milho, feijão, arroz, produzia-se açúcar e cachaça, afora as criações de animais, tais como muares, gado *vacum* e *cavalar*, porcos e carneiros, produção destinada ao abastecimento interno. Para desenvolver essas atividades, esta fazenda tinha como benfeitorias casas de vivenda, engenho de cana e pilões, paiol, senzalas, rancho de tropa, dois moinhos, tudo coberto de telha, além de currais e orla cercados de muros de pedra. Ao lado, no Sumidouro, o casal ainda tinha outras benfeitorias que auxiliavam na produção da fazenda dos Campos Gerais. Neste, havia casas de vivenda, engenho de cana, paiol, monjolo, moinho e senzalas, muros de pedra e curral cercado de pedra, tudo coberto de telha.[173]

O casal ainda possuía várias ferramentas do trato cotidiano agrário (enxadas, foices, foicinhas, alavancas e machados), vários ferros de carpinteiro (enxó, serrote, formões, trados, torquês, martelo, serra braçal), três carros de boi ferrados e dois desferrados velhos e usados, recipientes para acondicionar a cachaça (barris, pipas e parol), o açúcar (tachos de cobre de diferentes tamanhos, formas diversas, bacias e caldeirões) e outros grãos da produção abastecedora guardados em caixões diversos. E ainda alguns instrumentos de reparo das benfeitorias, tais como um pau para eixo de engenho, duas toradas de bálsamo para rodeiros, um pau de pereira no rancho e um pau de candeia para cambotas. Já para a produção têxtil, eles possuíam oito rodas de fiar, dois descaroçadores e um tear com seus aparelhos.[174] Ali estavam empregados 63 cativos.

Tratava-se de uma unidade produtiva bastante diversificada e que buscava a autossuficiência. Este era um modelo das fazendas mineiras, que através da diversificação das atividades econômicas visava suprir suas necessidades e, assim, recorrer ao mercado somente para aquilo que não tinham como produzir. Neste padrão, os fazendeiros asseguravam os superávits das negociações de suas fazendas e cresciam seu patrimônio. No interior da comarca do Rio das Mortes, no circuito das fazendas, esta estratégia parece ter sido a predominante e, no distrito da Lage, as fazendas mais ricas foram aquelas que tenderam à autossuficiência.[175]

173 Arquivo Histórico do Escritório Técnico II – IPHAN, São João del Rei. Inventário: Gervásio Pereira Alvim (capitão-mor), São José, 1837, caixa 11.

174 Idem.

175 TEIXEIRA, 2006, p. 24-25.

Além da fazenda nos Campos Gerais da Lage e Sumidouro, Gervásio e dona Francisca Cândida também eram proprietários de outra fazenda, chamada Rio dos Bois, no curato de Passatempo. Esta fazenda foi recebida como parte do dote do casamento deles e incrementada com a doação de duas sesmarias posteriores. A primeira data de 13 de março de 1798. Dona Francisca Cândida solicitou a posse legítima de uma porção de terras, na extensão meia légua de terras em quadra, formada por campos e matos, na paragem chamada o Passatempo.[176] No ano seguinte, ela e Gervásio solicitavam mais terras naquela região, com a extensão de meia légua em quadra, no lugar chamado Paragem Cachoeira.[177] Todavia, estas não foram as únicas sesmarias doadas ao casal. Em 18 de maio de 1797, Gervásio Pereira Alvim solicitou a posse legítima de umas terras devolutas compostas por campos e capoeiras nas proximidades da sua fazenda Boa Vista, nos Campos Gerais, distrito da Lage. As terras solicitadas tinham a extensão de meia légua em quadra e faziam divisas, de um lado, com João Testes de Azedias, José Álvares Magalhães e José da Silva Ramos e, do outro, com José Coelho dos Santos e Antônio Nunes Resende.[178]

O sítio do Rio dos Bois, no curato de Passatempo, era composto por uma morada de casas assobradadas, com sua ermida e alfaias, paiol, moinho, rancho de recolher carros, tudo coberto de telhas, quintal com seus arvoredos e currais, cercado de pedra. Tinha a extensão de 183 ½ alqueires de capoeiras e 795 alqueires de campos e fazia divisa com as terras dos herdeiros do sargento-mor Joaquim Pinto de Góis, com o alferes José Moreira Coelho e com os herdeiros do Morro do Ferro. Ali, o casal criava bovinos, equinos e suínos, ocupava dois cativos e plantava milho e feijão.[179] Em 1838, o filho do casal, Manoel Pereira de Resende Alvim, junto com sua família, tocava esta fazenda com 35 escravos ocupados com as atividades agropecuárias.[180]

Nesta fazenda, o casal, Gervásio Pereira Alvim e dona Francisca Cândida, estava mais envolvido com a criação de animais. No total, foram listados 336 animais, entre gado *vacum*, *cavalar*, muar e suíno. A produção de milho e feijão, se comparada à fazenda dos Campos Gerais, era mais modesta. Em 1837, no Rio dos Bois a produção rendeu 10 carros de milho e 30 alqueires de feijão, enquanto na

176 Arquivo Público Mineiro. Seção Colonial: SC-275, folhas 226v a 228v.

177 PINTO, 2009, p. 286; RODRIGUES, 2008, p. 100.

178 Arquivo Público Mineiro. Seção Colonial: SC-265, folhas 171 a 172v.

179 Arquivo Histórico do Escritório Técnico II – IPHAN, São João del Rei. Inventário: Gervásio Pereira Alvim (capitão-mor), São José, 1837, caixa 11.

180 Lista nominativa de 1838, termo da vila de São José, distrito 14, quarteirão zero, fogo 152.

outra, a produção fora de 180 arrobas de açúcar, 149 barris de cachaça, 45 carros de milho, 100 alqueires de feijão, 20 alqueires de arroz, 40 carros de cana madura, dois alqueires de cana nova, uma roça nova de 17 alqueires de milho e 214 animais (gado *vacum*, *cavalar*, muar, suíno e carneiro de diversos tamanhos e idades).[181] A tendência à especialização na criação de animais do sítio era em função do tipo de terreno no qual erigiram a sede e algumas benfeitorias. Nos 795 alqueires de campos, embora fosse uma área grande, o terreno era considerado ruim para as atividades agrícolas, sendo utilizado, no período das águas, na pastagem do gado. Já nos 183 ½ alqueires de capoeiras, terreno com mata fechada, era possível retirar madeira e preservar nascentes de água que abasteceria o sítio.

Embora fosse uma extensão de terras muito maior, as terras que conformavam o sítio do Rio dos Bois tinham qualidade inferior às da fazenda da Boa Vista, nos Campos Gerais. No entanto, a posse dessas terras fazia parte do processo de desdobramento da riqueza na fronteira. Em 1791, o sítio do Rio dos Bois, transferido ao casal Gervásio e dona Francisca Cândida como parte do dote de casamento, foi avaliado em 550$000 réis. Passados mais de quarenta anos, após algumas melhorias e adição de mais terras através da doação de duas sesmarias, o sítio teve uma supervalorização. Em 1837, ele fora avaliado em 9.529$000 réis.[182] Essa supervalorização reflete o movimento das fronteiras. A reprodução da riqueza no mundo agrário requeria assegurar a posse dos instrumentos necessários à implantação de novas unidades produtivas, ou seja, requeria a incorporação de mais terras e homens.

Inicialmente tocada à distância, na ausência dos proprietários, a fazenda do Rio dos Bois era mesmo uma reserva de terras que, num futuro não muito distante, serviria para o desdobramento da produção agrária e pecuária e, neste sentido, assegurar a reprodução da riqueza dessa família. Anos mais tarde, a fazenda passaria a abrigar Manoel Pereira de Resende Alvim e sua família. A retirada de Manoel Pereira de Resende Alvim[183] para a fazenda do Rio dos Bois era uma via de desdobramento da riqueza nas áreas de fronteira, num movimento migratório de curta distância, e uma forma de "desafogar" as pressões econômicas e familiares no distrito da Lage.

---

181 Arquivo Histórico do Escritório Técnico II – IPHAN, São João del Rei. Inventário: Gervásio Pereira Alvim (capitão-mor), São José, 1837, caixa 11.

182 Idem.

183 Neste caso, a migração de parentes para as terras do curato de Passatempo não representaria um afastamento radical dos familiares. O curato fazia parte do termo da vila de São José, comarca do Rio das Mortes.

Como bem atentou Carlos de Almeida Prado Bacellar, uma das estratégias da elite formada pelos senhores de engenho do Oeste paulista consistia, entre outros pontos, na migração de curta de distância, que visava à reprodução econômica dos seus membros e a perpetuação do grupo. Nesses novos espaços, os filhos de senhores de engenho davam continuidade às atividades econômicas exercidas nas terras de origem, tendo como meta tornar-se um senhor de engenho como seus pais. Assim, segundo o autor, a mobilidade em curta distância não afetava a dinâmica dos laços sociais e familiares, por outro lado, diminuía as tensões econômicas na área já incorporada ao sistema agrário e que deixava de ser zona de fronteira.[184]

O movimento migratório de Manoel Pereira Alvim tinha como um dos objetivos, além de salvaguardar a produção e administrar a fazenda do Rio dos Bois de seus pais, sua segunda propriedade, criar uma via de dirimir as pressões econômicas, acentuadas pelo crescimento demográfico do distrito da Lage, sem, contudo, provocar um rompimento dos laços sociais e familiares. Da fazenda do Rio dos Bois, Manoel Pereira de Resende Alvim retirava o seu sustento e de sua família. Os seus 35 escravos produziam os gêneros alimentícios voltados para a economia de abastecimento interno e ele, provavelmente, tinha como meta se tornar um grande fazendeiro, proprietário de escravos e de engenho como fora Gervásio Pereira Alvim, o que, até então, estava conseguindo.

Além dessas propriedades, Gervásio Pereira Alvim e dona Francisca Cândida possuíam mais um retiro com uma casinha e paiol cobertos de telhas e um moinho comprado de João Pinto. E ainda, uma morada de casas na Lage e outra na vila de São José, situada na rua Direita.[185]

Ao lado das atividades agropastoris voltadas para o abastecimento interno, Gervásio Pereira Alvim buscava no controle dos instrumentos do mando local garantir algumas isenções e privilégios que assegurariam sua posição social, prestígio e reprodução da riqueza. Durante vários anos, ele fora vereador da câmara municipal da vila de São José. As câmaras municipais, no período colonial, constituíam um dos pilares do domínio luso na Colônia, pois, através do exercício da vereança, os homens bons garantiam no município a continuidade do poder dos governadores e magistrados.[186] Através de uma política de conciliação de interes-

184 BACELLAR, 1997, p. 108-109; p. 138-140.

185 Arquivo Histórico do Escritório Técnico II - IPHAN, São João del Rei. Inventário: Gervásio Pereira Alvim (capitão-mor), São José, 1837, caixa 11.

186 BICALHO in COMISSOLI, 2008.

ses metropolitanos e coloniais,[187] as câmaras eram responsáveis pelo desenvolvimento da infraestrutura das vilas, pelo abastecimento, pela circulação e multas possuíam ainda algumas atribuições militares e judiciais locais, que, junto com outros privilégios de que os vereadores gozavam, tais como não poderem ser presos sem expressa ordem régia, constituíam-se em espaços de poder local e prestígio, ocupados pelas elites coloniais.[188]

Neste espaço, Gervásio Pereira Alvim, um dos "*homens bons*" da localidade, partilhava o controle do poder local e, no exercício da atividade, buscava negociar e influenciar as políticas públicas no intuito de defender seus interesses particulares e beneficiar seus amigos e parentes. Além disso, a ocupação deste cargo lhe diferenciava entre a população, uma vez que os critérios de preenchimento levavam em conta algumas qualidades que somente membros de famílias abastadas detinham. Assim, segundo Adriano Comissoli, "*o desempenho dos cargos da câmara conferia privilégios que contribuíam para aumentar o prestígio dos membros dessas elites e assegurar a hierarquia social vigente*".[189]

Outra via de diferenciação social e controle do poder local usufruído por Gervásio foi a posse de patentes militares. Gervásio foi guarda-mor, sargento, sargento-mor, tenente, capitão e capitão-mor. Estes cargos, no trato cotidiano, embora fossem de exercício gratuito, conferiam prestígio e distinção social, além de ser fonte de poder, uma vez que, dentre suas funções, as milícias eram instrumentos de defesa militar e importante auxiliar da administração na tarefa de manutenção da ordem.[190] A ocupação de tais cargos dependia da aprovação da câmara, e os oficiais eram escolhidos entre as "*pessoas da 'melhor nobreza, cristandade e desinteresse', residentes nos limites da vila, cidade ou concelho*".[191] A posse dessas patentes agregava diferenciação social a Gervásio Pereira Alvim, através do controle de outros instrumentos do mando local, assegurando-lhe o domínio da ordem hierárquica vigente.

Sem dúvida, Gervásio estava situado hierarquicamente entre os principais da terra, membro da elite regional da comarca do Rio das Mortes. Essa posição foi reforçada ainda pelas alianças tecidas com outros fazendeiros locais. Os laços de

187 SCHWARTZ, 1979; HOLANDA, 1986.

188 BELLOTO, 1986; COMISSOLI, 2008.

189 COMISSOLI, 2008, p. 16.

190 LEONZO in SILVA, 1986.

191 SALGADO, 1985.

compadrio e de casamento foram firmados com importantes fazendeiros da região, ricos proprietários de terras e escravos. Essas alianças permitiam a expansão da família tanto horizontalmente, com a criação do parentesco ritual através do compadrio, como verticalmente, ao unir duas famílias pelo matrimônio.

Pensando sobre as relações de compadrio na sociedade colonial/imperial, na qual a família era a base da estrutura social, além de constituir uma importante aliança "para cima",[192] o compadrio era um importante instrumento de proteção, não apenas econômica, entre os parentes rituais e, em se tratando de relações de apadrinhamento entre homens no mesmo nível hierárquico, tratava-se do reforço e/ou criação de laços familiares. Segundo Silvia Maria Jardim Brügger, "*o compadrio estabelecia vínculos de mão dupla. Tanto os padrinhos podiam beneficiar-se dos trabalhos, dos préstimos e da fidelidade dos afilhados, quanto estes esperavam contar com o cuidado, a proteção e o reconhecimento daqueles*".[193] Tendo como pano de fundo esse universo e percepção da importância dessas alianças, o casal Gervásio Pereira Alvim e Francisca Cândida de Resende criou vínculos com pessoas abastadas e no mesmo estrato hierárquico, que tivessem meios materiais e simbólicos de atender às expectativas, não apenas materiais, de pais e afilhados. Assim, alguns filhos do casal tiveram como padrinhos pessoas da família, tanto do pai quanto da mãe; os vínculos familiares foram fortalecidos com Manoel Pereira Alvim, José Pereira Alvim, Antônio Pereira Alvim, estes parentes de Gervásio, dona Ana Álvares Preto e José de Resende Costa, mãe e irmão de Francisca Cândida.

Com pessoas fora do círculo familiar, o casal criou laços de parentesco ritual com alguns homens portugueses que, como Gervásio, migraram para as Minas em busca de melhores oportunidades de vida. Todos os padrinhos localizados nos registros de batismo eram sujeitos detentores de poder e prestígio, todos possuíam patentes da milícia, enquanto as madrinhas, provavelmente, eram filhas de fazendeiros abastados na região. Como se pôde observar, o compadrio serviu para o fortalecimento dos laços familiares e, no processo de criação de alianças horizontais, as mesmas foram firmadas com portugueses residentes na região bem situados na hierarquia social e econômica, que tinham vínculos de amizade com Gervásio Pereira Alvim.

---

192 Expressão usada por Silvia Maria Jardim Brügger para enfatizar a importância dos laços de compadrio na sociedade mineira dos séculos XVIII e XIX. Cf. BRÜGGER, 2007.

193 BRÜGGER, 2007, p. 325.

Essas alianças foram muito importantes na reestruturação da rede mercantil de Gervásio Pereira Alvim, sobretudo o eixo que ligava o Sul de Minas, a, então, comarca do Rio das Mortes, ao Rio de Janeiro. Após a delação do movimento rebelde em Minas Gerais, em 1789, a rede mercantil de Manoel Pereira Alvim, da qual Gervásio fazia parte, foi bastante prejudicada devido à prisão de vários membros por conjurarem contra a metrópole. Vários eixos foram desarticulados. Embora saibamos pouco sobre as atividades mercantis de Manoel Pereira Alvim após a Inconfidência Mineira, ele conseguiu manter parte de seus contatos e seus negócios. E parte desses negócios estava relacionada com o contrato de entradas no Caminho Novo, posto de Matias Barbosa, e com o abastecimento da capitania/província de Minas Gerais e do Rio de Janeiro, via comarca do Rio das Mortes, com a participação do sobrinho, Gervásio Pereira Alvim. Mesmo se tornando um fazendeiro, Gervásio não abandonou as atividades mercantis. Pelo contrário, a "receita para o sucesso", neste momento, seria o consórcio das duas atividades, o que o português praticou muito bem e o aliou ainda ao controle de parte dos instrumentos da administração colonial, como por exemplo, a atuação na câmara e a posse de diversas patentes da milícia. Assim, pensamos que essa extensão dos laços de parentesco ritual, sobretudo com portugueses, envolveria também o fortalecimento da amizade entre os compadres e a consolidação de uma nova rede de comerciantes que atuaria no circuito São José – São João del Rei – Rio de Janeiro.

Com a chegada da Corte portuguesa no Rio de Janeiro em 1808, o comércio de abastecimento dessa cidade ganhava novo impulso. A rápida expansão demográfica da cidade, em função da transmigração de todo o aparato burocrático do Estado português e da instalação dos fiéis súditos que acompanharam a Família Real na travessia do Atlântico, aumentou a demanda por gêneros alimentícios, e a questão do abastecimento tornou-se urgente e foco de políticas públicas.[194]

Esse novo contexto político lançava as bases para nova articulação econômica que se mostrava bastante benéfica para os mineiros. O processo de interiorização da metrópole, principalmente, através da organização do comércio de abastecimento do Rio de Janeiro, e a consequente integração do centro-sul e ao consorciar os interesses comerciais e agrários,[195] oportunizaram aos fazendeiros do Sul de Minas um novo ramo de atuação e enriquecimento.

194 LENHARO, 1992; MARTINS, 2008.

195 DIAS in MOTA, 1986.

Os casamentos entre os filhos do sargento-mor Gervásio Pereira Alvim, além de representar uma aliança entre iguais e a extensão da parentela com importantes fazendeiros da região, foram igualmente importantes para o fortalecimento dos negócios da família, sobretudo, no ramo de abastecimento da Corte do Rio de Janeiro. Das informações que possuímos, podemos observar a articulação familiar e mercantil presente nas alianças matrimoniais. Em 1815, o casal Gervásio e Francisca Cândida casou a filha Senhorinha Cândida de Resende, afilhada do casal Antônio Pereira Alvim, tio da menina, e Maria Rita, com o português Antônio Pereira da Costa. Embora possuamos poucas informações sobre o noivo, provavelmente, como outros portugueses de seu tempo, ele estava envolvido com o comércio, sobretudo, com o abastecimento do Rio de Janeiro.

Três anos depois, em 1818, casava o tenente Gervásio do Carmo com dona Ana Antônia Umbelina de Paiva, em Carrancas. Este enlace matrimonial uniria a família do sargento mor Gervásio Pereira Alvim com a do tenente Francisco Machado de Azevedo. O último era importante fazendeiro do distrito de Carrancas. Era grande proprietário de terras e escravos e estava envolvido com o comércio de abastecimento da Corte do Rio de Janeiro. Essa união era tão benéfica para ambos que houve ainda mais dois enlaces matrimoniais que reforçariam os laços entre ambos os núcleos: em 1824, casaria o alferes Antônio Candido de Resende e dona Francisca de Paula e, por volta de 1831, o tenente Francisco de Assis Resende e dona Maria Vitória do Nascimento. O fechamento das famílias através desses três enlaces matrimoniais representou um reforço da aliança entre elas. E na figura do tenente Gervásio do Carmo, ambas as famílias ampliaram o ramo de atuação: foram participar do tráfico interno de escravos para a comarca do Rio das Mortes. Na década de 1820, o tenente Gervásio do Carmo foi um dos mais importantes atravessadores de escravos do Rio de Janeiro para Minas Gerais.

Outra importante aliança foi feita com a família do capitão Joaquim Pinto de Góis e Lara e dona Ana Almeida e Silva. Este era o casal mais rico do distrito da Lage na década de 1830. Assim como o sargento-mor Gervásio, o capitão Joaquim Pinto de Góis e Lara consorciava as atividade agrárias com as mercantis e associava sua riqueza material com o controle de cargos da administração colonial e da justiça no termo da vila de São José. Era grande proprietário de terras e escravos. Em 1830, devido ao falecimento da esposa, o capitão abriu o primeiro inventário do casal, no qual os bens foram avaliados em 102.020$109 réis, valor altíssimo para a região e para a época. No ano seguinte, em 1831, na lista nominativa da vila de São José, o fogo do capitão contava com a posse de 72 escravos e mais três agregados. Assim, o casamento entre dona Mafalda Cândida de Resende e o alferes Antônio Pinto e Lara, em 1821, também era uma união entre iguais: unia os dois núcleos mais prósperos do distrito da Lage.

Sem dúvida, esses vínculos contribuíam bastante com a consolidação da rede mercantil que ligava o Sul de Minas com o Rio de Janeiro. Na década de 1830, após o falecimento de alguns de seus membros, novos sujeitos foram recrutados no círculo familiar e de amizade de Gervásio Pereira Alvim, Francisco Machado de Azevedo e Joaquim Pinto de Góis e Lara. Nesse período, segundo Alcir Lenharo, verificou-se a ascensão política de vários fazendeiros-tropeiros mineiros, em especial do Sul de Minas, no cenário nacional e, nem mesmo com o regresso conservador em 1837 e a Revolta Liberal de 1842, os mineiros deixaram de atuar ativamente no comércio de abastecimento.[196]

Nas décadas seguintes, 1840 e 1850, o eixo mercantil São José – São João del Rei – Rio de Janeiro ainda era bastante dinâmico, e o comércio abastecedor do Rio de Janeiro mantinha o seu vigor e as potencialidades de enriquecimento. O grupo familiar-mercantil formado décadas atrás permanecia atuante neste ramo, tendo alguns membros, acompanhando o processo de penetração de comerciantes mineiros na praça mercantil do Rio de Janeiro, se estabelecido na cidade carioca a fim de evitar o atravessador e facilitar os arranjos entre as duas regiões. Dentre os mineiros que se fixaram com casa mercantil no Rio, membros dessa rede, destacamos as figuras de Francisco Eugênio de Azevedo e Carlos Joaquim Máximo Pereira. O primeiro foi listado como uma das seis casas comissárias de comerciantes mineiros atuantes no Rio de Janeiro no "Almanaque Administrativo, Civil e Industrial da província de Minas Gerais para o ano de 1864". Enquanto o segundo, provavelmente, fora um dos primeiros membros da rede que estudamos a se fixar no Rio de Janeiro e ali estabeleceu uma sociedade com José Bernardino Teixeira, negociante de grosso trato do Rio de Janeiro com relações sociais e mercantis com Mauá.[197]

A partir desses dois comerciantes, vários fazendeiros e comerciantes mineiros, sobretudo nosso personagem principal, Gervásio Pereira Alvim, neto do português Gervásio Pereira Alvim e Francisca Cândida, puderam participar do comércio abastecedor do Rio de Janeiro a partir dos anos finais de 1840 até a década de 1880.

196 LENHARO, 1992.

197 GUIMARÃES, 1997, p. 110-135.

O comércio entre Minas Gerais e o Rio de Janeiro: os desdobramentos dos negócios regionais

Em 30 de março de 1850, de São João del Rei, o comerciante Francisco Eugênio de Azevedo escrevia a Gervásio Pereira Alvim, seu sobrinho, informando sobre alguns procedimentos tomados com relação à atividade mercantil do fazendeiro na praça carioca. Na carta, o autor dizia:

> Sobrinho e senhor Gervásio
>
> São João, 30 de março de 1850
>
> Muito estimarei saber que você passa saudável, bem como Maria Salomé, e seus pais e irmãos, a quem eu e sua tia saudamos.
>
> Pelo negro vai a paneira de seda que custou 300, e cá recebi 500 réis e o resto acertei em sua conta. Sentimos não poder irmos a Missa [?], por ter hóspedes em casa, e ficamos bem apesar não poder irmos, e ficamos-lhes obrigado pelo convite.
>
> *Como você ainda não vendeu o gado, eu já fiz transação para o Rio, porque precisará do dinheiro no Rio neste mês, por isso não é preciso mais porém se você quiser mande deixar a quantia [que] quiser depositada em mão de José Bernardino Teixeira, a sua ordem que logo aqui se acha transação.*
>
> *Entretanto diga-me se com efeito mandou dar no Rio por minha conta 400 réis que há dias deu-me um recado seu tio*

> *Francisco de Assis, e como até agora não tive solução por isso desejo saber se com efeito mandou dar.*
>
> Seu tio amigo obrigado.
>
> Francisco Eugênio.[1]

A carta, representativa da dinâmica mercantil entre a comarca do Rio das Mortes e a Corte do Rio de Janeiro, apresenta nosso personagem, Gervásio Pereira Alvim, em ação nos seus negócios com a praça carioca. De um lado, seu tio, auxiliando nos arranjos mercantis, tomando a frente nos trâmites da atividade, enviando o dinheiro para saldo de créditos na primeira ocasião que encontrara. Do outro, o fazendeiro, envolvido com o comércio de gado, aguardando as melhores oportunidades para o negócio. No entremeio, o comerciante mineiro sediado no Rio de Janeiro, José Bernardino Teixeira, com portador em São João del Rei, servindo como depositário e intermediário do fazendeiro na praça carioca para futuros saques e/ou encomendas. E, ao término da carta, o pedido de confirmação da efetividade de um pagamento realizado em nome de Francisco Eugênio pelo tio do fazendeiro, Francisco de Assis, na praça carioca. Desvelando alguns traços característicos do comércio interprovincial, mais que isso, da dinâmica econômica de sociedades pré-industriais, a carta revela as dificuldades do comércio entre praças geograficamente distantes, sobretudo no que tange à circulação das mercadorias e do crédito, à ação dos intermediários e à falta de liquidez do mercado. Despontam, ainda, os mecanismos encontrados pelos comerciantes e fazendeiros para processarem os tratos mercantis entre praças distantes: as articulações com comerciantes a fim de promover o comércio interprovincial.

O comércio entre Minas Gerais e o Rio de Janeiro realizado por membros da família de Gervásio Pereira Alvim não era novidade. Desde meados do século XVIII, Manoel Pereira Alvim já mercanciava com a praça carioca, abastecendo diversas regiões de Minas Gerais, através de sua rede mercantil, com produtos importados da Europa e África pelo porto do Rio de Janeiro, antes mesmo da inversão dos fluxos do abastecimento entre as regiões, decorrente da crise da mineração.[2] Da deflagração do movimento rebelde em Minas Gerais, em 1789, Manoel

---

1 Arquivo Histórico do Escritório Técnico II – IPHAN, São João del Rei: Documentação Particular de Gervásio Pereira Alvim: Carta enviada por Francisco Eugênio de Azevedo, 30 de março de 1850, São João del Rei. Grifos meus.

2 Cf. ZEMELLA, 1990.

Pereira Alvim, bem como Gervásio Pereira Alvim, o português, tiveram que tecer novas alianças, formar novas redes, que viabilizassem o comércio entre as regiões, atividade que lhes rendia muitos lucros, bem como prestígio social e controle dos cargos político-administrativos no interior das comarcas de Vila Rica e Rio das Mortes. Naquele momento, as alianças familiares foram muito importantes na reconstrução das redes de clientela e na reestruturação das redes de comércio.

A chegada da Corte portuguesa, em 1808, no Brasil e, consequentemente, a instalação do aparato burocrático do Estado lusitano no Rio de Janeiro ampliaram as demandas por gêneros alimentícios e víveres por parte da população instalada na nova sede do Império luso-brasileiro, favorecendo os negócios dos mineiros naquela praça. Acompanhando esse movimento, nossos personagens buscaram apropriar-se das oportunidades abertas, lançando-se nas atividades mercantis de abastecimentos, desdobrando seus negócios através de articulações bem tecidas com fazendeiros e comerciantes da região do Sul de Minas, bem como através das alianças familiares e da ação/atuação das redes de clientela (re)construídas por gerações antecedentes. A partir desse ensejo, nossos personagens criaram e recriaram as ferramentas de produção da riqueza, do controle dos subordinados e garantiram a reprodução das hierarquias sociais, do prestígio e do poder.

Neste capítulo, concentraremos nossas análises sobre o comércio entre Minas Gerais e o Rio de Janeiro, o desdobramento dos negócios regionais através da atuação de membros da família de Gervásio Pereira Alvim ainda nos tempos de dom João no Brasil e os arranjos familiares e clientelares que permitiram a entrada de mineiros na praça carioca na década de 1840. Como parte do projeto familiar que visava assegurar os instrumentos necessários à produção da riqueza e a reprodução do poder local e do prestígio, buscaremos clarear, nos ramos de comércio atuantes, as estratégias e espaços de manobras dos sujeitos analisados em seus contextos históricos, a fim de discutir a apropriação que fizeram das oportunidades abertas com a instalação da Corte portuguesa no Rio de Janeiro e, posteriormente, com a formação do Estado nacional brasileiro. Diante das oportunidades abertas, tais sujeitos buscavam, dentro de um espaço de manobras limitado por questões sociais, econômicas, políticas e culturais, a participação no processo de construção do Estado Imperial brasileiro, defendendo os seus modos de viver e estilo de vida.

O tráfico de escravos para Minas Gerais: a atuação de Gervásio Pereira do Carmo

A escravidão africana fora uma instituição muito importante no desenvolvimento das atividades econômicas brasileiras, desde os primeiros tempos da colonização. Tal informação é corroborada pelo grande fluxo de africanos desembarcados nos portos brasileiros: dos quase dez milhões de africanos importados pelas Américas, o Brasil recebeu cerca de 3.600.000, no período compreendido entre os séculos XVI e XIX.[3] Diante desses dados, discute-se também a popularização, no Brasil, da mão de obra cativa entre os homens e mulheres coloniais e imperiais.

> Em quase todo o Brasil, a escravidão do negro era o aspecto mais característico tanto da cena rural como da urbana. Os portugueses tinham sido os pioneiros, no Novo Mundo, na agricultura em larga escala das fazendas, e a escravidão era a pedra angular da economia e sociedade nas fazendas.[4]

A escravidão, como principal forma de trabalho, foi bastante presente em vários inventários *post mortem* de fazendeiros, comerciantes, lavradores, sitiantes, tanto na época colonial quanto nos tempos do Brasil Império. Várias pesquisas sobre o tema, que trabalharam com essa fonte, destacam o forte apego a essa forma de trabalho nos fogos inventariados, sobressaindo os estudos acerca do padrão de distribuição dos cativos. A maioria das pesquisas vem reiterando que antes de 1850, quando definitivamente se aboliu o tráfico Atlântico de africanos para o Brasil, a maioria dos cativos estava distribuída em pequenas e médias propriedades, correspondendo a posses em média de 1 a 20 cativos, de acordo com as especificidades de cada região, sendo que as propriedades com mais de 30 cativos, consideradas grandes posses, eram mais restritas e menos difundidas.[5] Para ilustração, tomemos como exemplo

3 CURTIN, 1969 in FLORENTINO, 1995.

4 BETHELL, 2002, p. 23. Referindo-se a dados coligidos por Stanley Stein, Leslie Bethell apresentou as seguintes cifras populacionais na época da Independência do Brasil: *"a população do Brasil era então de quase 4 milhões, entre um quarto e um terço dos quais eram escravos – três quartos deles concentrados na Bahia, em Minas Gerais, Rio de Janeiro (província e capital), Pernambuco, Maranhão e Espírito Santo"* (BETHELL, 2002, p. 64).

5 Stuart Schwartz e Kátia Mattoso pontuaram em seus trabalhos a difusão da propriedade escrava no Brasil colonial e imperial, ressaltando a importância do regime na capacidade

os estudos de Stuart Schwartz sobre os engenhos da Bahia na sociedade colonial. Ao trabalhar com a estrutura de posses de escravos na Bahia, o autor revolucionou a historiografia brasileira ao revelar o padrão de distribuição dos cativos numa importante região de grande lavoura açucareira, o Recôncavo. Para a surpresa do autor, a região, rica pela diversidade de produção, porém principal região exportadora de açúcar no início do século XIX, apresentou os padrões de posse e distribuição de cativos relativamente uniformes entre os diversos agentes produtores e o tamanho reduzido das escravarias médias, ressaltando que

> As relativamente baixas concentrações de riqueza em escravos em todas as áreas excetuando-se as paróquias açucareira litorâneas, as concentrações bastante moderadas mesmo na maioria desses locais e as concentrações muito baixas para o Recôncavo como um todo sugerem que nosso conceito geral acerca da estrutura de posse de escravos no Brasil no fim da era colonial precisa modificar-se consideravelmente.[6]

Destacou que, com o crescimento da atividade açucareira no Brasil, no período abordado, houve um maior incremento da escravidão nos diversos setores de produção da Bahia, movimento que acometeu outras regiões da Colônia.[7] Atentando para a diversidade das posses em função das atividades desempenhadas pelos proprietários e suas regiões, o autor ressaltou que "*nenhum arrendatário possuía mais de 58 cativos, e o tamanho médio do plantel dos arrendatários era de apenas 37 escravos, em contraste com 66 cativos para os senhores de engenho como*

---

produtiva da unidade doméstica, como também símbolo de prestígio social. No entanto, reforçaram que o número médio das posses variava de acordo com as atividades econômicas desempenhadas e com a riqueza dos sujeitos. Segundo Kátia Mattoso, "*o possuir escravo' é largamente difundido em todas as categorias sociais e não são raros os escravos que são donos de escravos, mesmo que seja por um curto período*" (MATTOSO, 1978, p. 165). Cf. SCHWARTZ, 1988, MATTOSO, 1978; PAIVA, 1996.

6 SCHWARTZ, 1988, p. 360.

7 Tratou-se de um período de expansão da economia no Brasil, de modo geral. Em várias partes do Centro-Sul do país, houve o incremento da escravidão e a sua associação com a agricultura, fosse de exportação, fosse voltada para o abastecimento interno. Cf. LUNA & KLEIN, 2005; MOTTA, 1999; MARCONDES, 1998; LIBBY, 1988; PAIVA, 1996; FRAGOSO, 1998; FLORENTINO, 1995.

um todo".[8] No entanto, essa disparidade, de acordo com Stuart Schwartz, não se justificava na operação do engenho. Havia outras engrenagens que explicavam os níveis da riqueza.

Em busca de respostas sobre as posses dos grandes senhores de engenho colonial, o autor destacou que entre os engenhos do Recôncavo, principal área produtora de açúcar do Brasil colonial, destacava-se a uniformidade das posses entre os senhores de engenho, sendo a média apresentada de 65 cativos por unidade produtiva. Assim, Schwartz defendeu que "*propriedades com uma escravaria dessa magnitude não parecem enquadrar-se na imagem comum da grande lavoura brasileira com um imenso latifúndio com centenas de escravos trabalhando sob o controle unitário e patriarcal de um proprietário e senhor residente*".[9] Desconstruindo os mitos, o autor revelou um quadro de distribuição e concentração da propriedade cativa bastante distinto do imaginário apregoado pelos viajantes.

Deve-se levar em conta, ainda, o trabalho de Francisco Vidal Luna e Herbert S. Klein sobre São Paulo entre os anos de 1750 e 1850, ou seja, na passagem da economia açucareira para a cafeeira. De acordo com os dados apresentados pelos autores, um terço dos domicílios paulistas possuíam escravos, e os cativos representavam um terço da população local, sendo que, mesmo diferindo a distribuição por atividade econômica desempenhada, a maioria dos proprietários de escravos possuíam poucos cativos. "*Em 1804 e 1829, os proprietários com cinco cativos compunham a maioria dos proprietários e a mediana na posse de escravos resultava em três escravos nos dois anos*".[10] As grandes posses, acima de 20 cativos, eram concentradas em 6% do total de proprietários de escravos, concentrando um quinto do total da mão de obra em 1804 e 39% em 1829. Já em Minas Gerais, região específica desse estudo, no mesmo período, havia o predomínio das pequenas e médias posses no grosso da população, observando que as grandes posses, embora comuns em determinadas regiões, estavam mais ligadas à produção de alimentos para o abastecimento interno à Colônia, depois Império do Brasil, e a atividades da agroexportação do café, incipiente nas primeiras décadas do século XIX.[11]

Enfim, o que se quis destacar foi a difusão da escravidão entre os domicílios brasileiros e que sua importância reverberava na capacidade produtiva das unida-

---

8 SCHWARTZ, 1988, p. 362.

9 Idem, p. 364.

10 LUNA & KLEIN, 2005, p. 150.

11 LIBBY, 1988; PAIVA, 1996; entre outros.

des domésticas de produção, uma vez que o tamanho da força de trabalho era o fator mais importante na determinação da riqueza de um domicílio. Assim, se o tamanho das posses repercutia na capacidade produtiva das unidades, a reposição e/ou ampliação das escravarias constituía em importante estratégia econômica dos proprietários de escravos para aumentarem suas rendas. Voltando a Vidal Luna e Klein, na medida em que a economia de São Paulo ia se expandindo nas primeiras décadas do oitocentos, maiores eram os poderes dos proprietários de escravos, que cresciam numericamente as suas posses e ampliavam a sua força de trabalho cativa.[12] Stuart Schwartz lembra que nas últimas décadas do setecentos e início do oitocentos, a produção açucareira e de fumo da Bahia ganhara novo impulso, incrementando as posses cativas e aumentando o volume do tráfico.[13] E, ao estudar a abolição do tráfico negreiro do Brasil, Leslie Bethell também pontuou o crescimento da entrada de africanos escravizados no Novo Mundo, destacando que no

> Brasil, onde a abertura dos portos em janeiro de 1808 tinha acelerado o processo de integração à economia internacional e estimulado a produção de açúcar, algodão e, pela primeira vez em escala significativa, café, a procura por novos suprimentos de escravos africanos era insaciável e o comércio continuou ilegalmente ao norte da linha [do Equador] (embora numa escala reduzida) e, legalmente, ao sul.[14]

O incremento da escravidão neste período também fora verificado em Minas Gerais, sobretudo na porção mais ao sul, a comarca do Rio das Mortes, que, tendo sua economia bastante estimulada com a vinda da Família Real e a consequente instalação de todo o aparato do Estado Ultramarino português, teve atuação ativa no abastecimento da nova capital imperial lusitana. Enquanto que a praça carioca consolidava-se como o principal porto exportador e importador da Colônia, posteriormente, Império do Brasil, apresentando suas cifras de importação e exportação superiores às dos portos do nordeste brasileiro, região tradicional da agricultura da cana de açúcar. De acordo com os dados exibidos pelo historiador Manolo Florentino,

12 LUNA & KLEIN, 2005, p. 140.

13 SCHWARTZ, 1988.

14 BETHELL, 2002, p. 36.

> do porto do Rio saem 35,7% destas exportações [açúcar branco], dado que o caracteriza como o principal polo exportador da Colônia, superando os portos do Nordeste. Entre 1796 e 1807, antes da invasão de Portugal por tropas francesas portanto, cabe ao Rio de Janeiro a preponderância tanto das importações como das exportações coloniais. Comparando-se com a Bahia, nessa época o Rio de Janeiro detém 38,1% das importações brasileiras e 34,2% das exportações, enquanto que aquela região registra 27,1% e 26,4%, respectivamente. Estas cifras ilustram a posição da cidade do Rio de Janeiro enquanto centro financeiro e econômico de indiscutível importância no contexto colonial, especialmente depois de 1760.[15]

Já quanto ao destaque do papel desempenhado pela praça carioca na redistribuição dos manufaturados e escravos africanos ao restante da Colônia, depois Império do Brasil, coube ao historiador João Fragoso refutar as proposições historiográficas a respeito da dinâmica econômica e social do Brasil nos anos de crise do Antigo Sistema Colonial. Após apresentar um longo debate acerca da economia colonial, que desqualificava a capacidade de flutuações próprias para essa economia, a subordinação aos estímulos externos e a dependência do mercado internacional, o historiador, através da análise das reexportações do porto do Rio de Janeiro para outras regiões da Colônia, apresentou uma realidade bastante distinta. Revendo as taxas de importação e exportação através do porto carioca, o autor destacou aquilo que a historiografia defendia acerca da economia colonial brasileira, qual seja, a constante transferência de renda para o mercado externo através de um alto grau de endividamento, no caso, da praça carioca. No entanto, ao cruzar essas taxas com o volume reexportado pela praça carioca para os mercados regionais da Colônia, a visão da economia colonial ganharia novas cores. Ficava patente que a praça carioca compensava o alto grau de endividamento com os mercados exteriores a partir da redistribuição dos produtos adquiridos nesse mercado para os mercados regionais da Colônia. Nesse sentido, João Fragoso esclarecia que, se a economia colonial brasileira era sempre deficitária, em algum momento esse sistema implodiria, pois não haveria como ele se reproduzir.[16]

15 FLORENTINO, 1995, p. 31-32.

16 FRAGOSO, 1998.

Nesse contexto, o autor destacou a proeminência do mercado interno colonial e sua capacidade de acumulação endógena, apresentando dados que comprovavam a desvinculação da economia colonial aos sabores das demandas internacionais. Apontou que não apenas no Rio de Janeiro, mas também na Bahia, os dados apresentados demonstravam que, entre as últimas décadas do setecentos e primeiras décadas do oitocentos, o cenário econômico colonial não apresentava indícios de um quadro recessivo. Na realidade, havia uma tendência de alta nas flutuações coloniais, que propendia para a não equivalência com as conjunturas internacionais.[17]

Em conformidade com a essa revisão, enquanto a historiografia defendia, no caso mineiro, que após a crise da mineração na capitania, depois província de Minas Gerais, essa se tornou em um depositário de mão de obra cativa que seria absorvida pela nascente cultura cafeeira, João Fragoso retrucou afirmando que aquela região seria, naqueles anos de crise do Antigo Sistema Colonial, a principal compradora de africanos desembarcados no porto carioca.[18] Tais dados foram corroborados por Manolo Florentino, que, ao estudar o tráfico de escravos africanos para o Brasil, em especial, o desembarque no porto carioca, apresentando a distribuição terrestre dos africanos recém-chegados, observou:

> vemos que na segunda metade da década de 1820 e na primeira da seguinte, Minas Gerais, com sua economia essencialmente voltada para o abastecimento (i.e., com a predominância de camponeses donos de pequenos plantéis de cativos), aparece como pólo de absorção de 40 a 60% dos escravos que saíam do Rio de Janeiro.[19]

Nos anos que seguiram a Independência do Brasil, os picos de entrada de africanos no país, via tráfico, foram muito influenciados pela política externa brasileira, que ao lidar com a questão do reconhecimento internacional da ruptura com Portugal, buscava junto à Grã-Bretanha o reconhecimento da Independência e, quiçá intercessão junto a Portugal para isso. A Inglaterra, por sua vez, apresentava como exigência para tais ações a confirmação do novo país dos compromissos em abolir o tráfico de escravos africanos, assinados por

17 FRAGOSO, 1998.

18 Idem, p. 17-19.

19 FLORENTINO, 1995, p. 46.

Portugal em 1815 e 1817, além de outros imperativos para a abolição total do tráfico africano para o Brasil. Isso produziu um efeito ampliador da entrada de africanos no porto carioca,[20] e a participação de Minas Gerais na redistribuição dos novos escravos no mercado regional foi bastante incisiva. De acordo com os dados apresentados por João Fragoso e Roberto Guedes Ferreira, ao divulgarem as possibilidades de pesquisa nos códices 390, 421, 424 e 425, referentes ao despacho de escravos e passaportes da Intendência da Polícia da Corte, entre os anos de 1819 e 1833, observa-se que

> a capitania de Minas Gerais, entre 1824 e 1830, foi a que mais comprou cativos no dito comércio [comércio de escravos novos no Rio de Janeiro via tráfico atlântico de africanos], absorvendo mais de 22% dos novos desembarcados na praça carioca. Em relação ao total de escravos novos presentes nos códices [390, 421, 424 e 425], a porcentagem de Minas atinge 42,7%, no período de 1824 a 1832. Por sua vez, observa-se que Minas, entre 1824 e 1833, recebeu 59.040 (40,7%) dos 145.158 escravos saídos da Corte. O que estes índices apontam é que a capitania/província mineira dominava na época os despachos gerais de escravos da Corte, quer de novos, latinos etc.[21]

Enfim, realçado o vultoso comércio de redistribuição de escravos africanos a partir da praça carioca para Minas Gerais, contextualizamos a atuação de Gervásio Pereira do Carmo neste ramo de comércio. Eram anos de expansão econômica, incremento da escravidão via tráfico e seguido pela Independência do Brasil, momento no qual as elites regionais buscavam maior integração com os centros de poder, no caso com a capital do Império do Brasil, contexto em que inserimos os negócios do capitão Gervásio Pereira do Carmo, pai de nosso personagem principal, fio condutor desta pesquisa, Gervásio Pereira Alvim. O capitão Gervásio do Carmo era fazendeiro, *"possuidor de chácara e venda"* no interior da comarca do Rio das Mortes, termo da vila de São José, distrito da Lage[22] e naqueles anos, década de 1820, iniciava-se no mundo dos negócios negreiros, desdobrando as atividades da família no

20 BETHELL, 2002, p. 49-84; FLORENTINO, 1995, p. 47.

21 FRAGOSO & FERREIRA, 2000, p. 07.

22 Lista Nominativa de 1831-33, termo da vila de São José, distrito da Lage.

ramo de abastecimento da Corte, atuando especialmente no transporte de escravos novos e ladinos para Minas Gerais a partir do Rio de Janeiro.

Partindo da documentação da Intendência da Polícia da Corte do Rio de Janeiro, os registros de "despacho de escravos e passaportes" entre os anos de 1809 e 1830, os códices 390, 421, 424 e 425 revelam-se uma importante fonte para o estudo da dinâmica do comércio interno, sobretudo no que se refere ao tráfico interno de africanos para os mercados regionais. Porém, não apenas isso. Conforme destacaram os organizadores do banco de dados, João Fragoso e Roberto Ferreira, trata-se de um acervo riquíssimo para pesquisas nos campos de economia, demografia, cultura, hierarquias sociais, história da família etc.[23] No nosso caso, em especial, tais fontes nos auxiliam no desnudar de estratégias cotidianas para a manutenção e reprodução da riqueza, a conformação das relações de poder e dominação e o controle social por membros da família Pereira Alvim no interior da comarca do Rio das Mortes. A partir do estudo do tráfico interno de africanos, da redistribuição de cativos recém-chegados aos mercados regionais através da atuação de membros da família de Gervásio Pereira Alvim, poderemos estudar a participação desses sujeitos na reprodução do sistema escravista implantado na região, as estruturas do mercado regional sul-mineiro, representado pelas vilas de São João del Rei e São José, o tempo dos negócios e a associação de negociantes entre praças distantes que resultaram no abastecimento das regiões mineira e a praça carioca. Além disso, questões afetas à organização do Estado, como por exemplo, a participação das elites regionais no processo de consolidação da Independência e, posteriormente, consolidação do Império, a organização das hierarquias sociais em nível regional, bem como a transformação dos sentidos das redes de clientela e da família são também objetos de estudos que indiretamente serão tocados pelas discussões que se propõem.

O *corpus* documental formado pela Intendência da Polícia da Corte do Rio de Janeiro constitui uma fonte riquíssima para estudo não apenas da escravidão e dinâmica econômica interna, mas de outros campos da história do Brasil joanino e pri-

---

23 FRAGOSO & FERREIRA, 2000. Já no início do texto os autores destacam: "*Todo historiador, que na sua juventude tenha lido e gostado dos trabalhos de E. Labrousse (1955) e A. Daumard (1970), sempre sonhou um dia ter em suas mãos um* corpus *documental seriado do qual pudesse extrair informações para diferentes campos da pesquisa como história econômica, demográfica, social, da cultura e da família. Este pode ser o caso dos registros de 'despachos de escravos e de passaporte' emitidos pela Intendência da Polícia da Corte entre 1809 e 1833.*" (Idem, p. 01).

meiro reinado. Devido à natureza das fontes, a regulamentação do comércio interno, ou seja, o controle do comércio a partir da Corte do Rio de Janeiro, uma das fontes de renda do Estado Imperial lusitano, posteriormente brasileiro, e da circulação de pessoas, os códices, aliados a outras fontes de pesquisa, nos permitirão estudar a atuação do capitão Gervásio Pereira do Carmo e sua labuta diária para a manutenção e reprodução da riqueza, perpetuação da família e reestruturação das redes de negócios entre Minas Gerais e o Rio de Janeiro na segunda década do oitocentos.

Foram ao todo 15 despachos realizados, com um total de 167 escravos transportados no período entre 1822 e 1830.[24] Na primeira viagem, em 18 de outubro de 1822, o fazendeiro despachou para Minas Gerais dois escravos ladinos, e seu termo de fiança fora assinado por Manoel da Fonseca Falcão.[25] Nesse primeiro

24 Segundo os organizadores do banco de dados, João Fragoso e Roberto Guedes Ferreira, ao manusear o acervo, observaram que as fontes continham uma série de ciladas e armadilhas que podem ludibriar um historiador inocente ou pouco atento para as 'verdades' contidas nos documentos, lembrando as lições básicas do ofício do historiador, conselhos dados por Marc Bloch, em *Apologia da História ou Ofício do Historiador*, os autores chamam atenção para que o fato de que *"toda fonte é mentirosa"*, uma vez que não visa informar sobre o passado, mas sim mentir sobre ele, *"quer para os contemporâneos, quer para os incautos do futuro"* (FRAGOSO & FERREIRA, 2000, p. 04). Assim, em concordância com essa observação, os autores nos alertam para as alegrias e artimanhas do acervo, chamando a atenção para a necessidade de cruzamento com outras fontes para verificar sua veracidade apresentada nos dados, ou mesmo, descortinar as mentiras e falsidades dos documentos enquanto mecanismos sociais de determinado momento histórico. No nosso caso em especial, a primeira cilada ou omissão é percebida na ausência de dados sobre o transporte de escravos para Minas Gerais no ano de 1823. De acordo com os dados computados em forma de tabelas, Minas Gerais, naquele ano, não adquiriu nenhum cativo africano, pois não houve despacho algum saído da praça carioca para aquela capitania. No entanto, relembrando outra lição de Marc Bloch – o passado é tinhoso e tirano, pois somente permite conhecer de si aquilo que ele mesmo fornece, conscientemente ou não (BLOCH, 2001, p.75) – em uma nota em canto de página do volume 1 do códice 425, foi verificado pela equipe coletora dos dados que existia um livro próprio para o despacho de escravos para Minas Gerais. Portanto, os dados apresentados podem representar sub-amostras. Assim, novamente, a tirania do passado se apresenta, conjugada com a ação do homem (*"a despeito do que às vezes parecem imaginar os iniciantes, os documentos não surgem, aqui ou ali, por efeito [de não se sabe] qual misterioso decerto dos deuses. Sua presença ou ausência em tais arquivos, em tal biblioteca, em tal solo deriva de causas humanas que não escapam de modo algum à análise, e os problemas que sua transmissão coloca, longe de terem apenas o alcance de exercícios de técnicos, tocam eles mesmos no mais íntimo da vida do passado, pois o que se encontra assim posto em jogo é nada menos do que a passagem da lembrança através das gerações."* Idem, p. 83) e nos deixa apenas alguns vestígios da sua realidade. Cf. FRAGOSO & FERREIRA, 2000, p. 05, nota 09.

25 CD-ROM IPEA-FRAGOSO-FERREIRA, Códice 411, vol. 2.

momento, a tropa do capitão Gervásio do Carmo enquadrou-se na tipologia de pequena tropa, que transportava de um a dois cativos.[26] Talvez por se tratar do início da atividade, seja por falta de experiência, temor de iniciante ou expectativa de lucros, tais elementos influenciaram os negócios do capitão, fazendo com que fosse mais comedido na atividade. Afinal, embora fosse bastante lucrativo, o comércio de almas tinha o alto risco como uma de suas características principais. De acordo com Manolo Florentino, a grande exposição à morte da mercadoria humana, desde a produção do cativo na África até sua circulação interna no Brasil, fazia com que o comércio negreiro fosse uma atividade bastante insegura a seus praticantes.[27] Os riscos da perda por morte eram grandes, mas também havia os riscos de roubos, uma vez que a mercadoria era bem cotada também em terras africanas, pirataria, doenças, fugas e resistências, por exemplos.[28]

---

26 Sobre a tipologia das tropas, temos como referência o quadro de FRAGOSO e FERREIRA acerca da estrutura de escravos remetidos por tropa. Cf. FRAGOSO & FERREIRA, 2000, p. 15, quadro 09.

27 FLORENTINO, 1995, p. 147-156.

28 Outro elemento de risco e insegurança no comércio de africanos escravizados pode ser visto nas pressões inglesas para o fim do tráfico Atlântico a partir de 1807. A Inglaterra, até esta data, era a maior transportadora de africanos para o Novo Mundo; após transformar a atividade em ilegal e proibir seus comerciantes de praticá-la, iniciou uma grande campanha anti-tráfico. Esta campanha implicou não apenas em um esforço diplomático com países europeus e da América, como também uma ação de guerra nos mares e na costa africana. "*O governo britânico subsequentemente* [após proibir seus negociantes de exportar escravos da África] *pressionou outros países europeus e do Novo Mundo para seguir o seu exemplo, um esforço diplomático que tomou a maior parte do século XIX antes que o comércio transatlântico realmente terminasse.* Junto com essa investida diplomática, a Grã-Bretanha estacionou parte da sua frota ao largo das praias africanas de modo a forçar o fim do tráfico. *A França, os Estados Unidos e outros países se uniram a esse esforço militar. Esse bloqueio, que era relativamente ineficiente no início do século XIX, teve um impacto cada vez mais severo sobre o tráfico, tornando difícil para os navios europeus comprar escravos em muitos lugares. Os efeitos dessas medidas, no entanto, não foram realmente sentidos até a década de 1840*" (LOVEJOY, 2002, p. 215-216, grifos meus). Mesmo que os efeitos dessas pressões, incluindo as militares, não tenham surtido grandes efeitos na contenção do tráfico transatlântico, como pontuou Paul Lovejoy (na verdade, segundo este autor, as pressões inglesas e de outros países abolicionistas para o fim do tráfico implicaram na transformação da escravidão na África, contribuindo para o aumento da escravidão interna no continente, cf. LOVEJOY, 2002, p. 215-243), o estacionamento dos navios ingleses em pontos estratégicos do comércio de almas não deixara de se tornar um empecilho aos praticantes da atividade, uma vez que os navios, com suas cargas, poderiam ser apreendidos pela marinha inglesa. Assim, podemos também entender as pressões inglesas anti-tráfico como mais um elemento de risco inerente à atividade a partir de 1807.

Além disso, por mais barata que fosse a produção social do escravo em África, o custo, aliás, o grau de investimento para a participação neste ramo mercantil também exigia, num primeiro momento, cautela por parte dos iniciantes, pois, segundo ainda Manolo Florentino, a engrenagem que movia o comércio de almas envolvia uma cadeia de operações mercantis que iam desde a formação de mercadorias utilizadas como moeda de troca em solo africano até sua redistribuição para os mercados regionais, e tal organização limitava em muito o número de comerciantes envolvidos. As despesas avultadas com o aparelhamento da viagem (embarcações, operadores, mantimentos, seguros etc.) aliadas às necessidades de contatos em portos africanos, os mecanismos de crédito no mundo Atlântico português, as estadias na costa africana restringiam, de forma natural, os sujeitos envolvidos com esta empresa. Afinal, eram altas as despesas e poucos homens detinham capitais suficientes e condições de operacionalização para atuar em tal empreendimento.[29] Na esfera da redistribuição de africanos para os mercados regionais também não era muito diferente. A atividade também era restrita a certos sujeitos, que deveriam dominar as condições de operacionalização de forma contínua e sistemática, alimentando o comércio. Essas condições perpassavam pelos mecanismos de crédito, acesso à praça carioca, estrutura de tropas, informações acerca de chegada de carregamentos, etc. Assim, talvez, neste primeiro momento, o capitão Gervásio do Carmo não detivesse todos esses mecanismos a sua disposição, daí, a sua atuação mais cautelosa, mais comedida.

No entanto, seja como for, na viagem seguinte, em 26 de junho de 1824, esse comportamento tímido fora abandonado. O capitão despachou 18 escravos novos naquela data e mais um escravo novo no dia 02 de julho do mesmo ano.[30] Ao todo, em 1824, ele despachou para Minas Gerais 19 cativos novos. Tais números nos permitiram mudá-lo de categoria segundo a tipologia das tropas quanto ao carregamento de escravos. Para aquele ano, o capitão Gervásio do Carmo pertencia ao grupo de "*arrojados*", comerciantes que despachavam entre 11 e 50 cativos.[31]Em maio de 1825, uma nova remessa de escravos novos e ladinos fora realizada, totalizando 17 cativos. Ao que tudo indica, os negócios iam muito bem. Devido à periodicidade do capitão Gervásio do Carmo na atividade e ao volume de suas tropas, percebemos

29 FLORENTINO, 1995, p. 156-160.

30 CD-ROM IPEA-FRAGOSO-FERREIRA, Códice 421, vol. 19.

31 Cf. FRAGOSO & FERREIRA, 2000, p. 14.

que não se tratava de um comerciante eventual, ocasional, um oportunista que via na crescente demanda por cativos uma oportunidade de enriquecimento. Tratava-se, sim, de uma oportunidade de enriquecimento, um ramo de negócio, no qual o capitão tinha atuação direta na reprodução física das relações escravistas no interior da comarca do Rio das Mortes, abastecida pela praça carioca.

E com o passar do tempo, o volume das importações de cativos para Minas Gerais por parte do capitão Gervásio do Carmo aumentava, implicando no maior controle desse sujeito sobre os instrumentos necessários ao abastecimento da região de cativos africanos, tais como crédito, sociabilidade na praça carioca, informações acerca de novas entradas de cativos, estrutura de tropa etc. Em 1826, foram quatro despachos: dois no início do ano - entre 2 e 3 de janeiro de 1826, foram despachados para Minas Gerais o total de 28 escravos novos - e nos meses finais, em 28 de novembro e 11 de dezembro do mesmo ano, o capitão Gervásio do Carmo despachou mais 27 escravos novos.[32] Ou seja, em 1826, Gervásio do Carmo despachara 55 escravos. Este fora um ano especial, momento no qual o capitão Gervásio do Carmo se arriscara mais. Afinal, como bem observado por João Fragoso e Roberto Guedes Ferreira, tal número (acima de 51 escravos) era *"suficiente para estabelecer, segundo padrões de finais do século XVIII, um engenho de açúcar do porte dos do Rio de Janeiro ou uma fazenda média de café no médio Vale Paraíba do oitocentos"*.[33] Ou ainda, seguindo a mesma linha de raciocínio, a riqueza em escravos movimentada pelo capitão naquele ano, para os padrões da comarca do Rio das Mortes, era condizente com as maiores fortunas do termo da vila de São José, por exemplo. Naqueles anos, poucos senhores de escravos na região alcançavam tal nível de propriedade escrava.

Além disso, há que se destacar que na contabilidade da empresa negreira a potencialidade de participação, i.e. a capacidade de compra, dependia do grau da riqueza dos envolvidos. Ou seja, da mesma forma que a participação dos comerciantes no tráfico Atlântico de escravos estava diretamente articulada com o grau de riqueza dos sujeitos, com seu poder de compra e de dispor de quantias avultadas, na redistribuição dos africanos para os mercados regionais esse parâmetro também se apresentava. Assim, se levarmos em consideração, como pontuou Manolo Florentino ao abordar as fortunas em movimento dos negociantes de alma da praça carioca, que

32 CD-ROM IPEA-FRAGOSO-FERREIRA, Códice 421, vol. 19 e Códice 424, vol. 1.

33 FRAGOSO & FERREIRA, 2000, p. 15.

o agente econômico não investiria mais da metade da sua fortuna em uma transação, ou seja que a capacidade de compra dos sujeitos não ultrapassava 50% da sua fortuna,[34] podemos mensurar a riqueza empregada pelo capitão Gervásio do Carmo neste ramo de comércio. Se a capacidade de compra do fazendeiro alcançou, em 1826, cinquenta e cinco escravos novos, isso quer dizer que a sua riqueza girava em torno de, no mínimo, 110 escravos. Isso para os padrões do Sul de Minas tratava-se de um muito grande proprietário de escravos, sendo pequeno o número de inventários para o período com tal composição de fortunas. No distrito da Lage, de acordo com a pesquisa de Maria Lúcia Resende Chaves Teixeira, destaca-se que apenas 4,8% dos fogos listados na Lista Nominativa de 1831, ou seja, apenas três domicílios, detinham posses acima de 50 cativos. Isso numa região com forte apego à mão de obra escrava e que apresentava índices de concentração e padrões de posse superiores às médias da província.[35] Em São João de Rei, estudos sobre fortuna e comércio realizados por Afonso de Alencastro Graça Filho pontuaram que entre os grandes fazendeiros as posses de escravos eram, em média, de 36 cativos por fazenda, dados que contribuíram para alterar a imagem veiculada pelos viajantes da difusão das grandes escravarias. De acordo com o autor, naquela região foram restritos os casos de fazendas com mais de 50 cativos. Apenas dois casos, em 103 inventários *post mortem* analisados, detinham a posse acima de 100 escravos, enquanto 54 inventariados detinham a posse de 30 ou mais cativos.[36] Ou mesmo na Bahia, onde as posses de escravos dos grandes senhores de engenho, grupo mais homogêneo, giravam em torno de 65 cativos por unidade produtiva, enquanto os plantadores de açúcar, de composição mais complexa, tinham como posses médias de cinco a dezenove cativos nas vilas de Santo Amaro e São Francisco do Conde.[37]

---

34 FLORENTINO, 1995, p. 209 210.

35 TEIXEIRA, 2006. Segundo a autora, "*os padrões de posse no Distrito da Lage mostraram-se acima da média mineira. Tais considerações, acerca de maiores posses de escravos na Lage, podem ser também corroboradas frente aos padrões de propriedade cativa adotados por Paiva. A autora dividiu a posse de escravos em pequenos, compostos de 1 a 3 cativos; médios, de 4 a 10 cativos; grandes, os que possuem de 11 a 49 cativos e os muito grandes, os que possuem acima de 50 escravos. Dentro desse critério, percebe-se que há grande disseminação de médios e grandes proprietários na região estudada, colocando-a numa posição intermediária entre as grandes posses de regiões agroexportadoras açucareira e outras regiões produtoras de alimentos para o abastecimento interno, contudo menos integradas nas linhas do comércio interno da colônia.*" (TEIXEIRA, 2006, p. 85).

36 GRAÇA FILHO, 2002, p. 110-112.

37 SCHWARTZ, 1988, p. 365-368.

Mesmo que estejamos comparando padrões de fortunas distintos, comerciantes de grosso trato da praça carioca e um *"possuidor de chácara e venda"* no interior da comarca do Rio das Mortes, a lógica econômica era próxima. Assim, se o volume dos negócios do capitão era menor, consequentemente sua riqueza também era menor, porém as percepções de mundo, a racionalidade econômica e a contabilidade faziam parte do mesmo universo socioeconômico. Portanto, movimentar tal volume de cativos fazia parte de um cálculo econômico que envolveria não apenas questões materiais, mas também elementos simbólicos de poder e prestígio social, que não poderia colocar em risco a perpetuação da unidade produtiva e o modo de viver.

Mas, talvez, o capitão Gervásio do Carmo estivesse apenas acompanhando o movimento internacional do tráfico. As pressões inglesas para a abolição do tráfico Atlântico de africanos sobre o Estado Imperial brasileiro, ávido pelo reconhecimento internacional de sua Independência, provocaram a entrada maciça de africanos no país. Os comerciantes de africanos escravizados, temendo a abolição do tráfico, sobretudo diante das discussões dos termos de reconhecimento da Independência do Brasil pela Grã-Bretanha e a iminência do tratado anglo-brasileiro que firmaria o compromisso do novo país em combater o comércio transatlântico de escravos,[38] ampliaram o volume dos seus negócios negreiros. De acordo com as estimativas apresentadas por Leslie Bethell, retiradas dos relatórios do *Foreign Office* britânico produzidos por cônsules britânicos no Brasil, em todo o país houve um incremento desse comércio.

---

38 Segundo Leslie Bethell, após uma longa negociação dos termos de reconhecimento da Independência do Brasil, a Grã-Bretanha, representada por seu secretário do Exterior George Canning, conseguiu a assinatura do tratado anglo-brasileiro contra o comércio de escravos africanos, em 23 de novembro de 1826. Segundo o preâmbulo do tratado, declarava-se a separação do Brasil de Portugal e o Brasil e a Inglaterra *"reconheciam 'a obrigação que lhes cabe de renovar, confirmar e dar pleno cumprimento às estipulações dos tratados vigentes entre as coroas da Grã-Bretanha e de Portugal para a regulamentação e abolição final do comércio de escravos africanos, na medida em que tais estipulações sejam aplicáveis ao Brasil' e desejavam 'fixar e definir o prazo no qual ocorrerá a abolição total do referido comércio, no que se refere aos domínios e súditos do Império do Brasil"* (BETHELL, 2002, p. 83). Após três anos da ratificação do tratado, ocorrido em 13 de março de 1827, o comércio de africanos escravizados seria atividade ilícita para os súditos do Império brasileiro e a prática desse infame comércio seria considerada e tratada como pirataria. Cf. Idem, p. 49-84.

> O comércio brasileiro de escravos, tanto legal (ao sul do Equador) como ilegal (ao norte dessa Linha) tinha aumentado consideravelmente [...] durante o período imediatamente anterior à sua abolição [1830]: enquanto, durante os anos de 1822-27, uma média de sessenta navios tinha desembarcado aproximadamente 25.000 escravos por ano na província do Rio de Janeiro, em 1828, mais de cento e dez navios desembarcaram cerca de 45.000 escravos; um número semelhante foi desembarcado em 1829 e, nos primeiros seis meses de 1830. Na província da Bahia, onde nos últimos anos uns quinze navios tinham desembarcado anualmente entre 3.000 e 4.000 escravos, em 1829 quarenta e três embarcações desembarcaram mais de 17.000, enquanto no mesmo ano mais 5.000 eram desembarcados por vinte e dois navios em Pernambuco.[39]

Em especial, no Rio de Janeiro, Manolo Florentino observou que desde 1796 havia uma tendência ao crescimento das flutuações das entradas de negreiros no porto do Rio de Janeiro, indicando o crescimento do volume do comércio negreiro, bem como da própria economia escravista alimentada pelo tráfico africano. Segundo o autor, o tráfico carioca crescia ao admirável ritmo de 5,1% ao ano, o que implicava na duplicação dos negócios negreiros a cada 15 anos. Assim, no período por ele abordado, 1796-1830, o volume do comércio negreiro no porto carioca por duas vezes se viu duplicado. Além disso, durante esse período, é possível destacar três intervalos distintos, nos quais os anos de 1809 e 1826 representaram importantes momentos de ruptura.[40]

Assim, o primeiro momento, 1809, estaria articulado com a chegada da Família Real portuguesa ao Brasil e a consequente a abertura dos portos. Segundo Florentino, seguindo a euforia da instalação da Corte portuguesa em terras brasílicas e o livre comércio, houve um enorme incremento do volume do comércio negreiro entre os anos de 1809 e 1811. De acordo com os dados apresentados, no período entre 1796 e 1808, o número de entradas de navios negreiros fora de 278, apresentando a média anual de 21 navios aportados. No momento seguinte, 1809 e 1825, o número de entrada passou para 767, e a média anual para 51 navios. Ou seja, a taxa média anual de entrada de navios a partir de 1809 fora bem maior que

39 BETHELL, 2002, p. 94-95.

40 FLORENTINO, 1995, p. 52-54.

a do primeiro período, representando o crescimento de 2,4% ao ano.[41] Já no segundo pico, o ano de 1826, o autor também destacou a influência das pressões inglesas para a abolição do tráfico transatlântico de africanos como um elemento influenciador para o vertiginoso aumento do volume de africanos inseridos no país. De acordo com os dados apresentados, a elite escravocrata, temerosa dos rumos da política externa brasileira com relação ao futuro da escravidão, representada pela possibilidade de fim do tráfico de africanos e demonstrando grande capacidade de arregimentação de recursos, importou desenfreadamente africanos, aumentando vertiginosamente o número de entradas de navios negreiro no porto do Rio de Janeiro. No período entre 1826 e 1830, aportaram no Rio de Janeiro 477 navios negreiros, com uma média anual de 95 navios. Tais cifras representam que o comércio de almas cresceu a uma média anual de 4,5% nos anos de 1826 e 1830.[42]

Diante dessa entrada maciça de africanos, o comércio interno de redistribuição dos cativos também sofrera grande impacto. De acordo com as análises exploratórias do banco de dados realizadas por João Fragoso e Roberto Guedes Ferreira, sobre os ritmos de distribuição para os mercados regionais do Sudeste e Sul do Brasil dos cativos desembarcados no porto do Rio de Janeiro no período entre 1819 e 1830, percebemos, ao longo desse período, oscilações significativas nos despachos. Tomando como base o ano de 1819, quando foram despachados 10.094 escravos, verificamos que os anos de maior recrudescimento dos ritmos de exportação para as regiões Sudeste e Sul foram os de 1822, quando foram remessados 15.204 escravos, o de 1826 com seus 20.193 escravos despachados, 1828 com 26.627 e 1830, quando foram remetidos 29.396 escravos.[43] Analisando por categorias de cativos, os Códices revelaram que, a partir de 1821, os registros de saídas de "novos", aqueles que com maior segurança se tratavam de africanos, e de ladinos, africanos já cristianizados, dominaram os ritmos de distribuição, sendo suas participações acima de 58% do movimento de saída da praça carioca, superando as demais categorias (escravos que trouxe, crias e marinheiros) que até aquela data perfaziam a maioria (sobretudo, a categoria de escravos que trouxe, que, no ano de 1819, representou 69% dos escravos que saíram do Rio de Janeiro).[44] Buscando a representatividade da categoria

41 Idem, p. 52-53.

42 Idem, p. 53-54.

43 FRAGOSO & FERREIRA, 2000, pp. 05-06, Quadro 02.

44 Idem.

de "novos"[45] frente ao movimento do tráfico internacional de escravos para o Rio de Janeiro, os autores perceberam que as saídas dos novos registrados nos Códices representaram entre os anos de 1824 e 1830 cerca de 35% e 89% das estimativas do tráfico internacional, sendo os picos nos anos de 1826, 1828 e 1830, que correspondiam, respectivamente, a 52,2%, 57% e 88,9%.[46]

Frente a esse movimento, Minas Gerais também crescia suas importações de cativos africanos via Rio de Janeiro, seja em termos numéricos, seja na sua representatividade frente ao tráfico Atlântico. Como já foi ressaltado, a partir de 1824 até o final do tráfico, a província mineira foi a região que mais comprou escravos novos da praça carioca.

Diante desses dados, fica patente que o incremento no volume dos negócios do capitão Gervásio do Carmo acompanhava o movimento geral do tráfico internacional de africanos. A maior disponibilidade de cativos africanos à venda e o temor do fim do tráfico internacional criaram uma atmosfera de insegurança entre os proprietários de escravos quanto ao futuro da instituição, que reverberou no comércio interno de escravos, favorecendo o aumento das exportações a partir do Rio de Janeiro e o incremento das tropas. De acordo com Fábio Pinheiro, ao longo dos anos de 1809 e 1830, no comércio de escravos entre a praça carioca e a província mineira, observou-se uma tendência à concentração da atividade, que se acentuou ao longo do tempo, aumentando nos últimos anos, em função das expectativas de fim do tráfico internacional de africanos. Segundo o autor, subdividindo o período em dois momentos, o primeiro correspondendo aos anos de 1809 e 1822, e o segundo, 1824 e 1830, no primeiro momento, ele observou que, enquanto 57,8% dos tropeiros que transportavam de 1 a 2 cativos foram responsáveis pelo despacho de 13,8% dos escravos remetidos, apenas 4,8% dos tropeiros, que levavam de 26 a 101 cativos, foram responsáveis por 32,7% dos escravos importados por Minas Gerais. Já na fase subsequente, o número de tropeiros responsáveis pelas pequenas remessas (de 1 a 2 cativos) decresceu para 49,8%, e a porcentagem de escravos despachados por esta categoria passou para 9,5%; enquanto os tropeiros de maior cabedal passaram a 7% dos transeuntes e foram responsáveis pela

45 Os autores justificaram o recorte da análise somente para a categoria de "novo" por acreditarem que esta é a que possibilita maior margem de segurança no que tange à representatividade das fontes coligidas. Cf. Idem, p. 06.

46 Idem, pp. 06-07, Quadro 03.

entrada de 42,1% dos africanos no território mineiro.[47] Diante destes dados, Fábio Pinheiro defendeu que,

> este fenômeno, provavelmente, esteja relacionado ao processo de extinção do tráfico Atlântico de escravos, o qual teria gerado uma oferta extremamente elástica nesta fase [1824-1830], o que poderia ter encorajado os tropeiros de porte médio a investirem de forma mais ousada na aquisição de mão-de-obra, quiçá, viabilizado por uma circulação de crédito mais acessível e vultuoso no meio mercantil. Este fato também teriam se refletido nos "empreendimentos" pequenos (1 a 2 cativos), que embora tenha diminuído sua proporção entre os períodos de 1809-1822 e 1824-1830, quantitativamente sua frequência no mercado se elevou substancialmente, passando de 1393 despachos para 3848, um aumento de 276![48]

Tais dados refletem não apenas a concentração da atividade por tropeiros de médio e grande porte, mas também mostram que outros sujeitos, oportunistas, com um pouco de cabedal tentaram aproveitar o momento e complementar suas rendas. Prova disso foi o aumento quantitativo de viajantes com um e dois cativos no segundo momento.

Voltando ao capitão Gervásio do Carmo, tal fenômeno nos auxilia na compreensão do seu comportamento no ano de 1826. Ao incrementar o volume das tropas, o capitão agia em consonância com os ritmos do mercado. O aumento da oferta, atrelada, possivelmente, à disponibilidade de crédito, oportunizou a ele maior envergadura nos seus negócios, repercutindo na ampliação da oferta de escravos no interior da comarca do Rio das Mortes. Essa desenvoltura revela também o seu maior entrosamento no tráfico interno de africanos e sociabilidade na praça carioca. Afinal, por mais que outros sujeitos se arriscassem neste ramo de comércio, atravessando de 1 a 2 cativos, a reiteração no tempo de substancial capacidade de aquisição de cativos novos e ladinos (acima de 15 cativos por despacho) na praça carioca não era para qualquer um. Tratava-se de uma atividade restrita, haja vista o perfil concentrado dos negócios, que também demandava trânsito so-

47 PINHEIRO, 2007, pp. 127-134.

48 Idem, p. 131.

cial e creditício no mercado carioca. Enfim, dentro dos traços estruturais da economia escravista oitocentista, o capitão Gervásio do Carmo se apresentava como um dos agentes responsáveis pela movimentação das engrenagens deste comércio e pela reprodução do sistema escravista no interior da comarca do Rio das Mortes.

No ano de 1827, o capitão não fez remessa alguma, possivelmente, acompanhando o ritmo das flutuações da distribuição dos africanos para os mercados regionais que, naquele ano, sofreu uma queda em relação ao anterior.[49] Talvez, o capitão ainda dispusesse da mercadoria, ou aguardasse a quitação das revendas, haja vista as datas dos últimos despachos de 1826 terem sido 28 de novembro e 11 de dezembro. Assim, o capitão voltaria a despachar escravos somente em 1828, porém, mantendo o padrão verificado em 1824 e 1825, 19 cativos no total. Em fevereiro, o capitão despachara apenas 4 cativos, voltando em abril a despachar mais 2. Todavia, em outubro, despachara 13 escravos novos. Dados curiosos, uma vez que o ano de 1828 também fora um período de pico de entrada de africanos, e a participação da província mineira na absorção de escravos novos diante do tráfico Atlântico aumentara para 23,4%, enquanto em 1826 era 17%.[50]

Comparando o movimento de despacho de escravos com os dez maiores negociadores para Minas Gerais apontados por Fábio Pinheiro, observamos que, por exemplo, José Francisco de Mesquita, negociante de grosso trato na praça carioca, responsável pela revenda de 1.453 escravos,[51] no ano de 1828 despachou para Minas Gerais o total de 35 escravos novos, em quatro remessas, entre abril e novembro.[52] O maior transporte daquele ano fora em 22 de novembro, quando despachou 29 escravos novos. Enquanto José Antônio Moreira, segundo maior negociante de escravos para Minas Gerais, neste ano, fizera 19 remessas para Minas Gerais, totalizando 166 escravos.[53] As duas maiores remessas foram nas datas de 21 de janeiro de 1828, quando despachou 32 cativos novos, e 08 de maio, quando enviou para Minas Gerais 37 cativos. Já o terceiro maior, Joaquim Antônio Ferreira, fizera 3 remessas, totalizando 50 cativos despachados.[54] A maior tropa

49 Cf. FRAGOSO & FERREIRA, 2000, pp. 05-07, quadros 02 e 03.

50 Cf. Idem, pp. 07-08, Quadro 04.

51 PINHEIRO, 2007, p. 136.

52 CD-ROM IPEA-FRAGOSO-FERREIRA, Códice 421, vol. 21.

53 Idem.

54 Idem.

fora em abril de 1828, quando transportou 42 escravos novos. Nestes casos comparativos, duas observações são relevantes e merecem destaque: a primeira é que estamos lidando com os três maiores negociantes de escravos para Minas Gerais, responsáveis pela venda de 1.453, 1.185 e 1.050, respectivamente, cativos novos; a segunda é que foram feitos vários despachos de cativos, conformando tropas médias. Ou seja, embora fossem os maiores, os *"empreendedores"*, o número de escravos por despacho era em média de 8 a 16 cativos. Isto é, quase do tamanho da tropa do capitão Gervásio Pereira do Carmo, o que nos permite defender que o volume transportado pelo capitão era bastante substancial, tendo em vista, principalmente, o fato de se tratar de um *"possuidor de chácara e venda"*, cuja fortuna era bem inferior à desses negociantes de grosso trato da praça carioca.

Já comparando com as grandes famílias importadoras da Zona da Mata Mineira indicadas por Fábio Pinheiro,[55] partindo dos seus membros mais proeminentes, na família Ferreira Armond, em 1828, Marcelino José Ferreira Armond, que também aparece na lista entre os dez maiores negociantes de escravos para Minas Gerais, fez uma remessa com 62 cativos novos em 04 de julho de 1828. Pertencente aos Leite Ribeiro, segunda maior família importadora, Antônio Leite Ribeiro importou, em três remessas, 146 escravos novos, nas datas 29 de janeiro, 10 de maio e 17 de novembro. Já na família Monteiro de Barros, a participação de Romualdo José Monteiro de Barros não fora localizada para o ano de 1828, sendo, então, observados os negócios de José Joaquim Monteiro de Barros, que, no ano em questão, transportou 54 cativos, em 12 de fevereiro. E, por fim o Barão de Ibertioga despachou para Minas Gerais 20 cativos, em 01 de fevereiro de 1828.[56] Enfim, com relação a Marcelino Ferreira Armond, o fato de aparecer entre os dez mais importantes importadores de escravos da praça carioca para Minas Gerais já expõe a envergadura dos seus negócios. De acordo com as pesquisas de Fábio Pinheiro, ele fora responsável pela travessia de 337 escravos novos para a Zona da Mata.[57] Já sobre os outros sujeitos, há que se destacar que, primeiro, Antônio Leite Ribeiro transportou para Minas Gerais o total de 187 cativos,[58] sendo então o grosso da sua aventura no ano de 1828, quando despachou 78% dos seus negócios ne-

55 PINHEIRO, 2007, p. 143.

56 CD-ROM IPEA-FRAGOSO-FERREIRA, Códice 421, vol. 21.

57 PINHEIRO, 2007, p. 143.

58 Idem.

greiros. Enquanto José Joaquim Monteiro de Barros, capitão, ao todo transportou 278 cativos, sendo destacado por Alcir Lenharo como um dos mais importantes tropeiros mineiros, atuando na revenda de escravos novos por mais de 20 anos.[59] Já o Barão de Ibertioga transportara ao todo 99 escravos novos.[60]

Diante desses homens, observa-se que os negócios do capitão Gervásio do Carmo eram da envergadura de fazendeiros importantes na Zona da Mata mineira, que naqueles anos iniciava a montagem das fazendas de café. Tais homens, destacados tropeiros, proprietários de fazendas e escravos, titulados, enfim, destacados homens que, junto com seus familiares, exerciam o controle político de suas regiões, atuavam neste ramo de negócios por muito tempo, constituindo, dentro da organização familiar, os responsáveis pelas ligações dos mundos rurais, representados pelas fazendas e vilas do interior, e o mundo urbano, representado pela Corte do Império do Brasil. Tratava-se de sujeitos que, ao contrário do que prega a historiografia acerca do tropeiro, compunham as elites regionais de Minas Gerais e seus negócios.[61]

Em 28 de fevereiro de 1829, o capitão Gervásio do Carmo fez sua maior remessa de escravos novos para Minas Gerais. Naquele dia, ele transportara 40 cativos, num único despacho. Muito provavelmente, a proximidade do fim do tráfico tenha influenciado tal comportamento, fazendo com que o capitão desse maior vulto e empreendimento a seus negócios de revenda de escravos africanos. Ainda naquele ano, fizera novo despacho, em 10 de julho de 1828, de um escravo novo comprado de João do Nascimento Natal. Este sujeito estava entre os trezes maiores traficantes da praça carioca, com mais de 301 escravos novos vendidos, ocupando, segundo dados apresentados por Fragoso e Ferreira, a oitava posição.[62] Embora tenha sido um de dois vendedores com os quais o capitão Gervásio do Carmo tenha tratado, de que temos notícias, este dado dá indícios das importantes relações mercantis constituídas no Rio de Janeiro por nosso personagem. Permite-nos vislumbrar a circulação do capitão na praça carioca, a qual, em função da atividade exercida, por si só já era de grande monta, envolvia nomes de importantes homens de negócios, agentes do comércio internacional. Revela também parte da estrutura de crédito, uma vez que permite reconhecer a rede de contatos com os quais o capitão Gervásio do Carmo negociava. Por isso, tais informações tornam-se preciosas. Elas nos permitem ob-

---

59 LENHARO, 1992, p. 93-94.

60 PINHEIRO, 2007, p.143.

61 Cf. LENHARO, 1992, p. 91-113.

62 FRAGOSO & FERREIRA, 2000, p. 19, Quadro 11.

servar mais pontualmente os desdobramentos dos negócios dos mineiros na praça carioca, a inserção e articulações com importantes homens de negócios ali sediados, bem como a cadeia de crédito construída e as relações hierárquicas entre os sujeitos. O fato de o capitão Gervásio ter atrelado seu nome ao de importantes comerciantes lhe facilitaria novos acessos e novos negócios junto àquela praça de comércio.

Nesse sentido, entre seus atestadores, encontram-se nomes de sujeitos que abonaram e atestaram outros importantes revendedores de cativos africanos em Minas Gerais, figuras como Francisco Antônio da Gama que, segundo Fábio Pinheiro, fora abonador de diversas remessas de escravos para Minas Gerais realizadas por José Francisco de Mesquita e outros sujeitos.[63] Francisco Antônio da Gama também atestou, assinou e reconheceu, ao lado de Manoel da Fonseca Falcão, diversos tropeiros a caminho do Sul de Minas, em direção ao termo de Campanha.[64] Conquanto Francisco Antônio da Gama fosse um funcionário da Intendência da Polícia da Corte, o ato de abonar indica que, no mínimo, essas pessoas eram conhecidas e reconhecidas por ele, fosse pela fama, fosse pelo vulto das atividades ou fosse, talvez, por tanto passar por ali. Por exemplo, em seu primeiro despacho de escravos da Corte, o capitão Gervásio do Carmo apresentou à Intendência o "termo de fiança" ao qual Manoel da Fonseca Falcão atestara. De acordo com o Glossário montado pelos organizadores do banco de dados, João Fragoso e Roberto Guedes Ferreira, o termo de fiança era um compromisso, uma escritura judicial na qual obrigava uma pessoa a satisfazer por outra, isto quer dizer, uma obrigação que se assume, quando fiador, pelo pagamento do afiançado.[65] Neste caso, em especial, os fiadores deveriam ser comerciantes estabelecidos na praça carioca. Dois documentos seguintes, Manoel da Fonseca Falcão "assina", isto é, firmou em escrituras e/ou abalizou com termo.[66] Em 1825, o mesmo agente "reconhece" a tropa em movimento, ou seja, fez ato de que demonstrava que conhecia e confessava.[67] Assim, na mudança de agente, em 1826, o capitão Gervásio do Carmo apresentou a Francisco Antônio de Mendonça um "ates-

63 PINHEIRO, 2007, p. 137-138.

64 RESTITUTTI, 2008. Cabe o agradecimento especial a este historiador por me haver passado seu precioso levantamento das tropas do termo de Campanha organizado a partir do cruzamento dos livros dos registros da capitania de Minas Gerais, da Casa dos Contos, e os despachos de escravos e passaporte de tropas da Intendência da Polícia da Corte.

65 FRAGOSO & FERREIRA, 2000, p.13-14.

66 Idem.

67 Idem, p. 24.

tado", uma certidão que se dava de um fato por escrito.[68] E, no retorno dos outros dois agentes, Manoel da Fonseca Falcão e Francisco Antônio da Gama, os documentos apresentados foram "assina" e "atestado". Enfim, eram pessoas que conheciam e reconheciam os tropeiros mineiros que por ali passavam em direção a diversas partes de Minas Gerais e davam provas desse conhecimento atestando e reconhecendo as tropas em movimento. Tais informações tornam-se preciosas quando nos permitem cogitar, ao menos, a frequência das tropas nas estradas, como também as relações firmadas com outros sujeitos, residentes em locais distantes, espaços geográficos distintos que dificultavam a sociabilidade entre os indivíduos.

A participação do capitão Gervásio do Carmo no comércio de escravos para Minas Gerais se encerraria em 1830, segundo dados constantes dos Códices, com o despacho de 14 escravos em duas remessas. Na primeira, foram transportados 12 cativos novos, em 15 de março. Enquanto na segunda, em 04 de abril, foram enviados dois cativos novos comprados de José Francisco Furtado de Mendonça. Pela proximidade das datas, pode-se inferir que o tempo corrido entre um despacho e outro fora em consequência de alguma negociação que atrasou, tratando-se, assim, de uma mesma viagem do capitão Gervásio do Carmo à praça carioca.

Foram oito anos de atuação, quinze despachos e total de 167 escravos transportados para a comarca do Rio das Mortes. Deveras significativa foi a riqueza movimentada pelo capitão Gervásio do Carmo. Fazendo uma comparação individual com os maiores importadores de cativos para as Minas Gerais, para a região da Zona da Mata, observamos que o volume era do mesmo porte de sujeitos cujas famílias também conformavam as elites mineiras e exerciam controle político regional e, em alguns casos, posteriormente, teriam inserção na política nacional. Por exemplo, excetuando a figura de Marcelino Ferreira Armond, a atuação de Honório e Simplício, da família Ferreira Armond, irmãos de Marcelino, foram comparáveis à do fazendeiro Gervásio do Carmo; eles foram responsáveis pela travessia de 195 e 133 escravos, respectivamente. Esta família fora listada por Fábio Pinheiro como a mais importante importadora de cativos para a Zona da Mata Mineira. No entanto, é possível destacar, dentro deste contexto de atuação, que ambos os sujeitos, especialmente Simplício, foram mais eventuais que o capitão, ou seja, embora tenha feito remessas por despacho maiores que do capitão Gervásio do Carmo, as reiterações no tempo foram menores, ou seja, foram menos assíduos

68 Idem, p. 5.

neste ramo de comércio.[69] Outros sujeitos de destaque são os membros da família Leite Ribeiro, Antônio, Floriano, Francisco e Luciano, responsáveis, individualmente e respectivamente, pelo transporte de 187, 177, 157 e 147 escravos novos para a região mineira. Novamente, observamos que os padrões totais se aproximam e corroboram a envergadura dos negócios de nosso personagem.

Tais comparações, se levarmos em conta ainda as atividades econômicas desenvolvidas nas regiões em exposição, as quais apresentavam diferentes inserções no mosaico mineiro, conseguimos dar mais sustentação à participação do capitão na redistribuição de escravos novos no interior da comarca do Rio das Mortes. Como já temos muito ressaltado, a comarca do Rio das Mortes se destacou no cenário mineiro pelas atividades criatórias e produção de alimentos voltados para o abastecimento interno e, nos anos em questão, década de 1820, por suas trocas mercantis com a praça carioca. Embora fosse uma região voltada para atividades econômicas de menor vulto se comparada com áreas agroexportadoras como, por exemplo, a produção de açúcar na Bahia, tratava-se de uma região com forte apego à mão de obra escrava. O trabalho nas fazendas era executado por escravos e seus proprietários, produzindo as mercadorias que garantiam o sustento da casa e aquisição de cativos novos no mercado,[70] em nosso caso, na praça carioca. Por outro lado, a Zona da Mata Mineira, principalmente sua porção mais ao sul, em torno do Município do Paraibuna, que englobava o distrito de Santo Antônio do Paraibuna, sede, e as freguesias de Simão Pereira, Engenho do Mato e outras menores, região de destaque nas pesquisas de Fábio Pinheiro, naqueles anos, voltava sua produção para o cultivo do café.[71] A produção daquela região, em 1819, já se destacava nas exportações mineiras, sobretudo, a oriunda de Matias Barbosa. Anos mais tarde, as produções de Mar de Espanha, Rio Preto e Além Paraíba também chamariam a atenção de Afonso de Taunay nos seus estudos sobre a história do café no Brasil.[72] A região, em meados do oitocentos seria, então, a principal produtora de café em Minas Gerais, onde se

69 Confrontando os dados de Fábio Pinheiro e os Códices, observamos que Simplício José Ferreira Armond, em 1826, transportou 72,18% dos escravos por ele transportados para as Minas, ou seja, num único despacho fez remessa de 93 cativos novos num universo de 133 escravos transportados. Cf. PINHEIRO, 2007, p. 144.

70 Cf. SLENES, 1988.

71 OLIVEIRA, 2005, p. 56-58.

72 TAUNAY *Apud* OLIVEIRA, 2005, p. 57.

concentrariam as maiores riquezas em escravos e propriedades de terras.[73] Enfim, realçar as atividades do capitão Gervásio do Carmo como compatíveis às de sujeitos envolvidos na formação do complexo cafeicultor mineiro tem como fito aproximar os números à realidade imperial da década de 1820 e enquadrar a participação do capitão na redistribuição dos escravos novos para o interior da comarca do Rio das Mortes dentro de um contexto mais amplo, o mercado mineiro de escravos, bem como nos oportuniza refletir sobre as transformações pelas quais o país passava e as novas oportunidades apresentadas aos sujeitos imperiais na labuta diária, reprodução da riqueza e manutenção das hierarquias sociais.

Aqueles eram anos de profundas mudanças. A gestação do Estado nacional brasileiro, coroado um Imperador, tinha tudo por fazer, desde a Constituição do país a códigos civil e penal, reconhecimento internacional, superação dos regionalismos e formação da nacionalidade. Apesar da emancipação política, a unidade territorial não estava ainda assegurada, bem como havia as disputas entre as diversas elites, com seus projetos de sociedade, que buscavam maior participação política, lutavam por adentrar no jogo de oportunidades abertas, por saírem da condição de malquerença ou suposto abandono político da nova Corte sediada no Rio de Janeiro. Segundo Sérgio Buarque de Holanda, o provincialismo, muito incentivado pela Coroa portuguesa ao longo da colonização, pois dificultaria *"a formação de um poderoso feixe de interesses, capaz de resistência à ação da metrópole"*,[74] era elemento de permanência em disputa na construção do Estado nacional, superado apenas no Regresso Conservador, quando o país quase se esfacelara diante dos diversos confrontos entre segmentos da população.[75] Outros elementos da estrutura colonial, tanto no aspecto econômico quanto

73 OLIVEIRA, 2005.

74 HOLANDA in HOLANDA, 1985, p. 22.

75 Idem; Segundo Maria Odila da Silva Dias, *"os políticos da época eram bem conscientes da insegurança das tensões internas, sociais, raciais, da fragmentação, dos regionalismos, da falta de unidade que não dera margem ao aparecimento de uma consciência nacional que desse força a um movimento revolucionário capaz de reconstruir a sociedade. Não faltavam manifestações exaltadas de nativismo e pressões bem definidas de interesses localistas. No entanto, a consciência propriamente 'nacional' viria através da integração das diversas províncias e seria uma imposição da nova Corte no Rio (1840-1850) conseguida a duras penas através da luta pela centralização do poder e da 'vontade de ser brasileiros', que foi talvez uma das principais forças modeladoras do império"* (DIAS in MOTA, 1986, p. 169). Cf. também MATTOS in JANCSÓ, 2005. Neste artigo o autor discute os interesses no processo de formação do Estado nacional e as lutas pela manutenção da unidade territorial, uma vez que a concre-

social e político também faziam parte da transição entre Colônia e Império, conformando naqueles anos as peculiaridades da sociedade emergente, processo iniciado com a chegada da Corte portuguesa em 1808 e a interiorização da metrópole.[76]

Não se pode deixar de destacar que estas transformações em curso eram desdobramentos da política joanina no Brasil, que, visando às melhorias das condições da nova sede do Império lusitano, possibilitou a aproximação das elites regionais do centro de poder sediado no Rio de Janeiro, fazendo emergir aspirações de participação das decisões político-administrativas em âmbito nacional. A interiorização da metrópole, com o enraizamento de interesses portugueses articulados aos interesses regionais, e a recriação do Império luso nos trópicos, centralizado no Centro-Sul do Brasil, projetaram mudanças na rotina colonial por meio de uma série de políticas de infraestrutura, modernização dos aparelhos do Estado português, inclusão (recrutamento) de novos funcionários - a participação das elites coloniais na administração - bem como o fomento da economia por meio do incremento da agricultura, da indústria e abertura dos portos.[77] Tais mudanças, em princípio, emanadas pela reorganização do Império Ultramarino português e redefinição do papel do Brasil neste novo contexto, ocasionaram melhorias na Colônia e o maior desenvolvimento econômico, com a ampliação das oportunidades de atuação e enriquecimento, gestando um novo setor social que, oriundo da estruturação das vias de abastecimento interno e integração do Centro-Sul, lutava por maior participação política e administrativa.[78]

O alcance dessas mudanças se fizera sentir no outro lado do Atlântico, em Portugal, que, perdendo a posição de intermediário nos negócios coloniais (bem como o esvaziamento dos cofres com a transmigração da Corte e os gastos decorrentes da guerra contra Napoleão), encontrava-se em situação de penúria, alimen-

tização do Império dependia da sua "expansão para o interior", haja vista a incapacidade de expansão para o exterior. Neste sentido, o projeto de centralização, partindo do Rio de Janeiro, cabeça do Império, dependia do reconhecimento da nacionalidade, do sentimento de ser brasileiro por todas as províncias que conformavam a antiga colônia.

76 Sérgio Buarque de Holanda registra que a transição da colônia para o Império ocorrera de forma mais aguda entre 1808 e 1836, quando ocorreu a desagregação da herança colonial e a conformação da sociedade imperial, portanto, um período de profundas mudanças. Cf. Idem; DIAS in MOTA, 1986.

77 DIAS in MOTA, 1986; ARAÚJO in JANCSÓ, 2005; MALERBA, 2000.

78 LENHARO, 1992.

tando um sentimento de abandono, aliado ao avanço dos ideais liberais.[79] Para agravar mais a situação, a consagração da reorganização do Império luso-brasileiro com a elevação do Brasil a Reino Unido de Portugal e Algarves e o reconhecimento da posição alcançada pelo Brasil no contexto imperial[80] garantem-lhe a equidade nas decisões político-administrativas afetas ao Império.[81] Tais situações, aliadas ainda à derrota de Napoleão Bonaparte e à falta de iniciativa para a volta da Corte para Lisboa, contribuíam para o avanço dos ideais liberalistas em Portugal, culminado na Revolução Liberal do Porto, em 1820, e na convocação das Cortes portuguesas, cujas finalidades eram transformar o Estado absoluto português em uma monarquia constitucional, tratar do retorno da Família Real e discutir soluções para os problemas financeiros e administrativos do Império luso-brasileiro.

O impacto da reunião das Cortes portuguesas logo se fizera sentir na *"cabeça tropical do Reino Unido"*.[82] Os deputados plenipotenciários, os vinculados com o Rio de Janeiro, percebendo as contradições do movimento liberal português,[83] buscaram na figura de dom Pedro, Príncipe Regente, a garantia da autonomia e da equidade conquistadas e manutenção dos privilégios comerciais alcançados durante a estadia de dom João VI no Brasil. Naquele cenário em disputa, forjou-se o *partido dos brasileiros*, constituídos por sujeitos beneficiários das políticas joaninas no Brasil, que se levantaram contra as políticas centralizadoras propostas pelas Cortes portuguesas. Nos seus discursos, a proposta das Cortes portuguesas para o reino do Brasil limitava a autonomia mercantil alcançada, numa clara dire-

---

79 Cf. HOLANDA in HOLANDA, 1985; DIAS in MOTA, 1986; ARAÚJO in JANCSÓ, 2005; MATTOS in JANCSÓ, 2005.

80 Segundo Zília Onório de Castro, a criação do Reino Unido significou o reconhecimento por parte de Portugal da alteridade do Brasil e o desejo de unidade interna, na medida em que tentava superar as vertentes separatistas e a construção de outra unidade, e diversidade externa. Cf. CASTRO in JANCSÓ, 2005.

81 ARAÚJO in JANCSÓ, 2005. Segundo ainda Ilmar Rohloff de Mattos, a criação do Reino Unido de Portugal, Brasil e Algarves colocaria fim à dualidade e à ambiguidade gestada com a transferência da Corte portuguesa para o Rio de Janeiro, em 1808, além de destacar a progressiva diferenciação do Rio de Janeiro e sua *hinterland* no conjunto das áreas colonizadas. Cf. MATTOS in JANCSÓ, 2005.

82 A expressão fora utilizada por Ilmar Rohloff de Mattos para referir-se ao Brasil. Cf. MATTOS in JANCSÓ, 2005.

83 Durante a reunião das Cortes portuguesas, entre os deputados lusitanos havia duas propostas de organização do Estado português e suas extensões no Ultramar: os moderados e os integracionistas. Cf. BERBEL, 1998.

triz de recolonização e usurpação das riquezas brasileiras.[84] Com o aumento das pressões, sobretudo pontuando o retorno de dom Pedro a Portugal, as elites fluminenses aliadas aos paulistas, encabeçados por José Bonifácio, buscavam apoio de outras elites regionais nas disputas entre portugueses e brasileiros na Assembleia Constituinte, na contenção dos projetos políticos e econômicos impostos.

A insustentabilidade do Reino Unido de Portugal e Brasil tornava-se cada vez mais clara para as elites do Centro-Sul, e a solução pedrina, o processo de independência conduzido por dom Pedro, ganhava mais adeptos. Na província[85] de Minas Gerais, embora houvesse mais de um projeto político, as regiões voltadas para a produção de alimentos para o abastecimento interno, principalmente os setores vinculados com a praça mercantil carioca, o circuito de vilas e fazendas do Sul de Minas, articularam com dom Pedro, em visita à província, os termos do acordo político, os conchavos e alianças entre o governo sediado no Rio de Janeiro e as elites mineiras na construção do Estado imperial. A respeito dessa viagem e das articulações de dom Pedro com as elites mineiras, Ana Rosa Cloclet da Silva pontuou que

> O percurso pelas diversas fazendas e vilas ligadas ao comércio de abastecimento do mercado carioca revela, contudo, que o foco da viagem era menos a capital mineira (...) e muito mais a possibilidade de alinhavar alianças e conchavos políticos em setores da elite mineira.
>
> Além do status conferido aos proprietários contemplados pela visita do príncipe, esta era, geralmente, regada por benfeitorias e outras intervenções sobre questões que afetavam diretamente os interesses dos proprietários, mandando abrir estradas para viabilizar o comércio, fazendo concessão de terras, bem como mandando soltar escravos presos "sem legítima razão" – sem contar ainda os agraciamentos com car-

84 MATTOS in JANCSÓ, 2005.

85 Com a convocação da Assembleia Constituinte em Lisboa, as Cortes portuguesas, abriu-se a discussão acerca dos critérios eleitorais para escolha dos deputados representantes de cada região. Assim, ao recorrer ao modelo espanhol definido em Cádiz para a elaboração da Constituição de 1812, no qual a última instância eleitoral era a província, no Brasil as capitanias foram substituídas por províncias a partir de março de 1821, através do decreto, passando a ser utilizado em abril de 1821, quando do retorno de dom João VI. Cf. BERBEL, 1998.

> gos e promoções. Tratava-se, em outros termos, de práticas reveladoras do sentido de negociação assumido pela construção da unidade, que atendiam às próprias expectativas e reivindicações das diversas vilas.[86]

Neste contexto, as vilas de São João del Rei, São José, Queluz e Barbacena não tardaram em expressar suas adesões, bem como reconhecer a autoridade do Príncipe Regente Constitucional do Reino do Brasil, dom Pedro, como o único capaz de salvaguardar o Brasil dos males que o ameaçavam.[87] Enfim, apoiando o movimento pela ruptura, as elites regionais buscavam seus quinhões na nova administração, requerendo participação no jogo político que se esboçava.[88]

Na esteira desses acontecimentos políticos, se insere a participação do capitão Gervásio Pereira do Carmo no comércio de redistribuição de escravos africanos da praça carioca para o interior da província mineira, em especial, para a comarca do Rio das Mortes. Muito provavelmente, diante das oportunidades abertas aos mineiros, seja, em maior grau, na participação da administração no Estado em gestação, seja no angariar de benesses materiais e/ou imateriais, a família do capitão Gervásio do Carmo se beneficiava. Seus membros, como já destacado em outro momento, conformavam um dos setores da elite mineira, eram detentores do poder político local, senhores de terras e homens; e a presença de José de Resende Costa, tio materno do capitão Gervásio do Carmo, no Conselho de Estado Imperial, com certeza facilitava os arranjos mercantis da família e seus parceiros na praça carioca. Naqueles anos, a família estava ampliando suas redes sociais através de importantes alianças matrimoniais e vínculos com o centro de poder, capitais social e simbólico[89] que os beneficiavam na expansão dos negócios,

---

86 SILVA in JANCSÓ, 2005, p. 535.

87 Idem.

88 OLIVEIRA in MOTA, 1986; IGLÉSIAS in HOLANDA, 1985.

89 O conceito de capital social e simbólico foi retirado do sociólogo Pierre Bourdieu. Segundo o autor, na reprodução da estruturação social e econômica capitalista moderna e suas relações com a Educação, existem tipos de capitais altamente influenciadores dos espaços ocupados pelos diferentes agentes na sociedade, trata-se de instrumentos determinantes na definição dos *loci* ocupados. Assim, segundo o autor, o capital social são as redes sociais e suas influências no alcance de determinadas posições sociais. Já o econômico se refere ao poder aquisitivo dos sujeitos, à riqueza material. O simbólico faz referência à manipulação de instrumentos de dominação, como por exemplo, o poder político, cargos da administração pública. E, por fim, o cultural faz parte do universo cultural dos sujeitos, contatos

contribuindo para a inserção do capitão Gervásio do Carmo no comércio de redistribuição dos cativos recém-chegados para os mercados regionais.

Os vínculos com o centro de poder, que se tratavam de vínculos familiares, i. e., com José de Resende Costa, foram reforçados diversas vezes através de laços de compadrio. Em 02 de junho de 1823, na capela de Nossa Senhora de França da Lage, o padre Joaquim Carlos de Resende batizava Pudenciana, filha legítima do capitão Gervásio do Carmo e dona Ana Antônia, sendo os padrinhos o capitão-mor José de Resende Costa e dona Francisca de Paula.[90] Todos os envolvidos nesta cerimônia eram parentes. O padre era irmão do capitão Gervásio do Carmo, e a madrinha, cunhada do capitão, casada com seu irmão, o alferes Antônio Candido de Resende, e irmã de dona Ana Antônia, mãe da inocente batizada. Percebe-se o reforço das alianças tanto com a família do capitão Gervásio do Carmo quanto com a família de dona Ana Antônia Umbelina de Paiva. Embora já se tenha destacado a importância dos laços de compadrio na ampliação da parentela e seus ganhos econômicos e simbólicos, não se pode omitir a importância desta aliança. Ela representava o reconhecimento do casal para com as duas partes da família, uma tentativa de aproximação entre os dois núcleos. Ou seja, de um lado, do capitão Gervásio do Carmo, tem-se o reforço dos laços de sangue com o tio José de Resende Costa, que, egresso do exílio, ocupava importante espaço no cenário político nacional. Do outro lado, esse reforço funcionou como moeda de troca no processo de inserção do capitão Gervásio do Carmo no ramo de comércio de escravos, haja vista que a sua participação, muito provavelmente, esteve condicionada aos laços mercantis firmados pelos parentes de dona Ana Antônia Umbelina de Paiva, sua esposa, na praça do Rio de Janeiro. Segundo dados coligidos por Cristiano Corte Restitutti, sobre o movimento das tropas mineiras no abastecimento do Rio de Janeiro, Domingos de Paiva, cunhado do capitão Gervásio, atuava no comércio de escravos desde 1816, movimentando-se pelo Registro do Rio Preto, um dos caminhos que ligava a Corte ao Sul de Minas. Este era o principal percurso, segundo Restitutti, para quem viajava para as vilas de São João del Rei e São José,

---

com obras de arte, livros, etc., ou seja, a posse e/ou convívio com elementos culturais de dominação. Embora o autor tenha definido tais conceitos para trabalhar com a reprodução das desigualdades sociais e o papel da Educação, a originalidade dos conceitos permite que os apliquemos em nossa análise, haja vista a atemporalidade da carga sociológica contida neles. Sobre os conceitos, cf. BOURDIEU, 1989; BOURDIEU, 1998.

90 Arquivo Eclesiástico da Matriz de Nossa Senhora do Pilar, São João del Rei: Batismo da Matriz de Santo Antônio, vila de São José, livro 12, folha 222.

para Lavras, Baependi, Aiuruoca, bem como para o distrito de Carrancas, sendo, juntamente com o da Mantiqueira (antiga rota do caminho velho) e do Picu os principais postos e caminhos em volume do fluxo mercantil.[91]

O reforço de alianças com José de Resende Costa, uma clara demonstração de fortalecimento das relações familiares, um esforço em não perder os laços de sangue, fazia parte do complexo jogo social e econômico da época, alinhado perfeitamente com a lógica oitocentista e com os fenômenos de manutenção e reprodução do *status* social dos sujeitos e suas famílias. Neste sentido, a emergência das solidariedades advindas da relação de compadrio entre o capitão Gervásio do Carmo e o comendador José de Resende Costa se apresentava para os parceiros do primeiro como uma moeda de troca no processo de inserção daquele no importante ramo de comércio negreiro. Moeda de troca porque a aproximação entre os membros dessa rede e um conselheiro do Imperador facilitaria a expansão dos negócios na praça carioca, pois, com a proximidade de importante figura pública, os negociantes teriam o crédito facilitado e a credibilidade sustentada. Essa relação era tão benéfica que, em 10 de maio de 1828, o alferes Antônio Cândido de Resende, irmão do capitão Gervásio do Carmo e afilhado de José de Resende Costa, convidou o seu padrinho para batizar o seu filho legítimo Antônio, inocente.[92] Outro indício de proximidade entre eles fora o batizado de Estevão, escravo do capitão Gervásio do Carmo, filho legítimo dos escravos crioulos Francisco e Carlota, também de propriedade do capitão, no qual o padrinho da criança fora o conselheiro José de Resende Costa.[93] Ora, numa sociedade hierarquizada, onde as posições sociais eram bem definidas, ainda mais ao se tratar de cativos, para um casal de escravos ter acesso a um membro da *casa grande* este, no mínimo, era próximo de seus donos, detinha uma posição privilegiada dentro da escravaria que admitisse tal "convite", a busca por tal proteção.[94] Além disso, é sintomática tal aliança, uma vez que nos mostra que José de Resende Costa era frequentador da fazenda da irmã, dona Francisca Cândida, nas Minas. Ou seja, a aliança era um reconhecimento, uma busca de proteção, uma "*aliança para cima*" com um sujeito que honrava com os laços familiares, que era frequentador da casa e da vivência

91 RESTITUTTI, 2008.

92 Arquivo Eclesiástico da Matriz de Nossa Senhora do Pilar, São João del Rei: Batismo da Matriz de Santo Antônio, vila de São José, livro 14, f. 74v.

93 Idem, livro 15, f. 15v.

94 SILVA, 2005.

familiar. Portanto, um agente que iria favorecer, sim, os seus parentes na (re)produção das riquezas no mercado carioca.

Não podemos deixar de mencionar o parentesco do capitão Gervásio do Carmo com outros importantes sujeitos de destaque na política nacional, como por exemplo o Marquês de Valença, Estevão Ribeiro de Resende. Originário do distrito de Prados, muito provavelmente, o Marquês de Valença também teria contribuído no processo de inserção dos seus parentes, amigos e vizinhos em ramos lucrativos do comércio de Minas com a praça carioca. Tal especulação pode ser corroborada pelos dados fornecidos pela documentação da Intendência da Polícia que revelaram o intenso trânsito de mineiros na região de Resende.[95] Esta região tinha fortes vínculos com os sul-mineiros, especialmente os da comarca do Rio das Mortes, pois, devido à sua presteza em abastecer o Rio de Janeiro quando da instalação da Corte portuguesa, vários fazendeiros foram agraciados com sesmarias nesta região do Vale do Paraíba. Assim, esse dado explica o intenso tráfego dos mineiros para aquela região que, com a expansão da cultura cafeeira, muito provavelmente utilizava dos serviços dos parentes na aquisição e transporte dos escravos novos do Rio de Janeiro. E neste sentido, os fazendeiros dessa região, ganhando destaque em função do crescimento das taxas de exportação do café no conjunto nacional, com suas riquezas e prestígio, auxiliavam seus aliados (parentes e amigos) nos seus negócios.[96]

Obviamente, outras estratégias familiares também viabilizaram o desdobramento dos negócios da família do capitão Gervásio do Carmo, sobretudo se destacarmos as alianças matrimoniais firmadas. Estas alianças, ao ampliar a família criando laços com outros membros das elites locais, que compartilhavam as mesmas atividades econômicas, com os mesmos interesses e estruturas socioeconômicas próximas, favoreceram no rearranjo do circuito mercantil de abastecimento da Corte do Rio de Janeiro. E, aliadas ainda às relações de vizinhança, elas preparavam o terreno para o estabelecimento dos sul-mineiros na praça carioca, nas décadas de 1830, 40 e 50. A instalação de comerciantes sul-mineiros, especialmente da região da comarca do Rio das Mortes, do circuito mercantil São José e São João del Rei, visava facilitar os negócios entre as duas regiões, favorecendo a dinâmica mercantil, o acesso ao crédito e dava mais credibilidade aos fazendeiros

95 Cf. FRAGOSO & FERREIRA, 2000.

96 Cf. LENHARO, 1992; TEIXEIRA, 2009; RESTITUTTI, 2008.

mineiros que frequentavam àquela praça em busca de melhores negócios. Enfim, contribuía para uma melhor sociabilidade dos mineiros no mercado carioca, bem como melhor trânsito social e econômico.

Sobre quem foi. Eles se beneficiaram dessas alianças, principalmente dos vínculos com o poder central, contaram com capital social e econômico acumulado para lá se firmarem e, naquele espaço, suas novas moradas, trataram de reforçar os laços de amizade com os mineiros através de alianças de casamento, compadrio e amizades.[97] Com a função de facilitar os arranjos mercantis e evitar o atravessador carioca, o estabelecimento dos sul-mineiros no Rio de Janeiro fazia parte de um projeto familiar, no qual os membros dividiam as funções entre si, garantindo a articulação entre os mundos rural e urbano, a circulação entre a fazenda e a cidade.

O triste fim do capitão Gervásio Pereira do Carmo?

Em 05 de março de 1835, a nota no jornal Astro de Minas anunciava:

> Os credores do falido capitão Gervásio Pereira do Carmo Alvim fazem público, que na praça do Juízo Municipal da Villa de São José se achão em pregões para serem arrematados todos os escravos, casas, gado vacum e cavalar, e mais trastes do dito capitão Gervásio. Quem quiser, se dirija dentro do tempo do costume a aquela Praça, S. José d'El Rei 5 de março de 1835.[98]

Num momento de expansão e consolidação dos negócios dos sul-mineiros do eixo São José – São João del Rei – Corte do Rio de Janeiro, marcado pela entrada e fixação de membros da rede na praça carioca, por infortúnio do destino e/ou erro de cálculo, o capitão Gervásio do Carmo, em maus lençóis, tivera todos os bens penhorados no Juízo Municipal da vila de São José. Segundo relato de dona Ana Antônia Umbelina de Paiva, esposa do capitão, muitos anos depois, em 23 de fevereiro de 1880, *"que sendo nosso casal infeliz em negócios ficamos sem nada"* e que tudo que possuíam fora obra de doações de parentes.[99] Mas o que aconteceu

97 Cf. TEIXEIRA, 2009.

98 Universidade Federal de São João del Rei, Biblioteca do *Campus* Dom Bosco: Jornal Astro de Minas, nº 1138, data 05/03/1835, p. 4, Microfilme – rolo 20.

99 Arquivo Histórico do Escritório Técnico II – IPHAN, São João del Rei. Testamento: Ana Antônia Umbelina de Paiva, 1880, Tiradentes.

com o capitão Gervásio do Carmo? Tão promissor nas atividades mercantis na década de vinte, em meados da seguinte, tem decretada sua falência. Seria um negócio mau sucedido? Uma atividade ilícita que gerou apreensão dos bens? Ou ainda, com a proibição do tráfico, não tinha meios para arcar com as dívidas contraídas?

Infelizmente, não temos respostas a essas questões, pois não encontramos nenhum processo judicial de cobranças de dívidas contra o capitão Gervásio do Carmo nos arquivos pesquisados. Sabemos que ele faliu no mundo dos negócios e que, diante da tragédia, arranjos familiares foram organizados para não deixar a família do capitão na miséria. Assim, segundo o próprio capitão Gervásio do Carmo na abertura do seu inventário em vida, em 1837, dizia na petição inicial que, sendo tutor legal dos filhos menores e que *"tendo seu irmão o Padre Joaquim Carlos de Resende em hasta pública arrematado 23 escravos para aqueles 8 menores com dinheiro que para isso concorreram alguns parentes benfeitores"* fazia a partilha dos bens em função do casamento de suas filhas Maria e Francisca.[100] Já no testamento de seu pai, o capitão-mor Gervásio Pereira Alvim, esse deixava para seus netos, filhos do capitão Gervásio do Carmo, de esmola a quantia de seiscentos mil réis para as moças, e para os rapazes a quantia de quinhentos mil réis,[101] uma clara medida de proteção para com as crianças quando faltasse. E anos mais tarde, em 26 de novembro de 1879, o padre Joaquim Carlos de Resende Alvim instituiu em testamento como seus herdeiros o seu irmão tenente coronel Francisco de Assis Resende e sua cunhada dona Ana Antônia Umbelina de Paiva, já viúva do capitão Gervásio do Carmo.[102]

Embora não saibamos ao certo o que aconteceu com o capitão Gervásio do Carmo, o seu infortúnio estava relacionado diretamente com as atividades mercantis, principalmente a redistribuição de cativos para o interior da comarca do Rio das Mortes. É certo que a proibição do tráfico tenha impactado nos seus negócios. Assim, diante dessa proibição, que determinou o fim de um ramo mercantil bastante lucrativo institucionalmente legalizado, talvez, ou o capitão tenha migrado para as vias ilegais do tráfico e, como nos primeiros anos houve uma tentativa

100 Arquivo Histórico do Escritório Técnico II - IPHAN, São João del Rei. Inventário: Gervásio Pereira do Carmo (capitão), São José, 1838, caixa 44.

101 Arquivo Histórico do Escritório Técnico II - IPHAN, São João del Rei. Inventário: Gervásio Pereira Alvim (capitão-mor), São José, 1837, caixa 11.

102 Arquivo Histórico do Escritório Técnico II - IPHAN, São João del Rei. Inventário: Joaquim Carlos de Resende Alvim (padre), São José del Rei, 1879/82/88, caixa 357.

por parte do Estado brasileiro em fazer valer a lei,[103] e ele fora punido por atividades ilícitas; ou ele tenha tentado mudar de ramo e, na falta de conhecimento e/ou cautela, tenha tomado muitos prejuízos. Ou ainda, afoito com a extinção do tráfico, tenha empatado considerável quantia na aquisição de cativos e não conseguira bons negócios, bons lucros. Ou pior, os perdera... Afinal, o sucesso no mundo dos negócios dependia não apenas do conhecimento e bom senso do comerciante, mas também de condições favoráveis que não estavam na zona de influência e decisão do mesmo. Isto é,

> Na História Econômica, diversas forças têm que ser levadas em consideração: fatores geográficos, técnicos, condições demográficas, leis econômicas, desenvolvimento e formação de preços, enfim, estrutura e a conjuntura. Todas essas forças influem ou não no sucesso do indivíduo e nas suas tomadas de posição. Depende do trabalho, da dedicação e das decisões do indivíduo o que ele consegue realizar dentro desse quadro que repercute nas suas atividades.[104]

Enfim, existiam situações que estavam alheias ao controle de influência e capacidade de interferência dos sujeitos históricos que, no entanto, eram determinantes do sucesso ou insucesso na atividade exercida, como também eram determinantes no raio de ação e de escolhas dos mesmos. Isso quer dizer que, diante de elementos sobre os quais o capitão Gervásio do Carmo não tinha forças para agir e interagir, tais como a assinatura do tratado de reconhecimento da Independência e o compromisso do Estado Imperial em abolir o tráfico de africanos para o Brasil e, posteriormente, em 1831, a promulgação da lei anti-tráfico, eles foram determinantes nas suas ações, limitando o seu rol de escolhas e seus espaços de atuação. Nessa situação, se o distrito da Lage e a comarca do Rio das Mortes, pelo menos no eixo das vilas de São José e São João del Rei, eram ótimos mercados consumidores dos escravos africanos[105] redistribuídos pelo capitão, com a proibição do tráfico, o capitão não pode-

103 Segundo Leslie Bethell, nos primeiros anos de vigência da lei anti-tráfico no Brasil houve uma tentativa do governo em fazer valer a lei. No entanto, a fiscalização fora perdendo força, pois os sujeitos incumbidos da fiscalização eram os mesmos agentes interessados na atividade negreira. Cf. BETHELL, 2002.

104 PETRONE, 1976, p.02.

105 É interessante observar que o distrito da Lage fora uma das regiões da comarca do Rio das Mortes em que o número de escravos excedia o número de brancos nas listagens da po-

ria mais atuar neste ramo mercantil, embora a demanda por cativos pelos moradores dessas regiões ainda permanecesse. Ou seja, existia a demanda, mas não havia oferta e, nestes termos, ou o capitão se lançou nas vias ilegais do tráfico para sobreviver, ou buscou outro ramo de comércio. Talvez um ramo completamente distinto, algo não relacionado com a mão de obra. Algo que, porventura, desconhecesse, ou para o que lhe faltasse experiência e/ou manejo, ou que por infortúnio não dera certo. Seja como for, fato foi que o capitão faliu naqueles anos.

A falência do capitão Gervásio do Carmo nos permite observar não somente a instabilidade da atividade mercantil, as dificuldades encontradas e enfrentadas pelos sujeitos para reproduzir o seu modo de viver, seu estilo de vida, mas também a dinâmica da sociedade. Ou seja, coloca em evidência a interação dos sujeitos com a estrutura e as conjunturas, o lidar com as mudanças e as oportunidades abertas e fechadas, com as limitações dos recursos, não apenas materiais, mas cognitivos e culturais.[106] Revela a aventura e incerteza do viver, a busca por soluções ótimas para situações incertas. Desnuda a movimentação dos sujeitos frente às mudanças e às guinadas da vida. Enfim, permite observar o capitão em cena na interatividade com a sociedade, tendo que fazer escolhas dentro de um quadro limitado por questões sociais, econômicas, políticas, culturais e cognitivas.

---

pulação ocorridas na década de 1830, e que este apego à escravidão não era característico apenas daquele momento, i.e., no Rol de Confessados da vila de São José no ano de 1794, o distrito também apresentou uma maior concentração de cativos do que de brancos. Dentro deste universo demográfico, observou-se ainda que o número de africanos era superior ao de crioulos, fato que permaneceu até a década de 1830. Após esse período, acompanhando o movimento geral de crescimento da população cativa no país, a crioulização da escravidão também fora verificada no distrito. Entre 1831 e 1838, a população crioula crescera de forma significativa, alterando os quadros étnicos das escravarias das fazendas lageanas. Cf. TEIXEIRA, 2006. Todavia, tal processo não fora exclusivo da região do distrito, em São João del Rei, Denílson Oliveira também percebeu o maior número de cativos crioulos nas escravarias, bem como em nossa pesquisa de Iniciação Científica, que trabalhava com a legitimidade e famílias escravas na mesma vila, São João del Rei, observamos que o número de casais crioulos batizando os filhos era superior ao de africanos. Cf. SILVA, 2005, TEIXEIRA, 2006. Diante de tal comportamento das escravarias nas regiões das vilas de São José e São João del Rei, o forte apego à mão de obra escrava africana, podemos perceber que se tratava de importante mercado consumidor de cativos africanos.

106 Segundo Paul-André Rosental, *"cada indivíduo age em função de uma situação que lhe é própria e que depende dos recursos de que ele dispõe – recursos materiais, de certo, mas também cognitivos e culturais"*. Como cognitivos, o autor definiu *"os elementos humanos tais como a distração, a burrice ou o espírito de contradição"* Cf. ROSENTHAL in REVEL, 1999, p. 155-156.

A severidade com que foi tratado pela legislação mercantil, a retirada dos bens, fora outro imperativo com o qual o capitão Gervásio do Carmo tivera que lidar. Para evitar fraudes ou outras falsidades que afetariam a segurança e a credibilidade da prática mercantil, a Junta do Comércio, instituição que regulava o comércio na praça carioca, era bastante rigorosa no julgamento das falências apresentadas no seu juízo. De acordo com William Puntschart, existiam quatro tipos de falências e todas elas incluíam um processo para se averiguar as causas e efetuar os pagamentos dos débitos devidos.[107] Em quaisquer das situações em que o falido se enquadrasse, o caso era rigorosamente investigado, no intuito de evitar fraudes e manter a credibilidade e boa fé entre os envolvidos nas relações mercantis. A lógica defendida pelos legisladores era não ser admissível *"alguém enriquecer a custa, prejuízo e, as vezes, irreparável dano de inúmeros credores, implicados nos negócios do devedor falido"*.[108] No entanto, a legislação previa, em casos de falência sem dolo, o *"renascimento civil"* do falido, uma vez que não se comprovasse má fé.[109]

Como já informamos, não encontramos o processo de falência do capitão Gervásio do Carmo, no entanto, tal fato não nos impede de discorrer sobre a severidade com que seu infortúnio fora tratado. O processo do capitão correu no Juízo Municipal da vila de São José, haja vista ter sido esse órgão o responsável por noticiar a falência do capitão no jornal local, e os procedimentos para averiguar as causas e julgar a sentença estavam lastreados nas Ordenações Filipinas, as mesmas que orientavam as ações e julgamentos do tribunal da Junta do Comércio.[110] No intuito de garantir a credibilidade da prática mercantil e sanar os créditos, os bens do capitão foram confiscados e, após a sentença final do processo de falência, apregoados em leilão. O anúncio em jornais fazia parte dos procedimentos de transparência da atividade mercantil. Anunciava-se qualquer alteração na situação de uma casa mercantil, desde as mudanças de endereço, sua dissolução ou troca de

107 Os tipos de falência eram: impontualidade, ponto, quebra e bancarrota. Cada uma com sua especificidade, elas se referiam a falta de pagamento ou falta de fundos, ou, ainda, mudança na reputação do negociante devido a seu descrédito em função da impossibilidade de satisfazer suas obrigações, ou seja, satisfazer seus débitos. Cf. PUNTSCHART, 1992.

108 Idem, p. 80.

109 PEDREIRA, 1995.

110 Somente em 1850 seria promulgado o Código do Comércio cuja finalidade foi regulamentar e legislar a prática mercantil no país; até aquele ano, a atividade mercantil era regulada pelas Ordenações Filipinas. Cf. GUIMARÃES, 1997.

sócios até sua liquidação. Assim, o anúncio dos pregões dos bens do capitão em hasta pública também estava imbuído nesta lógica.

Apesar de a falência ter transformado o casal do capitão Gervásio do Carmo em pessoas pobres, despossuídas de bens, ele não se tornara um desclassificado ou um mendigo.[111] Em momento algum percebemos o reconhecimento do casal, por seus pares, enquanto sujeitos vagabundos e/ou vadios, como pessoas dignas de pena para as quais, no intercâmbio entre o mundo celeste e a terra, deixavam-se esmolas ao testar.[112] Eles ainda eram reconhecidos como pessoas da família principal, detentores de prestígio e articuladores de uma importante rede de contatos sociais e mercantis, enfim, portadores de uma herança imaterial.

A severidade da legislação ao tratar a falência do capitão Gervásio do Carmo implicou no afastamento do mundo dos negócios interprovincial mineiro como agente principal, limitando-o às atividades em nível local, como por exemplo, a venda de gêneros alimentícios, fruto do trabalho escravo na fazenda, e o comércio de gado no entreposto regional, no caso, a praça de São João del Rei. Implicou também em uma série de limitações e impossibilidades de exercer atividades e ocupar cargos administrativos que refletiam prestígio e poder local, bem como que lhe renderiam soldos, por exemplo, as atividades da vereança e a ocupação de postos do judiciário. A falência também o impediu de inserir-se nos quadros de oficiais da Guarda Nacional. O título de capitão ostentado durante toda a vida

111 SOUZA, 2005.

112 Segundo Laura de Mello e Souza, na Idade Média o pobre, o miserável era associado à vida de Cristo, sendo entendido como um elo entre o rico e Deus. Nesse sentido, havia preocupações com as esmolas que os ricos davam aos pobres, uma forma de comunicação, ou uma boa ação para ser contabilizada no mundo celeste. Apesar das modificações da concepção de pobreza ao longo da Idade Moderna, devido às transformações socioeconômicas e ao aumento considerável do número de pobres, as autoridades (bem como a população de modo geral) buscavam uma distinção entre mendigos e vagabundos, influenciados pela "lei moral do trabalho". Nesta nova ordem de distinção, tolerava-se o mendigo e odiava o vagabundo pois, num mundo onde as relações pessoais tinham grande peso na definição dos lugares sociais e na reprodução da hierarquia, a itinerância e/ou ausência de domicílio, o morar em toda parte, eram extremamente incômodos. Havia ainda a preocupação em distinguir o mendigo, o pobre, do pobre laborioso, que seria entendido como o camponês expropriado que, trabalhador, não conseguia sustentar sua família. (Cf. SOUZA, 2005, p. 79-81). No Brasil imperial ainda existiam resquícios dessa cultura, dessa visão de ligação do pobre com o plano divino, haja vista o grande número de testadores, incluindo comerciantes (homens com uma lógica mais capitalista), que entre as cláusulas testamentárias deixavam esmolas aos pobres quando de seus sepultamentos.

era ainda do corpo da milícia, que na época já não compartilharia da mesma importância que o oficial da Guarda Nacional. Todavia, todas as limitações impostas pela falência e, consequentemente, em teoria, pela falta de renda, não tolheram o seu capital social. O capitão Gervásio do Carmo era ainda tratado com afeição e respeito pelos seus pares, sendo constantes às referências as suas patentes e outras fontes de prestígio e poder, como também aos laços familiares e de amizades. Tais elementos simbólicos contribuíram para a sobrevivência do núcleo familiar do capitão, bem como a inserção do filho, Gervásio Pereira Alvim, no final da década de 1840, nas redes de abastecimento da praça carioca.

Embora a falência tenha cerceado a participação do capitão em importantes ramos econômicos e políticos, as alianças matrimoniais da sua prole não foram comprometidas. Seus filhos uniram-se em matrimônio com outros membros da elite local, reforçando os vínculos sociais e familiares, numa clara tentativa de controle da riqueza através da concentração da propriedade fundiária e escrava no distrito da Lage e redondezas. Gervásio do Carmo era ainda reconhecido como o primogênito do capitão mor Gervásio Pereira Alvim, grande proprietário de terras e escravos no distrito, vereador na Câmara Municipal da vila de São José, Juiz de Órfãos, entre outros cargos. E, juntamente com seus irmãos, o padre Joaquim Carlos de Resende Alvim e o tenente coronel Francisco de Assis Resende Alvim, eram pessoas dignas de lembranças de outros comerciantes, tanto os sediados em São João del Rei, quanto os cariocas. Tais lembranças ora se faziam no intuito de referenciar as redes de amizade e comércio firmadas anos antes, que articulavam a ascensão de comerciantes mineiros na praça carioca, ora se faziam em busca de proteção em momentos críticos, nos quais era preciso recorrer a todos os instrumentos materiais e imateriais para conseguir crédito, adiar pagamentos ou, ainda, evitar uma cobrança em juízo. Faziam-se referências também às lembranças de velhos amigos e ex-parceiros de negócios que, em busca de informações, perguntavam como andavam todos, como estavam de saúde e desejavam-lhes muitas felicidades e bençôes de Deus.

Assim, embora falido, vivendo da graça e bondade de parentes e impedido de ocupar cargos da administração pública, o capitão continuava com suas atividades no mundo dos negócios. Mesmo proibido judicialmente, as referências a atividades mercantis aparecem de forma indireta, atuando na rede como alguém de conhecimento de outros comerciantes, com trânsito social e traquejo mercantil capaz de habilitar, apresentar e creditar novos comerciantes, ingressantes na praça carioca. O processo judicial de execução de dívida implicou no seu afastamento direto da praça mercantil carioca, porém sua postura correta e "*boa fé*" fizeram com que o capitão ainda mantivesse sua honra e fosse digno de credibilidade, embora não de crédito, entre os antigos parceiros. Neste sentido, seus conhecimentos e redes de contatos favoreceram a entrada e estabelecimento do grupo de comerciantes mineiros que ascenderam à Corte do Rio de Janeiro na década de 1840 com o fito principal de evitar o atravessador carioca e garantir melhores oportunidades de crédito, de facilitar o comércio e garantir os instrumentos necessários à reprodução da riqueza por membros dessa rede de comércio.

Portanto, não se tratava do fim do capitão. Apesar dos percalços e das dificuldades, ele conseguiria manter o *status* social e prestígio do seu núcleo familiar, arranjar bons casamentos e auxiliar o filho, Gervásio Pereira Alvim, nas atividades mercantis de abastecimento da praça carioca.

A história do capitão revela as dificuldades encontradas pelos sujeitos imperiais na labuta diária pela manutenção e reprodução da riqueza, as dificuldades inerentes ao comércio e as flutuações da economia. Falências aconteciam e em todos os estratos sociais. Homens de grande cabedal e com atuação em vários ramos da economia colonial/imperial faliram no mundo dos negócios[113] e, em decorrência, tiveram seus bens leiloados em hasta pública para sanar as dívidas. São vários os exemplos de grandes comerciantes que tiveram insucesso nas atividades da mercancia, mesmo atuando em diversos ramos mercantis. Manolo Florentino expôs alguns casos de traficantes que faliram na atividade e tiveram os seus navios negreiros confiscados para sanar dívidas.[114] Outros exemplos foram destacados por William Puntschart ao estudar os comerciantes de grosso trato na praça carioca durante o período joanino. Entre seus casos, o autor destacou a falência dos comerciantes de grosso trato na praça carioca, João Ignácio de Tavares e José Luís Alves, e a sanção judicial. Ambos comerciantes matriculados na Junta

---

113 Kátia Mattoso, no estudo sobre a Bahia no século XIX, pontuou a instabilidade das sociedades mercantis, mesmo sendo a forma mais frequente de organização do comércio na praça de Salvador. De acordo com a autora, bastavam dois ou mais sujeitos com dinheiro/capital ou com disponibilidade de trabalhar para, de pronto, formar-se uma sociedade. No entanto, estas formações eram bastante efêmeras, mesmo contando com a solidariedade mútua dos indivíduos, uma vez que doenças, falecimentos ou consenso mútuo alteravam as composições das sociedades e suas razões sociais. Cf. MATTOSO, 1992, p. 494-495.

114 FLORENTINO, 1995.

do Comércio, com atividades no mundo Atlântico, envolvidos com o tráfico de africanos, negócios de importação e exportação, com companhias de seguros e proprietário de vários prédios urbanos, tiveram suas falências decretadas e apresentaram-se ao Juiz dos Falidos da Junta do Comércio.[115] Como esses e como o capitão Gervásio do Carmo, vários indivíduos estavam sujeitos ao insucesso, ao fracasso, sobretudo se destacarmos a instabilidade do comércio. Embora fosse uma atividade em que coubessem todas as sortes de fortunas, os ramos que rendiam os maiores lucros eram aqueles em que mais se arriscava.[116] E, em função dessa característica, a legislação sobre as falências buscava ao máximo garantir a credibilidade e retidão da atividade do comércio a seus praticantes, tentando, de variadas formas, perseguir e evitar as fraudes e as falsas falências. Por isso, a severidade com que eram julgados os falidos.

Todavia, mesmo diante da severidade da legislação, o capitão Gervásio do Carmo, como muitos outros, não morreram nas suas atividades, não desistiram de sua luta pela sobrevivência. Embora fossem impedidos judicialmente de se envolverem nas atividades mercantis de grande monta, essas pessoas ainda mantinham seus contatos, seus conhecimentos e sua cultura, e a prática e vivência no mundo dos negócios seriam aproveitadas. Ou seja, mesmo falido, o capitão contribuiu, de certa forma, para a entrada (e/ou recrutamento) de novos membros nas redes de abastecimento do Rio de Janeiro partindo do eixo São José – São João del Rei. Os comerciantes que ascenderam e se estabeleceram na praça carioca eram velhos conhecidos seus, seus vizinhos, e a própria inserção de seu filho, Gervásio Pereira Alvim, são sintomáticos dessa permanência no mundo dos negócios.

Como já fora ressaltado, em diversas cartas os sujeitos se lembravam do capitão, saudavam-no e lhe desejavam boa saúde. Mesmo falido, o capitão ainda viveria quase 40 anos e, mesmo não possuindo bens materiais, ele detinha capital social e trânsito na praça carioca, contatos com comerciantes, que seriam aproveitados pelos recém-ingressos comerciantes mineiros no comércio do Rio de Janeiro.

---

115 PUNTSCHART, 1992, p. 84-86.

116 BRAUDEL, 1998.

Sobre quem foi...

O comerciante mineiro Carlos Joaquim Máximo Pereira, muito provavelmente, fora um dos primeiros da rede mercantil de Gervásio Pereira Alvim a ingressar e se estabelecer com casa de comércio na praça do Rio de Janeiro. Mineiro, oriundo da vila de São José, filho de comerciante local, o alferes Manoel Pereira Lopes, já em 1849, sua casa mercantil "Carlos Joaquim Máximo Pereira e Cia.", situada na rua Direita, 123, já aparecia listada no Almanak Laemmert, em diversas seções. Sócio e muito amigo de José Bernardino Teixeira, outro importante comerciante da praça carioca, que também mudara para a Corte naquela década, fundaram a casa mercantil "José Bernardino e Máximo Pereira", situada no mesmo endereço de Carlos Joaquim, estabelecimento no qual os fazendeiros mineiros poderiam fazer suas compras e depositar créditos para futuros negócios naquela praça.

Ao lado desses, já na década de 1850, por volta de 1854, um velho amigo de Minas Gerais, Francisco Eugênio de Azevedo, oriundo da vila de Carrancas, tio materno de Gervásio Pereira Alvim, também apareceria listado no Almanak Laemmert como negociante nacional. Sua casa mercantil, "Francisco Eugênio de Azevedo e Cia.", servia como casa comissária de fazendeiros do Sul de Minas nas suas atividades com a praça mercantil do Rio de Janeiro.

Ainda na rua Direita, outra casa mercantil de mineiros, "José Esteves e Botelho Sobrinho", parente da esposa de Francisco Eugênio de Azevedo, oriundo do Sul de Minas, no ano de 1860, aparecia no Almanak Laemmert, com loja de miudezas e quinquilharias.

Esses sujeitos foram os primeiros a se estabelecerem na praça de comércio do Rio de Janeiro, a se firmarem como negociantes de grosso trato, desdobrando os negócios regionais. Naquele espaço eles enriqueceram e facilitaram os trâmites dos negócios entre Minas Gerais e a Corte do Rio de Janeiro. Numa clara articulação das elites regionais de Minas Gerais, sobretudo as vinculadas ao setor de abastecimento do Rio de Janeiro, esses comerciantes, quando facilitavam os arranjos mercantis e evitavam o atravessador carioca, garantiam os instrumentos reprodutores da riqueza e do poder local dos fazendeiros a eles articulados. Isto é, ao facilitar o giro do comércio entre praças distantes, como por exemplo, a circulação do crédito e das mercadorias, eles favoreciam o controle do comércio regional por um grupo restrito de fazendeiros-comerciantes. Com esse controle, além de impactar na reprodução da riqueza, o produto final seria apropriado pelos fazendeiros-comerciantes também na aquisição de instrumentos de distinção social e de promoção do poder local. Enfim, a entrada dos mineiros na praça carioca fazia parte de um projeto das elites mineiras, no nosso caso, de grupos do Sul de Minas, que visavam à aproximação com o centro de poder para dele se beneficiarem, fosse na apropriação de riquezas materiais, fosse na apropriação de distintivos sociais e de prestígio, ou em ambos.

No outro lado da moeda, os comerciantes reforçavam seus vínculos com essa elite, tecendo alianças de casamento e redes de parentesco. Por exemplo, o comerciante Carlos Joaquim Máximo Pereira contraiu casamento com uma das herdeiras da fazenda Ponta do Morro, no distrito de Prados, dona Maria José, filha do comendador Antônio Francisco Teixeira Coelho e de dona Claudina Celestina da Natividade, sujeitos com os quais os familiares de Gervásio Pereira Alvim mantinham tratos mercantis e sociais. O comendador Antônio Francisco fora um dos homens mais ricos do termo da vila de São José, sendo, em 1831, um dos maiores proprietários de escravos do termo, com a posse de 142 cativos e, em 1852, quando de seu falecimento, seu monte mor somou 150:060$900 réis, distribuídos na posse de escravos, terras, casas de morada e vivenda em Prados, São José e na Corte, animais, produções agrícolas e objetos de luxo, numa clara evidência da transformação dos visuais e hábitos dos fazendeiros mineiros.[117] Já Francisco Eugênio de Azevedo casou-se com dona Maria Emerenciana de Andrade e Azevedo, também de Carrancas, filha do comerciante Francisco Inácio Botelho.[118] A partir desse enlace, Francisco Eugênio, que era negociante na vila de São João del Rei, tramou sua mudança para o Rio de Janeiro, provavelmente, apoiado também por seus novos parentes. O comerciante passaria, então, a integrar o corpo de comerciantes mineiros na praça carioca.

Além dessas alianças, outras foram tecidas no intuito de recrutar novos membros. A filha de Carlos Joaquim se casou com o comerciante sanjoanense Carlos de Almeida Magalhães, sócio do pai e filho do comerciante de grosso trato da praça mercantil de São João del Rei, Sabino de Almeida Magalhães. O enlace matrimonial fora testemunhado por José Bernardino Teixeira que, na época, já era

117 Lista nominativa de 1831-33, distrito de Prados; Arquivo Histórico do Escritório Técnico II – IPHAN, São João del Rei. Inventário: Antônio Francisco Teixeira Coelho (comendador), São José, 1852, caixa 58.

118 Arquivo Histórico do Escritório Técnico II – IPHAN, São João del Rei. Inventário: Francisco Inácio Botelho (tenente coronel), termo da cidade de Aiuruoca, 1879, caixa 41. (Inventários de Aiuruoca).

tutor dos filhos menores do amigo que acabara de falecer. Há ainda que se destacar a aliança de compadrio entre Carlos Joaquim e Sabino: o último era padrinho, junto com sua filha, de um dos filhos de Carlos Joaquim e Maria José. Destacam-se também as relações de amizade entre Carlos Joaquim e os familiares de Francisco Eugênio de Azevedo. E, por fim, temos ainda que a viúva de Carlos Joaquim, dona Maria José, se casara, em segundas núpcias, com João Batista Ferreira da Costa, cuja origem era Minas Gerais.[119] Enfim, mesmo estando na Corte, as alianças sociais e os vínculos de amizade e parentesco buscavam o reforço com sujeitos moradores no interior da comarca do Rio das Mortes. Assim, defendemos que tais alianças tinham como fito o fortalecimento do grupo agrário-mercantil e o desdobramento dos negócios regionais. Mesmo com o passar de alguns anos, de algumas décadas, com as mudanças no cenário político e econômico imperial, o reconhecimento dos parceiros garantia a dinâmica do comércio interprovincial que, pautado nos laços de amizade e parentela, entrava em conflito com a emergência das relações mercantis impessoais.

Obviamente, ao lado do reforço das alianças com os parceiros em Minas Gerais, os mineiros trataram de tecer novas alianças, buscando se integrar à comunidade mercantil ali atuante. José Bernardino Teixeira, por exemplo, em 1852 e 1853, fazia parte da diretoria do terceiro Banco do Brasil criado por Mauá, que, segundo Carlos Gabriel Guimarães, era composta por comerciantes, matriculados, ou não, no Tribunal do Comércio, e suas atividades iniciaram em 1851.[120] Francisco Eugênio reforçou seus vínculos com os parentes da esposa já sediados na capital do Império, formando diversas sociedades. Nos primeiros anos de estabelecimento, sua casa mercantil, sediada na rua Direita, 147, vizinho de Carlos Joaquim Máximo Pereira, "Francisco Eugênio de Azevedo e Cia." logo se transformou na casa mercantil "Francisco Eugênio de Azevedo e Sobrinho". Anos mais tarde, seu nome fora associado ainda às casas "Azevedo, Bernardes e Oliveira", sociedade que durou um ano, pelo menos, e à "Azevedo, Bernardes e Ribeiro", cujos sócios eram Francisco Ribeiro de Noronha, seu genro, Pedro José Bernardes e José Augusto de Melo, que vingou por mais de cinco anos. Atuara também como sócio comanditário em diversas outras casas mercantis, entre as quais podemos destacar

119 Arquivo Nacional, Inventário *post mortem*: Carlos Joaquim Máximo Pereira (inventariado); Procedência: Juízo dos Órfãos, 1ª Vara; Notação: 830; Caixa 4066; Ano: 1869.

120 GUIMARÃES, 1997, p. 110-135.

aquelas em que introduzia o filho, José Eugênio de Azevedo, seu primogênito, com a razão social "Eugênio de Azevedo e Cia.".[121] Já Carlos Joaquim Máximo Pereira, além da sociedade com José Bernardino Teixeira, já referida, teve seu nome ainda associado aos de José Joaquim Teixeira de Valença e Carlos de Almeida Magalhães, seu genro, sempre sob a razão social, "Carlos Joaquim Máximo Pereira e Cia.".[122]

Tais associações eram importantes alianças para a perpetuação no tempo das atividades mercantis na praça carioca. O comércio era uma atividade que, embora aberta a diferentes níveis de fortuna, tinha uma circulação, uma rotatividade de pessoas muito grande. Essa circulação não deixava de atingir o topo da hierarquia mercantil, ainda que fosse mais frequente na sua base.[123] De acordo com João Fragoso, na praça mercantil do Rio de Janeiro, os grandes magnatas das décadas iniciais do século XIX transformaram suas fortunas mercantis em agrárias, conformando a origem das fortunas dos barões do café, principalmente em Paraíba do Sul.[124] Essa transformação não deixa de transparecer a rotatividade do corpo mercantil da praça carioca, embora fosse motivada pela lógica da sociedade de Antigo Regime, na qual as atividades agrárias, o viver de rendas, sem a "mancha do ofício mecânico" eram atividades de maior prestígio.[125] Já Cláudia Chaves, no estudo sobre os fazendeiros-tropeiros mineiros, destacou a constância das passagens dos tropeiros pelos registros mineiros no século XVIII. Segundo a autora, a partir de uma análise conjunta dos diferentes registros mineiros, a frequência das travessias dos comerciantes-tropeiros estava correlacionada com a especialização na atividade. Neste sentido, observou a baixa repetição dos sujeitos em movimen-

121 Almanak Laemmert, 1854-1875, seções: Negociantes Nacionais, Comissários e casas de comissões de gêneros de importação e exportação; Lojas de fazendas secas de todas as qualidades. Disponível em: http://www.crl.edu/brazil/almanak; Arquivo Nacional, Inventário *post mortem*: Francisco Antônio de Araújo e Bastos (inventariado); Procedência: Juízo dos Órfãos, Notação: 1274; Caixa: 4134; Ano: 1870; Fundo da Junta Comercial do Rio de Janeiro, Registro de Sociedades Comerciais: livro 649, Registro 11587, Galeria 6: Registro de Contrato Social da firma Eugênio de Azevedo e Cia., estabelecidos à rua do Rosário, 81.

122 Almanak Laemmert, 1849-1868, seções: Negociantes Nacionais; Armazéns e Lojas de fazendas de atacados; Lojas de fazendas secas de todas as qualidades. Disponível em: http://www.crl.edu/brazil/almanak; Arquivo Nacional, Inventário *post mortem*: Carlos Joaquim Máximo Pereira (inventariado); Procedência: Juízo dos Órfãos, 1ª Vara; Notação: 830; Caixa: 4066; Ano: 1869.

123 PEDREIRA, 1995, p. 125-191.

124 FRAGOSO, 1998.

125 FARIA, 1995; MUAZE, 2008.

to pelas estradas mineiras.[126] Partindo de outra interpretação, a relação entre a especialização e a frequência nos registros, não nos escapa a grande rotatividade dos agentes do comércio ainda no século XVIII. Outros elementos também influíam na rotatividade dos agentes mercantis, como por exemplo as falências, doenças, mortes, sucessão e/ou dificuldades inerentes à prática da mercancia, tais como crédito limitado, sagacidade e boas percepções, além das mudanças nos rumos do comércio, a conjuntura e flutuações econômicas.[127] Enfim, como bem atentou Jorge Pedreira, *"não são poucos os que, perante as dificuldades, preferem largar a vida dos negócios"*.[128] Diante de tantos elementos definidores e influenciadores da permanência nas atividades, afinal *"as mesmas condições que propiciavam o início de uma carreira podiam, portanto, determinar o seu final antecipado"*,[129] os comerciantes mineiros necessitavam de uma integração que garantisse a perpetuação das suas atividades econômicas.

Assim, a permanência desses sujeitos como negociantes de grosso trato na praça carioca dependia de arranjos tecidos com outros indivíduos estabelecidos ali. É certo que eles não compunham o topo da hierarquia mercantil, não concentravam os mecanismos de controle da liquidez do comércio, embora buscassem a diversificação dos negócios e de investimentos. Faltavam-lhes instrumentos políticos que, combinados com a atividade mercantil, dariam maior segurança frente às flutuações econômicas e às mudanças políticas, garantir-lhes-iam a reprodução da riqueza e do poder, bem como maior controle sobre as incertezas e instabilidade da atividade mercantil. No entanto, eram sujeitos que lutavam pela sobrevivência e pela reprodução de um modo de viver e, neste sentido, as alianças visavam

126 CHAVES, 1999.

127 Jorge Pedreira, ao analisar a reiteração no tempo dos comerciantes de Lisboa, observou alto grau de renovação dos seus agentes. Segundo suas análises, não apenas a falência era a responsável pela grande fluidez do corpo mercantil lisboeta, como também outros elementos eram responsáveis pela retirada de número expressivo de comerciantes da atividade. Por exemplo, as dificuldades inerentes à profissão, *"um negociante matriculado em 1809 liquidou as suas contas e 'deixou o giro do commercio' ao fim de poucos anos de exercício por ter 'experimentado revezes', mas 'sem que tivesse falido de credito nem deixado de conservar toda a boa fé'"*. Ou ainda, a nobilitação, que segundo afirma um ardente crítico dos comerciantes, Mouzinho da Silveira, *"os negociantes de Portugal nunca olharam esta profissão como perene, mas unicamente como um meio de chegar a certa consideração social e à grandeza"*. Cf. PEDREIRA, 1995, p. 125-191, citações à página 142.

128 PEDREIRA, 1995, p. 141.

129 Idem, p. 137.

à criação e recriação de instrumentos necessários a sua permanência enquanto negociantes de grosso trato na praça mercantil carioca. Para além das relações familiares e do patrocínio[130] delas decorrente, essas alianças tinham como fito assegurar e alargar o crédito, bem como manter a credibilidade. Ser reconhecido pelos pares como sujeito de boa fé, boa conduta, de fortuna, sagaz e inteligente fazia parte do universo mercantil, tratava-se de um dos instrumentos perpetuadores dos negociantes na atividade. Conjugando tais representações ao volume e extensão da atividade, a esses sujeitos era reputado o título de homens de negócios.[131] Enfim, as faculdades para a permanência na carreira comercial associavam, de um lado, fortuna e crédito, de outro, a fama, reputação e o reconhecimento pelos pares, combinados com um pouco de sorte, bastante perspicácia e conhecimento e a parcimônia nas atividades e investimentos.

E isso foi o que tais homens fizeram. Teceram alianças tanto em Minas, quanto no Rio de Janeiro, criaram e recriaram condições favoráveis ao alargamento do crédito, partindo da construção da credibilidade. Promoveram o comércio interprovincial mineiro, facilitando os arranjos mercantis, favorecendo a circulação do crédito e de mercadorias, bem como os acertos de negócios. Suas casas mercantis eram pontos certos nos quais os fazendeiros-comerciantes mineiros buscavam o apoio para envio e recebimento de mercadorias, bem como dos créditos decorrentes do abastecimento da Corte.

---

130 Ao analisar os processos de recrutamento de novos membros na praça mercantil de Lisboa, Jorge Pedreira pontuou a importância do patrocínio no processo de inserção desses indivíduos. Como patrocínio o autor entendia as relações sociais e políticas dos sujeitos, uma vez que numa sociedade hierarquizada as oportunidades não eram igualmente distribuídas entre os indivíduos. Cf. PEDREIRA, 1995.

131 O título de homens de negócios não era reputado a qualquer mercador ou vendedor a retalho. A carga semântica trazia consigo uma série de faculdades que articulavam o crédito, o volume e extensão dos negócios e o reconhecimento pelos pares da fortuna e capital de giro empregados no desenvolvimento do comércio. Além disso, a partir da criação da Junta do Comércio no Rio de Janeiro, a matrícula no órgão e, em 1850, a matrícula no Tribunal do Comércio. Entre outros cf. BRAUDEL, 1998; FRAGOSO, 1998; FLORENTINO, 1995; PEDREIRA, 1995; FURTADO, 1999.

A dinâmica do comércio interprovincial: as relações mercantis de Gervásio Pereira Alvim com a Corte do Rio de Janeiro

A carta que abre o início deste capítulo traz alguns elementos constantes da dinâmica mercantil entre praças geograficamente distantes em economias pré-industriais. O escrevente, o comerciante Francisco Eugênio de Azevedo, além das notícias pessoais, trazia informações a respeito das atividades de Gervásio Pereira Alvim na praça carioca, como por exemplo, o comércio de gado, ramo em que o fazendeiro participava ativamente. Além disso, realça a dinâmica dos pagamentos e acertos de créditos, as dificuldades de envio de dinheiro.

Os acertos dos negócios eram a principal dificuldade do comércio entre praças distantes. A falta de numerário circulante, as longas distâncias e as inseguranças dos trajetos, bem como o intenso recurso ao crédito exigiam dos agentes a presença de intermediários que auxiliassem e facilitassem os tratos mercantis em diferentes pontos do comércio. Dentre suas principais funções, os intermediários tentavam suprir as dificuldades de acertos dos negócios, garantir a circulação das mercadorias e facilitar o acesso ao crédito. Em especial, no comércio entre Minas Gerais e o Rio de Janeiro, representado pela rede de contatos mercantis de Gervásio Pereira Alvim, observamos que o estabelecimento dos mineiros na praça carioca fazia parte de estratégias que visavam facilitar os arranjos mercantis entre as regiões e superar esses obstáculos no desenvolvimento da atividade. Nesse sentido, como retratado na missiva, as figuras de Francisco Eugênio de Azevedo, José Bernardino Teixeira e Carlos Joaquim Máximo Pereira, por exemplo, exerciam, entre outros papéis desempenhados, essas funções. As casas mercantis desses sujeitos recebiam créditos em nome de Gervásio, ficando em saldo e conta para futuras transações. Assim, em 19 de fevereiro de 1853, Francisco Eugênio, já estabelecido na praça carioca, informava a Gervásio que havia recebido dois créditos de Joaquim Manoel que foram depositados em sua conta.[132] Alguns meses depois, em 04 de maio, Joaquim Manoel Alves de Araújo, comerciante de gado a quem Gervásio costumava consignar seu gado,[133] entregava a Francisco Eugênio

132 Arquivo particular de Gervásio Pereira Alvim: Carta enviada por Francisco Eugênio de Azevedo, 19 de fevereiro de 1853, Praia Pequena.

133 Cf. capítulo 1 deste livro.

a quantia de 1.173$400 réis, também em saldo e conta do fazendeiro mineiro.[134] No ano seguinte, a casa de José Bernardino e Carlos Joaquim Máximo Pereira receberia, por ordem do capitão Manoel Pereira de Resende Alvim, tio de Gervásio, a quantia de 700$000 réis, que foram creditados em conta de Gervásio.[135] Essa última transação envolveu o acionamento de uma cadeia de crédito. Segundo a carta enviada pelos comerciantes, o crédito fora entregue por Francisco Xavier Dias da Fonseca por ordem do doutor Manoel José Monteiro de Barros Galvão de São Martinho em cumprimento da ordem do capitão Manoel, residente no termo de Passatempo, Minas Gerais. Neste mesmo ano, a casa ainda receberia em conta de Gervásio mais os créditos de Francisco Machado no valor de 200$000 réis, em 28 de fevereiro, e no dia 04 de outubro receberia por mão do próprio Gervásio a quantia de 800$000 réis.[136]

Transações como essas foram constantes na documentação privada do fazendeiro Gervásio. Elas revelam que as dificuldades de acertos dos negócios foram suplantadas através de alguns comportamentos mercantis. Diante das dificuldades em enviar o dinheiro para a Corte, a partir da comercialização do gado e de outros gêneros alimentícios com os quais abasteciam a cidade carioca, o produto dos negócios era entregue a intermediários locais que, em posse do capital, tratavam dos acertos de débitos com outras casas mercantis, bem como recebiam e preparavam os pedidos dos mineiros para a movimentação do comércio regional, bem como para o abastecimento das fazendas.

Assim, em 7 de maio de 1855, Francisco Eugênio escrevia a Gervásio para reportar a respeito do pedido que aprontara em 30 de abril. Segundo o missivista, parte do pedido seguiria com José Pedro Guimarães e Irmão, conforme consta do recibo firmado, e o restante partiria depois, pois não havia condutor. Avisava que as cargas somaram 271$000 réis que foram levados a débito em conta do fazendeiro. Finalizava desejando que tenha tido boa viagem de regresso, junto com Francisco, recomendava-se a todos e dizia que estimava que as cargas chegassem

134 Arquivo particular de Gervásio Pereira Alvim: Recibo da casa mercantil Francisco Eugênio de Azevedo e Cia., 04 de maio de 1853, Rio de Janeiro.

135 Arquivo particular de Gervásio Pereira Alvim: Carta enviada por José Bernardino e Máximo Pereira, 08 de novembro de 1854, Rio de Janeiro.

136 Arquivo particular de Gervásio Pereira Alvim: recibo da casa mercantil José Bernardino e Máximo Pereira, 28 de fevereiro de 1854, Rio de Janeiro; recibo da casa mercantil José Bernardino e Máximo Pereira, 04 de outubro de 1854, Rio de Janeiro.

em breve.[137] No dia 23 de maio, José Pedro Guimarães, referindo-se a Gervásio como primo, de São João, informava que no dia anterior haviam aportado em sua casa mercantil as cargas do fazendeiro vindas do Rio de Janeiro. Dizia que pagou os carretos na quantia de 400$400 réis e que, pelo condutor que fosse buscá-las, enviaria o recibo da condução.[138] Nessa transação observamos outro empecilho da atividade: a falta de carretos e a dificuldade de movimentação pelas estradas imperiais. Embora o comércio entre as regiões de Minas Gerais e a Corte do Rio de Janeiro fosse bastante volumoso, as dificuldades de passagem ainda permaneciam. Os caminhos eram sinuosos e precários, de difícil acesso, e os riscos de assaltos e acidentes eram frequentes. A preocupação com as estradas, o transporte e a comunicação eram temas recorrentes entre as autoridades imperiais e provinciais, que percebiam nas dificuldades de acesso e de circulação da informação graves empecilhos para o desenvolvimento econômico interno. Desde os tempos de dom João VI existiam projetos de melhorias da infraestrutura interna da Colônia com vistas a facilitar a comunicação entre as regiões do interior e a nova sede do Império lusitano.[139] Já no período imperial, as autoridades provinciais mineiras, percebendo os entraves ao desenvolvimento econômico das suas regiões, em momentos distintos (1835, 1864 e 1871), desenvolveram planos de integração das cidades e mercados mineiros entre si e o aperfeiçoamento das ligações com a capital imperial.[140]

Por aqueles trajetos andavam as tropas carregadas de manufaturados importados, bem como as mercadorias do abastecimento da Corte e os mercados mineiros (a economia de Minas Gerais) dependiam muito da qualidade das estradas e vias de comunicação para o seu desenvolvimento. Nesse sentido, segundo Francisco Iglésias, o governo provincial mineiro tinha, dentre suas diretrizes políticas, a preocupação com o desenvolvimento das vias de comunicação e o transporte como meios de garantir o desenvolvimento econômico da província.[141] Em plano local e regional, de acordo com Marcelo Magalhães Godoy e Lidiany Barbosa, eram cons-

137 Arquivo particular de Gervásio Pereira Alvim: Carta enviada por Francisco Eugênio de Azevedo, 07 de maio de 1855, Rio de Janeiro.

138 Arquivo particular de Gervásio Pereira Alvim: Carta enviada José Pedro Guimarães, 23 de maio de 1855, São João.

139 LENHARO, 1992, p. 47-59.

140 GODOY & BARBOSA, 2006.

141 IGLÉSIAS, 1958.

tantes as queixas dos vereadores nos ofícios da presidência da província sobre o baixo desenvolvimento da infraestrutura de estradas e transportes e os prejuízos que acarretavam no comércio, na comunicação e na administração pública.[142]

As dificuldades de circulação e de carretos (transportes) afetavam a dinâmica mercantil, gerando contratempos e "desconforto" nas relações entre comprador, vendedor e tropeiros, como reportado na missiva de Francisco Eugênio. A falta de transporte gerava entraves na regularidade das tropas, dificultando o comércio e a circulação das mercadorias. Em maio de 1855, Francisco Eugênio conseguia enviar parte das cargas encomendadas por Gervásio, e em março de 1856 informava que as cargas já estavam prontas, porém não foram enviadas por falta de condução para Carrancas quando, então, aguardava uma nova para São João del Rei.[143] Tais cargas foram despachadas no dia 17 de março, sendo transportadas pelo tropeiro Miguel José Maciel, que levava também os pedidos das casas mercantis de "Serzedello e Machado" e "Loureiro, Botelho e Castro e Cia.".[144] Além disso, há que se destacar que no problema dos transportes havia ainda os riscos de perda da mercadoria. Neste caso, de quem era a responsabilidade sobre os produtos perdidos? Quem assumiria o prejuízo?[145]

Enfim, o estado das estradas era fonte de preocupações, não apenas das autoridades, mas dos agentes mercantis, pois gerava perdas e aumentava os custos dos produtos. Pelas cargas aportadas em casa de José Guimarães em São João del Rei, em maio de 1855, Gervásio pagara mais de quatrocentos mil réis de carreto. Mesmo sem sabermos o volume e os materiais transportados, o valor era bem alto, superando o valor da compra das mesmas que, segundo Francisco Eugênio, soma-

---

142 GODOY & BARBOSA, 2006.

143 Arquivo particular de Gervásio Pereira Alvim: Carta enviada por Francisco Eugênio de Azevedo, 13 de março de 1856, Rio de Janeiro.

144 Arquivo particular de Gervásio Pereira Alvim: Carta enviada por Francisco Eugênio de Azevedo, 17 de março de 1856, Rio de Janeiro.

145 Em 8 de março de 1893, Gervásio recebeu uma carta de um consignatário de vinhos em Carandaí, Policarpo Rocha, a respeito da carga enviada para a comercialização. Segundo Policarpo Rocha, devido à viagem, o vinho havia vazado no percurso, molhando outros produtos, fato que provocou a deterioração desses, e ainda que o vinho estava muito azedo. Meses depois, em 3 de maio do mesmo ano, o comerciante voltava a escrever reclamando do prejuízo da carga em função de vazamento do vinho e vasilhames e a perda de outros produtos. Documentação privada de Gervásio Pereira Alvim: Carta enviada por Policarpo Rocha, 08 de março de 1893 e 03 de maio de 1893, Carandaí.

ra em 271$000 réis.[146] Em 18 de outubro de 1854, o tropeiro Carlos Almondes de Faria, que transportava quatro caixas de louças da casa de Serzedelo e Machado para serem entregues a Gervásio Pereira Alvim, cobrava 8$400 réis *por volume de baixo.*[147] Já Luciano de Castro cobrou quase 200$000 réis pelo transporte de pólvora e fogos da China comprados na casa mercantil de Loureiro, Botelho e Castro, na viagem datada de 15 de novembro de 1854.[148] Embora não saibamos ao certo os critérios de formação dos custos dos transportes, várias condicionantes, tais como o valor e volume das cargas, bem como a tipologia das cargas, as distâncias, os estados das estradas e vias e, ainda, a habilidade e fama do condutor, provavelmente, influíam na formação do valor total dos carretos.

Seja como for, o movimento das tropas entre Minas Gerais e o Rio de Janeiro era bastante intenso, tendo o fazendeiro Gervásio feito diversos pedidos a casas mercantis cariocas por mercadorias que serviriam tanto para o comércio interno à comarca do Rio das Mortes, quanto para o abastecimento da sua fazenda. De maneira geral, apesar de as cartas pouco reportarem sobre as cargas enviadas, restringindo-se a informar acerca dos recebimentos dos pedidos, dos valores levados a débitos ou créditos, dos prazos de pagamentos e transportes das mesmas, como por exemplo, a missiva da casa mercantil de Vicente Ferreira de Paiva e Cia., do Rio de Janeiro, cujo teor informava a Gervásio que *"serve esta de cuja fatura e recibo do tropeiro a quem entregamos os gêneros que lhe remetemos e que vm.ce nos comprou importando em rs. 84$800 que lhe temos debitado"*,[149] os gêneros adquiridos pelo fazendeiro, de acordo com as contas de venda, eram fazendas secas importadas e nacionais. Gervásio adquiria, tanto no mercado carioca, quanto em outras praças mineiras, tecidos (sedas, chitas, baetas) e lenços, material para costura (linhas, botões, fitas, agulhas), chapéus, especiarias e temperos (cravo da Índia, erva doce, canela, pimenta do reino), bebidas (vinho e cerveja), louças, fumos, rapé, pregos para ferrar, freios, arames, aço, pólvora, espoleta, chumbo, armas (espingardas), entre outros gêneros. Enfim,

146 Cf. notas 137 e 138 neste capítulo.

147 Arquivo particular de Gervásio Pereira Alvim: Recibo de Carlos Almondes de Faria, 18 de outubro de 1854, Rio de Janeiro.

148 Arquivo particular de Gervásio Pereira Alvim: Conta de venda da casa mercantil Loureiro, Botelho e Castro – do carreto das cargas que chegaram em casa de Sabino de Almeida Magalhães, 15 de novembro de 1854, São João del Rei.

149 Arquivo particular de Gervásio Pereira Alvim: Carta enviada por Vicente Ferreira de Paiva e Cia., 03 de abril de 1860, Rio de Janeiro.

tratava-se de produtos para consumo das fazendas mineiras, não produzidos na região, mas que faziam parte do universo rural da comarca do Rio das Mortes. Pelo volume de pedidos e de cargas, bem como pelas atividades exercidas pelo fazendeiro, que também era proprietário de um rancho de tropas e um negócio no caminho das Lages, tais produtos serviam também para o abastecimento do comércio local, tendo como consumidores as fazendas vizinhas de Gervásio no distrito da Lage e de parentes residentes em outras partes de Minas Gerais.[150]

Outro traço indelével nas atividades mercantis de Gervásio Pereira Alvim era a pessoalidade das relações firmadas, sustentadas no importante papel da família no abono e identificação dos sujeitos históricos. O intenso recurso às compras a prazo fazia com que os agentes envolvidos no comércio, sobretudo nos negócios a longa distância, fossem pessoas conhecidas. A falta de instrumentos mais precisos de identificação e métodos mais seguros de negociação forçava o conhecimento dos sujeitos, da sua fama, da sua riqueza, bem como de sua família e de suas parentelas. Isso porque, numa economia condicionada por elementos sociais e subordinada às relações de clientela e vizinhança, a família e a parentela eram importantes instrumentos de inserção social. No comércio, em especial, a família, além de ostentar grande capacidade de criação de vínculos e redes de clientela, revelou ser a base de identificação e sustentação dos sujeitos, facilitando, assim, os arranjos mercantis. Por exemplo, já foram ressaltadas as relações de parentesco envolvendo os comerciantes mineiros sediados na praça carioca com Gervásio Pereira Alvim. Francisco Eugênio era tio materno de Gervásio; Carlos Joaquim tinha fortes vínculos de amizades com irmãos de Francisco Eugênio, a sogra dele mantinha estreita relação de amizade e parentesco com a família de Gervásio Pereira Alvim, sem deixar de mencionar os vínculos firmados com o comerciante sanjoanense Sabino de Almeida Magalhães; já José Bernardino Teixeira há muito tempo desempenhava a função de intermediário das relações mercantis de fazendeiros e comerciantes

150 Gervásio fora um homem de muitos negócios, consorciando as atividades agrárias e mercantis. Além de sua fazenda, possuía um rancho para pouso de tropas e um negócio no caminho da Lage, pelos quais pagava impostos. Cf. Arquivo particular de Gervásio Pereira Alvim: Renda Provincial de Minas Gerais, exercício de 1856/1857; Arquivo Histórico do Escritório Técnico II – IPHAN, São João del Rei: Documentação Privada de Gervásio Pereira Alvim: Renda Provincial de Minas Gerais, exercício 1882/1883; Idem: Imposto Municipal da Câmara da cidade de São José do ano de 1888. Além disso, era constante o pedido de fazendeiros do distrito e parentes que moravam em outras partes de Minas Gerais a Gervásio para envio de tais tipos de produtos para suas fazendas.

da comarca do Rio das Mortes com a capital imperial.[151] Havia ainda os vínculos com comerciantes que, atuantes na praça de São João del Rei, mantinham estreitas relações mercantis com o Rio de Janeiro, como foi o caso de José Pedro Guimarães, Sabino Almeida de Magalhães e Manoel Gomes de Castro,[152] para ilustrar. E quando não havia vínculos familiares ou de parentela envolvidos diretamente, as relações mercantis eram intermediadas por sujeitos que conheciam e atestavam a veracidade e fortuna dos envolvidos, ou seja, a ação dos intermediários na praça carioca tinha como imperativo facilitar o acesso ao crédito.

Assim, conforme detectou Jorge Pedreira para a praça comercial de Lisboa e em diálogo com o comportamento mercantil em outras praças na Inglaterra e França, e corroborado pela dinâmica da rede mercantil de Gervásio Pereira Alvim, a família desempenhava o papel de núcleo base que assegurava condições favoráveis aos que vinham de meios geográficos e sociais exteriores às praças mercantis. A partir dessas relações sociais emergidas dos vínculos familiares novos negociantes eram inseridos nos circuitos de comércio: tio, primos, pais, amigos, padrinhos atuavam de diversas formas no sentido de familiarizar os novos agentes com os mecanismos mercantis e, também, de apresentá-los e creditá-los perante os antigos.[153] Essas articulações se davam em nível local-regional e projetavam-se no comércio interprovincial de Minas Gerais com o Rio de Janeiro como parte de estratégias familiares que visavam à reprodução da riqueza e ao controle dos instrumentos de dominação e dos cargos político-administrativos regionais. Segundo Alcir Lenharo, a trajetória dos políticos mineiros ascendidos na capital imperial foi possibilitada através de uma série de articulações firmadas em nível regional pelas elites mineiras abastecedoras da Corte. Segundo suas palavras,

> (...) o modo como este setor da classe proprietária do Centro-Sul articulou-se politicamente em nível regional e se projetou no espaço da Corte. Tal movimento tomou impulso a partir da Independência, quando novos setores sociais perceberam alargadas as possibilidades de participação. No caso dos representantes políticos do setor abastecedor, tiveram facilitada sua caminhada rumo à Corte através da pró-

151 Cf. TEIXEIRA, 2009.

152 Idem.

153 PEDREIRA, 1995, p. 242-249; LENHARO, 1992; TEIXEIRA, 2009.

> pria prática mercantil. A sua projeção política deu-se progressivamente como acompanhando o desdobrar dos seus negócios rumo ao mercado consumidor.[154]

E o desdobrar dos negócios rumo ao mercado consumidor, ainda segundo o autor, somente fora possível pela associação familiar nos negócios. Ou seja, nos processos de estruturação das redes de negócios, o parentesco fora o principal suporte.

> Via de regra, o parentesco servia como ponto de apoio para se firmar na praça comercial; pode-se encontrar uma diversidade de casos em que o parente constituía-se na fonte fornecedora dos gêneros de abastecimento.
>
> Também são constantes os casos de famílias inteiras dedicadas ao comércio, o que lhes permitia uma associação de esforços e divisão de tarefas que as beneficiava conjuntamente. Apesar de serem casas independentes entre si, consignavam gêneros de uma só vez, unificando a obtenção das mercadorias na fonte, quando não fossem também parentes os próprios fornecedores.[155]

Assim, pensamos as relações mercantis de Gervásio Pereira Alvim. As atividades mercantis eram permeadas pelas relações familiares e vice-versa. Os laços familiares e de amizade de Gervásio com os comerciantes estabelecidos na praça carioca garantiam o acesso ao crédito e facilitavam a circulação do comércio e, por seu turno, o fazendeiro abastecia essas casas mercantis com gêneros produzidos na região. Muito provavelmente, o fazendeiro não era o único abastecedor mineiro dessas casas; outros sujeitos, inclusive familiares do Gervásio faziam parte do setor abastecedor mineiro da Corte.

No entanto, esse modelo de organização econômica, que sofria influência das relações sociais, no qual os vínculos familiares constituíam um importante esteio nas atividades mercantis, entrava em falência com a emergência das relações capitalistas, bem como com interferência do Estado nas relações interpessoais.

154 LENHARO, 1992, p. 19.

155 Idem, p. 37.

Isto é, a maior ingerência do Estado nas relações domésticas, entoando o projeto civilizador que culminou na centralização do Estado nas décadas de 1840 e 1850, representada pelas políticas do governo saquarema, que buscava disciplinar o governo da casa e da rua,[156] traria novos comportamentos, afetando as formas dos sujeitos de se relacionarem. No nosso caso, em especial, a promulgação do Código Comercial, em 1850, alterou os tratos mercantis ao interferir na forma como os sujeitos se relacionavam, bem como transformou as percepções do crédito e da dinâmica do comércio.

Na dinâmica mercantil firmada por Gervásio Pereira Alvim, essas transformações se fizeram sentir a partir da década de 1860, quando Francisco Eugênio repreendia Gervásio pelos sucessivos atrasos na quitação das letras firmadas na praça carioca e o alertava dos riscos que corria com tal comportamento.[157] Ou ainda, quando o mesmo comerciante informava ao fazendeiro não ser possível dar prazo maior que seis meses para quitação do débito no valor de 300$300 réis, ou, a clareza dos comerciantes José Bernardino e Botelho Sobrinho de que o prazo e condição para saldo do débito no valor de 211$785 réis eram os vigentes na praça carioca.[158]

Enfim, a emergência de novas relações e percepções dos créditos minavam as antigas formas de organização do comércio interprovincial, fazendo emergir novos instrumentos de acesso ao crédito e construção da credibilidade, bem como alterava os comportamentos mercantis. Assim, naquela década, 1860, Gervásio estrearia uma nova forma de relacionamento, na qual a pessoalidade perdia espaço para as relações impessoais, com caráter mais capitalista, e o cumprimento dos prazos passava a ser o elemento construtor da credibilidade e manutenção do crédito.

---

156 MATTOS, 2004.

157 Arquivo particular de Gervásio Pereira Alvim: Carta enviada por Francisco Eugênio de Azevedo, 17 de dezembro de 1862, Rio de Janeiro.

158 Arquivo particular de Gervásio Pereira Alvim: Carta enviada por Francisco Eugênio de Azevedo, 17 de março de 1856, Rio de Janeiro; Carta enviada por José Esteves e Botelho Sobrinho, 07 de junho de 1856, Rio de Janeiro.

Letras, dívidas e litígios: as transformações políticas e o impacto na economia regional

Eram tempos difíceis para o fazendeiro e comerciante mineiro Gervásio Pereira Alvim. A década de 1860 iniciaria com muitos apuros, sobretudo financeiros. As notícias de que os negócios não iam bem vinham de parentes e amigos, moradores na cidade e Corte do Rio de Janeiro. E as cobranças iniciaram ainda no final da década de 1850 vindas das praças carioca e de São João del Rei. No final de 1862, a situação agravara-se. Francisco Eugênio de Azevedo, comerciante mineiro estabelecido com casa mercantil na rua Direita, número 147, Rio de Janeiro, e filiais em outros pontos da cidade, escrevia ao fazendeiro, seu sobrinho, o alertando dos riscos que passava em virtude dos sucessivos atrasos nos acertos das letras e créditos firmados naquela praça mercantil. Segundo Francisco Eugênio, os credores de Gervásio andavam bastante insatisfeitos e impacientes com os atrasos nos acertos das letras firmadas, e informava sobre as ameaças de uma cobrança judicial e os impactos negativos dessa sobre seus negócios. Em tom firme, diante da grave situação que se apresentava, o comerciante mineiro escreveu:

> Meu sobrinho e amigo,
>
> Rio de Janeiro, 17 de dezembro de 1862
>
> (...)
>
> Tendo escrito por vezes, e nenhuma resposta tenho tido, a respeito de tuas letras firmadas aqui [Rio de Janeiro], e ape-

> nas *tenho recebido poucas quantias para o teu pagamento, pois muito mais tem sido, porque os seus credores estão zangados e com razão, pois você tem deixado de cumprir em tempo com seu dever, e isso não é bom,* portanto faça todo o possível para mandar quanto antes dinheiro para esse pagamento, que do contrário *dizem eles que lá mandam fazer a cobrança, e então tudo estará vencido, e há de sofrer este desgosto* e seja franco peça a teu tio o senhor vigário e seu sogro para acudir e valer no arranjo do dinheiro; *e não há tempo a perder para esse arranjo do dinheiro; eu tenho pedido a teus credores que tenham paciência de esperar, que você está se esforçando para fazer a remessa de dinheiro, mas você tem abusado tanto, quer os homens repentinamente mandam fazer a cobrança, e isso será para você muito desairoso;* portanto espero quanto antes mandará o dinheiro que falta para o pagamento da letra.
>
> No mais aqui fico sempre a seu dispor, por ser seu tio, amigo e obrigado,
>
> Francisco Eugênio de Azevedo
>
> Ps. Aqui esteve o João da Lagoa dizendo que havia de dar dinheiro por sua conta e até nada deu.[1]

A situação era bastante delicada. Ao que tudo indica Gervásio não conseguia mais arcar, sozinho, com seus compromissos firmados na praça mercantil do Rio de Janeiro, e isso era preocupante. Um processo de cobrança envolvendo comerciantes matriculados no Tribunal do Comércio, instituição jurídica-mercantil criada em 1850 cujos objetivos eram julgar causas mercantis e dar mais segurança aos praticantes do comércio,[2] poderia aniquilar qualquer pretensão futura de Gervásio de novos créditos naquela praça. Arrasaria por completo com sua credibilidade por anos construída e, ainda, poderia afetar outros membros da família ali atuantes. Sem dúvidas, um desgosto muito grande, conforme atentou Francisco Eugênio.

---

1 Arquivo Particular de Gervásio Pereira Alvim. Carta enviada por Francisco Eugênio de Azevedo, 17 de dezembro de 1862, Rio de Janeiro. Grafia atualizada. Grifos meus.

2 GUIMARÃES, 1998; ALVISI, 2007.

Além disso, mesmo que fossem comuns os atrasos nos acertos dos créditos e isso não representasse uma tentativa de calote ou maculasse a credibilidade do devedor,[3] para a manutenção do acesso ao crédito e da credibilidade era preciso dar sinais de que o pagamento do todo seria efetuado em algum momento. E isso era claro para Gervásio, que sabia também que, para o sucesso no mundo mercantil, era preciso o equilíbrio das contas. De acordo com Witold Kula, a reprodução de um determinado sistema econômico perpassa pelo equilíbrio das receitas e despesas e, nesse sentido, os investimentos não podem ameaçar a perpetuação da economia, pois:

> Se a despesa da sociedade excede permanentemente sua receita, se acossados pelas necessidades de seu consumo normal e ritual ela diminuísse sua capacidade produtiva, (...) a sociedade teria que fazer uma escolha de modificar sua organização social.[4]

Enfim, a falta de equilíbrio das contas acarretaria na implosão do sistema e no surgimento de uma nova organização social. Isso também é válido para as economias pessoais, pois a falta de equilíbrio das receitas e das despesas impacta e ameaça a reprodução de um determinado modo de viver conduzindo a escolhas que irão alterar o padrão de vida e os mecanismos que garantem a sobrevivência. Tal afirmativa é válida para sociedades pré-capitalistas, como a do Brasil oitocentista, pois, mesmo sendo os investimentos orientados para a distinção e prestígio social, eles não poderiam colocar em risco a continuidade da organização socioeconômica. Portanto, o sucesso das atividades mercantis e agrárias de Gervásio dependia do cálculo constante entre o dever e o haver e da manutenção do acesso ao crédito que, segundo Fernand Braudel, *"representa uma massa enorme, que multiplica por 4 ou 5 o volume das trocas"*,[5] tornando-se, assim, um importante instrumento de que não se poderia abrir mão.

A despeito do alerta feito por Francisco Eugênio, Gervásio era homem sério, preocupado com o equilíbrio das contas, com a sua palavra e sua honra, esforçava-se para quitar as dívidas e manter o crédito, ainda mais na praça mercantil do Rio

---

3 BRAUDEL, 1998, p. 339; MATTOSO, 1998, p. 106.

4 KULA, 1981, p. 97.

5 BRAUDEL, 1998, p. 339.

de Janeiro. Tal assertiva é justificada pelas cartas enviadas por Antônio Candido Resende, primo do fazendeiro e um de seus intermediários na praça carioca, nas quais transparecem a preocupação de Gervásio na finalização do acerto do empréstimo tomado com o comerciante Francisco Carlos Magalhães, no valor de 4.402$008 réis, em 1860. As cartas, datadas de março e abril de 1862, desvelam os esforços e preocupações de Gervásio para a quitação de tal dívida.

> Rio de Janeiro, 13 de março de 1862
>
> Primo e amigo,
>
> Recebi sua estimada carta na qual vejo o que me diz. (...)
>
> Meu primo dentro desta vm.[ce] achará um recibo firmado pelo senhor Francisco Carlos Magalhães de 90$000 [réis] que recebi por ordem do Tio Padre. O Domingos deu também por sua ordem 500$000 [réis] *fica vm.ce restando a Francisco Carlos cento e tantos,* a ordem que me falava de 130$ [réis] por ordem do primo José Resende ainda não recebi eu escrevi a ele que tinha ordem de receber este dinheiro logo que ele manda receberei. Peço desculpa de não ter escrito porque tenho andado por fora.
>
> Disponha deste seu primo e amigo, obrigado,
>
> Antônio Candido Resende.

> Rio de Janeiro, 5 de abril de 1862
>
> Primo e amigo
>
> (...) *Primo dentro desta vm.ce achará uma conta com recibo por saldo [de] contas com a casa do senhor Francisco Carlos e juntamente a suas 3 letras que estava em poder dele* recebi a ordem do primo José Resende de 130$000 [réis]. Eu dei do meu dinheiro 21$576 [réis] o senhor me fica devendo isto e também dei a Nicolau por sua ordem 32$000 [réis] importa tudo Rs. 53$576 rs. Isto vm.[ce] não tenha pressa, *do senhor Francisco Carlos vm.ce está livre.* O primo José Resende hoje aqui estava com saúde, no mais vm.[ce], a minha irmã e sobrinhos e mais família queira estar nossas saudades.

Adeus, até a vista, seu primo e amigo,

Antônio Candido Resende.[6]

Embora Gervásio andasse atrasado no acerto dessa dívida, cujas cláusulas do contrato do crédito eram três pagamentos semestrais no valor de 1.467$336 réis durante o período de um ano e seis meses a partir de 24 de fevereiro de 1860,[7] pelas informações passadas por Antônio Candido observamos o empenho do fazendeiro e a ativação de sua cadeia de crédito com outros comerciantes e amigos moradores na praça carioca para finalizar o débito. No entanto, apesar de todo esforço em saldar as dívidas, elas não cessaram. Cobranças vindas de São João del Rei, dos comerciantes Manoel Gomes de Castro e dona Maria Josefa da Conceição, perturbariam Gervásio por mais algum tempo e culminariam na Ação de 10 Dias de cobrança de dívida, movida no Juízo Municipal de São José del Rei, comarca do Rio das Mortes, em 18 de julho de 1863.

As relações de Gervásio com os comerciantes Manoel Gomes de Castro e dona Maria Josefa da Conceição já estavam bastante abaladas desde 1862. O motivo seria o atraso na quitação do empréstimo feito em 13 de março de 1860, no valor de 3.923$482 réis. Segundo os credores, Gervásio Pereira Alvim tinha deixado de cumprir com seu dever e não satisfez aos credores, que empregando *"todos os meios de docilidade e brandura"* procuravam, dentro dos seus direitos, garantir o acerto da dívida. Assim, não havendo conciliação, eles impetraram uma ação de cobrança de dívida contra Gervásio Pereira Alvim que, intimado e não comparecendo à audiência, foi condenado à revelia a pagar a dívida que, naquele ano, capitalizados os juros e prêmios, era de 5.379$364 réis.[8]

Apesar de o processo ter corrido à revelia de Gervásio Pereira Alvim, pois este não compareceu à audiência marcada e tampouco mandou representante,[9]

---

6 Arquivo Particular de Gervásio Pereira Alvim. Cartas enviadas por Antônio Candido Resende, 13 de março de 1862 e 05 de abril de 1862, Rio de Janeiro. Grafia atualizada. Grifos meus.

7 Arquivo Particular de Gervásio Pereira Alvim. Promissórias da casa mercantil de Francisco Carlos de Magalhães, 24 de fevereiro de 1860, Rio de Janeiro.

8 Arquivo Histórico do Escritório Técnico II - IPHAN, São João del Rei. Ação de 10 Dias: Manoel Gomes de Castro e Maria Josefa da Conceição (autores); Gervásio Pereira Alvim (réu), São José, 1863.

9 Segundo o auto de citação do réu para o processo, Gervásio Pereira Alvim fora citado em sua própria pessoa para todo o conteúdo da petição reto *"estando ele de cama e marquei*

isso não significou ausência de tentativas de negociação da dívida. Manoel Gomes de Castro e dona Maria Josefa da Conceição eram parentes, esta última era sogra do comerciante, e por isso, Gervásio se esforçava para fazer valer as cláusulas da Escritura de Dívida, Obrigação e Hipoteca que assinara para tal transação creditícia com Manoel Gomes de Castro. No documento assinado, Gervásio dava como garantia ao crédito a hipoteca de dois escravos e parte de um terceiro. Assim, no final de 1861, Gervásio oferecia a Manoel Gomes de Castro a execução da hipoteca com a entrega dos referidos escravos como pagamento de parte da dívida, uma vez que já havia os juros. No entanto, os credores recusaram a oferta, alegando não terem interesses nos escravos e afirmando que somente davam mais prazo se o vigário Joaquim Carlos de Resende Alvim, tio paterno de Gervásio, abonasse um novo crédito.[10] Ao que tudo indica, a contraproposta dos credores fora recusada.

Manoel Gomes de Castro e dona Maria Josefa da Conceição não aceitaram a entrega dos escravos, rompendo com as cláusulas do acordo firmado. Ao que parece, não havia problema algum com os cativos. Dentro do universo e da lógica escravista, eles eram força de trabalho bem avaliados, em idades adultas e com plena capacidade de trabalho: um era africano e tinha vinte e três anos, e os outros eram duas mulheres crioulas, uma de quatorze anos, que seria entregue inteira, e parte de outra de trinta anos. Portanto, não havia motivos aparentes que justificassem a recusa desses a não ser o simples fato de não querer tais bens. Seria esse não aceitar os cativos um sintoma de descrença com a longevidade da escravidão por parte desses comerciantes? Naqueles anos, os debates a respeito da instituição escravista no Brasil e as leis abolicionistas do tráfico de africanos criavam uma atmosfera de insegurança quanto ao futuro da escravidão,[11] e isso, aliado ao baixo investimento que comerciantes faziam em cativos,[12] sinaliza os reflexos das políticas públicas do Estado Imperial no trato das relações cotidianas entre os sujeitos. O escravo, que outrora era sinônimo de riqueza e prestígio, perdia espaço na composição das fortunas expressando alteração no comportamento da sociedade em transforma-

---

audiência como constava do mandado e ... pedido a contra fé assim o ... de tudo ficou bem ciente". Idem, F. 05.

10 Arquivo Particular de Gervásio Pereira Alvim. Carta enviada por Manoel Gomes de Castro, 05 de janeiro de 1862, São João del Rei.

11 FRAGOSO & MARTINS, 2003; CASTRO & SCHNOOR, 1995; CARVALHO, 2008.

12 ALENCASTRO, 2002.

ção.[13] Seria esse o real motivo da recusa dos cativos por parte de Manoel Gomes de Castro e dona Maria Josefa da Conceição? Ou, então, seria uma jogada para lucrar mais com a atividade creditícia?

O comerciante Manoel Gomes de Castro, ao recusar a proposta de Gervásio de executar a hipoteca com a entrega dos escravos, alegou que *"[j]á por vezes lhe fiz ver que não preciso dos escravos, e lhe disse que V.S. podia vendê-los entregando-me o importe dos mesmos, pois que eu preciso do dinheiro para arranjos que tenho a fazer, e por tanto uma vez que quer dispor deles já há muito tempo os devia ter vendido, e entregar-me a importância deles"*.[14] A lógica e o comportamento de Manoel Gomes de Castro, mais capitalista que de Gervásio Pereira Alvim, pressionavam o fazendeiro a levantar o dinheiro para saldo da dívida. E isso era muito mais lucrativo para Manoel, pois, em primeiro lugar, ele teria dinheiro em caixa para efetivar seus negócios, em segundo, porque Gervásio Pereira Alvim, para realizar um bom negócio com os escravos, gastaria tempo para acertar a venda e dispor do dinheiro e, nesse interim, mais juros iam se acumulando à dívida assumida. Seja como for, a visão e atitude de Manoel Gomes de Castro lhe rendia mais lucros.

Mas, e Gervásio Pereira Alvim, o que acontecia com ele? Em meio a tantas mudanças na economia brasileira pós 1850, nos anos de 1860 Gervásio não conseguia mais arcar com seus deveres e compromissos. Até o ano de 1858, as contas estavam equilibradas, tanto na Corte quanto na praça de São João del Rei. Os primeiros sinais de crise vieram em 1859, quando o fazendeiro recebia as primeiras cobranças, e no ano de 1860, quando fizera dois empréstimos, um na Corte do Rio de Janeiro, com Francisco Carlos Magalhães, e outro em São João del Rei, com Manoel Gomes de Castro e dona Maria Josefa da Conceição. Sabe-se que Gervásio se recuperou desse apuro financeiro, mas no que ele estava investindo? Quais atividades ele estava desenvolvendo? O que ele fez com o dinheiro que pegou emprestado? Serviu apenas para pagar algumas dívidas? O que antes estava dando certo e agora não era mais capaz de garantir e/ou salvaguardar o fazendeiro nos seus negócios e na produção de sua riqueza? Esses apuros seriam reflexos das mudanças políticas e econômicas e a necessidade de reorientação de suas ações e estratégias? Essas são questões que tentaremos responder neste capítulo.

---

13 MELLO, 1990, p. 105-124.

14 Arquivo Particular de Gervásio Pereira Alvim. Carta enviada por Manoel Gomes de Castro, 05 de janeiro de 1862, São João del Rei.

As décadas de 1850 e 1860 e as transformações sociais e econômicas no Império brasileiro

Na segunda metade do século XIX, a população brasileira viveu profundas transformações na estrutura social e econômica. O ano de 1850 fora divisor de águas na história do Brasil Imperial. Afastadas as ameaças de esfacelamento do Império através do fim das revoltas regenciais e garantida a unidade territorial, o pacto entre barões e o rei selaria a nova fase nacional da monarquia brasileira.[15] Tratava-se da síntese de dois processos: a completa desagregação da herança colonial[16] e a nacionalização da monarquia brasileira. Era a chegada da modernidade.

Em 1850, após a consolidação do Estado Imperial, o governo sentiu-se forte o suficiente para tratar de duas questões em pauta desde o I Reinado e período regencial: o tráfico de africanos e a estrutura agrária e de imigração. Dois problemas cujas soluções sinalizavam as novas orientações para o desenvolvimento econômico do Império. Além dessas, foram ainda tratadas a reforma da Guarda Nacional e a promulgação do Código do Comércio substituindo as antigas orientações para a prática mercantil definidas nas Ordenações Filipinas. Tais reformas, segundo José Murilo de Carvalho, estavam interligadas entre si:

> A lei de terras, que era também de colonização fora apresentada pela primeira vez em 1843 e tinha como propósito claro preparar o país para o fim eventual do trabalho escravo. A centralização da Guarda buscava fortalecer a posição do governo perante os proprietários cuja reação ao fim do tráfico e regulamentação da propriedade rural fora negativa. Embora em sua origem não vinculado a essas medidas, o Código Comercial veio enquadrar-se perfeitamente na conjuntura, de vez que o fim do tráfico provocou pela primeira vez uma febre de negócios no país causada pela disponibilidade de capitais anteriormente empregados no comércio negreiro. O ano de 1850 pode ser considerado marco entre duas fases de implantação do Estado Nacional. Talvez, por ironia, foi também o

15 CARVALHO, 2008, p. 249-260.

16 HOLANDA in HOLANDA, 1985.

> ano da primeira grande epidemia de febre amarela que assolou a capital do Império matando milhares de pessoas.[17]

A ruptura iniciada na década de 1850 continuava através da promulgação de novas leis, tais como a Lei de Hipotecas, de 1864, e a legislação gradual de desmanche do sistema escravista. Para Sérgio Buarque de Holanda, o ano de 1850 foi um marco na história do Brasil devido à intensidade das transformações postas em curso. De acordo com o autor:

> mesmo depois de inaugurado o regime republicano, nunca, talvez, fomos envolvidos, em tão breve período, por uma febre tão intensa de reformas como a que se registrou precisamente nos meados do século passado [século XIX] e especialmente nos anos de 51 e 55. Assim é que em 1851 tinha início o movimento regular de constituição das sociedades anônimas; na mesma data funda-se o segundo Banco do Brasil que se reorganiza três anos depois em novos moldes, com unidade e monopólio das emissões; em 1852, inaugura-se a primeira linha telegráfica na cidade do Rio de Janeiro. Em 1853 funda-se o Banco Rural Hipotecário, que, sem desfrutar dos privilégios do Banco do Brasil, pagará dividendos muito mais avultados. Em 1854 abre-se ao tráfego a primeira linha de estradas de ferro do país – os 14 quilômetros e meio entre o porto de Mauá e a estação Fragoso. A segunda, que irá ligar à Corte a capital da província de São Paulo, começa a construir-se em 1855.[18]

Em meio a transformações tão veementes vindas de uma política emancipacionista da escravidão e de reformas econômicas, nosso personagem, o fazendeiro e comerciante Gervásio Pereira Alvim, precisou de muita perspicácia e jogo de cintura para lidar com as novidades, manter seu patrimônio material e imaterial e garantir a sua sobrevivência. As políticas institucionais em curso em âmbito nacional marcavam como uma sombra a vida cotidiana, interferindo na forma como

17 CARVALHO, 2008, p. 256-257.

18 HOLANDA, 1986, p. 42.

os sujeitos imperiais (fazendeiros e comerciantes, sobretudo) lidavam com os tratos mercantis e a produção da riqueza.

Naqueles anos, Gervásio Pereira Alvim passava por apuros financeiros, o que culminou no processo de cobrança de dívida em 1863. Embora não tenhamos localizado o seu inventário, sabe-se que ele conseguiu se recuperar e ampliar seu patrimônio. Em carta de dona Maria Salomé de Resende, viúva de Gervásio Pereira Alvim, datada de 18 de novembro de 1902, ao coletor estadual de Tiradentes, ela dizia que, tendo falecido o seu marido no dia 18 de outubro passado, sem testamento e com filhos maiores de 21 anos, seus herdeiros legítimos, precisava providenciar o inventário dos bens do casal e proceder aos direitos de herança. Segundo a missivista, o casal possuía bens na comarca de Tiradentes, no distrito da Lage, e na comarca do distrito de Entre Rios.[19] Sem dúvida, a feitura do inventário *post mortem* revela a presença de bens e sinais de que o fazendeiro e comerciante conseguiu superar os problemas vividos em décadas anteriores.

Em função disso, nas próximas seções, procuramos descortinar as causas dos problemas financeiros vividos e as estratégias econômicas adotadas para enfrentar os desafios cotidianos inerentes à sobrevivência e à produção da riqueza por Gervásio Pereira Alvim. Para tanto, faremos uma análise do padrão de riqueza do distrito da Lage no período de 1850 e 1870, de cunho mais quantitativo, e procederemos a um estudo pontual de três casos de sucesso e enriquecimento, analisando as estratégias e os investimentos que possibilitaram o acúmulo de bens por três sujeitos imperiais da região, como parâmetro de comparação de investimentos feitos e, assim, a definição dos espaços de manobra de Gervásio Pereira Alvim. Por fim, procuraremos na documentação privada de Gervásio Pereira Alvim indícios dos motivos que levaram ao desarranjo financeiro e os investimentos do fazendeiro e comerciante mineiro naqueles anos que possibilitaram o seu soerguimento.

A composição da riqueza no distrito da Lage (1850-1870)

Entre os anos de 1850 e 1870, o distrito da Lage não se diferenciava muito na sua composição social e atividades econômicas das décadas iniciais do século XIX.[20] A riqueza da região ainda se concentrava no mundo rural, e o arraial per-

19 Arquivo Particular de Gervásio Pereira Alvim. Carta enviada por Maria Salomé de Resende, 18 de novembro de 1902, distrito da Lage.

20 Cf. TEIXEIRA, 2006. E ainda, André Figueiredo Rodrigues ao tratar do perfil socioeconômico dos inconfidentes da comarca do Rio das Mortes, indiretamente, apresentou a importância

manecia como morada dos pobres, visto pelos fazendeiros como lugar de gente desordeira e de maus costumes, um lugar o qual eles, os fazendeiros, pouco gostavam de frequentar. Segundo seu discurso, repetido por José A. Rezende anos mais tarde, já no século XX, no arraial havia os ranchos de tropas e as tavernas onde se reuniam *"gentes de costumes péssimos e de maus instintos; uns eram do próprio lugar, outros de fora cuja gente reunida em as casas de tavernas, faziam algazarras, etc. Essas reuniões irritavam os fazendeiros e a gente pacífica e ordeira que habitava o lugar, as que se afastavam de tal convívio".*[21]

Embora a morada no arraial fosse associada à gente desordeira, muitos fazendeiros da região possuíam casas de moradas ali, onde frequentavam aos domingos e dias santos, como um espaço de sociabilização.[22] As famílias dos fazendeiros participavam das festividades e cerimônias religiosas no arraial e, antes de retornarem às suas fazendas, frequentavam o comércio local. Segundo a descrição de José A. Rezende, um pouco autoritária e refletindo as percepções dos escravistas de que todos aqueles que não fossem senhores de terras e escravos eram marginalizados do sistema, a vida no arraial era marcada pelo crescimento lento e tácito do comércio, e nos domingos as presenças dos fazendeiros e seus familiares, bem como do padre davam um ar civilizado àquele lugar. Segundo suas palavras,

> Lenta e tácita foi crescendo a vida comercial da Lage... Nos dias de domingo, uma hora antes e uma depois da missa, ha-

---

econômica do distrito da Lage no cenário da comarca mineira. Dos sete inconfidentes estudados por Rodrigues, três deles (José de Resende Costa, Carlos Correia de Toledo e Melo e Francisco Antônio de Oliveira Lopes) possuíam bens no distrito: fazendas, casas de moradas e datas minerais. Já a esposa do inconfidente, Luís Vaz de Toledo Piza, dona Gertrudes Maria de Camargo, após a prisão e degredo do marido, fora residir na fazenda da Lage, que pertencia à família de Francisco Antônio de Oliveira Lopes. Ver: RODRIGUES, 2008. Tais vínculos econômicos dos inconfidentes com o distrito da Lage, a nosso ver, refletem a importância econômica da região no contexto mineiro e sua capacidade de produzir riquezas.

21 RESENDE, 1920, p. 15.

22 Antonio Candido, no estudo sobre o caipira paulista e a transformação dos seus meios de vida, também ressaltou a visão negativa que se tinha das vilas como lugar ocupado por pessoas de maus hábitos e costumes ainda na primeira metade do século XX. Segundo o sociólogo, ao estudar a cultura caipira no município de Bofete, entre os anos de 1948 e 1954, observou que a vila e a casa de morada nele eram espaços ocupados pelos fazendeiros nos domingos e dias santos para frequentarem as missas e as festividades religiosas; após as cerimônias, as famílias recolhiam-se para suas fazendas e a vila era, então, tomada pelos arruaceiros e vagabundos. Cf. CANDIDO, 2003.

> via movimento nas poucas casas de comércio e, passadas essas horas, em que o movimento das tavernas vacilava, remontava, sem demora, a mesma marcha dos dias anteriores. Retirados os fazendeiros e o vigário, que morava fora, o arraial retomava o seu habitual uso de desordens e de distúrbios... Em ocasiões de festas religiosas reuniam-se no largo do arraial os fazendeiros e boa gente que havia nas imediações, os quais, aglomerados no centro formavam uma espécie de cordão sanitário, em que ficavam completamente separados dos maus elementos dos subúrbios do arraial. O cordão só era transposto pela polícia porque impunha respeito e ordem.[23]

Os fazendeiros, naqueles anos de 1850 e 1870, a maioria descendente dos primeiros ocupantes, eram ainda os senhores das fortunas do distrito, e seu poderio político e controle do mando local podem ser percebidos nas suas atuações como vereadores na Câmara da vila de São José, nas disputas territoriais de agregação de quarteirões sob jurisdição administrativa do distrito da Lage, na presença de agregados em suas fazendas, na ocupação de cargos do judiciário e na aquisição de patentes da Guarda Nacional. Estes homens, a cujos inventários tivemos acesso, eram herdeiros de uma tradição pré-capitalista, na qual a produção e reprodução da riqueza estavam baseadas no trabalho escravo e na aquisição contínua de terras e mais terras como força motriz do sistema agrário escravista ali implantado. Neste sentido, com a abolição do tráfico e implementação da lei de terras e imigração, estes homens viram nessas leis um obstáculo a ser transposto na labuta cotidiana para assegurar a sobrevivência e o enriquecimento da família.

O forte apego à escravidão, presenciado no final do século XVIII, através do Rol dos Confessados da vila de São José de 1795, e, posteriormente, na década de 1830, nas listas nominativas de 1831-33 e 1838-40, também foi verificado no censo nacional de 1872.[24] De acordo com os dados do censo, o distrito da Lage continuava com uma alta concentração de escravos, porém o número de livres havia superado o de cativos, invertendo os índices anteriores. No contexto das freguesias

---

23 RESENDE, 1920, p. 26.

24 Censo de 1872 disponível em: http://biblioteca.ibge.gov.br/visualizacao/monografias/visualiza_colecao_digital.php?titulo=Recenseamento%20Geral%20do%20Brasil%201872%20-%20Imp%E9rio%20do%20Brazil&link=Imperio%20do%20Brazil#, consulta feita em 17/09/2012, às 21h37.

que compunham o termo da vila de São José del Rei (Prados, Lagoa Dourada, Carandaí e Lage), o distrito se destacava perante os outros pela alta concentração da mão-de-obra escrava. O distrito continha em seu interior 38,2% (1.045) dos escravos do termo da vila de São José (2.735). No total de 1.045 cativos do distrito da Lage, 579 (55,4%) eram homens e 466 (44,6%), mulheres. Dentre os homens, a maioria era solteira (86,3%), de nacionalidade brasileira (89,1%) e tivera sua raça listada como pretos (76,8%). As cifras para as cativas não divergiam muito das do sexo masculino. As mulheres também eram na sua maioria solteiras (87,1%), brasileiras (89%) e pretas (74,2%).

Apesar de o distrito não ter alterado muito seus contornos sociais, políticos e econômicos, um novo contexto se apresentava para os fazendeiros. Nesse sentido, como estaria o padrão de riqueza no distrito da Lage? Quais os principais investimentos dos moradores? Houve uma transformação brusca na composição da riqueza? Como os casos de sucesso e enriquecimento lidaram com as mudanças em curso? Para responder a essas questões, recorremos aos inventários *post mortem* para o período das décadas de 1850 e 1870.

Os inventários *post mortem* constituem fontes importantes para dimensionar o padrão de riqueza e investimentos dos sujeitos, devido a sua natureza própria. De origem cartorária, os inventários trazem em seu interior um rol completo dos bens inventariados e suas avaliações. A partir desses dados é possível fazer uma reconstituição do padrão de riqueza e dos investimentos dos sujeitos inventariados. Obviamente, é uma fonte com limitações, pois a avaliação da riqueza é medida a partir dos dados expostos no ato do inventário, deixando de fora as estratégias cotidianas de reprodução da riqueza. Por exemplo, um inventário muito endividado pode não significar que o inventariado fosse considerado pobre aos olhos da sociedade, ou vivia a "Deus dará", poderia sim camuflar uma tentativa do inventariado de melhorar a qualidade de vida através da ampliação dos ramos de atuação, com a feitura de novos investimentos que necessitaram de empréstimos. No entanto, apesar dessa limitação e da ressalva, isso não desqualifica a fonte a ser utilizada. Os inventários são as fontes mais comumente utilizadas no estudo das riquezas no Brasil Colônia e Império.[25]

---

25 Dentre eles, destacamos as obras que nos guiaram como referência no estudo da riqueza e padrão de fortunas: MATTOSO, 1992 e 2004; FARIA, 1998; FRAGOSO, 1983 e 1998; MATTOS, 2009; TEIXEIRA, 2006; GRAÇA FILHO, 2002; MELLO, 1990; BACELLAR, 1997; MARCONDES, 1998; ALMICO, 2001; ARAÚJO, 2006.

Embora a legislação impusesse a abertura do processo de inventário a todo e qualquer falecido que deixasse filhos menores, mesmo que o inventariado não possuísse bem algum, de modo geral, a abertura do processo era feita quando o inventariado falecido era proprietário de bens. Ou seja, despossuídos e sujeitos legalmente privados do direito de possuírem bens, como os escravos, não o fizeram. Diferentemente dos testamentos, que, na categoria de *místicos*, eram feitos também por escravos e/ou despossuídos, nos quais os testadores procuravam apresentar o seu universo religioso, expressando, assim, suas devoções e invocações ou proclamando sua fé cristã ou, ainda, como um meio de reconhecimento dos filhos naturais. Enfim, conforme atentou Kátia Mattoso, *"o ato de testar não é privilégio exclusivo da elite social"*,[26] enquanto os inventários eram feitos exclusivamente por sujeitos que possuíam bens e deveriam promover sua partilha e garantir a sucessão entre seus herdeiros e/ou transferência para o Estado, na ausência de herdeiros legítimos ou instituídos em testamentos.

Geralmente, os inventários eram abertos mediante petição do inventariante ao Juízo Municipal e Órfãos do termo da vila e/ou distrito onde residia o inventariado. Nesta petição inicial, o inventariante informava sobre o falecimento do inventariado e sobre a existência ou não de testamento. Entre nossos inventariados, o inventariante foi instituído entre os herdeiros do falecido. Comumente, seguia-se a seguinte ordem de preferências: o cônjuge sobrevivente, na sua ausência e/ou incapacidade, um dos filhos legítimos. Em casos em que o inventariado era solteiro, a função recaiu sobre os sobrinhos próximos. Não nos parece absurdo afirmar que os inventariantes eram pessoas muito próximas do inventariado e a sua instituição parece ter sido algo anteriormente estabelecido, seja por vontade expressa do moribundo, seja por uma ordem hierárquica interna a cada núcleo familiar. E, ainda, as atividades da testamentaria, segundo disposições testamentárias, eram passíveis de restituição devido ao trabalho que exigiam e o tempo que consumiam. Era comum o testador, ao listar seus inventariantes, deixar alguns mil-réis de legado a quem aceitasse e apresentasse as contas corretamente no prazo determinado por ele, testador, e/ou para finalizar as custas da testamentaria.

A seguir, no processo de inventário, o inventariante apresentava o rol dos herdeiros legítimos e, caso houvesse filhos naturais reconhecidos publicamente ou por testamento, eles também eram listados. Caso o inventariado tivesse deixado testa-

26 MATTOSO, 2004, p. 301.

mento, ele era transcrito no inventário. Depois, fazia-se a indicação e juramento dos louvados e, então, seguia-se a descrição e avaliação dos bens. Em alguns casos, os inventariantes e os herdeiros solicitaram termo de reforma de avaliação que consistia em uma revisão da avaliação feita em determinados bens. E quando algum bem fora esquecido ou não avaliado no momento próprio, fazia-se a colação de bens. Este era mais usual em caso de restituição de dotes ao monte do inventariado.

Por fim, depois de listados todos os bens, fazia-se o somatório apresentando-se o monte-mor. Do monte-mor retiravam-se as dívidas passivas (dívidas a pagar) e as custas do inventário, e formava-se o monte líquido. Do líquido, fazia-se a meação do cônjuge sobrevivente, e a outra metade cabia aos filhos como direito de herança. Todavia, da meação dos filhos, o testador tinha direito a um terço para as disposições testamentárias e obras pias. Assim, a terça parte ou a terça era usada para cobrir as últimas vontades do falecido expostas no testamento, quando elas existiam, e o restante partilhado entre os herdeiros. Não havendo questionamento da partilha, encerrava-se o processo de inventário *post mortem*. No entanto, em casos de inventários com filhos menores, os tutores legalmente instituídos para cuidar da herança recebida deveriam apresentar as contas de tutoria e os gastos feitos com a criação dos órfãos até a sua maioridade, quando, então, encerrava-se definitivamente o processo.

Para o período de 1850 e 1870, encontramos 23 inventários *post mortem* do distrito da Lage, termo da vila de São José. As balizas temporais se justificam por se tratar de um período de grandes transformações na sociedade brasileira e ser o momento em que Gervásio Pereira Alvim sofria os reveses financeiros. Em 1850, o fim do tráfico atlântico de africanos e a lei de terras provocaram alterações nos mecanismos principais de produção da riqueza no mundo rural e urbano, apresentando uma nova orientação para a economia brasileira, sobretudo no processo de superação do escravismo, embora a escravidão ainda permanecesse como a principal força de trabalho por algumas décadas. E encerra-se em 1870 porque, naqueles anos, Gervásio conseguia se reestruturar e contornar os baques vividos nos anos passados. Além disso, após 1870, o debate sobre a lei do ventre livre, em pauta e acirrado desde meados da década anterior, surtiria outro impacto nos mecanismos de produção da riqueza, sinalizando a emergência de novas relações sociais de trabalho, sobretudo com a expansão do capitalismo em âmbito mundial e no contexto do imperialismo.[27] Neste sentido, outras estratégias e investimentos seriam esperados na composição da riqueza, a partir de 1870, como respostas a essas mudanças.[28]

Para a análise do padrão da riqueza no distrito da Lage, procuramos listar os bens avaliados nos inventários em categorias que possibilitassem a visualização de seus componentes, permitindo, assim, a classificação das fortunas. Para tanto, procuramos mensurar os diferentes componentes da riqueza no monte-mor por meio das seguintes rubricas: móveis, utensílios domésticos e roupas; ferramentas; ouro e prata; escravos; animais; terras e imóveis; dívidas ativas e passivas; dinheiro e dotes; e produção agrícola.

Algumas categorias criadas merecem um esclarecimento sobre sua composição. Dentro da rubrica móveis, utensílios domésticos e roupas, agregamos todo o mobiliário da casa (camas, mesas, cadeiras, armários, caixas, catres), as armas (espingardas, pistolas e garruchas), a louça, as panelas, as bacias e tachos usados na casa, o almofariz, livros, instrumentos musicais, ferros de engomar, relógios, espelhos, candeeiro, couros, tábuas (madeira), os teares e rodas de fiar e as roupas (chapéus, paletós, par de dragona, vestidos).

Já na categoria ferramentas, inserimos as ferramentas do trato cotidiano que são os aparelhos de ferrar, as alavancas, as balanças e seus ganchos e pesos, as tendas de ferreiros e seus instrumentos, as cangas e cangalhas, malhos de ferro, material de sela, arreio, selim e freios, os fornos de torrar farinha, os carros ferra-

27 GRAHAM, 1979.

28 Para o período posterior a 1870, confira os trabalhos de MELLO, 1990 e ALMICO, 2001. Os dois estudos tinham como objeto a transformação da riqueza pessoal na passagem da economia mercantil-escravista à economia exportadora capitalista, destacando as mudanças como respostas regionais às transformações estruturais em curso na economia e sociedade brasileira no contexto de expansão do capitalismo. A primeira autora fez uma análise da riqueza em São Paulo, núcleo urbano em desenvolvimento graças ao desdobramento da economia cafeeira no Oeste paulista, no período entre 1845 e 1895, destacando as mudanças nos ativos dos inventários nos momentos de inflexão da escravidão brasileira e a introdução de novos investimentos que assegurariam a manutenção e ampliação do patrimônio. Enquanto Almico centrou suas análises num munícipio da zona da Mata mineira, Juiz de Fora, no momento de expansão da cafeicultura naquele espaço até a eclosão da Primeira Guerra Mundial e uma nova, porém temporária, orientação econômica, voltada para a substituição das importações. Nesse sentido, ambas as autoras destacaram as mudanças ocorridas nos ativos, principalmente, a queda da participação dos cativos nos monte-mores e a introdução de aplicações financeiras mais tipicamente capitalistas, tais como as ações e apólices, no montante das riquezas na passagem do século XIX para o século XX.

dos e desferrados (carros de bois), as ferramentas de carpinteiro (enxó, formões, torno de mão, trado, verrumas, serras, martelo, torquês) e de capina (enxada, foice e foicinhas, machados), pedras de moinho e bruacas. E agregamos também nessa categoria as ferramentas vinculadas à produção de açúcar e aguardente, que são as formas de açúcar, os tachos de cobre, as escumadeiras, caixas para guardar o açúcar, alambique e, quando apenas listado, o engenho e seus pertences. No grupo ouro e prata foram listados todos os objetos que os continham, por exemplo, talheres, joias, correntes, par de esporas, bastão, rosários, etc.

Em animais, foram listadas todas as criações de gado *vacum*, *cavalar* e suínos. E na categoria terras e imóveis, todas as sortes de terras, alqueires de campos e culturas, as fazendas e suas benfeitorias, as casas de morada e casas de vivendas. Por fim, em produção agrícola, tudo que se produzia: açúcar, aguardente, canavial, roças plantadas e carros colhidos (milho, feijão, arroz).

Não pretendíamos estudar somente o padrão de riqueza de um determinado grupo cujas atividades socioeconômicas fossem vinculadas ao universo agrário,[29] por isso optamos pela coleta de todos os inventários *post mortem* existentes no Arquivo Histórico do Escritório Técnico II do IPHAN em São João del Rei que pertencessem a moradores do distrito da Lage. No entanto, a região do distrito ainda permanecia como uma região de fazendas. Assim, apesar de termos listado alguns moradores no arraial e freguesias pertencentes ao distrito, 91,30% dos inventariados (21 inventários) eram proprietários de sortes de terras na região. Somente dois inventários não possuíam propriedades fundiárias. Um foi o de Ana Rodrigues da Mata, datado de 1852, e o outro pertencia a Maria Carolina de Jesus, de 1850.[30] A primeira inventariada tinha apenas uma casa de vivenda e quintal como bens imóveis, cuja referência de localização não foi apresentada, enquanto a segunda, embora não tivesse listada nenhuma propriedade imobiliária, era

29 Cf. MELLO, 1990, MARCONDES, 1998, TEIXEIRA, 2006. Exceto a primeira, que buscou uma análise da riqueza a partir da classificação dos inventariados por atividades socioeconômicas, tanto Marcondes como Teixeira optaram pelo estudo de todos os domicílios de suas regiões. O primeiro, Lorena, em São Paulo, já a segunda, o distrito da Lage e quarteirão do Mosquito, em Minas Gerais, através das listas nominativas existentes nos períodos abordados e do cruzamento das informações destas com os inventários *post mortem*.

30 Arquivo Histórico do Escritório Técnico II – IPHAN, São João del Rei. Inventário: Ana Rodrigues da Mata, São José – Tiradentes, 1852, caixa 153; Maria Carolina de Jesus, Fazenda Lavrinhas, Freguesia da Lage, termo da vila de São José, 1850, caixa 119.

moradora na fazenda Lavrinhas, freguesia da Lage.[31] Ou seja, mesmo tendo alguns inventariados listados como moradores no arraial, somente em um caso, o de Ana Rodrigues da Mata, não houve indício de morada na área rural. Isso também foi verificado por Maria Lúcia Resende Chaves Teixeira, em momento anterior. Segundo a autora, ela não encontrou inventários de residentes no espaço urbano do arraial da Lage no período que compreendeu seus estudos, de 1790 a 1850.[32] Tais dados corroboram a observação e descrição de José Assis Resende de que o arraial, como espaço contraponto das fazendas, o urbano versus o rural, era mesmo lugar de morada de pessoas pobres, de despossuídos de bens. Esta informação aliada ainda à falta de inventários para moradores no arraial, evidencia os fortes vínculos com o universo agrário de nossa amostra.

No período analisado, a riqueza[33] dos mineiros, moradores no distrito da Lage, variou entre 855$530 réis e 132.339$500 réis. O inventário mais pobre fora de Maria Claudina de Jesus,[34] residente no arraial de São Tiago, freguesia da Lage, datado de 1852. Entre seus bens, a inventariada tinha a posse de uma escrava, alguns alqueires de terras de cultura e campos herdados na fazenda do Rio Sujo, partes nas benfeitorias da mesma fazenda e alguns animais. A maior parte da riqueza, 70,13%, estava concentrada na posse da única cativa a serviço da família, e as terras e benfeitorias representavam 15% dos bens. Os animais, gado *vacum*, *cavalar* e os suínos, representavam 11,57% da fortuna inventariada. E o restante dos bens, 3,3%, eram os móveis e utensílios de uso doméstico (catres, caixas e tacho de cobre). Enquanto o inventário mais rico, datado de 1862, era do casal José Jacinto Rodrigues e Lara e Ana Maria de Almeida Lara.[35] O inventário se destaca pela diversidade de bens por categoria e nenhuma dívida. O casal era proprietário das fazendas do Rio do Peixe

31 Poderia tratar-se de uma pequena lavradora que morava e produzia nas terras da fazenda Lavrinhas sem, no entanto, possuir propriedade de terra. A respeito da presença de lavradores em terras alheias, seja no formato de arrendamento, seja no simples ato de se assentar, ver: MATTOS, 2009, em especial capítulos 3, 4 e 5.

32 TEIXEIRA, 2006.

33 Riqueza aqui é entendida como todos os bens acumulados pelos inventariados ao longo de sua vida. Cf. MELLO, 1990.

34 Arquivo Histórico do Escritório Técnico II – IPHAN, São João del Rei. Inventário: Maria Claudina de Jesus, arraial de São Tiago, Freguesia da Lage, termo da vila de São José, 1852, caixa 423.

35 Arquivo Histórico do Escritório Técnico II – IPHAN, São João del Rei. Inventário: José Jacinto Rodrigues e Lara, São José, 1862, caixa 134.

e da Cachoeira, ambas no distrito da Lage, e nelas produzia açúcar, aguardente e gêneros alimentícios – foi listada uma produção de milho. O casal tinha a posse de 48 cativos, que consistiam em 43,52% dos bens inventariados. As terras e imóveis, aqui incluídas as fazendas, suas benfeitorias e três moradas de casas em São Tiago, representavam 32,12% de sua fortuna. Chamam atenção ainda, na rubrica dinheiro, as doações que o casal fez a seus filhos. No total, eles doaram a três filhos 20.100$000 réis, o que significou 15,18% dos bens inventariados.

Quadro 4.1: Faixa de fortunas no distrito da Lage (1850-1870)

Faixa de fortuna (em mil réis)	Ocorrência na amostra
Até 999$000	2
1.000$000 a 1.999$000	2
2.000$000 a 4.999$000	3
5.000$000 a 9.999$000	1
10.000$000 a 19.999$000	4
20.000$000 a 29.999$000	1
30.000$000 a 39.999$000	1
40.000$000 a 49.999$000	3
50.000$000 a 99.999$000	4
Acima de 100.000$000	2

Fonte: Arquivo Histórico do Escritório Técnico II - IPHAN, São João del Rei: Inventários *post mortem*.

Neste universo, corroborado pelo quadro 4.1, havia os pequenos lavradores, homens pobres, porém não despossuídos,[36] que tinham entre seus bens uma

36 Sobre o conceito de homens pobres livres na segunda metade do século XIX ver: MATTOS, 2009. A autora, ao realizar uma diferenciação entre os grupos de proprietário de terras e escravos em Capivary (Silva Jardim, RJ) conceituou os homens livres pobres como: "*Pobres mas não despossuídos, pois, mesmo quando sem terras ou escravos, conseguiam prover sua subsistência com o resultado de suas lavouras – diferenciando-se, assim, fundamentalmente*

pequena sorte de terras para prover seu sustento, contanto com a ajuda de um cativo e algumas cabeças de gado. No outro extremo, o grande fazendeiro, com uma diversificação maior da fortuna observada através de uma maior concentração da mão de obra escrava e da posse da terra, um maior volume da produção agrícola e de animais e uma capacidade de dispor de quantias avultadas em formato de doações e dotes a seus filhos. O patamar alcançado pelo somatório de seus bens colocava este grande fazendeiro numa posição de proteção no caso de uma doença e/ou um mau negócio. Por outro lado, os de menor fortuna, os sujeitos cujos bens somaram até 9.999$000 réis (8 inventariados), encontravam-se mais à mercê dos reveses cotidianos, uma doença e/ou quaisquer avarias nos cativos que possuíam ou na produção agropastoril prejudicaria a manutenção da unidade produtiva. E, ainda, levando-se em consideração as mudanças em curso na sociedade brasileira, o fim do tráfico atlântico de escravos e a lei de terras, as pequenas fortunas seriam as primeiras a sofrerem os impactos e pressões decorrentes desse novo contexto.

Todavia, diante dessa grande margem nos montes inventariados, em todos os inventários houve a presença da mão de obra escrava, sinalizando a permanência do forte apego à utilização dessa forma de trabalho naquela região. Na somatória dos escravos inventariados, temos um total de 421 cativos. Desses, 30,64% dos escravos (129) concentravam-se em posses de 21 a 30 cativos, enquanto 34,78% dos inventariados (ou seja, oito inventários) detinham a posse de 5,23% dos cativos, em escravarias que variaram entre 1 e 5 mancípios. Vejamos o quadro 4.2 com a distribuição e posse de escravos no distrito da Lage.

do trabalhador cativo, que, antes de tudo, trabalhava a lavoura de outro. À escassez de terras respondiam com o deslocamento" (MATTOS, 2009, p. 72).

Quadro 4.2: Posses de escravos e distribuição no distrito da Lage (1850-1870)

Posses	Número de escravos	Porcentagens	Nº de inventários	Porcentagens
1 a 5	22	5,23%	8	34,78%
6 a 10	19	4,51%	2	4,35%
11 a 20	46	10,93%	3	13,04%
21 a 30	129	30,64%	5	26,09%
31 a 40	108	25,65%	3	13,04%
41 a 50	97	23,04%	2	8,70%
Total	**421**	**100%**	**23**	**100%**

Fonte: Arquivo Histórico do Escritório Técnico II – IPHAN, São João del Rei: Inventários *post mortem.*

No quadro 4.2 temos o esboço do padrão de posse de escravos e sua distribuição nos inventários coletados. Procedendo-se a uma comparação com o período anterior estudado por Maria Lúcia Resende Chaves Teixeira, observamos o aumento da concentração das posses de cativos pelos proprietários da Lage. Durante os anos de 1830, nas listas nominativas de 1831-33 e 1838-40, segundo dados copilados por Teixeira, houve um aumento do número de cativos no distrito da Lage: de 660 escravos arrolados em 62 fogos, em 1831, esta cifra subiu para 1.023 mancípios em 89 fogos no ano de 1838. Ou seja, entre 1831 e 1838, a população cativa do distrito cresceu 55%, enquanto o número de domicílios, 43,5%, e o número médio de cativos por domicílio passou de 10,64 para 11,49, nos respectivos anos. Apesar deste crescimento, de acordo com Teixeira, a concentração dos escravos mantinha mais ou menos o seu perfil nos dois momentos analisados. A maioria dos escravos, 37,8% em 1831 e 35,6% em 1838, estava concentrada em propriedades com mais de 30 cativos, o que representou 8% dos domicílios com escravos em 1831 e 7,9% em 1838. Já as pequenas posses, de 1 a 5 cativos, em 1831, representavam 14,2% das posses distribuídas em 37 fogos (59,7% dos fogos), enquanto em 1838, a pequena posse passara a figurar 9,3%, distribuída em 48,3% dos domicílios escravistas (43 fogos) do distrito da Lage.[37]

Embora estejamos trabalhando com fontes distintas, pois baseamos nossas análises de posse de cativos e sua distribuição através dos inventários *post mortem*, e Maria Lúcia Resende Chaves Teixeira tenha utilizado as listas nominativas que, em teoria, abrangeram toda a população do distrito da Lage, nos anos de 1831 e 1838, diferentemente da nossa amostra, podemos afirmar que houve a maior concentração das posses em um contexto de recrudescimento do tráfico interno de escravos para as áreas agroexportadoras. O movimento que se verificou, ao comparar os dois momentos, foi a diminuição das pequenas posses (1 a 5 cativos), ocorrendo a maior concentração dos cativos em escravarias com mais de 20 escravos, enquanto as escravarias acima de 50, presentes na década de 1830, classificadas por Teixeira como posses muito grandes, não apareceram em nossa amostra. Houve, então, um movimento de adensamento dos escravos em posses que anteriormente eram consideradas médias para a região, alterando, assim, o padrão de riqueza do distrito da Lage.

As comparações com outras áreas de agricultura voltadas para o abastecimento interno das posses de cativos e sua distribuição pelos domicílios nos permite melhor enquadrar as escravarias do distrito da Lage num plano maior que a própria região do distrito e vislumbrar as mudanças ocorridas. Segundo Marcos Ferreira Andrade, no estudo sobre a vila de Campanha, na região do Sul de Minas, na primeira metade do século XIX, a maior parte dos escravos, no período entre 1802 e 1865, encontrava-se concentrada em unidades produtivas acima de 20 cativos, enquanto a maioria dos proprietários de escravos mantinha posses de até cinco mancípios. Assim, segundo os dados apresentados pelo autor, 46% dos escravos (2.357) estavam em posses de 13% dos proprietários (64), em faixas de escravaria acima de 20 cativos, ao passo que 44% dos proprietários de escravos (222) detinham o controle de 12% da população cativa (611) em escravarias que variavam entre 1 e 5 mancípios.[38] A região em destaque, vila de Campanha, também tinha a economia voltada para a produção de gêneros alimentícios que abasteceria os mercados regionais mineiros e a Corte do Rio de Janeiro naqueles anos citados pelo autor e, ainda, se destacava pela alta concentração de cativos em seu interior. Com base nesta comparação, observa-

37 TEIXEIRA, 2006, p. 84.

38 ANDRADE, 2008, p. 37-38.

mos as semelhanças na distribuição dos escravos pelas unidades produtivas em duas regiões com traços econômicos parecidos.

Ao procedermos outra comparação de distribuição de escravos por unidades produtivas em economias voltadas para o mercado interno, desta vez com Capivari, estudado por Hebe Mattos, reiteramos o alto padrão de posse do distrito da Lage. De acordo com os dados apresentados por Hebe Mattos, em nenhuma das 42 fazendas analisadas houve caso de posse de cativos acima de 50. Para o período em questão, 1850 e 1890, o número médio de escravos por unidade produtiva girava entre vinte e trinta. *"Até meados da década de 1860, esse número girava em torno de 28,6 escravos para cada fazendeiro, estando quase 50% deles em idade produtiva (entre 15 e 40 anos de idade)".*[39]

Se compararmos ainda a concentração de cativos por domicílios com regiões agroexportadoras do Brasil imperial, podemos observar que os padrões de posse da Lage nos anos entre 1850 e 1870 revelam a manutenção do forte apreço a essa forma de trabalho pelos mineiros numa economia voltada para a produção de gêneros alimentícios para o abastecimento interno. Por exemplo, Renato Leite Marcondes, ao trabalhar com a economia e demografia em Lorena, Vale do Paraíba paulista, no período entre 1816 e 1842, momento de introdução da cafeicultura naquela região, destacou o movimento de crescimento e concentração da mão de obra escrava entre os anos 1778 e 1829. De acordo com os dados apresentados pelo autor, em 1778, em Lorena existiam 369 domicílios, sendo que destes apenas 119 (um terço dos fogos) possuíam cativos empregados, e a distribuição média dos 584 escravos por domicílio escravista era de 4,9 cativos por fogo. Já em 1829, o número médio de escravos possuídos pelos escravistas havia subido para 6,3 cativos por domicílio.[40] Em relação à estrutura de posse de cativos segundo faixa de tamanho da escravaria, em 1778, na vila de Lorena, 37,5% dos escravos encontravam-se em escravarias de 10 a 19 cativos em poder de 15,1% dos proprietários. Enquanto as pequenas posses, um cativo e 1 a 4 cativos, representavam respectivamente 6,7% e 18,3% dos escravos em domínio de 32,8% e 30,3% dos proprietários. Neste período não houve posses acima de 40 cativos, sendo as maiores escravarias na faixa de 20 a 39 mancípios (12,8% dos escravos) em poder 2,5% dos senhores de escravos. Em contrapartida, nos anos de 1829, o maior percentual de

39 MATTOS, 2009, p. 35.

40 MARCONDES, 1998, p. 86.

cativos, 31,7%, encontrava-se em posses de 10 a 19 escravos em domínio de 14,4% dos proprietários. Ao passo que, as pequenas posses, 1 a 4 cativos, representavam 18,8% dos escravos em posse de 59,2% dos proprietários de Lorena. Neste momento, já se encontravam posses acima de 40 cativos que representavam 14,1% dos escravos em poder de 1,5% dos proprietários, e as posses entre 20 e 39 escravos figuravam 11,5% dos mancípios em poder de 2,9% dos senhores de escravos.[41]

Embora estejamos comparando períodos diferentes e regiões com inserção na economia nacional também distinta, pois em Lorena nesses anos iniciava-se a produção cafeeira, não se pode deixar de reparar o alto padrão de posse de escravos no distrito da Lage, que, no momento por nós analisado, apresentava a distribuição média de escravos por domicilio de 18,30. A vila de Lorena, de acordo com Renato Leite Marcondes, teve seu desenvolvimento econômico e demográfico retardado após o término do Caminho Novo, o qual excluía a vila do circuito de abastecimento das Minas Gerais no século XVIII, e somente com a introdução da cana-de-açúcar e, posteriormente, com o café a região de Vale do Paraíba paulista, a região voltaria a florescer. Neste sentido, a especificidade da localidade e o que explicaria as posses de escravos verificadas pelo autor seria o fato de a cafeicultura naquele espaço ter tido como base de desenvolvimento a ação de pequenos e médios proprietários de escravos, produtores de alimentos (milho, arroz, feijão), açúcar e aguardente, longe ainda, mas rumo a apresentar o esplendor das riquezas acumuladas pelo café nas décadas de 1850 e 1860.

Este também parece ter sido o caso de Bananal, estudado por José Flávio Motta nos primeiros trinta anos do oitocentos. De acordo, com o autor, entre 1801 e 1829, na vila de Bananal verificou-se uma rápida e ampla disseminação da cafeicultura que se consubstanciou com o desenvolvimento econômico da localidade. A freguesia de Bananal, criada em 1811, pertencente à vila de Lorena e em órbita da freguesia de Areias, teve início da ocupação nas últimas décadas do século XVIII, no renascer da agricultura paulista, por volta da década de 1770. Embora essa ocupação tenha ocorrido no momento da expansão da produção açucareira em São Paulo, segundo Motta, com os poucos dados para os primeiros anos do oitocentos, corrobora-se a conclusão de Maria Thereza Petrone de que "*no caso de Bananal: a importância relativamente pequena da produção açucareira*" desponta a "*vocação para a cafeicultura* [da localidade]. *De fato, a introdução da cafeicul-*

41 Idem, p. 89-91.

tura na região de Bananal talvez tenha ocorrido antes mesmo da construção da Capela dedicada ao Senhor Bom Jesus do Livramento, marco inicial da formação do povoado".[42] Longe ainda da opulência, a região apresentou uma média de escravos por proprietários de, em 1801, 9,11 escravos por domicílio e, em 1829, a média subiu para 11,70 escravos por proprietário. Já a distribuição das posses por unidade produtiva, em 1801, 78,3% dos cativos encontravam-se em posses acima de 10 escravos, enquanto que, em 1829, este número subiu para 79,1%. Sendo que, a participação dessa escravaria (acima de 10 cativos) no conjunto total de proprietários de escravos de Bananal representava, em 1801, 29,5% dos proprietários de escravos e, em 1829, 29,2% dos proprietários. O autor ainda ressaltou o crescimento das unidades escravistas em Bananal. Em 1801, havia 44 proprietários de escravos (15,2% da população total livre) com a posse de 401 cativos, e esse número subiu para 195 proprietários (21,6% dos homens livres) possuidores de 2.282 escravos.[43]

Já no seu esplendor, em 1854, em Bananal, um dos maiores polos exportadores de café do Vale do Paraíba paulista, a população cativa representava 66,4% da população total, e esse número caiu em 1874, quando os escravos compunham 53,1%. Isso em números significava que, em 1854, em Bananal a população cativa era de 7.621 almas, num total populacional de 11.482 e, em 1874, os escravos somavam 8.281 numa população total de, aproximadamente, 15.595.[44] No distrito da Lage, em 1872, a população escrava era no montante de 1.045, e o florescer da região não se processou nos moldes da região agroexportadora, pois tratava-se de uma economia voltada para a produção de mantimentos para o abastecimento interno. E, assim, mesmo sendo uma região pequena, frente ao complexo cafeeiro, não podemos ignorar sua capacidade de retenção de cativos num contexto de diminuição da população cativa no Brasil e aumento do valor dessa propriedade.

Enfim, a partir de nossos dados, observamos que nos anos após o fim do tráfico atlântico de africanos e com o recrudescimento do tráfico interno, a população proprietária de cativos da Lage conseguia resistir às pressões para a transferência de seus cativos para as áreas agroexportadoras. Apesar de não termos dados para mensurar a representação dos proprietários e não-proprietários de escravos na população total livre do distrito da Lage, através de nossa amostra, podemos

---

42 MOTTA, 1999, p. 47.

43 Idem, p. 141-142.

44 Idem, p. 62-63.

intuir que, mesmo com o adensamento das escravarias e alteração nos padrões de riqueza, os proprietários de cativos mantinham suas posses em níveis médio e grande para a região e tipo de economia.

Conquanto temos destacado a economia de produção de gênero alimentício para a comercialização no mercado interno, a produção agrícola, em nosso universo, é bastante modesta. Dos 23 inventários, apenas 10 trouxeram informações sobre a produção das fazendas. As produções mais comuns foram milho, feijão, arroz, produtos que faziam parte também da dieta alimentar dos sujeitos imperiais, além de o milho ser utilizado também na alimentação do gado e das aves domésticas, e o canavial, como incluímos nesta categoria os derivados da cana, o açúcar e a aguardente. Estas eram as principais produções agrícolas do distrito da Lage.

Devido à complexidade das formas de pesar e medir a produção agrícola no Brasil no período anterior a 1862, quando se implantou o sistema métrico no país,[45] em nossa amostra nos deparamos com diferentes medidas de volume e diante das dificuldades de conversão, optamos por apresentar os valores das produções e compará-las no quadro geral da riqueza no distrito da Lage. Assim, temos o quadro 4.3.

45 A respeito das dificuldades inerentes à quantificação da produção agrícola no Brasil no período anterior a 1862, devido a uma grande variedade de formas de pesar, contar e medir, Francisco Luna e Herbert Klein lançaram uma nota no Boletim de História Demográfica sugerindo uma tabela de conversão para grãos do período colonial até a adoção do sistema métrico. Cf. LUNA & KLEIN, 2001.

Quadro 4.3: Produção agrícola no distrito da Lage (1850-1870)

Produção agrícola	Valor (em mil-réis)	Porcentagem no valor total
Canavial	5.440$000	44,33%
Milho *Roça* *Carros*	5.226$000 *1.650$000* *3.576$000*	42,58%
Feijão	336$000	2,74%
Arroz	234$400	1,91%
Açúcar	580$000	4,73%
Aguardente	176$000	1,43%
Mandiocal	100$000	0,81%
Sem especificação	180$000	1,47%
Total	**12.272$400**	**100%**

Fonte: Arquivo Histórico do Escritório Técnico II – IPHAN, São João del Rei: Inventários *post mortem*.

As plantações de cana e de milho eram, sem sombra de dúvidas, as principais semeadas no distrito da Lage. O milho fora encontrado nos 10 inventários com a menção de produção agrícola. Seu volume, em carros, fora de 218, porém, como se pode observar no quadro acima, medidas de quantidade de volume indefinidas, na forma *"uma roça de milho"*, apareceram em quatro referências. Portanto, não possuímos o valor exato do volume produzido do milho. Já sobre a produção de cana, os canaviais apareceram em 6 dos 10 inventários que mencionaram a agricultura. No entanto, apenas um inventário listou o volume de sua plantação canavieira, 120 carros avaliados em 1.100$000 réis. Quanto aos derivados da cana, o açúcar e a aguardente, a recorrência deles nos inventários foi menor, o que era de se esperar. Para o primeiro, somente três inventários listaram a produção de açúcar, que somou 185 arrobas, enquanto a aguardente, apenas 2 inventários a apresentaram, e o seu volume fora de 62 barris. A explicação para o menor número de inventários que produziam os derivados da cana, o açúcar e a aguardente, assenta na necessidade de mais equipamentos, como por exemplo, o engenho, formas e caixas, além do alambique, para a feitura dos mesmos. Estes equipamentos específicos acabavam por aumentar os custos da produção de tais derivados. Vários trabalhos que estudam a produção açucareira no Brasil, Colônia e Império, pontuam o elevado custo da montagem do engenho, o que fazia com que apenas um restrito grupo de homens com cabedais pudessem ter seus próprios engenhos. Todavia, isso não excluía a plantação da cana por não-proprietários de engenho.[46]

No entanto, apesar de esperarmos um menor número de *"engenheiros"*, ou seja, de donos de engenhos,[47] produtores de açúcar e aguardente, em nossa amostra, houve casos de inventários que não tiveram listados os derivados da cana entre os bens inventariados, porém apresentaram no rol de bens as ferramentas para o fabrico do açúcar e aguardente, tais como o engenho, formas, tachos e caixas para o açúcar, escumadeiras, alambiques, pipas e parol. No total foram 12 ocorrências no universo de 23 inventários. Talvez, no momento da feitura do inventário, da apresentação e avaliação dos bens, tais produções já tivessem sido postas em circulação no mercado, ficando, então, os créditos das mesmas. Aliás, no montante de 23 inventários, dentre os quais apenas um inventariado não mantinha vínculo com a propriedade fundiária e todos contavam com a presença do trabalho escravo, era de se esperar um maior número de produção agrícola por inventário. Mas, como já dissemos antes, talvez tais produtos já se encontrassem em circulação.

A produção do feijão e do arroz apareceu listada em cinco inventários e as medidas de volume, respectivamente, foram de 202 e 230 alqueires. Por fim, o mandiocal que apareceu mencionado tinha a descrição de arruinado e constou apenas em um inventário.

Ao compararmos estes dados com a produção individual de alguns homens imperiais, temos o seguinte: o capitão José Coelho dos Santos Monteiro, morador na fazenda do Retiro do Sossego, freguesia da Lage, teve inventariadas as seguintes

---

46 Cf. SCHWARTZ, 1988; Marcondes e Motta, ao darem explicações da transferência da produção açucareira para a cafeeira no Vale do Paraíba paulista, discorrem sobre o elevado custo da montagem do engenho e os trabalhos da plantação da cana com maior frequência que o cafezal. Segundo os autores, o início da plantação do cafezal era mais em conta se comparado com o canavial. Cf. também MARCONDES, 1998; MOTTA, 1999, principalmente os capítulos iniciais.

47 Maria Alice Rosa Ribeiro também encontrou o uso da palavra *"engenheiro"* como sinônimo para proprietários de engenhos para a localidade de Campinas. Cf. RIBEIRO, 2012. Talvez a designação de *"engenheiro"* pelos mineiros e paulistas para adjetivar os donos de engenho fosse uma forma de se contrapor aos senhores de engenho do nordeste e suas fortunas. Sobre a riqueza acumulada nos engenhos do nordeste ver: SCHWARTZ, 1988.

produções agrícolas (valores e volume): um canavial maduro de trinta carros com estimativa de rendimento de 120 carros, no valor de 1.100$000 réis, mais 13 carros de milho e uma roça de milho de quatorze alqueires e quarta de planta, estimados em 62 carros, avaliados, o primeiro, em 390$000 réis, e o segundo, 920$000 réis, uma roça de feijão de dez alqueires com rendimento de 100 alqueires, 160$000 réis, um arrozal de 60 alqueires, 100$000 réis, e 25 arrobas de açúcar, 100$000.[48] Tudo somou em 2.770$000. E o capitão André Esteves dos Santos, morador na fazenda do Brumado, freguesia da Lage, entre seus bens, constam as seguintes produções agrícolas inventariadas: um canavial de ano e outro plantado de novo, o primeiro no valor de 600$000 réis e o segundo, 200$000, mais 50 carros de milho e duas roças de milho calculadas em doze alqueires de planto, 400$000 réis, 50 alqueires de feijão, 100$000 réis, 40 alqueires de arroz, 40$000 réis, 80 arrobas de açúcar, 240$000 réis, 42 barris de aguardente, 126$000 réis.[49] Tudo somou 2.706$000 réis. Ambos os fazendeiros seriam os inventariados com maiores volumes e valores de produção agrícola. Comparando os valores e os volumes apresentados em seus inventários, observa-se que eles eram os maiores responsáveis pela produção agrícola mensurada no quadro 4.3.

E ainda, se compararmos estes homens com outros sujeitos moradores em outras regiões, podemos enquadrar melhor o significado desses números. José Flávio Motta, ao apresentar historicamente a região de Bananal em termos demográficos e econômicos, nos apresentou alguns dados sobre a produção de gêneros alimentícios. Assim, segundo o autor, em 1801, "*Joaquim da Silva (fogo nº 14), vivendo com sua mulher e dois filhos, produziu 2 arrobas da rubiácea,* além de colher 25 alqueires de milho, 6 de feijão e 4 de arroz".[50] Além desse plantador, o autor citou ainda vários outros, mostrando a ligação entre a produção cafeeira e a cultura de subsistência (de alimentos para o abastecimento interno):

> Ignácio Ribeiro (fogo nº 20) também acompanhado da mulher e duas filhas, produziu outras 2 arrobas do produto em foco e *colheu 50 alqueires de milho, 10 de feijão e 6 de arroz;*

48 Arquivo Histórico do Escritório Técnico II - IPHAN, São João del Rei. Inventário: José Coelho dos Santos Monteiro (capitão), Fazenda do Sossego, Freguesia da Lage, 1867, caixa 415.

49 Arquivo Histórico do Escritório Técnico II - IPHAN, São João del Rei. Inventário: André Esteves dos Santos (capitão), Fazenda do Brumado, Freguesia da Lage, 1861, caixa 570.

50 MOTTA, 1999, p. 50, grifos meus.

> (...) João Dias Gonçalves (fogo nº 75), que vivia com sua mulher e cinco filhos homens e que igualmente colheu mantimentos (*60 alqueires de milho, 10 de feijão e 8 de arroz*).[51]

Segundo o autor, estes casos eram de pequenos agricultores, que *"trabalhavam 'em terras de favor'"*, e a produção de gêneros alimentícios era para o próprio consumo. Já em vila Formosa de Alfenas, Sul de Minas, entre os anos de 1850 e 1890, momento de introdução da cafeicultura na região, a produção agrícola com vistas ao abastecimento interno, segundo Marcos Lobato Martins, estava presente ao lado da incipiente produção do café. De acordo com o autor, a ocorrência nos inventários da produção de cana, milho e café no período supracitado fora de 32,6%, 81,4% e 14,0% respectivamente. Já com relação a seus volumes, assim como Motta, o autor os mencionou em casos isolados, privilegiando alguns personagens, sem, portanto, dimensionar a produção agrícola. Entre os casos citados, Martins destacou os *"60 carros de milho no paiol, avaliados em 120$000, e 50 alqueires de café em coco"* de João Corrêa do Nascimento, em 1888, e a produção do capitão Francisco Ferreira de Assis, de 1875, a qual foi avaliada em 1.900$000 réis, distribuída em: *"a) batatal no valor de 60$000; b) dois feijoais no valor de 240$000; c) 2 roças de milho no valor de 600$000; d) canavial no valor de 600$000 e; e) cafezal velho no valor de 400$000"*.[52]

Se tomarmos como referência que o carro de milho tem o volume/peso de 800 quilos, e que cada alqueire de milho o volume/peso de 30,225 quilogramas,[53] temos que no distrito da Lage foram produzidos, entre 1850 e 1870, segundo a amostra, aproximadamente, 174,4 mil quilos de milho e os fazendeiros o capitão José Coelho dos Santos Monteiro, em 1867, e o capitão André Esteves dos Santos, em 1861, produziram, aproximadamente, 57,4 mil quilos e 40 mil quilos de milho, respectivamente. Comparando esses números com os exemplos supracitados, temos que Joaquim da Silva, Ignácio Ribeiro e João Dias Gonçalves, todos de Bananal, produziram 755 quilos, 1,5 mil quilos, 1,8 mil quilos, enquanto João Corrêa do Nascimento, em vila Formosa de Alfenas, produziu 48 mil quilos. Já a

51 Idem, p. 50, grifos meus.

52 MARTINS, 2012, p. 9-10.

53 Recorremos aqui para o caso do carro de milho aos padrões atuais de medida de volume/peso usados pelos agricultores de Resende Costa, MG. Já para a medida do volume/peso do alqueire de milho, recorremos à tabela de conversão de LUNA e KLEIN, 2001.

produção de feijão e arroz, cuja conversão do alqueire em quilos se faz na proporção de um alqueire de feijão corresponde a 30,225 quilogramas, e de arroz, 24,180 quilogramas,[54] no distrito da Lage foram produzidos, aproximadamente, seis mil quilos e 5,5 mil quilos, respectivamente.

Embora tais produções a nossos olhos pareçam baixas, algumas considerações podem ser feitas a respeito. O plantio e a colheita eram feitos manualmente, sem o uso de máquinas de beneficiamento. As principais ferramentas do trato agrário encontradas em nossa amostra revelam um pouco do cotidiano da lavoura no distrito da Lage. Entre os principais objetos usados na lavoura encontrados estavam as enxadas, as foices e foicinhas, os machados, as alavancas, as cavadeiras e os carros ferrados. Estes objetos tinham valores alterados em função do estado de conservação, e a posse deles era imprescindível para a produção agrícola. Era quase que uma ferramenta por trabalhador, fosse ele livre ou cativo. Em nossa amostra, somente em quatro inventários não localizamos nenhuma ferramenta utilizada na agricultura. Os outros dezenove inventariados possuíam pelo menos uma dessas ferramentas. E tão-somente em um inventário apareceu a posse de um arado americano, avaliado em 18$000, utilizado no serviço agrícola.

E ainda, temos que a economia pré-industrial era marcada pela baixa produtividade, se comparada a sociedades industrializadas. Segundo Carlo Cipolla, a produção agrícola da Europa pré-industrial era baixíssima mesmo se tratando de regiões de solo mais fértil e em épocas favoráveis ao cultivo, devido à pobreza e escassez de equipamentos e aos baixos índices de educação da população. *"A terra produzia pouco porque as sementes não eram selecionadas, as variações de cultivos e os adubos eram primitivos, os pesticidas desconhecidos e, por último mas não em último lugar, o estrume, único fertilizante conhecido, era sempre escasso"*.[55]

Enfim, mesmo não sendo as fontes por nós utilizadas para medir a produção as melhores opções para mensurar a produtividade da agricultura, os inventários *post mortem* são retratos da composição material de um sujeito, o inventariado, no momento de seu falecimento. O trabalho no dia-a-dia, as formas como se fazia o dinheiro, ou seja, a labuta diária para assegurar a sobrevivência e o padrão de vida não são captadas por esse tipo de fonte. Para isso, fontes de caráter mais qualitativo da vida cotidiana devem ser conjugadas no processo de desvendar o universo social

54 Ver LUNA e KLEIN, 2001.

55 CIPOLLA, 1974, p. 143.

e econômico no qual os sujeitos faziam suas escolhas e produziam suas sobrevivências.[56] Neste sentido, nossa amostra tem mais o caráter de apresentar os principais produtos agrícolas encontrados que medir a produtividade dos mesmos.

Entre os bens inventariados do distrito da Lage, observamos também a presença de teares, rodas de fiar e descaroçador. Tais instrumentos eram utilizados para a produção têxtil e, mormente, eram atividades desempenhadas pelas mulheres, como parte das obrigações do universo doméstico feminino, como cuidar da casa e criar os filhos. Segundo Silvia Maria Jardim Brügger, em São João del Rei, segundo as listas nominativas de 1831-33, foi recorrente a listagem de mulheres como fiandeiras, destacando, assim, a importância do trabalho feminino na economia doméstica. No entanto, conforme ainda a autora, tais atividades não eram desempenhadas apenas por mulheres pobres, *"a disseminação destas atividades entre as mulheres dos diferentes grupos sociais parece confirmar a importância do trabalho feminino para a manutenção das unidades domésticas"*.[57]

O interessante de nossa amostra, que é de 15 ocorrências nos inventários, é que, mesmo as mulheres aparecendo nas listas nominativas de 1831-33 e 1838-40, no distrito da Lage, relacionadas em atividades ligadas à produção têxtil (fiandeiras, costureiras, tecedeiras), nos inventários daquele período pouco apareceram entre os bens os instrumentos dessa atividade. Os teares, as rodas de fiar e os descaroçadores possuíam pouca incidência e foram aparecer, com maior frequência, somente mais tarde, a partir de 1850. Talvez, essas atividades tenham ganhado mais importância na economia local e os objetos de feitura, então, foram apresentados aos louvados avaliadores. Por exemplo, um tear com todos os seus pertences, em bom estado, em 1850, foi avaliado em 10$000 réis, enquanto a roda de fiar boa, 4$000 réis.[58] Esses

56 De acordo com Carlo Cipolla, a produção e a produtividade sofrem influências da demanda socioeconômica e dos fatores trabalho, capital e recursos naturais que, combinados ainda com o desenvolvimento tecnológico, a educação, a divisão do trabalho entre economias diferentes e a utilização mais eficaz dos fatores determinantes da produção (trabalho, capital e recursos naturais), determinariam a produtividade da atividade econômica. Ou seja, a produtividade leva em consideração não apenas a utilização dos elementos econômicos, o nível de desenvolvimento social e cultural também influi no rendimento da produção, no caso, agrícola. Cf. CIPOLLA, 1974, p. 137-140.

57 BRÜGGER, 2007, p. 261-263, citação p. 262.

58 Arquivo Histórico do Escritório Técnico II – IPHAN, São João del Rei. Inventário: Mariana Francisca da Silveira, Fazenda Retiro do Sossego, Freguesia da Lage, 1850, caixa 409.

valores eram significativos numa sociedade em que havia uma pobreza de instrumentos e os recursos materiais eram limitados pela falta de tecnologia e educação.

No quadro 4.4, apresentamos os números desses instrumentos e seus valores nos inventários por nós trabalhados.

Quadro 4.4: Instrumentos da produção têxtil no distrito da Lage (1850-1870)

Instrumentos	**Quantidade**	**Valor total (em mil réis)**	**Média p/ unidade**
Tear:	17	117$600	6$917
Aparelhados	*7*	*63$000*	*9$000*
Com urdiduras	*3*	*24$000*	*8$000*
Velhos e usados	*7*	*30$600*	*4$371*
Rodas de fiar:	54	141$000	2$611
Boas e novas	*16*	*71$000*	*4$437*
S/m de estado de conservação	*13*	*28$000*	*2$153*
Velhas e ordinárias	*24*	*41$200*	*1$716*
Sem fuso	*1*	*0$800*	*0$800*
Descaroçador	2	13$600	46$800
Total de Objetos	**73**	**272$200**	---

Fonte: Arquivo Histórico do Escritório Técnico II – IPHAN, São João del Rei: Inventários *post mortem.*

Ao todo, foram listados nos 15 inventários 17 teares, 54 rodas de fiar e 2 descaroçadores. Curiosamente, os frutos dessa produção não apareceram listados em nenhum dos inventários. Talvez, a produção ainda estivesse voltada para as necessidades da unidade produtiva e de uso doméstico.

No distrito da Lage também se criava gado *vacum*, *cavalar*, muares e porcos. Em nossa amostra, houve a ocorrência de pelo menos um desses animais como componentes da riqueza em 22 inventários. Ao todo, foram listados 2.109 animais avaliados em 46.885$000 réis. Como trabalhamos com um universo sem distinção quanto ao nível da riqueza, a margem dos valores dessa produção nos inventários analisados é grande, variando de 10$000 réis a 9.253$000 réis. Ou seja, de um proprietário de uma única égua já velha a um proprietário de 327 animais diversos, em melhor estado de produtividade, cuja criação, claramente, voltava-se ao mercado de abastecimento interno. O gado bovino foi o de maior expressão numérica, seguido pela criação de suínos, equinos e muares respectivamente. Já com relação a valores da produção, o bovino mantém-se na dianteira, seguido pelos equinos, muares e suínos, respectivamente.

No quadro 4.5, procuramos demonstrar o volume da produção discriminado por categorias de animais e suas participações na rubrica animais.

Quadro 4.5: Criação de animais no distrito da Lage (1850-1870)

Rebanho	Nº de animais	Nº de proprietários	Valor (em mil réis)	Porcentagem na produção do distrito	Média de posse por unidade produtiva
Bovino	1.004	19	26.241$000	55,97%	52,84
Equino	478	18	11.309$000	24,12%	26,56
Muar	106	14	5.301$000	11,31%	7,57
Suíno	521	9	4.034$000	8,60%	57,89
Total	2.109	---	46.885$000	100%	---

Fonte: Arquivo Histórico do Escritório Técnico II – IPHAN, São João del Rei: Inventários *post mortem*.

Levando-se em consideração que nossa amostra abrange um universo restrito de fazendeiros e pequenos lavradores, apenas 22 inventários, não podemos desconsiderar os números da criação no distrito da Lage. As médias por unidades produtivas sugerem grosso modo quais animais estavam voltados para comércio interno de abastecimento de carnes e couros e quais estavam voltados para o trabalho interno à unidade produtiva. Nesse sentido, comumente, o gado bovino, os equinos e os porcos eram criados com vistas ao mercado, enquanto os muares eram utilizados no transporte de cargas e pessoas, embora o gado bovino também fosse utilizado no transporte de cargas, haja vista a incidência da qualificação de bois de carro e seus valores mais elevados se comparados com o restante do rebanho e a presença de carros de bois nos inventários.

Com relação à qualidade dos rebanhos, uma observação salta aos olhos quanto se trata dos valores médios do gado *cavalar* em relação aos muares. Observamos que, em média, os muares foram mais bem avaliados que os equinos pelos avaliadores do distrito da Lage. Isso quer dizer que na região a qualidade dos muares era da melhor categoria que se podia esperar, enquanto os cavalos, éguas e poldros não pertenciam às melhores raças. A robustez e força das mulas, bestas e jumentos como sinônimo de qualidade parece ter sido mais presente nos rebanhos do distrito da Lage que as qualidades e o esplendor de um cavalo de raça. Três burros de carga arreados presentes no plantel de José Jacinto Rodrigues e Lara foram avaliados em 300$000 réis, enquanto outras duas bestas e um macho de sela foram avaliados em 195$000 réis.[59] Ou seja, nesta unidade o muar, em idade boa, não velho e não jovem demais, foi avaliado entre 65$000 réis e 100$000 réis. Isso num inventário em que não houve a presença do equino.

No entanto, isso não significa que não houvesse bons cavalos de raça no distrito. No inventário do tenente coronel Joaquim Tomás da Costa, de 1861,[60] no qual se observou o maior plantel de equinos e com a melhor avaliação, foram listados 141 animais (cavalos, éguas e poldros), cuja quantia total fora de 4.822$000

59 Neste inventário verificamos o maior número de muares e as melhores avaliações, o casal inventariado tivera listados 19 muares (burros, bestas e jumentos) no valor total de 1.229$000 réis. Ver: Arquivo Histórico do Escritório Técnico II – IPHAN, São João del Rei. Inventário: José Jacinto Rodrigues e Lara, São José, 1862, caixa 134.

60 Arquivo Histórico do Escritório Técnico II – IPHAN, São João del Rei. Inventário: Joaquim Tomás da Costa Gonçalves (tenente coronel), Freguesia da Lage, termo da vila de São José, 1861, caixa 483.

réis. Um cavalo pampa foi avaliado em 150$000 réis, enquanto outros dois sem designação de raça (apenas listados como cavalo queimado) foram avaliados em 180$000 réis, e um quarto nas mesmas especificações, em 150$000 réis. Este proprietário, em função do número de éguas paridas, prenhes e com crias (ao todo foram 84) e do número de poldros e poldras (41 animais), criava tais animais com vista ao mercado e, nestes termos, provavelmente, os cavalos mencionados fossem os garanhões do seu plantel, os responsáveis pela inseminação das éguas e, por isso, com valores mais altos. Ele também era proprietário de 10 bestas (entre prenhas e de um a três anos) avaliadas em 1.080$000 réis, sendo, em especial, listada *uma besta lontra de sela* avaliada em 140$000 réis.

Como já dissemos acima, trabalhamos com uma margem bem grande de propriedades e, neste sentido, havia dentro de cada categoria dos rebanhos desde proprietários de poucas cabeças, que tinham nessas criações o abastecimento interno da unidade produtiva, até o grande criador de animais, que tinha estas produções com vistas ao mercado. Consideramos como criadores com vistas ao mercado abastecedor aqueles que possuíam acima de 30 cabeças de gado *vacum*, 10 cabeças de gado *cavalar* e 30 cabeças de suínos. Portanto, no distrito da Lage, encontramos 10 criadores de gado bovino, com posses variando entre 39 e 200 cabeças, oito criadores de equinos, com posses entre 16 e 141 animais, e sete criadores de porcos, com posses entre 46 e 90 animais.

Se procedermos a uma comparação com outras áreas produtoras de animais com vistas ao abastecimento interno, podemos observar a inserção do distrito neste ramo do comércio interno. Assim, temos, por exemplo, a vila Formosa de Alfenas. Dentro do universo de 43 inventários localizados para o período entre 1850 e 1890, Marcos Lobato Martins registrou 40 ocorrências de posses de animais. Ao todo, foram contabilizadas 1.746 cabeças, sendo 694 bovinos, 805 suínos, 102 equinos e muares e 145 ovinos. Em média, por domicílio inventariado, o autor encontrou as seguintes cifras: 17,35 bovinos; 30,96 suínos; 3,64 equinos e muares; e 8,53 ovinos.[61] Embora Alfenas não fosse um dos maiores polos criadores do Sul de Minas, seus dados já servem de comparação com o distrito da Lage. Como se pode observar, a produção na Lage, apesar de menor em número de domicílios, pois nossa amostra conta apenas com 22 inventários, e também

61 MARTINS, 2012, p. 8-9.

no espaço de tempo, era maior em número absoluto e em médias de posses por unidades produtivas.

Já na comparação com a vila de Campanha, observamos que as médias dessa última, pelo menos para o gado bovino, eram superiores às do distrito da Lage. Segundo Marcos Ferreira Andrade, no período entre 1850 e 1867, a média de gado bovino por fazenda era de 77 cabeças.[62] Já em Itajubá, também no Sul de Minas, entre os anos de 1785 e 1850, segundo Juliano Custódio Sobrinho, as médias por domicílios para o gado bovino eram de 27,8, para os suínos, 49,2, equinos, 5,5, e bois de carro, 9,1.[63] Tanto a vila de Campanha quanto a vila de Itajubá eram também regiões de fazendas e importantes produtores de gêneros alimentícios para o mercado interno. A comparação com estas regiões nos mostra o quão significativa foi a criação de animais no distrito da Lage.

A propriedade da terra, de fazendas e suas benfeitorias e de casas de moradas nas vilas foram expressivas em nossa amostra. Como já dissemos anteriormente, somente em um inventário não foi identificado o vínculo com o universo agrário, e em apenas dois processos não foram listadas propriedades fundiárias, sendo que em um deles o inventariado era proprietário de *"uma morada de casas com quintal"*. Ao todo, identificamos 27 fazendas, dois sítios, 25 moradas de casas nos arraiais (Lage, Lagoa Dourada e São Tiago), uma terra mineral em Lagoa Dourada, 14 sortes de terras diversas. Na maioria dos inventários, o inventariado era proprietário de mais de um estabelecimento. Por exemplo, o capitão José Coelho dos Santos Monteiro, em 1851, pai do capitão José Coelho dos Santos Monteiro, falecido em 1867, tivera listados entre os bens de raiz as seguintes propriedades: a fazenda da Boa Vista dos Coqueiros, a morada de casas de vivendas e as benfeitorias desta fazenda, partes em duas casas de moradas no arraial da Lage e *"uma parte nas ditas casas que foi da herdeira d. Balbina"*.[64]

Há certa dificuldade em mensurar o tamanho das propriedades fundiárias listadas nos inventários do distrito da Lage por, muitas vezes, não haver referências sobre suas extensões nas avaliações produzidas. Ou seja, foram citados apenas os valores das propriedades. Somente algumas fazendas tiveram dimensões lista-

62 ANDRADE, 2008, p. 97.

63 CUSTÓDIO SOBRINHO, 2009, p. 150-165.

64 Arquivo Histórico do Escritório Técnico II - IPHAN, São João del Rei. Inventários: José Coelho dos Santos Monteiro (capitão), São José, 1851, caixa 415.

das, permitindo, inclusive, a observação dos valores dados à terra quanto à qualidade do terreno. Assim, no quadro 4.6, apresentamos as fazendas que tiveram suas dimensões listadas e os valores dados aos terrenos que as compunham.

Quadro 4.6: Dimensões das fazendas no distrito da Lage (1850-1870)*

Fazenda/ ano da avaliação	Extensão (em alqueires)	Valor da avaliação (em mil réis)	Valor por tipo de terreno (em mil réis)
Fazenda da Batalha (1850)**	260 alqueires	4.170$000	
	42 alq. de capoeiras	1.050$000	*25$000/ alq. de capoeiras*
	208 alq. de campos	3.120$000	*15$000/alq. de campos*
Boa Vista dos Coqueiros (1851)	596 alqueires	18.996$000	
	342 alq. de culturas	13.680$000	*40$000/alq. de culturas*
	62 alq. de capoeiras	1.860$000	*30$000/alq. de capoeiras*
	192 alq. de campos	3.456$000	*18$000/ alq. de campos*
Pombal (1860)	331 alqueires	11.460$000	
	102 alq. de culturas	4.590$000	*45$000/alq. de culturas*
	229 alq. de campos	6.870$000	*30$000/alq. de campos*

Brumado (1861)	372 alqueires *289 alq. de capoeiras e matas virgens* *83 alqueires de campos*	18.385$000 15.895$000 2.490$000	 *55$000/alq. de capoeiras e matas virgens* *30$000/alq. de campos*
Lage (1861)	770 alqueires *340 alq. de capoeiras e matos virgens* *430 alq. de campos*	32.050$000 17.000$000 15.050$000	 *50$000/alq. de capoeiras e matos virges* *35$000/alq. de campos*
Cachoeira (1862)	195 alqueires *81 alq. de capoeiras e matas virgens* *114 alq. de campos*	6.660$000 3.240$000 3.420$000	 *40$000/alq. de capoeira e matas virgens* *30$000/alq. de campos*
Rio do Peixe (1862)	807 alqueires *237 alq. de capoeiras e matas virgens:* *126 alq. de culturas e matos tampados;* *111 alq. de culturas abertas* *570 alqueires de campos*	27.840$000 10.740$000 6.300$000 4.440$000 17.100$000	 *50$000/alq. de culturas e matos virgens tampados;* *40$000/alq. de culturas abertas* *30$000/alq. de campos*

São Miguel (1866)	331 alqueires	8.506$000	
	102 alq. de cultura	*3.468$000*	*34$000/ alq. de cultura*
	229 alq. de campos	*5.038$000*	*22$000/alq. de campos*

Fonte: Arquivo Histórico do Escritório Técnico II – IPHAN, São João del Rei: Inventários *post mortem.*

* Foram listados apenas os valores das terras que compunham as fazendas. As benfeitorias foram listadas à parte nos processos analisados.

**A fazenda da Batalha continuava no distrito de São João Batista, termo de Oliveira, com a extensão de 209 alqueires de campos, sendo, então, a extensão real da referida fazenda de 459 alqueires de terra. A parte que pertencia ao distrito de São João Batista não foi listada no cômputo do quadro por estar fora das dimensões do distrito da Lage.

No quadro 4.6, procuramos mensurar algumas fazendas em termos de sua extensão e valores apresentados aos terrenos. Como já ressaltamos, houve pouca incidência de maiores detalhamentos das terras que se possuía. Era claro para os avaliadores e para os proprietários que, grosso modo, eram vizinhos e, às vezes, parentes, a localização e a extensão das terras, assim podiam ser descritas apenas como sorte de terras na fazenda X ou parte do valor da fazenda Y ou, ainda, uma sorte de terras de cultura ou campos, sem menção de localização. Neste caso, a clareza dos avaliadores e dos herdeiros das propriedades e a não referência completa das mesmas implica, mais de 150 anos depois, num desconhecimento da realidade fundiária do distrito. Neste sentido, não será foco de discussão o mercado de terras local, embora tenhamos observado pelos inventários a referência de algumas propriedades havidas por compra e o monopólio das mesmas pelo grupo socioeconômico mais forte. Encontrar-se-á aqui uma discussão a respeito da extensão das propriedades supracitadas e os valores das terras. E, por fim, a representação da rubrica terras, imóveis e benfeitorias na composição geral da riqueza no distrito da Lage.

Uma observação precisa ser feita antes de iniciarmos a análise das propriedades supracitadas no quadro 4.6. Como já dissemos, foram listadas 27 fazendas, e desse total conseguimos perceber que quinze propriedades foram listadas em mais de um inventário. Ou seja, observamos o fracionamento de algumas propriedades, seja por direito de herança, seja por compra. Por exemplo, a fazenda da Cachoeira do Corisco tinha, pelo menos, três proprietários: Antônio Nascentes de Azevedo, com propriedade de 38 alqueires de campos e 5 ¾ de alqueires de cultura; o tenente coronel Joaquim Tomás da Costa Gonçalves, com *"quatro pequenas partes (...) que foram de José Joaquim de Carvalho Nascentes"*; e o tenente Antônio Gonçalves da Costa, proprietário de 107 ½ alqueires de terras de cultura, 169 e ½ alqueires de campos mais a casa de vivenda e as benfeitorias da mesma fazenda.[65] Além disso, 17 inventários possuíam 2 ou mais propriedades fundiárias. Por exemplo, o capitão Flávio José da Silva era proprietário de uma sorte de terras no Pinhão, comprada em sociedade, outra sorte de terras arrematada em praça pública dos bens de Joaquim Tomás também em sociedade, uma sorte de terras na fazenda dos Pinheiros compradas a Tobias de Cerqueira, também em sociedade, quatro alqueires de campos na fazenda da Restinga, uma sorte de terras de cultura na grota do Penedo, a capoeira do Mel, a fazenda do Retiro e a fazenda de São Miguel com as casas de vivendas e benfeitorias.[66]

Tais fenômenos sugerem que a posse da terra na região encontrava-se em fase de fragmentação, fruto do crescimento demográfico da área. A região do distrito da Lage deixava de ser zona de fronteira e passava a incorporar o centro das povoações do Sul de Minas, ou melhor, deixava de ser parte do Sul de Minas com o avanço das áreas de fronteira para regiões mais próximas à província de São Paulo. Embora ainda fosse uma região rica, a fragmentação das propriedades fundiária acarretava na diminuição dos padrões de fortuna. E, talvez, fosse tempo de migrar para as novas áreas.

Apesar do movimento de fragmentação da propriedade fundiária no distrito da Lage, observamos, através do quadro 4.6, que algumas fazendas tinham extensões bastante grandes e com área de reserva (capoeiras e matas virgens) bastante considerável. Diferentemente de Capivary, no mesmo período, e mais próximo da realidade dos fazendeiros cafeicultores do Vale do Paraíba, observamos haver no distrito da Lage proprietários de grandes extensões de terras, acima de 200 alqueires, e com reservas que garantiam a reprodução da agricultura extensiva e da pecuária. No Brasil, tanto na Colônia como no período imperial, o modo de uti-

65 Arquivo Histórico do Escritório Técnico II - IPHAN, São João del Rei. Inventários: Antônio Nascentes de Azevedo, Cachoeira do Corisco, Freguesia da Lage, termo da vila de São José, 1850, caixa 24; Joaquim Tomás da Costa Gonçalves (tenente coronel), Freguesia da Lage, termo da vila de São José, 1861, caixa 483; Antônio Gonçalves da Costa Carvalho (tenente), São José, 1867, caixa 294.

66 Arquivo Histórico do Escritório Técnico II - IPHAN, São João del Rei. Inventário: Flávio José da Silva (capitão), São José, 1866, caixa 322.

lização e preparação da terra para a agricultura recorria a métodos de preparação (uso de queimadas, derrubadas e trabalhos com enxada) que desgastavam o solo em pouco tempo,[67] sendo bem rudimentar a fertilização dos mesmos (fertilizava-se com as cinzas das queimadas e pousio depois de 7 a 8 anos de produção).[68] Tal comportamento fazia com que as áreas de reservas, as matas virgens e as capoeiras, constituíssem importantes terrenos para a reprodução do sistema agrário implantado, por isso seu valor por alqueire mais elevado que as terras de cultura e as de campo. De modo geral, as matas virgens e capoeiras tiveram avaliações que variaram de 25$000 réis, em 1850, e 55$000 réis na década de 1860. Já para a terra de cultura e campos o alqueire variou entre 30$000 réis e 40$000 réis a primeira e, 15$000 e 30$000 réis a segunda. Claro que, além da variação no tempo, as avaliações eram diferentes devido à qualidade e à localização dos terrenos. Com estes dados, o que pretendemos é mostrar a importância das reservas de matas virgens e capoeiras para a reprodução do sistema agrário localmente implantado.

No entanto, a posse da terra por si só, sem suas benfeitorias e o trabalho (a exploração), não pode ser considerada sinônimo de riqueza e pouco significava na hierarquização socioeconômica no período em questão. Como bem atentou Francisco Vidal Luna e Herbert S. Klein, a terra sem o trabalho escravo possuía baixo valor,[69] e Hebe Mattos reiterou que aos sujeitos não bastava ter a posse da terra, era preciso ter meios materiais (benfeitorias e mão de obra) para trabalhá-la, para, assim, garantir seu posicionamento social e econômico.[70] Ou seja, a simples posse/propriedade não garantiria a condição de proprietário fundiário. Nestes termos, embora no distrito da Lage os fazendeiros possuíssem vastas extensões de

---

67 Segundo Caio Prado Júnior, o aperfeiçoamento técnico na agricultura brasileira, desde o período colonial até o Império, foi praticamente nulo, não promovendo nenhum progresso quanto à inovação de técnicas e métodos de fertilização. De acordo com suas palavras: "O desenvolvimento da agricultura no período que temos em vista, embora bastante considerável, é muito mais quantitativo que qualitativo. Daí, sua precariedade, e salvo em casos excepcionais sua curta duração. No terreno do aperfeiçoamento técnico, o progresso da agricultura brasileira é naquele período praticamente nulo. *Continuava em princípios do séc. XIX, e mais ou menos nas mesmas condições continuará ainda por muito tempo, com os mesmos processos que datavam do início da colonização. Processos bárbaros, destrutivos,* explicáveis e mesmo insubstituíveis na primeira fase da ocupação; mas que começavam já, pela insistência neles, em fazer sentir seus efeitos devastadores." (PRADO JR., 1987, p. 135, grifos meus).

68 FRAGOSO, 1983, p. 19-23.

69 LUNA & KLEIN, 2005.

70 MATTOS, 2009, p. 98.

terra e elevado índice de mão de obra escrava, as benfeitorias também eram importantes no posicionamento social, bem como na produção da riqueza. Como já enfatizamos, uma das principais benfeitorias que encontramos em nossa amostra foram os engenhos de cana de açúcar e as ferramentas para a produção de aguardente. Todavia, constituíam ainda as benfeitorias as casas de vivenda, os moinhos, monjolos, paiol, tenda de ferreiro e senzalas cobertos de telhas ou palhas e currais cercados de pedra. Em 17 inventários houve a referência a pelo menos uma destas benfeitorias, sendo as mais comuns as casas de vivenda com moinhos e engenhos, senzala, paiol e currais. As benfeitorias tinham seus valores dados de acordo com as instalações, a qualidade das mesmas, se cobertas de telhas ou capim, cercadas de muros de pedras, etc., e com a diversidade das mesmas na unidade produtiva. Seus valores, em nossa amostra, variaram entre 20$000 réis (*"parte nas casas e moinho da fazenda do Rio Sujo"*) e 8.000$000 réis (*"as casas de vivenda da dita fazenda* [da Lage] *assoalhadas, paiol, senzalas, ranchos, moinho tudo coberto de telhas, engenho de cana de cilindro, com três moendas de ferro maciço com assento de ferro, quatro tachos e um alambique de cobre, dois porões, quatro cochos para azedar garapa, um caixão com açúcar, nove formas e todos os mais pertences do engenho, engenho de serra, olaria de telha, casa de trapironga* [sic], *currais e quintal cercado de pedra"*).[71]

Em nossa amostra, ainda foram listadas três posses em terreiros de fazendas, pelos quais supõe-se a presença de algumas benfeitorias de terreiro. Em 1850, José Joaquim dos Reis, inventariante de Mariana Bernarda do Sacramento, apresentou como bens *"no valor do terreiro da fazenda do Ribeiro, a quantia de 93$350 réis, mais no valor do terreiro da fazenda da Serra como consta do inventário de dona Genoveva, a quantia de 50$000 réis"* e, dois anos depois, em 1852, Joaquim Claudino dos Santos listou como bens da falecida Ana Severina da Silva a posse de *"três partes no terreiro da fazenda do Rio Sujo no valor de 54$000 réis"*.[72]

Quanto às casas de morada, tanto no arraial, quanto sem especificação de localidade, apareceram em 16 inventários. Suas descrições foram bastante sim-

71 Arquivo Histórico do Escritório Técnico II - IPHAN, São João del Rei. Inventários: Maria Claudina de Jesus, arraial de São Tiago, Freguesia da Lage, termo da vila de São José, 1852, caixa 423; Joaquim Tomás da Costa Gonçalves (tenente coronel), Freguesia da Lage, termo da vila de São José, 1861, caixa 483.

72 Arquivo Histórico do Escritório Técnico II - IPHAN, São João del Rei. Inventários: Mariana Bernarda do Sacramento, Fazenda do Ribeirão, freguesia da Lage, termo de São José, 1850, caixa 409; Ana Severina da Silva, São José, 1852, caixa 288.

ples, sendo mais comumente descritas como *"uma morada de casas"* ou *"uma casa térrea"* ou ainda *"uma morada de casas velhas"* ou *"novas"*. Como houve muita incidência do fracionamento desse imóvel (8 inventários listaram a posse de partes de casas de moradas), seus valores nos inventários sofreram uma grande variação, além, é claro, da avaliação feita sobre o estado de conservação e a qualidade da construção. Neste sentido, as moradas de casas tiveram seus valores variando entre 22$222 réis (*"uma parte nas ditas casas que foi da herdeira dona Balbina"*) a 1.200$000 réis (*"uma morada de casas no arraial de São Tiago com benfeitorias"*), cabendo destacar ainda a propriedade do casal capitão José Justino da Silva e dona Maria Micaela de Jesus no arraial de São Tiago, avaliada em 500$000 réis, a qual tinha um quintal e *"plantação de café"*,[73] e a *"morada de casas no arraial da Lage com quintal cercado de pedra e cafezal"*, do casal Mariana Francisca da Silveira e capitão José Coelho dos Santos Monteiro.[74] Embora sejam as únicas observações do cultivo do café em nossa amostra, e ainda apresentado como planta de jardim, não podíamos deixar de mencionar tais ocorrências, sobretudo pelo fato de, em 1867, Gervásio Pereira Alvim buscar informações do preço do café junto a José de Resende Monteiro, em Providência, zona da Mata Mineira, o que sugere uma tentativa de participação neste ramo do comércio.

O mobiliário da casa era bastante simples, revelando a rusticidade das fazendas mineiras. Foram poucas as fazendas que listaram entre os móveis a presença de relógios de paredes, louças de porcelana e vidro, instrumentos musicais e livros. De modo geral os objetos da casa eram compostos por mesas, cadeiras, bancos, tamboretes, catres, armários, caixas e caixões com e sem fechaduras, bacias de ferro, estanho e cobre, pratos e copos de estanho, oratórios e armas. Algumas peças de roupa pessoal e colchas também foram listadas.

Observando as dívidas dos mineiros do distrito da Lage, percebemos que eram homens de poucas dívidas a pagar e donos de considerável quantia em créditos. Somente seis inventariados apresentaram dívidas passivas e elas somaram

73 Arquivo Histórico do Escritório Técnico II – IPHAN, São João del Rei. Inventários: José Coelho dos Santos Monteiro (capitão), São José, 1851, caixa 415; José Jacinto Rodrigues e Lara, São José, 1832, caixa 134; Maria Micaela de Jesus, Fazenda do Pombal, Freguesia da Lage, 1860, caixa 122.

74 Arquivo Histórico do Escritório Técnico II – IPHAN, São João del Rei. Inventário: Maria Francisca da Silveira, Fazenda do Retiro do Sossego da Freguesia da Lage, termo da vila de São José, 1850, caixa 409.

32.657$708 réis. O capitão André Esteves dos Santos apresentou a maior delas, 26.516$246 réis, ou seja, 30,16% da sua fortuna pessoal, calculada em 87.917$235 réis, e 81,19% da dívida passiva total do distrito da Lage. Todavia, a origem dessa dívida encontrava-se nas doações feitas aos filhos do primeiro matrimônio como forma de indenização pela contração de segundas núpcias e, consequentemente, prejuízos de direito de herança paterna dos filhos do primeiro casamento.[75]

Em segundo lugar estavam as dívidas de João Gonçalves de Faria Lara, em 1856, que apresentou 24 credores e o total da dívida em 3.324$658 réis, o equivalente a 21,29% da sua fortuna. A maioria das dívidas era originária de negócios de gado *cavalar*, foram 11 transações de compra de éguas. E somaram ainda três dívidas em dinheiro que o inventariado devia, uma dívida de resto de conta de gêneros em casa mercantil de João Evangelista de Magalhães, morador em São João del Rei, outra proveniente de remédios a Antônio Pereira da Malta, também morador em São João del Rei, e o restante sem especificação. Não podemos deixar de mencionar a origem de 12 credores do fazendeiro em seus negócios de gado devido aos vínculos com o cativeiro. Entre os 12 credores, seis eram crioulos, um carapina, dois rebolos, um de nação, um *"barundo"* e um *"moleque"*.[76]

A terceira maior dívida foi a de Mariana Bernarda do Sacramento, somada em 1.507$645, 11,83% da sua fortuna, cuja origem era de ordem religiosa: a inventariada devia às irmandades Ordem Terceira de Nossa Senhora do Carmo, em São João del Rei, e da Terra Santa anuidades. E o restante das dívidas era por créditos passados.[77] O inventário do capitão José Coelho dos Santos Monteiro arrolou como dívidas passivas a quantia de 561$853 réis, 0,72% da fortuna pessoal, devedores à massa falida de Marcos Gonçalves Alves.[78] E as duas últimas, as inventariadas Bernarda Maria de Jesus e Ana Nepomuceno, e o inventariado Joaquim Teixeira de Carvalho, eram devedores de 12$000 réis o primeiro inven-

75 Arquivo Histórico do Escritório Técnico II - IPHAN, São João del Rei. Inventário: André Esteves dos Santos (capitão), Fazenda do Brumado, Freguesia da Lage, 1861, caixa 570.

76 Arquivo Histórico do Escritório Técnico II - IPHAN, São João del Rei. Inventário: João Gonçalves de Faria Lara, São José, 1856, caixa 480.

77 Arquivo Histórico do Escritório Técnico II - IPHAN, São João del Rei. Inventário: Mariana Bernarda do Sacramento, Fazenda do Ribeirão, Freguesia da Lage, termo de São José, 1850, caixa 409.

78 Arquivo Histórico do Escritório Técnico II - IPHAN, São João del Rei. Inventário: José Coelho dos Santos Monteiro (capitão), Fazenda Retiro do Sossego da Freguesia da Lage, 1867, caixa 415.

tário e 72$080 réis o segundo. Tais dívidas representavam 0,35% e 3,55% dos bens possuídos nos inventários, respectivamente. Ou seja, valores bastante modestos na composição das riquezas.

Já as dívidas a receber, dívidas ativas, foram presentes em 11 inventários, somando a quantia de 40.125$672 réis. Entre os maiores credores, podemos citar o capitão José Coelho dos Santos Monteiro, cuja quantia posta em circulação através da cessão de créditos fora de 15.707$989 réis, ou seja, 20,08% da sua fortuna pessoal e 39,15% do valor da dívida ativa do distrito da Lage, o que o qualificou como o maior credor do distrito.[79] E o segundo e o terceiro maiores credores foram o casal Maria Micaela de Jesus e o capitão José Justino da Silva. No primeiro inventário do casal, em 1860, por morte de dona Maria Micaela, o capitão apresentou suas dívidas a receber no valor de 8.459$827 réis, 14,30% dos seus bens e, no ano seguinte, em função do falecimento do capitão José Justino, o rol de dívidas a receber fora somado em 4.229$967 réis, 10,71% dos bens inventariados.[80] Na lista dos credores temos ainda o capitão André Esteves, credor da quantia de 1.000$000 réis, sendo o décimo maior credor do distrito da Lage.

A partir dos dados expostos, observamos que o distrito da Lage, durante os anos de 1850 e 1870, tinha sua economia ainda orientada para a produção de gêneros alimentícios para o mercado interno, não havendo alteração nos seus contornos sociais e econômicos. Em seu interior, a riqueza ainda se concentrava nas fazendas, no mundo rural, sendo a expressão do urbano restrita às casas de morada no arraial que muitos fazendeiros possuíam e as quais frequentavam apenas aos domingos e feriados para acompanhar as celebrações e festividades religiosas. A riqueza no distrito da Lage mantinha seu perfil tradicional, sendo os principais ativos os escravos, a propriedade fundiária e os imóveis, a criação de animais e as dívidas ativas.

Embora tenhamos percebido alteração nas posses de escravos, não encontramos em nossa amostra nenhuma escravaria acima de 50 cativos, como anteriormente se verificou no distrito; a região ainda concentrava um elevado índice de mão de obra cativa, com grandes proprietários, sobretudo se considerarmos a

79 Arquivo Histórico do Escritório Técnico II – IPHAN, São João del Rei. Inventário: José Coelho dos Santos Monteiro (capitão), Fazenda do Sossego, Freguesia da Lage, 1867, caixa 415.

80 Arquivo Histórico do Escritório Técnico II – IPHAN, São João del Rei. Inventário: Maria Micaela de Jesus, Fazenda do Pombal, Freguesia da Lage, 1860, caixa 122; José Justino da Silva (capitão), Fazenda do Pombal, Freguesia da Lage, termo da vila de São José, 1861, caixa 403.

natureza da produção ali desenvolvida e o contexto de recrudescimento do tráfico interno de escravos. A reprodução do sistema escravista no distrito da Lage, acompanhando um movimento anterior, dava-se através da nacionalização da escravidão, ou seja, o investimento no crescimento endógeno da população cativa contribuiu para a manutenção das escravarias. Em nossa amostra, verificamos que 65,08% dos escravos (274) eram nacionais (crioulos, cabras e pardos) contra 23,28% (98) de origem africana (benguela, congo, cassange, rebolo) e 11,64% (49 escravos) sem menção de origem. Além disso, destaca-se o grande número de crianças escravas encontradas na amostra. Foram 101 crianças, de até 11 anos completos, em 18 inventários. Ou seja, 23,99% dos escravos listados em nossa amostra eram crianças. Tais dados evidenciam a tentativa por parte dos fazendeiros do distrito da Lage de garantir a reprodução da mão de obra escrava nas suas fazendas, como também as suas astúcias em criar escravos para atender as demandas de cativos no novo contexto escravista. Isto é, com o fim do tráfico atlântico de escravos africanos, tendo sua primeira tentativa com a lei de 1831 e efetivado em 1850, as crianças escravas passaram a ser mais valorizadas nos inventários *post mortem* e tiveram maior participação no montante da escravaria, o que sugere uma estratégia dos fazendeiros do distrito da Lage em, aproveitando-se das circunstâncias de falta de mão de obra e recrudescimento do tráfico interno, produzir escravos para um novo ramo do mercado interno.

A posse da terra também chamou-nos atenção devido às grandes extensões das propriedades e às reservas de matas virgens e capoeiras, elementos que garantiriam a reprodução do sistema agrário. E ainda, apesar do movimento de fragmentação das propriedades da terra, verificou-se ainda que os inventariados eram sujeitos com poucas dívidas a pagar e as dívidas ativas (a receber) e dotes, doações e dinheiros somaram quantias significativas no contexto da riqueza do distrito.

Outro ponto de destaque em nossa amostra foi o elevado índice de agentes da Guarda Nacional no distrito da Lage. No total de 15 inventariados homens, nove sujeitos detinham patentes da Guarda Nacional. Foram um tenente, seis capitães, um tenente coronel e um quartel mestre. Entre os inventariantes homens, destaca-se um major. A Guarda Nacional fora uma instituição criada em 1831, a qual passava a responsabilidade da manutenção da ordem para a esfera local recrutando os fazendeiros para tal empreendimento. A importância dessas patentes no âmbito dos fazendeiros do distrito da Lage era a reprodução do domínio e poder sobre uma massa de escravos e homens pobres livres residentes na região.

Quadro 4.7: A distribuição da riqueza no distrito da Lage (1850-1870)

Componentes	Valores (em mil réis)
Móveis, utensílios domésticos e roupas	4.997$940
Ferramentas	7.910$470
Ouro e prata	2.989$460
Escravos	365.379$050
Animais	47.065$000
Terras e imóveis	277.241$230
Dívidas ativas (a receber)	40.125$672
Dinheiro e dotes	45.753$720
Produção agrícola	12.272$400

Fonte: Arquivo Histórico do Escritório Técnico II – IPHAN, São João del Rei: Inventários *post mortem*

Embora em outras regiões do Brasil imperial, a partir de 1850, pudesse ser observada a lenta transformação da riqueza como resposta às transformações sociais e econômicas por que a sociedade passava, com a introdução de novos elementos na composição das fortunas pessoais – como por exemplo, as apólices, as ações e títulos da dívida pública, imóveis urbanos, depósitos bancários, a redução da participação do elemento cativo e ascensão da terra no total da riqueza – os mineiros do distrito da Lage, mesmo com a alteração no padrão das riquezas, ainda mantinham seus investimentos em ramos tradicionais da economia escravista (confira quadro 4.7): escravos, terras, criação de animais e dívidas ativas. Seria de surpreender, devido aos fortes vínculos com o universo agrário de nossa amostra, a presença de algum desses novos elementos característicos do espaço urbano e com caráter mais financista, que evidenciam a chegada de novos tempos, do processo de modernização da economia através da expansão do capitalismo, nos inventários por nós pesquisados. Talvez neste ponto – a manutenção de investimentos em ramos tradicionais da economia escravista pelos fazendeiros do distrito da Lage e da ascensão e expansão do capitalismo e suas novas formas de lidar com os investimentos e com os tratos mercantis – resida a origem dos embates entre Gervásio Pereira Alvim e Manoel Gomes de Castro na década de 1860.

A produção da riqueza no distrito da Lage: estudo dos casos do capitão André Esteves dos Santos, do capitão José Coelho dos Santos Monteiro e José Jacinto Rodrigues e Lara

Decerto, eram anos muito difíceis para a reprodução da hierarquia socioeconômica escravista vigente até então. Não apenas Gervásio Pereira Alvim sofria com os baques das leis abolicionistas e da regularização da propriedade fundiária, além das leis de hipoteca e emissão, que traziam na esteira uma série de transformações na economia e sociedade imperial. A chegada da modernidade implicou a crise do sistema agrário escravista implantado no distrito da Lage e, por isso, novas estratégias, não apenas econômicas, mas também sociais foram tecidas visando à perpetuação dos fazendeiros escravistas do distrito da Lage enquanto grupo da elite regional e que deveriam assegurar a reprodução de suas riquezas. No testamento do capitão André Esteves dos Santos, o testador deixou transparecer o sentimento de dificuldade vivenciado naqueles anos. Seu relato e pedido de desculpas aos filhos deixava claro que "o mar não estava para peixe" e os comportamentos sociais deviam tomar em consideração as mudanças em curso se quisesse manter o padrão de vida. Assim, o testador escreveu, em 1861, as seguintes disposições com relação ao futuro dos filhos do primeiro matrimônio:

> ... Fui casado com dona Teresa Emídia de Jesus Alvim, e de cujo matrimônio nos ficaram dez filhos, que são: André, Francisco, Antônio, Joaquim, José, Serafim, Manoel, Pedro, Quitéria e Maria, e passado doze anos mais ou menos passei a segunda núpcias com dona Francisca de Paula dos Reis, e até o presente temos tido três filhos, Maria, Ana e Joaquina, e todos estes filhos são meus herdeiros das duas partes do meus bens. (...)
>
> *Declaro que fui casado com dona Teresa Emídia de Jesus Alvim, de cujo matrimônio tivemos dez filhos, e não me pretendia casar mais conservando-me solteiro, e quando me resolvi a casar a segunda vez e antes de fazer para desencargo de minha consciência passei vários títulos a meus filhos mas venho no conhecimento serem aqueles nulos e mesmo por falta de igualdade por isso os hei por cassados e declarados dever aos ditos filhos a que devem sair do monte de todos os bens, quinze contos de réis, e peço a meus filhos me perdoem se alguma*

> *vez gastei alguma quantia mal.* Deixo a minha filha Quitéria quatrocentos mil réis. Deixo a minha filha Maria Teresa, quinhentos mil réis cumpridas este meus legados e determinação *instituo por meus herdeiros do resto da minha terça por me terem muito ajudado a meus filhos André, Francisco, Antônio, Joaquim, José, Serafim, Manoel e Pedro e é minha vontade que seja encostados a terça a casa e engenho para poderem trabalharem.*[81]

As últimas disposições testamentárias do capitão André Esteves revelam as tensões que os fazendeiros escravistas do distrito da Lage vivenciavam naqueles anos, sobretudo em decorrência das transformações sociais e econômicas por que o país passava no sentido de superação do escravismo brasileiro e implantação das novas leis de posse da terra. O capitão, permanecendo viúvo por doze anos, ao se casar em segundas núpcias, feriria os interesses dos filhos ao ver a fortuna paterna ser partilhada em dois montes, o da esposa e o dos filhos, por isso, *"para desencargo de consciência"* tornou o seu inventário (ele era a terceira maior fortuna do distrito entre os anos de 1850 e 1870) no maior devedor por doações que fez aos filhos do primeiro matrimônio como forma de indenização. E, ainda, pedia-lhes desculpas *"se por alguma vez gastei alguma quantia mal"*. Apesar da supervalorização da mão de obra escrava, o sistema agrário localmente implantado necessitava, para a sua reprodução, do fornecimento contínuo de cativos e mais terras para continuar a dar frutos. Nesse sentido, as mudanças na estrutura social e econômica no país, vistas nas leis abolicionistas e de terra, prejudicaram o fornecimento de elementos vitais do sistema agrário e, por isso, a preocupação do capitão André Esteves em não molestar os filhos do primeiro matrimônio nos seus direitos de herança paterna. A herança paterna seria um esteio no qual eles deveriam assegurar o modo de viver, melhorar o padrão de vida e se manterem como homens importantes econômica e socialmente. E a partir disso, entende-se a disposição de que a *"casa e engenho"* deveriam entrar na terça do testador para que fosse dado aos oito filhos varões um lugar para trabalharem e proverem o sustento das suas famílias.

---

81 Arquivo Histórico do Escritório Técnico II – IPHAN, São João del Rei. Inventário: André Esteves dos Santos (capitão), Fazenda do Brumado, Freguesia da Lage, 1861, caixa 570. Cópia do testamento a folha 22. Grifos meus.

Esta foi uma das estratégias encontradas no distrito da Lage que visava superar os novos obstáculos no processo de construção da riqueza e assegurar a reprodução da unidade produtiva cujo objetivo era garantir os meios de sobrevivência da família enquanto membro da elite regional, detentora de poder e fortuna. Outras estratégias foram também tecidas com os mesmos objetivos. O próprio capitão André Esteves, tentando evitar o fracionamento da sua fazenda, em função do falecimento da primeira esposa, não procedeu a partilha da unidade produtiva (a fazenda do Brumado com suas benfeitorias). A propriedade provavelmente ficara em usufruto de todos os herdeiros, porém mantida sob o poder do capitão André Esteves.[82]

Esta também foi a saída encontrada pelo capitão José Coelho dos Santos Monteiro[83] para evitar o fracionamento e, por conseguinte, perda de capacidade de reprodução e geração de riqueza da sua unidade produtiva. Em 1850, dona Mariana Francisca da Silveira, primeira esposa do capitão José Coelho dos Santos Monteiro, falecera e, em função da presença de filhos legítimos, herdeiros diretos, o capitão apresentaria os bens pertencentes a seu casal. O monte mor foi calculado em 40.039$603 réis, tendo o viúvo e cabeça do casal o direito a 19.972$106 réis. No processo de partilha e meação do viúvo inventariante, observou-se que, sobretudo, as fazendas e suas benfeitorias ficaram sob o poder do capitão José Coelho dos Santos. Os filhos, embora tivessem direitos de herança sobre tais propriedades, somente as receberam quando do falecimento do pai, em 1867. Até mesmo porque, entre os onze filhos listados do primeiro matrimônio, oito estavam sob pátrio poder.

Esta estratégia fora bem sucedida. A manutenção das unidades produtivas sob o poder do cabeça do casal, e provável usufruto dos filhos maiores, garantiu a ampliação da fortuna do capitão José Coelho dos Santos Monteiro. Em 1850, a riqueza do casal fora calculada em 40.039$603 réis, cabendo ao chefe da família a meação no valor de 19.972$106 réis. Já em 1867, quando o capitão faleceu, sua fortuna fora medida em 76.685$032 réis. O aumento da fortuna entre o primeiro e segundo monte mor fora de 36.645$429 réis, ou seja, uma ampliação um

---

82 Arquivo Histórico do Escritório Técnico II - IPHAN, São João del Rei. Inventário: André Esteves dos Santos (capitão), Fazenda do Brumado, Freguesia da Lage, 1861, caixa 570.

83 Arquivo Histórico do Escritório Técnico II - IPHAN, São João del Rei. Inventários: Mariana Francisca da Silveira, Fazenda Retiro do Sossego da Freguesia da Lage, termo da vila de São José, 1850, caixa 409; José Coelho dos Santos Monteiro (capitão), Fazenda Sossego da Freguesia da Lage, 1867, caixa 415.

pouco maior que 91%. Ao compararmos os dois processos de inventários, não observamos mudanças bruscas na composição da riqueza, pois o capitão ainda permanecia com as atividades agrárias e utilizava a mão de obra escrava para tocar seus empreendimentos. No primeiro inventário, ele tinha a posse de 31 cativos, enquanto no segundo foram listados 29. Todavia, em função da supervalorização do escravo, no primeiro inventário os escravos somaram 15.800$000 réis, e, no segundo, 26.750$000 réis. Nos dois momentos, percebemos a manutenção do perfil demográfico do cativeiro do capitão José Coelho. Verificamos o equilíbrio entre os sexos no cativeiro: no primeiro inventário, foram listados 17 homens e 14 mulheres, já no segundo, a composição fora de 15 homens e 14 mulheres. Com relação às idades, 77,42% e 72,41% dos escravos no primeiro e segundo inventário, respectivamente, eram adultos, sujeitos com idades acima de 12 anos, sendo a cifra de crianças (até 11 anos), 22,58% e 27,59%, respectivamente. O elevado índice de crianças revela a expectativa do proprietário em proceder à renovação de parte da escravaria via crescimento endógeno da população escrava.[84] Com relação à apropriação do trabalho escravo, observamos que, dos 24 escravos adultos, do primeiro inventário, 19 cativos estavam na faixa considerada mais produtiva (14 a 39 anos e sem defeitos), dois tinham acima de 40 anos, dois estavam com idades entre 12 e 14 anos e apenas um com defeito. Já no segundo inventário, entre os 21 cativos adultos, 11 estavam na faixa mais produtiva (14 a 39 anos e sem defeitos), nove estavam com mais de 40 anos e um escravo com idade entre doze e quatorze anos.

No entanto, esse perfil demográfico não era exclusividade das fazendas do Retiro do Sossego, do Engenho e da Batalha, propriedades do capitão José Coelho dos Santos Monteiro. O capitão André Esteves dos Santos e o casal José Jacinto Rodrigues e Lara e dona Ana Maria de Almeida Lara[85] também investiram na reprodução de parte de suas escravarias via crescimento endógeno. Nos montantes

84 Nos dados apresentados por Maria Alice Rosa Ribeiro sobre a família Teixeira Vilella e a formação da *plantation* açucareira em Campinas, podemos observar que no inventário de Antonio Manoel Teixeira, datado de 1850, na sua principal fazenda Engenho da Cachoeira, em Campinas, 20,83% dos seus escravos (ou seja, 25 cativos numa amostra de 120) eram crianças com até 13 anos completos. Isso, a nosso ver, revela o comportamento de alguns fazendeiros de tentativa de reproduzir internamente parte da mão de obra que necessitaria nos trabalhos agrícolas e domésticos. Cf. RIBEIRO, 2012.

85 Arquivo Histórico do Escritório Técnico II – IPHAN, São João del Rei. Inventário: José Jacinto Rodrigues e Lara. Fazenda do Rio do Peixe, Distrito da Lage, termo da cidade de São José, 1862, caixa 134.

escravos, o primeiro inventariado, o capitão André Esteves, em 1861, tinha 39 cativos, sendo a divisão sexual em: 24 homens e 15 mulheres. Quanto às idades, 32 cativos (82,05%) eram adultos e sete crianças (até 11 anos), sendo expressivo o número de escravos entre 12 e 14 anos (12 cativos, ou seja, 30,77% dos escravos adultos). Quanto à apropriação do trabalho, entre os 32 escravos adultos, 14 estavam na faixa mais produtiva (entre 14 e 39 anos e sem defeitos), nove estavam acima de 40 anos, dois sem referência de idade, porém adultos, dois doentes e cinco com idade entre 12 e 13 anos.

Já no inventário de José Jacinto Rodrigues e Lara e dona Ana Maria de Almeida Lara, em 1862, o casal contava com a posse de 48 escravos. Destes, 26 cativos eram do sexo masculino e 22, do feminino. Quanto à distribuição por faixa etária, 36 escravos (75%) eram adultos, sujeitos acima de 12 anos, e 12 (25%) eram crianças, menores de 11 anos. Por fim, com relação à apropriação do trabalho, no universo de 36 escravos adultos, 25 cativos estavam na faixa considerada mais produtiva (entre 14 e 39 anos e sem defeito) e onze estavam com mais de 40 anos.

Além desses dados, verificamos que, nos três casos analisados, a maioria dos cativos era de origem nacional (crioulos, cabras e pardos). Na escravaria do capitão André Esteves, de José Jacinto e do capitão José Coelho, respectivamente, 69,23%, 66,67% e 75,86% dos cativos eram nacionais, enquanto que os africanos representavam, respectivamente, 30,77%, 18,75% e 13,80% dos cativos. Nos inventários de José Jacinto e do capitão José Coelho houve, respectivamente, sete (14,58%) e três (10,34%) cativos sem menção de origem.[86]

Por fim, no que diz respeito ao investimento em escravos, nos três casos analisados, observamos números expressivos de crianças nas composições das escravarias, fato que sugere a tentativa de reprodução, via crescimento endógeno, da escravidão no distrito da Lage, como também, devido ao alto valor dado às crianças nos inventários, a expectativa desses proprietários de poder dispor dessa mão de obra em um novo ramo do comércio interno: o abastecimento de escravos para as áreas agroexportadoras.

Retomando a comparação da riqueza do capitão José Coelho dos Santos Monteiro no início da década de 1850 e já na segunda metade da década de 1860,

86 Arquivo Histórico do Escritório Técnico II – IPHAN, São João del Rei. Inventários: André Esteves dos Santos (capitão), Fazenda do Brumado, Freguesia da Lage, 1861, caixa 570; José Jacinto Rodrigues e Lara. Fazenda do Rio do Peixe, Distrito da Lage, termo da cidade de São José, 1862, caixa 134; José Coelho dos Santos Monteiro (capitão), Fazenda Sossego da Freguesia da Lage, 1867, caixa 415.

caso no qual identificamos um crescimento dilatado da riqueza no prazo de 17 anos, observamos uma maior diversificação das propriedades fundiárias e melhorias nas benfeitorias das mesmas, o que produziu uma elevação na rubrica terra e imóveis do primeiro inventário para o segundo. Em 1850, a rubrica somou 9.455$000 réis, sendo listadas as propriedades: a casa de vivenda e benfeitorias da fazenda do Retiro do Sossego, a morada de casas no arraial da Lage, a fazenda da Batalha e suas benfeitorias e a fazenda do Engenho e suas benfeitorias. Já em 1867, além dessas propriedades, que se apresentavam mais valorizadas devido ao incremento nas benfeitorias e à questão do tempo, o capitão ainda possuía terras no "*lugar denominado João Congo*", terras de cultura na Serra, capoeiras e matos virgens no "*lugar denominado Capitinga e Jacu*". Tais propriedades somaram 27.156$303 réis.

Ao compararmos as propriedades existentes nos dois inventários (as benfeitorias do Retiro do Sossego, a fazenda da Batalha com suas benfeitorias e a fazenda do Engenho com suas benfeitorias), observamos que, em primeiro lugar, houve um aumento no preço do alqueire de terras na fazenda da Batalha. Em 1850, o alqueire de cultura foi avaliado em 25$000 réis e, em 1867, passou a 30$000 réis, enquanto o de campos, no primeiro momento, era 15$000 réis e no segundo, 20$000 réis. Quanto às outras propriedades, não foram apresentados os valores dados ao alqueire, não permitindo esse tipo de comparação. Sabe-se apenas que, no Retiro do Sossego, em 1867, o alqueire de cultura fora avaliado em 50$000 réis e o de campos, 30$000 réis e, na fazenda do Engenho, o alqueire de cultura valia 40$000 réis e o de campos, 30$000 réis. Já com relação aos valores dados às benfeitorias, no primeiro inventário, elas somaram 1.400$000 réis, não nos sendo apresentada a avaliação feita nas benfeitorias da fazenda do Engenho. Já no segundo inventário, a meação das propriedades somou 2.265$250 réis. Ou seja, a parte pertencente ao capitão das benfeitorias das três fazendas (Retiro do Sossego, Batalha e Engenho), em 1867, fora superior ao valor integral dado às tais benfeitorias em 1850. Como já dissemos, essa diferença era fruto de melhorias e maior diversificação nas benfeitorias dessas fazendas. No primeiro inventário, as benfeitorias do Retiro do Sossego foram descritas do seguinte modo: "*uma casa de vivenda sita na fazenda do Retiro do Sossego, com engenho de bois coberto de telha, cochos de azedar e doce e formas de açúcar, paiol, moinho, seva de porcos, senzalas tudo coberto de telha com quintal cercado de pedras e currais também cercado de pedra, contendo o quintal árvores de espinho, arvoredos, tudo avaliado em 1.000$000*", já em 1867, no termo de reforma, as benfeitorias da mesma fazenda foram descritas: "*um engenho de cilindros de ferro, caso do mesmo, quatro tachos, um alambique, uma espumadeira, vinte e três* *formas para açúcar, um cocho para garapa, seis ditos lagares de azedar, um dito grande coberto para vinagre e todos mais utensílios do engenho, inclusive três pipas, moinho, casa de tenda, paiol, senzalas e seva de porcos tudo coberto de telha, monjolo coberto de capim, quintal plantado com café e arvoredos, mandiocal e curral tudo cercado de pedra avaliado globalmente por 3.500$000 réis, que depois de abatido a metade pertencente aos herdeiros do primeiro inventário, vem a pertencer a este 1.750$000 réis*".

Infelizmente, tais comparações não nos são possíveis de fazer nos inventários do capitão André Esteves e José Jacinto por não possuirmos outros inventários que serviriam de base comparativa. No entanto, podemos reforçar os valores dados a tais propriedades nas unidades produtivas desses sujeitos. O capitão André Esteves era proprietário da fazenda do Brumado que, composta por 372 alqueires de terras, avaliados em 18.385$000 réis, contava com as seguintes benfeitorias: "*as casas de sobrado desta fazenda do Brumado com casas de despejos, casa de tenda, rancho, paiol, senzalas, moinho, engenho de casa e de pilões tudo coberto de telhas, massame do engenho, cilindro, formas e mais pertences que não foram avaliados em separados, currais e quintais cercados de pedra avaliado tudo 4.000$000, de cujo valor abatendo-se a quarta parte que pertence aos herdeiros do primeiro consórcio vem a pertencer a este inventário, 3.000$000*"; além dessas, foram citadas ainda "*as casas, moinho e mais benfeitorias que foram de Francisco Antônio dos Santos, sitas nesta dita fazenda do Brumado, 800$000*". E ainda, as terras e benfeitorias do Retiro do Carandaí. No total, na rubrica terras e imóveis, os valores das fazendas, sorte de terras e casas na vila somaram 23.488$365 réis, sendo todas as benfeitorias pertencentes ao capitão André Esteves calculadas em 3.850$000 réis.

Já quanto ao casal José Jacinto e dona Ana Maria, a rubrica terras e imóveis somou 42.510$000 réis, distribuídos em três moradas de casas no arraial de São Tiago, nas terras e benfeitorias da fazenda da Cachoeira e nas terras e benfeitorias da fazenda do Rio do Peixe, onde residia o casal. No inventário não há detalhes sobre as benfeitorias existentes na fazenda da Cachoeira, apenas a referência à existência das mesmas, que foram avaliadas em 500$000 réis. Já para a fazenda Rio do Peixe, a avaliação das benfeitorias foi no valor total de 6.100$000 réis, distribuídos em "*as casas de vivenda da dita fazenda do Rio do Peixe com casas de despejo, paiol, senzalas, ranchos de porcos, rancho na estrada, moinho e monjolo tudo coberto de telha, olaria, engenho de pilões e de cana, incluídas 4 tachas* [sic], *dois alambiques, três espumadeiras e romunholos* [sic] *tudo de cobre, formas e caixas e maceiras* [sic] *de farinha e todos os mais pertences, quintais com arvoredos, currais cercados de pedra*".

Com relação à produção agrícola das unidades produtivas desses sujeitos, destacamos a produção de açúcar e aguardente, as roças de milho, feijão e arroz. E na rubrica animais, cabe destacar que, em tais unidades produtivas, seus valores alcançaram proporções significativas no montante da riqueza. O capitão André Esteves teve inventariadas 70 cabeças de gado *vacum* (de diversos tamanhos e idades), 22 cabeças de equinos, 11 de muares e 81 porcos, tudo avaliado em 4.579$000 réis; já para o casal José Jacinto e dona Ana Maria foram listados 200 cabeças de gado *vacum* (de diversos tamanhos e idades), 19 muares e 64 porcos, tudo somando 7.757$000; e o capitão José Coelho, em 1867, apresentou 54 cabeças de gado *vacum* (de diversos tamanhos e idades), 25 equinos, 3 muares e 46 porcos, tudo avaliado em 2.795$000.

Por fim, na trajetória desses três sujeitos, capitão André Esteves dos Santos, do casal José Jacinto Rodrigues e Lara e dona Ana Maria de Almeida Lara e do capitão José Coelho dos Santos, observamos as suas dívidas e dinheiro. Como já ressaltamos, embora o capitão André Esteves tenha apresentado o inventário com a maior dívida do distrito, estas eram originárias de doações que o mesmo capitão fez aos filhos do primeiro casamento como forma de indenização pelo segundo matrimônio, e conseguinte divisão de herança paterna; todavia, o capitão ainda se apresentou como um dos credores do distrito da Lage. Ele havia posto em circulação a quantia de 1.000$000 réis em mãos de Manoel José de Sousa. Já o casal José Jacinto e dona Ana Maria não se apresentaram como donos de dinheiro em forma de crédito ou dívidas ativas e, tampouco, como devedores (dívidas passivas). O que mais chamou a atenção no seu inventário foi o alcance do valor das doações que o casal fez aos filhos: elas somaram 20.100$000 réis. Enquanto o capitão José Coelho dos Santos, no primeiro inventário, não listou nenhuma dívida (ativa e passiva) e dinheiro, no segundo, em 1867, era o maior credor de nossa amostra. Ele havia posto em circulação, em forma de créditos (principal e prêmios), a quantia de 15.707$989 réis, distribuídos entre 20 devedores de quantias diversas, que variaram de 1.600$000 réis, cuja quantia era devedor o filho José Antônio Coelho, e 7$800 réis, de Manoel Teixeira de Carvalho.

Quadro 4.8: Distribuição da riqueza nos inventários do capitão André Esteves dos Santos, José Jacinto Rodrigues e Lara e do capitão José Coelho dos Santos Monteiro

Componentes	**Andrés Esteves dos Santos (em mil réis)**	**José Jacinto Rodrigues e Lara (em mil réis)**	**José Coelho dos Santos Monteiro (em mil réis)**
Móveis, utensílios domésticos e roupas	327$340	699$900	777$500
Ferramentas	1.049$890	1.299$600	324$340
Ouro e prata	326$640	273$000	223$900
Escravos	53.440$000	57.600$000	26.750$000
Animais	4.579$000	7.757$000	2.975$000
Terras e imóveis	23.488$365	42.510$000	27.156$303
Dívidas ativas	1.000$000	0	15.707$989
Dinheiro e dotes	1.000$000	20.100$000	0
Produção agrícola	2.706$000	2.100$000	2.770$000
Total	**87.917$235**	**132.339$500**	**76.685.032**

Fonte: Arquivo Histórico do Escritório Técnico II – IPHAN, São João del Rei: Inventários *post mortem:* André Esteves dos Santos (1861), José Jacinto Rodrigues e Lara (1862), José Coelho dos Santos Monteiro (1867).

A escolha desses sujeitos para uma análise mais pontual da riqueza no distrito da Lage se justifica, em primeiro lugar, por serem tais senhores donos das maiores fortunas registrada nos inventários por nós pesquisados. O casal José Jacinto e dona Ana Maria proporcionou o inventário mais rico encontrado em nossa amostra. O capitão André Esteves era dono da terceira maior fortuna, enquanto o capitão José Coelho estava na quarta posição. Em segundo lugar, porque a trajetória e investimentos desses homens revelam possibilidades de enriquecimento mesmo estando o sistema agrário escravista brasileiro em crise após as leis abolicionistas e a lei de terras. Apesar das mudanças, estes homens continuaram a investir na escravidão e na posse de terras como os principais ativos das riquezas, acompanhados pelas dívidas ativas (a receber) e dinheiro e dotes (cf. quadro 4.8). O "pulo do gato" seria o como investir nesses ativos, e os três casos analisados apostaram na reprodução interna de parte de suas escravarias e na aquisição de terras, sobretudo em reserva de capoeiras e matas virgens, para dar o movimento e garantir a dinâmica do sistema agrário localmente implantado.

E, por fim, tanto o capitão André Esteves como o capitão José Coelho dos Santos Monteiro serviriam de modelo para Gervásio Pereira Alvim na sua labuta cotidiana para salvaguardar a sua sobrevivência e modo de viver, principalmente, porque ambos faziam parte do círculo de amizade e parentesco do nosso personagem. As experiências dos dois fazendeiros, seus negócios e suas visões de mundo (percepção do mundo escravista e agrário), revelados através de seus investimentos, eram ainda comportamentos a serem observados, estudados e seguidos naquele espaço, ainda rural, agrário e escravista.

Escravidão, terras e gado: os negócios regionais de Gervásio Pereira Alvim

Para entendermos o que se passava com Gervásio Pereira Alvim, entre o final da década de 1850 e princípio da seguinte, que causou seu desarranjo financeiro, procuramos primeiro descortinar o quadro da riqueza e investimentos dos fazendeiros do distrito da Lage, cujo intuito era perceber o espaço de atuação e manobra de Gervásio Pereira Alvim. Embora estivesse em curso, lenta e tácita, a transformação da riqueza e os métodos de produzi-la em outros lugares do Brasil Império, elas não estavam acessíveis ao fazendeiro e comerciante Gervásio que era herdeiro de uma tradição escravista e morador numa região em que a modernidade teria seu avanço ainda retardado por alguns anos. Assim, em busca de pistas e vestígios do que aconteceu com Gervásio Pereira Alvim naquele momento, procedemos a uma análise dos seus negócios atentando para os seus investimentos e as orientações que guiavam suas escolhas.

Gervásio Pereira Alvim fora um homem de muitos negócios. Ele consorciava atividades agrárias com tratos mercantis, uma forma bastante comum entre fazendeiros mineiros de produzir riquezas no Brasil imperial. Nos tratos mercantis, Gervásio atuava em dois circuitos complementares, o comércio interprovincial que ligava a comarca do Rio das Mortes à capital do Império do Brasil, abastecendo a Corte com gêneros alimentícios oriundos da produção de sua fazenda e de outras da redondeza. Este era um circuito restrito a um pequeno grupo de fazendeiros e comerciantes, somente os mais proeminentes e abastados poderiam participar desse comércio, pois, como bem alertou Auguste Saint-Hilaire, muitos anos antes, a viagem dependia de tempo, gerava despesas consideráveis e o viajante, quando pouco conhecido, não gozaria do mesmo crédito que em sua região de origem.[87] Assim sendo, o contato e a circulação na praça mercantil do Rio de Janeiro para os fazendeiros mineiros constituíam ainda, além de bom negócio, pois evitava o atravessador carioca, elementos de prestígio e distinção social, pois esta circulação demandava capital e conhecimento de pessoas lá conhecidas que serviriam para intermediar as relações e dar crédito aos fazendeiros, tornando-os conhecidos entre os comerciantes.[88]

Todavia, para participar desse circuito interprovincial, Gervásio Pereira Alvim também atuava no comércio intraprovincial, mercando com seus pares, fazendeiros moradores da região da comarca do Rio das Mortes. Nessas relações cotidianas, observamos a movimentação do fazendeiro na faina diária e os caminhos e estratégias para (re)produção da riqueza em níveis regionais.

Para o sucesso dos negócios, Gervásio Pereira Alvim precisava de muita perspicácia para renovar suas ferramentas indispensáveis à produção – terras e escravos – uma vez que a política emancipacionista e a lei de terras mudaram as regras do jogo. Portanto, de acordo com a concepção de que no processo da produção, segundo Fernand Braudel, é comparável a uma espécie de motor de dois tempos, em que há o desgaste do capital circulante e do capital fixo e sem ambos não há produção de bens,[89] o fazendeiro deveria calcular muito bem o momento perfeito para investir em qualquer uma dessas categorias, como também, saber no que investir.

Assim, entre os anos de 1850 e 1870, identificamos na documentação particular de Gervásio Pereira Alvim 36 tratos mercantis com 25 sujeitos residentes no interior da comarca do Rio das Mortes. A maior parte dos documentos, oriundos dos recibos das transações, data da década de 1850, contabilizando 23 documentos para os anos de 1850, e 14 para os anos de 1860. O número de papéis evidencia uma atividade mais intensa de Gervásio Pereira Alvim nos anos de 1850 no interior da comarca do Rio das Mortes, tanto com fazendeiros da região, quanto com comerciantes da praça mercantil de São João del Rei e dos arraiais da Lage, Lagoa Dourada e Prados.

---

87 SAINT-HILAIRE, 1974, p. 111.

88 TEIXEIRA, 2009, p. 124-127; p. 131-150.

89 BRAUDEL, 1998, p. 209-211.

Já as cartas, embora tragam informações do andamento dos negócios, porém sem menção do pagamento, somaram 21 documentos, com 15 correspondentes, também residentes no interior da comarca do Rio das Mortes. Nas cartas, os sujeitos tratavam sobre os acertos cotidianos de negócios de gado, compra de cativos, venda de terras e cobranças de créditos e resto de dívida, em função da necessidade de levantamento de capital, entre outros temas de ordem pessoal e familiar.

Da leitura da documentação particular de Gervásio Pereira Alvim emergem três ramos de investimentos do fazendeiro e comerciante: escravos, terra e gado. Ao lado desses, o fazendeiro ainda investia no seu "negócio e rancho de tropa na estrada da Lage" com produtos oriundos do Rio de Janeiro e outras praças no interior da província de Minas Gerais. A atenção dispensada pelo fazendeiro e comerciante Gervásio a estes ramos reflete as transformações pelas quais a sociedade imperial passava conjugada com sua visão de mundo e posicionamento frente a essas mudanças e às oportunidades de negócios que se abriam e/ou se transformavam.

Nesse sentido, quando Gervásio firmou os acordos de compra de escravos, nos tratos firmados com dona Claudina Maria do Nascimento, Antônio de Morais Coutinho, Jerônimo Gomes de Sande e Francisco Xavier da Silva,[90] observamos a sua preferência pela aquisição de cativas. O investimento em escravas era um novo ramo do comércio interno que se oportunizava na região, visto o apego a esta forma de trabalho nas unidades produtivas que, com o fim do tráfico atlântico de africanos, tinha seu abastecimento interrompido. Assim, Gervásio, aproveitando-se da situação, tentava participar desse empreendimento, buscando um novo caminho para produzir riquezas. No ano de 1854, ele negociava com Claudina Maria e Antônio de Morais Coutinho a posse de uma escrava e suas "crias". Entre os anos de 1858 e 59, ele negociava com Jerônimo Gomes de Sande e Francisco Xavier da Silva a compra e posse integral da escrava Inês. Porém, ao que tudo indica, a escrava Inês não agradou a Gervásio, pois, em 2 de setembro de 1859, ela

90 Arquivo Particular de Gervásio Pereira Alvim. Carta enviada por Claudina Maria do Nascimento, 03 de maio de 1854, Prados; Acordo entre Gervásio Pereira Alvim e Antônio de Morais Coutinho, 07 de março de 1855, Lage; Acordo entre Gervásio Pereira Alvim e Claudina Maria do Nascimento, 07 de dezembro de 1856, Lage. Arquivo Histórico do Escritório Técnico II – IPHAN, São João del Rei. Documentação particular de Gervásio Pereira Alvim: Acordo entre Gervásio Pereira Alvim e Jerônimo Gomes de Sande, 22 de agosto de 1858, Lage; Acordo entre Gervásio Pereira Alvim e Francisco Xavier da Silva, 13 de abril de 1859, Lage; Acordo entre Gervásio Pereira Alvim e Francisco Xavier da Silva, 15 de maio de 1859, Lage.

foi trocada com Francisco de Assis Resende pela escrava Rufina.[91] Outros casos de compra de partes e de todo de escravas aparecem na documentação particular de Gervásio Pereira Alvim; provavelmente, como outros fazendeiros do distrito, ele via na "produção de escravos" um negócio muito lucrativo, além do fato de que as escravas, mais preteridas no mercado escravista, possuíam valores mais baixos.

Outro ramo de interesse de Gervásio Pereira Alvim foi a aquisição de terras, casas e chácaras no distrito da Lage, bem como em outros distritos fora da comarca do Rio das Mortes. No período entre 1850 e 1870, Gervásio comprou duas propriedades. Em 16 de janeiro de 1856, o fazendeiro adquiriu a terça parte da chácara denominada "José Alves" de Ponciano José de Resende, meeiro de dona Claudina Maria de Jesus, e de Clementina Maria de Jesus, no valor de 10$000 réis, composta por quintal e casa.[92] A segunda propriedade foi comprada em 11 de julho de 1867, de Maria Pedrosa de Resende, no lugar chamado de Paiol Queimado, composta por dois alqueires e meio de capoeira, continuação das terras compradas pelo tio, o vigário Joaquim Carlos, em 1856, da mesma senhora.[93] Pela propriedade Gervásio pagou 30$000 réis o alqueire.

Além dessas propriedades, em 16 de fevereiro de 1850, o tio de Gervásio, Manoel Pereira de Resende Alvim, lhe oferecia a venda de umas terras, provavelmente na região da fazenda do Rio dos Bois, curato de Passatempo. Segundo Manoel Pereira de Resende Alvim, missivista, em função dos problemas e incômodos pelos quais passava e, *"afim de ver se posso arrumar a minha vida que nunca pensei de sofrer o que hoje sofro e terei de sofrer, pois devo queixar de mim mesmo pois não é possível cobrar o nada"*, ele carecia de saber se Gervásio queria ou não as terras.[94] Embora não saibamos se a transação foi efetivada, pela missiva temos

91 Arquivo Particular de Gervásio Pereira Alvim. Acordo entre Gervásio Pereira Alvim e Francisco de Assis Resende, 02 de setembro de 1859, Lage.

92 Arquivo Particular de Gervásio Pereira Alvim. Acordo entre Gervásio Pereira Alvim e Ponciano José de Resende e Clementina Maria de Jesus, 16 de janeiro de 1856, Lage.

93 Arquivo Histórico do Escritório Técnico II - IPHAN, São João del Rei. Documentação particular de Gervásio Pereira Alvim: Acordo entre Gervásio Pereira Alvim e Maria Pedrosa de Resende, 11 de julho de 1867, Lage; Arquivo Particular de Gervásio Pereira Alvim. Acordo entre vigário Joaquim Carlos de Resende Alvim e Maria Pedrosa de Resende, 10 de novembro de 1856, Lage.

94 Arquivo Histórico do Escritório Técnico II - IPHAN, São João del Rei. Documentação particular de Gervásio Pereira Alvim: carta enviada por Manoel Pereira de Resende Alvim, 16 de fevereiro de 1850, Rio dos Bois.

indícios do interesse que nosso personagem mantinha pela propriedade fundiária. Mesmo com a crise do sistema agrário escravista, a propriedade da terra foi ganhando mais espaços nas fortunas agrárias, numa tentativa de garantir os meios para a expansão dos empreendimentos agrícolas, uma das bases de produção da riqueza no mundo rural.

Outras propriedades foram adquiridas em momento posterior a nossa análise. Na década de 1880, Gervásio comprou alguns alqueires de terra na fazenda do Rio dos Bois, de sua irmã Rita de Cássia Resende e, alguns anos depois, fez troca de terras com Custódio de Paula Vieira e sua esposa, porém sem dar detalhes da localidade e extensão das propriedades negociadas.[95] Tais dados somente vêm a reforçar o interesse de Gervásio em investir em terras.

Outro ramo de negócio que mereceu a atenção de Gervásio fora o comércio de gado. Pela documentação, no período abordado, identificamos três recibos de créditos por compra de animais e seis cartas mencionando a participação do fazendeiro no comércio de gado regional.[96] Já no comércio interprovincial, a atuação de Gervásio no abastecimento de gado em pé para a Corte do Rio de Janeiro, sobretudo, o bovino, nos foi revelado pelas cartas e contas apresentadas por Joaquim Manoel Alves de Araújo, comerciante de gado no Rio de Janeiro, pelo recibo firmado por Francisco Eugênio de Azevedo do acerto feito por este comerciante de gado em nome de Gervásio em sua casa mercantil, pela referência em carta do comerciante Francisco Eugênio, na qual disse: "*como ainda não vendeu o gado, eu*

---

95 Arquivo Particular de Gervásio Pereira Alvim. Acordo entre Gervásio Pereira Alvim e Rita de Cássia de Resende, 02 de novembro de 1882, Lage; Acordo entre Gervásio Pereira Alvim e sua esposa, Maria Salomé de Resende, e Custódio de Paula Vieira e sua esposa, Messias Carolina de Paula, 02 de novembro de 1886, Lage.

96 Arquivo Particular de Gervásio Pereira Alvim. Crédito de José Esteves dos Santos, 11 de outubro de 1852, Salitre; Crédito de José Antônio Coelho, 17 de janeiro de 1855; Crédito do tenente Joaquim Lopes Picado, 30 de março de 1869; Carta enviada por Manoel dos Passos Pereira, 02 de maio de 1852, São João del Rei; Carta enviada por Joaquim Pinto de Almeida, s/ data e s/ localização. Arquivo Histórico do Escritório Técnico II – IPHAN, São João del Rei. Documentação particular de Gervásio Pereira Alvim: Carta enviada por Gervásio Pereira Alvim ao tenente coronel Joaquim Tomás, 23 de maio de 1850, sua casa; Carta enviada por Manoel Esteves dos Santos, 21 de outubro de 1850, sua casa; Carta enviada por Gervásio Pereira Alvim a Manoel Esteves dos Santos, 11 de outubro de 1852, s/ localização; Carta enviada por Manoel Esteves dos Santos, s/ data e s/ localização.

já fiz a transação para o Rio" e pelos impostos pagos nas estradas que ligavam a província mineira a Corte do Rio de Janeiro.[97]

O comércio de gado, já bastante explorado pela historiografia, era um dos ramos mais tradicionais do comércio que ligava a comarca do Rio das Mortes ao Rio de Janeiro. Desde a época do português Gervásio Pereira Alvim, avô de nosso personagem, esta família esteve envolvida neste circuito de abastecimento. Nos anos de 1852 e 1853, Gervásio enviou à Corte do Rio de Janeiro 136 cabeças de gado bovino e apurou, no primeiro ano, 1.455$000 réis, enquanto no segundo, 1.508$000 réis.[98] O resultado dessa transação permaneceu no Rio de Janeiro para quitação dos créditos e letras ali firmados pelo fazendeiro Gervásio Pereira Alvim. Tal procedimento foi bastante usual na dinâmica da rede mercantil de Gervásio Pereira Alvim.[99]

Já no comércio regional, Gervásio, em 11 de outubro de 1852, assinava um crédito em favor de José Esteves no valor de 644$000 réis "*provenientes do resto de nossas contas de gado*"[100] e, em 15 de janeiro de 1855, comprou dois burros, avaliados em 150$000 réis, de João Antônio Coelho.[101] E em 1869, o fazendeiro e comerciante Gervásio comprou do tenente Joaquim Lopes Picado alguns garrotes, no valor de 60$000 réis.[102] A aquisição desses animais, que eram utilizados parte

97 Arquivo Particular de Gervásio Pereira Alvim. Carta enviada por Joaquim Manoel Alves de Araújo, 06 de fevereiro de 1852, Rio de Janeiro; Carta enviada por Joaquim Manoel Alves de Araújo, 03 de março de 1853, Rio de Janeiro; Conta de venda de Joaquim Manoel Alves de Araújo, 29 de março de 1853, Rio de Janeiro; Recibo da casa mercantil Francisco Eugênio de Azevedo e Cia., 04 de maio de 1853, Rio de Janeiro. Arquivo Histórico do Escritório Técnico II - IPHAN, São João del Rei. Documentação particular de Gervásio Pereira Alvim: carta enviada por Francisco Eugênio de Azevedo, 30 de março de 1850, São João del Rei; Província do Rio de Janeiro, Recebedoria da Ponte do Desengano: cobrança de taxas, 18 de março de 1853.

98 Arquivo Particular de Gervásio Pereira Alvim. Carta enviada por Joaquim Manoel Alves de Araújo, 06 de fevereiro de 1852, Rio de Janeiro; Carta enviada por Joaquim Manoel Alves de Araújo, 03 de março de 1853, Rio de Janeiro; Conta de venda de Joaquim Manoel Alves de Araújo, 29 de março de 1853, Rio de Janeiro.

99 Cf. TEIXEIRA, 2009, pp. 138-150.

100 Arquivo Particular de Gervásio Pereira Alvim. Crédito de José Esteves dos Santos, 11 de outubro de 1852, Salitre.

101 Arquivo Particular de Gervásio Pereira Alvim. Crédito de José Antônio Coelho, 17 de janeiro de 1855, Lage.

102 Arquivo Particular de Gervásio Pereira Alvim. Crédito do tenente Joaquim Lopes Picado, 30 de março de 1869, Lage.

no incremento da produção da fazenda e parte para a comercialização, constituía um dos ramos pelos quais Gervásio Pereira Alvim assegurava a sua sobrevivência. E, neste sentido, ao enviar levas de gado para o comércio no Rio de Janeiro e no mercado em São João del Rei, também os vendia a outros fazendeiros da região, completando e incrementando as produções destes. Em 1850, Gervásio deixou em casa do tenente coronel Joaquim Tomás da Costa, um dos maiores criadores de gado da região do distrito da Lage, seis novilhas, com as quais o tenente coronel se disse satisfeito, e afirmou que quatro já haviam sido amansadas.[103]

Gervásio Pereira Alvim também manifestou interesse pelo café, talvez pela produção e sua comercialização nos mercados locais. Aliás, o café, devido às riquezas que gerava no Vale do Paraíba, fluminense e paulista, aguçou os interesses dos fazendeiros do distrito da Lage, que experimentaram seu cultivo, inclusive como plantas de jardim, sem muito sucesso. Na documentação particular do fazendeiro, em dois momentos Gervásio Pereira Alvim buscou inteirar-se do negócio do café. Em 2 de setembro de 1855, o missivista Flávio J. da Silva Filho devolvia a quantia de 6$000 réis enviados por Gervásio Pereira Alvim por não possuir porções de café que pudesse vender, nem mesmo as duas arrobas de café encomendadas pelo fazendeiro.[104] E em outro momento, em 1867, em carta resposta a Gervásio Pereira Alvim, o seu primo José de Resende Monteiro, morador em Providência, escreveu:

> ...Respondendo sua carta vinda pelo Lucas, tenho a dizer-te que *tendo eu dado a Joaquim Pinto café para apanhar este ano futuro, o que já há tempos está prometido, não te posso oferecer vantagem;* mas querendo mostrar os bons desejos que nutro em seu favor, pode vir com 3 pessoas em princípios de maio.
>
> *O mercado de café tem estado desanimador, pouco ou quase nada tem dado este gênero, apesar de excelentes notícias d'Europa: tudo no país se acha falseado e sem esperanças de tão cedo voltar a seu estado normal. Cheguei a 4 dias da Corte e vi que tudo caminha mal. Joaquim Pinto pouco fez no*

103 Documentação particular de Gervásio Pereira Alvim: Carta enviada por Gervásio Pereira Alvim ao tenente coronel Joaquim Tomás, 23 de maio de 1850, sua casa.

104 Arquivo Particular de Gervásio Pereira Alvim. Carta enviada por Flávio J. da Silva Filho, 02 de setembro de 1855, sua casa.

> *café quando esperava tirar alguma vantagem e assim nos tem acontecido.* Por enquanto se te deliberares pode vir no tempo acima aludido. (...)
>
> Tio, primo, amigo, obrigado, criado.[105]

Pela missiva, observamos o interesse de Gervásio na comercialização desse gênero agrícola, bem como a preocupação com notícias do mercado nacional e internacional. Nada obstante, a questão da informação, o estar informado era fundamental para o sucesso dos negócios. E, neste sentido, verifica-se a busca de informações dos mercados, nacional e internacional, por Gervásio Pereira Alvim, que, sendo um sujeito consciente, denota suas preocupações na busca por melhores negócios através da racionalização de suas atividades e da manutenção das contas em equilíbrio.

Gervásio Pereira Alvim também investia nas atividades mercantis. No seu estabelecimento, "negócio e rancho de tropa" na estrada da Lage, o fazendeiro comercializava alguns produtos adquiridos na Corte e em outras praças mercantis mineiras. Em algumas cartas enviadas a ele, os remetentes solicitavam o envio de cargas para suas fazendas. E atuava também como intermediário de outros fazendeiros no comércio com a praça carioca.

Estas opções de investimentos se apresentavam naqueles anos de transformação da sociedade e economia imperial como ramos muito interessantes para a produção da riqueza. Dentre as opções que se abriam aos fazendeiros, sobretudo àqueles que tinham na produção de alimentos a base de suas economias e poupanças, o investimento em terras e nas benfeitorias das fazendas, bem como na produção endógena da escravidão, constituíam importantes elementos para a fabricação de mercadorias a serem postas em circulação. Nesse sentido, acreditamos que os problemas financeiros vividos na década de 1860 por nosso personagem, o fazendeiro e comerciante Gervásio Pereira Alvim, estavam de algum modo articulados com a ampliação e diversificação de seus negócios, tanto agrários, quanto mercantis, bem como com a esfera de lógicas e comportamentos distintos frente às transformações em curso na sociedade brasileira entre ele e Manoel Gomes de Castro.

105 Arquivo Particular de Gervásio Pereira Alvim. Carta enviada por José de Resende Monteiro, 12 de novembro de 1867, Providência.

Manoel Gomes de Castro versus Gervásio Pereira Alvim: uma disputa entre lógicas diferentes

A partir dos tratos mercantis de Gervásio Pereira Alvim, observamos que seus investimentos concentravam-se no modelo tradicional de riqueza vinculada ao mundo rural. Ele comprou terras, escravas com vistas à reprodução endógena da escravidão e gado, principal mercadoria no comércio com o Rio de Janeiro. Ele também investiu nas suas atividades mercantis. Gervásio Pereira Alvim, além das atividades agrárias, atuava como um negociante intermediário que assegurava o acesso de manufaturas importadas no distrito da Lage, e também atuava como atravessador de mercadorias da Corte e de outras praças mercantis mineiras para fazendeiros e lavradores da região. No entanto, apesar do consórcio de atividades agrárias e mercantis, associação comumente verificada entre os fazendeiros da comarca do Rio das Mortes,[106] o seu comportamento e a sua identidade eram mais próximos dos fazendeiros da região que de um comerciante de grosso trato. Assim, as suas ações valorativas e percepção de mundo influíam nos seus investimentos, conformando o seu espaço de atuação e delimitando seu espaço de manobra.[107] Ou seja, seus investimentos estavam em concordância com o padrão de investimento encontrado no distrito da Lage: terra, escravos e produção de animais, seguidos das dívidas ativas.

Neste sentido, refletir sobre os problemas financeiros vividos por Gervásio Pereira Alvim nos anos de 1860, sobretudo com o comerciante Manoel Gomes de Castro, deve levar em consideração outras esferas para além do resultado de um mau negócio. Vários fatores podem ter contribuído com o desarranjo financeiro, entre eles, provavelmente, o aumento do custo de vida no distrito da Lage. No final da década de 1850 e início da seguinte, da leitura dos inventários, observamos um aumento dos preços dos objetos em geral, por exemplo, o preço do cativo, que, seguindo a política emancipacionista da lei Eusébio de Queirós, elevou-se em mais de 160%.[108] Acompanhando este movimento, a terra também encareceu: em

106 Cf. GRAÇA FILHO, 2002; ANDRADE, 2008; TEIXEIRA, 2009.

107 Cf. BARTH, 2000. De acordo com o antropólogo Fredrik Barth, os indivíduos possuem identidades e comportamentos baseados em padrões culturais que influenciam suas percepções de mundo e as ações valorativas que irão determinar as escolhas e os espaços de manobras.

108 Usamos como base para tal cálculo o preço de um cativo, do sexo masculino, de idade 30 anos em dois momentos, em 1850, um cativo nessas qualificações teve sua avaliação

1850, um alqueire de capoeiras e matas virgens foi avaliado em 40$000 réis, já na década de 1860, o seu valor subiu para 55$000 réis; o mesmo aconteceu com os campos, que, de uma variação entre 18$000 e 20$000 réis, passou a 30$000 réis, preço pago pelas terras de cultura em 1852. Além desses, observamos uma maior valorização das ferramentas, tanto do trato agrário quanto da produção do açúcar e da aguardente. Enfim, diante dessas alterações de preço e da permanência dos mesmos níveis de produtividade da agricultura e pecuária (pois não houve qualquer alteração nos modos de produzir e criar que visasse a uma melhoria da produtividade no distrito da Lage), o custo de vida elevou-se no distrito da Lage, e Gervásio sentiria os impactos dessa elevação nos seus negócios.

Outro fator que devemos levar em conta também no processo de compreensão dos problemas vividos por Gervásio Pereira Alvim é o impacto das transformações políticas, sociais e econômicas em curso na sociedade brasileira e seu desdobramento na prática cotidiana de produção da riqueza e nos tratos mercantis. A sociedade imperial brasileira era conformada por diferentes grupos sociais (fazendeiros, comerciantes, lavradores livres pobres, forros, escravos e despossuídos) que, portadores de cultura e orientações valorativas distintas, mantinham traços de vivência em simbiose, sobretudo quando se tratava da manutenção da ordem escravista e do sistema agrário implantado.[109] Neste sentido, as políticas emancipacionistas, vistas através das leis restritivas do tráfico atlântico de africanos e da lei de imigração e terras, implicaram na crise do escravismo brasileiro que influiria na reprodução do sistema agrário escravista, ou seja, alteraria profundamente as formas de produção da riqueza no mundo rural. Além disso, a promulgação do Código do Comércio em 1850, uma medida que visa superar as antigas determinações das Ordenações Filipinas e dar mais segurança aos praticantes das atividades mercantis, juntamente com a criação do Tribunal do Comércio, instituição jurídico-mercantil responsável pelo julgamento e impasses de causas mercantis,

variando entre 500$000 e 600$000 réis, já em 1867, o seu valor variou entre 1.600$000 e 1.700$000 réis.

109 Para entendermos a formação dos grupos, com suas culturas e orientações valorativas, e as relações sociais entre eles, a convivência em simbiose, no Brasil imperial, buscamos o conceito de sociedade poliétnica de Fredrik Barth. Para o antropólogo, as sociedades complexas eram portadoras de distintos grupos étnicos, com suas culturas e percepções de mundo distintas que vivem em simbiose, e as relações hierárquicas eram mantidas através do controle diferenciado pelos recursos mais valorizados por todos os grupos. Cf. BARTH, 2000, sobretudo o capítulo 1, "Os grupos étnicos e suas fronteiras".

também afetaram a prática cotidiana dos tratos mercantis. Embora ainda incipiente, o desdobramento dessas leis, em níveis regionais, produziria a iminência de conflitos entre lógicas e comportamentos distintos entre os diferentes grupos sociais, sobretudo a lógica e comportamento mais agrária e a lógica e comportamento mais mercantil. Ou seja, o que antes vivia em simbiose, cujo elemento mais valorizado por todos os grupos era a escravidão, a partir das novas orientações da economia brasileira, rumo à superação do escravismo, perdeu o ponto de confluência de harmonia. Assim, até a emergência de novos pontos de simbiose social, os choques entre percepções de mundo, culturas, identidades e ações valorativas seriam presentes nas relações sociais. Dessa forma, acreditamos que a origem, a motivação dos problemas entre Gervásio Pereira Alvim e Manoel Gomes de Castro se encontrava no plano das suas percepções das transformações em seus entornos.

Assim, com a emergência do capitalismo, a lógica de Manoel Gomes de Castro estaria dentro de uma perspectiva mais capitalista, atenta às novas orientações da economia brasileira e mundial, enquanto que a lógica de Gervásio Pereira Alvim era mais pré-capitalista, ligada a uma tradição rural escravista. Naqueles anos, Manoel Gomes de Castro alterava seu comportamento mercantil muito influenciado pelas determinações do Código Comercial, em função da sociedade que mantinha com o irmão na praça mercantil do Rio de Janeiro. Já Gervásio Pereira Alvim, em seus negócios com os vizinhos, no interior da comarca do Rio das Mortes, mantinha antigos comportamentos nos seus tratos mercantis. Por exemplo, a falta de numerário circulante fazia com que os sujeitos buscassem outras formas de fazer girar a economia e, nesse sentido, a formação das cadeias de endividamento, que contribuíam para a formação das redes de amizades assimétricas, e o repasse de créditos eram estratégias comumente utilizadas para superar as dificuldades dos acertos dos débitos. Do mesmo modo, o recurso a elementos sociais, principalmente, aos laços de parentesco e amizade, na firmação dos tratos mercantis e acesso ao crédito e manutenção da credibilidade, eram também estratégias habituais no giro da economia regional. Tais comportamentos eram frequentes na documentação de Gervásio Pereira Alvim. O fazendeiro e seus parceiros recorriam tanto ao repasse de créditos quanto aos vínculos de amizade e parentesco nos seus tratos mercantis, assegurando o acesso ao crédito e a manutenção da credibilidade. Portanto, essa diferença de posicionamento frente às transformações em curso na sociedade brasileira era uma das bases nas quais se assentaram os problemas entre Manoel Gomes de Castro e Gervásio Pereira

Alvim, ainda mais que a emergência do capitalismo alteraria a forma como os sujeitos passariam a lidar com a economia e as relações sociais.

Enfim, o estudo das relações comerciais estabelecidas entre Manoel Gomes de Castro e Gervásio Pereira Alvim na década de 1860 nos permite avaliar a questão das transformações históricas em curso. Percebemos que as diferenças encontradas no trato comercial podem indicar um embate, já possível, de comportamentos econômicos diferentes. Ou seja, nos parece que Manoel Gomes de Castro já se revelava adepto de práticas comerciais mais modernas, quiçá capitalistas, e Gervásio ainda se mostrava apegado a práticas mais tradicionais, interioranas, podendo ser classificadas como pré-capitalistas. Diante disso, entendemos que Gervásio, ao pretender entregar seus cativos ao seu credor, conforme acordo previamente estabelecido, se revelava inserido em seu mundo comercial rural. Por sua vez, Manoel, português, comerciante estabelecido em São João del Rei, com sociedade no Rio de Janeiro, já revelava o oposto de Gervásio. Ou seja, ele já era adepto de práticas mais modernas e em voga no Rio de Janeiro.

Esse embate de formas comerciais diferenciadas, embora tenha provocado em Gervásio dissabores significativos, não implicou na falência completa dos negócios do fazendeiro. Continuando com seus negócios, certamente Gervásio teve que aprender a entender as transformações em curso e traçar novas estratégias para assegurar a produção da riqueza e a sua sobrevivência. Frente a isso, ressaltamos os rumos que o dinamismo histórico introduzia e as formas que ele assumia nas práticas cotidianas.

O fato de acontecer um episódio que envolvesse diferentes práticas comerciais, no entanto, não nos permite entender que estivéssemos diante de um colapso completo de todas as relações econômicas anteriormente praticadas. Ao invés disso, as antigas práticas se rearticulavam para enfrentar no plano das negociações as novas tendências, mas o embate posto nos permite esboçar os indícios de que uma nova ordem econômica estava em curso. Por esse motivo, Manoel comerciante não mais se constrangia em jogar Gervásio fazendeiro em uma drástica situação financeira, a qual o fazendeiro Gervásio Pereira Alvim teve de enfrentar para se reorganizar econômica e socialmente.

Conclusão
As teias que a família tece

Ao término deste estudo, buscamos enfatizar as interferências dos elementos sociais e simbólicos, da ação da família e das redes de clientela, amizade e vizinhança nas atividades mercantis em sociedades com traços de economia pré-industrial, como no caso da sociedade e economia brasileira no século XIX. A partir da trajetória da família de Gervásio Pereira Alvim, no interior da comarca do Rio das Mortes, capitania/província de Minas Gerais, apreendemos uma série de estratégias postas em prática, o que rendeu aos membros dessa família riqueza, poder e prestígio.

Do nosso escopo documental, pudemos mapear uma série de estratégias familiares e articulações entre os fazendeiros e comerciantes sul-mineiros que permitiram as suas inserções no circuito mercantil entre a comarca do Rio das Mortes e a Corte do Rio de Janeiro ao longo do século XIX. Durante todo o período analisado, foram depuradas diversas alianças e estratégias em conformidade com as conjunturas sociais, econômicas e políticas. O desdobramento dos negócios dos sul-mineiros, estudados a partir das trajetórias de membros da família do fazendeiro Gervásio Pereira Alvim, realçou as percepções dos sujeitos históricos diante das transformações dos anos em que viveram e suas formas de adaptação, e por que não, de luta pela sobrevivência e manutenção de um estilo de vida.

Assim, partimos da análise do comércio regional no interior da comarca do Rio das Mortes, enfatizando as nuanças da dinâmica mercantil. Por meio das relações firmadas entre Gervásio Pereira Alvim e Manoel Ferreira Rodrigues, discutimos a presença da família e das relações de parentesco no funcionamento do comércio, como fontes orientadoras dos tratos mercantis. Destacamos a importância da família e dos laços dela emergentes (como por exemplo, as redes de clientela e parentesco) nos arranjos mercantis intraprovinciais, nos processos de inserção em circuitos de comércio restrito (o comércio interprovincial), no acesso ao crédito e na construção e manutenção da credibilidade. Nesse sentido, a família e a casa mantinham funções de ordenamento social e, no mundo dos negócios, exerciam importantes papéis na apresentação dos sujeitos, facilitando os contatos e dotando de credibilidade os seus membros.

Na interface com a emergência do Estado na ordenação da sociedade, na imposição de novas regras nas relações particularistas, esse modelo de organização mercantil começava a ruir. A maior ingerência do Estado Imperial na vida doméstica, através de uma política que tentava disciplinarizar a casa, moldar os comportamentos, gerava tensões entre os sujeitos históricos, que buscavam resistir às mudanças. O ápice dessas transformações aconteceria a partir das décadas de 1850 e 1860, quando instituições político-mercantis, como por exemplo, o Tribunal do Comércio e a promulgação do Código Comercial, bem como a emergência das relações capitalistas, alteravam as formas de relacionamento entre fazendeiros e comerciantes. A década de 1860 foi bastante tumultuada para o fazendeiro Gervásio Pereira Alvim, que de credor, nas décadas de 1840 e 1850, terminaria os anos sessenta como devedor, com sentença julgada numa ação de cobrança impetrada pelo comerciante lusitano Manoel Gomes de Castro, sediado na praça de São João del Rei. Neste contexto, para manter a sobrevivência, garantir a posse de instrumentos necessários à reprodução da riqueza, Gervásio precisava de muita perspicácia na reorientação de suas ações e de estratégias familiares e econômicas, haja vista a mudança de regras e comportamentos.

No entanto, adaptações às novas conjunturas (e, à estrutura), às mudanças de regras marcaram a trajetória da família do fazendeiro, desde o estabelecimento do tio do avô nas Minas do Ouro em meados do setecentos. Ao resgatarmos as trajetórias de Manoel Pereira Alvim e de seus sobrinhos, Gervásio Pereira Alvim, o português, e José Pereira Alvim, observamos o impacto da Inconfidência Mineira no funcionamento de um circuito mercantil que ligou a capitania de Minas Gerais à capital colonial, o Rio de Janeiro, bem como a desarticulação de uma extensa rede de abastecimento interna à capitania mineira. Diante da repressão do movimento, a rede mercantil da qual Manoel, Gervásio e José faziam parte precisava se recompor e, nesse processo, as alianças familiares foram importantes instrumentos de reorganização da atividade. Muito provavelmente essa rede mercantil não fora reestruturada por completo, no entanto, a parte recomposta no Sul de Minas (comarca do Rio das Mortes) garantiu a reprodução da riqueza, do poder e do prestígio na pessoa do português Gervásio Pereira Alvim.

Assim, quando da chegada da Corte em 1808 e devido às oportunidade abertas em decorrência da necessidade do abastecimento e melhoria na infraestrutura da nova sede do Império português, a família de Gervásio Pereira Alvim reservou seu quinhão nesse lucrativo negócio através da participação no abastecimento do Rio de Janeiro joanino e do tráfico interno de escravos para Minas Gerais. A Independência do Brasil ampliou as oportunidades abertas às diversas elites brasileiras, uma vez que tudo estava por se fazer, favorecendo, portanto, o desdobramento dos negócios regionais dos sul-mineiros na praça carioca. Em decorrência desses fatos, os negócios entre mineiros e cariocas ampliaram e, cada vez mais, parentes e amigos dessa família se articulavam em níveis regionais a fim de controlar esse circuito mercantil. Dentre suas estratégias, destaca-se a entrada e fixação de comerciantes sul-mineiros na praça carioca. Com o objetivo de facilitar o contato entre as regiões, favorecendo a dinâmica mercantil, o acesso ao crédito e a circulação de mercadorias, esses sujeitos intermediavam as relações mercantis firmadas pelos fazendeiros no mercado carioca. Estes homens foram os elos entre o mundo rural, representado pelas fazendas mineiras, e o urbano, representado pela praça mercantil do Rio de Janeiro, intermediários dos negócios e dos interesses dos sul-mineiros naquela praça.

Enfim, através do estudo da trajetória da família de Gervásio Pereira Alvim, descortinamos uma série de estratégias familiares e articulações entre fazendeiros e comerciantes que visavam à reprodução da riqueza, poder e prestígio no interior da comarca do Rio das Mortes através do controle de um circuito mercantil que ligava essa região à capital colonial/imperial. Tratava-se de arranjos que dependiam de alto grau de fidelidade que somente os laços familiares poderiam promover e, portanto, estes também eram uma das muitas teias que a família tecia.

Fontes primárias

Arquivo Histórico do Escritório Técnico II - IPHAN, São João Del Rei

Inventários:

Gervásio Pereira Alvim (capitão-mor), São José, 1837, caixa 11.

Gervásio Pereira do Carmo (capitão), São José, 1838, caixa 44.

José Lopes Picado (capitão), São José, 1848, caixa 539.

Antônio Nascentes de Azevedo, Cachoeira do Corisco, Freguesia da Lage, termo da vila de São José, 1850, caixa 24.

Joaquim Teixeira de Carvalho, Fazenda dos Pinheiros, distrito da Lage, 1850, caixa 611.

José Rufino de Araújo, Fazenda Lavrinhas, Freguesia da Lage, termo da vila de São José, 1850, caixa 494.

Maria Carolina de Jesus, Fazenda Lavrinhas, Freguesia da Lage, termo da vila de São José, 1850, caixa 119.

Mariana Bernarda do Sacramento, Fazenda do Ribeirão, freguesia da Lage, termo de São José, 1850, caixa 409.

Mariana Francisca da Silveira, Fazenda Retiro do Sossego, Freguesia da Lage, 1850, caixa 409.

José Coelho dos Santos Monteiro (capitão), São José, 1851, caixa 415.

Ana Rodrigues da Mata, São José – Tiradentes, 1852, caixa 153.

Ana Severina da Silva, São José, 1852, caixa 288.

Antônio Francisco Teixeira Coelho (comendador), São José, 1852, caixa 58.

Joaquim Gonçalves Miranda, São José, 1852, caixa C-17/489.

Maria Claudina de Jesus, arraial de São Tiago, Freguesia da Lage, termo da vila de São José, 1852, caixa 423.

João Gonçalves de Lara e Góis (quartel mestre), São José, 1855, caixa 508.

João Gonçalves de Faria Lara, São José, 1856, caixa 480.

Maria Micaela de Jesus, Fazenda do Pombal, Freguesia da Lage, 1860, caixa 122.

André Esteves dos Santos (capitão), Fazenda do Brumado, Freguesia da Lage, 1861, caixa 570.

Joaquim Tomás da Costa Gonçalves (tenente coronel), Freguesia da Lage, termo da vila de São José, 1861, caixa 483.

José Jacinto Rodrigues e Lara, São José, 1861, caixa 134.

José Justino da Silva (capitão), Fazenda do Pombal, Freguesia da Lage, termo da vila de São José, 1861, caixa 403.

Flávio José da Silva (capitão), São José, 1866, caixa 322.

José Coelho dos Santos Monteiro (capitão), Fazenda do Sossego, Freguesia da Lage, 1867, caixa 415.

Antônio Gonçalves da Costa Carvalho (tenente), São José, 1867, caixa 294.

Joaquim Carlos de Resende Alvim (padre), São José del Rei, 1879/82/88, caixa 357.

Francisco Inácio Botelho (tenente coronel), termo da cidade de Aiuruoca, 1879, caixa 41. (Inventários de Aiuruoca).

Testamentos:

Sabino de Almeida Magalhães (Tenente Coronel), São João del Rei, 1876, caixa 78.

Ana Antônia Umbelina de Paiva, 1880, Tiradentes.

Ação de 10 Dias:

Manoel Gomes de Castro e Maria Josefa da Conceição (autores); Gervásio Pereira Alvim (réu), São José, 1863.

Documentação particular de Gervásio Pereira Alvim.

Libelo Cível:

Francisco Xavier Pires Campos (Autor), Ignês Clara de Castro (Ré), 1816.

Arquivo Eclesiástico da Matriz de Nossa Senhora do Pilar, São João Del Rei.

Banco de São José: Casamentos (1784-1906).

Banco de São José: Batismos (1725-1894).

Arquivo Particular de Gervásio Pereira Alvim.

Arquivo Público Mineiro, Belo Horizonte.

Fundo: Casa dos Contos, documentos avulsos: Manoel Pereira Alvim:

Microfilme: 535 A, planilha 20746; Microfilme: 549, planilha 10012; Caixa 160, planilha 10012, Rolo 549, Doc. 1.

Fundo: Casa dos Contos:

CC – 2185, Microfilme: 144 (7/11), Período: 1797-1802. Livro copiador de cartas e anotações da administração do contrato dos dízimos de Domingos de Abreu Vieira e Manoel Pereira Alvim, pelo escrivão da Junta da Real Fazenda, Carlos José da Silva. Vila Rica, 1797.

Fundo: Seção Colonial - Doação de Sesmaria:

SC125 f. 5 a 6v; SC-275, folhas 226v a 228v.; SC-265, folhas 171 a 172v.

Bancos de dados CEDEPLAR-FaCE-UFMG, Belo Horizonte.

Rol dos Confessados da freguesia de São José, 1795.

Lista Nominativa de 1831, termo da vila de São José del Rei.

Lista nominativa de 1838, termo da vila de São José del Rei.

Arquivo Nacional, Rio de Janeiro

Inconfidência em Minas Gerais – Levante de Tiradentes: sequestros, cópias de dados relativos aos inconfidentes desterrados para Angola. Microfilme: 021.1-74, vol. 6, nº 23.

CD-ROM FRAGOSO-FERREIRA-IPEA: Despachos de Escravos e Passaporte da Intendência da Polícia da Corte do Rio de Janeiro: Códices: 390, 421, 424 e 425.

Inventários post mortem:

Carlos Joaquim Máximo Pereira (inventariado); Procedência: Juízo dos Órfãos, 1ª Vara; Notação: 830; Caixa 4066; Ano: 1869.

Francisco Antônio de Araújo e Bastos (inventariado); Procedência: Juízo dos Órfãos, Notação: 1274; Caixa: 4134; Ano: 1870.

Fundo da Junta Comercial do Rio de Janeiro:

Registro de Sociedades Comerciais: livro 649, Registro 11587, Galeria 6: Registro de Contrato Social da firma Eugênio de Azevedo e Cia., estabelecidos à rua do Rosário, 81.

Biblioteca Nacional, Rio de Janeiro

Seção de Manuscritos. Coleção Casa dos Contos: Seção Avulsa: Microfilme MS580 (24): Cartas a Manoel Pereira Alvim.

Seção de Manuscritos. José de Resende Costa, escrivão da mesa do Tesouro, Rio de Janeiro. C-990,108 nº 001.

Censo nacional de 1872, Brasil Império

Disponível em:http://biblioteca.ibge.gov.br/visualizacao/monografias/visualiza_colecao_digital.php?titulo=Recenseamento%20Geral%20do%20Brasil%20 1872%20-%20Imp%E9rio%20d o%20Brazil&link=Imperio%20do%20Brazil#

Almanak Laermmert

Disponível em: http://www.crl.edu/brazil/almanak

Universidade Federal de São João del Rei, *Biblioteca do* Campus *Dom Bosco*

Jornal Astro de Minas, nº 1138, data 05/03/1835, p. 4, Microfilme – rolo 20.

Bibliografia geral

Obras raras, viajantes e cronistas

CARVALHO, Theóphilo Feu de. *Comarcas e Termos: criações, supressões, incorporações de desmembramentos de comarcas e termos em Minas Gerais (1709-1915).* Belo Horizonte: Imprensa Oficial do Estado de Minas Gerais, 1917.

F. em S. J. D'El Rey (Chegada de D. João VI). *Revista do Arquivo Público Mineiro.* X, Fasc. III e IV, jul-dez. de 1905, pp. 719-21.

REZENDE, José As. *Livro de pallidas reminiscências da antiga Lage – hoje – vila de Rezende Costa.* Typografia, 1920.

SAINT-HILAIRE, Auguste de. *Viagem pelas províncias do Rio de Janeiro e Minas Gerais.* Belo Horizonte: Itatiaia; São Paulo: Edusp, 1975.

SPIX, Johann Baptist von e MARTIUS, Carl Friedrich Philipp von. *Viagem pelo Brasil: 1817-1820.* Belo Horizonte: Itatiaia; São Paulo: Edusp, 1981, 3v.

Genealogia

PINTO, Roberto de Andrade. *Famílias Pinto e Resende – volume 1: Antepassados.* Belo Horizonte: R. A. Pinto, 2009.

Livros e artigos

ALENCASTRO, Luiz Felipe de (org. do vol.) *História da vida privada no Brasil – Império: a Corte e a modernidade nacional.* São Paulo: Cia. das Letras, 1997.

______. "Com quantos escravos se constrói um país?". In: *Revista de História da Biblioteca Nacional*. Ano 4, nº 39, dezembro de 2008, pp. 18-20.

ALMEIDA, Carla M. Carvalho de. *Homens ricos, homens bons: produção e hierarquização nas Minas colonial (1750-1822)*. Niterói: UFF, 2001. (Tese de Doutorado).

ALMICO, Rita de Cássia da Silva. *Fortunas em movimento: um estudo sobre as transformações na riqueza pessoal em Juiz de Fora (1870-1914)*. Campinas, SP: UNICAMP, 2001.

ALVISI, Edson. *Magistrados e negociantes na corte do Império do Brasil: o Tribunal do Comércio da corte no Brasil Império (1850-1875)*. Niterói, RJ: UFF, 2007. (Tese de Doutorado).

AMANTINO, Márcia. "Os avanços e recuos no povoamento do Sertão Oeste de Minas Gerais no século XVIII: os limites da pobreza". In: *Boletim de História Demográfica*. Disponível no site: http://historia_demografica.tripod.com/bhds/bhd41/amantino.pdf, consultado em 25 de setembro de 2010.

ANASTASIA, Carla J. *A geografia do crime: violência nas Minas setecentistas*. Belo Horizonte: Editora da UFMG, 2005.

ANDRADE, Marcos Ferreira de. *Elites regionais e a formação do Estado Imperial brasileiro: Minas Gerais – Campanha da Princesa (1799-1850)*. Rio de Janeiro: Arquivo Nacional, 2008.

ARAÚJO, Ana Cristina. "Um império, um reino e uma monarquia na América: as vésperas da Independência do Brasil". In: JANCSÓ, István (org.) *Independência: história e historiografia*. São Paulo: Hucitec/FAPESP, 2005, pp. 235-270.

ARAÚJO, Luiz Antônio da Silva. *Contratos e tributos nas Minas setecentistas: o estudo de um caso – João de Souza Lisboa (1745-1765)*. Niterói, RJ: UFF, 2002. (Dissertação de Mestrado).

______. *Em nome do rei e dos negócios: direitos e tributos régios nas Minas setecentistas (1730-1789)*. Niterói, RJ: UFF, 2008. (Tese de Doutorado).

ARAÚJO, Maria Lucília Viveiros. *Os caminhos da riqueza dos paulistas na primeira metade do oitocentos*. São Paulo: Hucitec, 2006.

BACELLAR, Carlos de Almeida Prado. *Os senhores da terra: família e sistema sucessório entre os senhores de engenho do Oeste Paulista, 1765-1855*. Campinas, SP: Centro de Memória da UNICAMP, 1997.

BARTH, Fredrik. *O guru iniciador e outras variações antropológicas*. Rio de Janeiro: Contra Capa Livraria, 2000.

BELLOTO, Heloísa Liberalli. "O Estado português no Brasil: sistema administrativo e fiscal" IN: SILVA, Maria Beatriz Nizza da (coord.) *Nova história da expansão portuguesa: O Império luso-brasileiro (1750-1808).* Lisboa: Editorial Estampa, 1986, vol. 8, p. 263-265.

BERBEL, Márcia Regina. "Deputados do Brasil nas Cortes portuguesas de 1821-22". In: *Novos Estudos.* CEBRAP, Nº 51, julho de 1998, pp. 189-202.

BERGARD, Laird W. *Escravidão e história econômica: demografia de Minas Gerais, 1720-1880.* Bauru, SP: Edusc, 2004.

BERMAN, Marshall. *Tudo que é sólido desmancha no ar: aventura da modernidade.* SP: Cia. das Letras, 1986, p. 15-35.

BERTRAND, Michel. "De la familia a la red de sociabilidad" IN: *Revista mexicana de Sociologia.* Nº 2, Vol. 61. Abril/Junho 1999, pp. 107-135.

BETHELL, Leslie. *A abolição do comércio brasileiro de escravos: a Grã-Bretanha, o Brasil e a questão do comércio de escravos, 1807-1869.* Brasília: Senado Federal, Conselho Editorial, 2002. (Coleção biblioteca básica brasileira).

BICALHO, Maria Fernanda. "Apresentação". In: COMISSOLI, Adriano. *"Os homens bons" e a câmara municipal de Porto Alegre (1767-1808).* Porto Alegre: Câmara municipal de Porto Alegre, 2008.

BLOCH, Marc. *Apologia da História, ou, O ofício de historiador.* Rio de Janeiro: Jorge Zahar Editor, 2001.

BOURDIEU, Pierre. *O poder simbólico.* Rio de Janeiro/Lisboa: Bertrand Brasil/ Difel, 1989.

_______. *Escritos de Educação.* Petropólis: Vozes, 1998.

BOXER, Charles R. *A idade de ouro do Brasil: dores de crescimento de uma sociedade colonial.* Rio de Janeiro: Nova Fronteira, 3ª ed., 2000.

BRAUDEL, Fernand. *Civilização material, economia e capitalismo, séculos XV--XVIII: os jogos das trocas.* São Paulo: Martins Fontes, 1998.

BRÜGGER, Silvia Maria Jardim. *Minas patriarcal: família e sociedade (São João del Rei – séculos XVIII e XIX).* São Paulo: Annablume, 2007.

CAMPS, Joan Bestard. "La estrechez del lugar. Reflexiones en torno a lãs estrategias matrinomiais cercanas." In: JIMÉNEZ, Francisco Chacon & FRANCO, Juan Hernández (eds.) *Poder, família y consanguinidad em la Espana del Antiguo Régimen.* Barcelona: Antropos, 1992.

CANDIDO, Antonio. *Os parceiros do Rio Bonito: estudo sobre o caipira paulista e a transformação dos seus meios de vida.* São Paulo: Editora 34, 10ª ed., 2003.

CANGIANI, Michele. "Introdução" In: POLANYI, Karl.*A subsistência do homem e ensaios correlatos.* Rio de Janeiro: Contraponto, 2012.

CARDOSO, Ciro Flamarion Santana. "A crise do colonialismo luso na América Portuguesa (1750-1822)." In: LINHARES, Maria Yedda (org.). *História Geral do Brasil.* Rio de Janeiro: Elsevier, 9ª ed., 2000.

_______. *Agricultura, escravidão e capitalismo.* Petrópolis, RJ: Vozes, 1978.

CARRARA, Ângelo Alves. *Minas e currais: produção rural e mercado interno em Minas Gerais (1674-1807).* Juiz de Fora, MG: Editora da UFJF, 2007.

_______. "A administração dos contratos da capitania de Minas: o contratador João Rodrigues de Macedo, 1775-1807". In: *América Latina en la Historia Económica.* Nº 35, enero-junio de 2011, pp. 31-52. Disponível em: http://www.scielo.org.mx/pdf/alhe/n35/n35a2.pdf, captado em 28/09/2012.

_______. "A peso de ouro". IN: *Revista de História da Biblioteca Nacional.* Ano 4, nº 38, novembro de 2008.

_______ (org.). À vista ou a prazo: comércio e crédito nas Minas setecentistas. Juiz de Fora: Editora da UFJF, 2010.

CARVALHO, José Murilo de. *A construção da ordem: a elite política. Teatro de Sombras: a política imperial.* Rio de Janeiro: Civilização Brasileira, 4ª ed., 2008.

CASTRO, Zília Osório de. "A Independência do Brasil na historiografia portuguesa". IN: JANCSÓ, István (org.) *Independência: história e historiografia.* São Paulo: Hucitec/FAPESP, 2005, pp. 179-204.

CATANI, Afrânio Mendes. *O que é capitalismo.* SP: Brasiliense, 1986, 23ª edição (Coleção Primeiros Passos).

CHARTIER, Roger. "As práticas da escrita". In: CHARTIER, Roger. *História da vida privada: da renascença ao século das Luzes.* São Paulo: Cia. das Letras, 2009.

CHAVES, Cláudia M. G. *Perfeitos negociantes: mercadores das Minas setecentistas.* São Paulo: Annablume, 1999.

_______. "Arte dos negócios: saberes, práticas e costumes mercantis no Império Luso-brasileiro". In: *Actas do Congresso Internacional Espaço Atlântico de Antigo Regime: poderes e sociedade.* Lisboa, 02 a 05 de novembro de 2005. Disponível em: http://cvc.instituto-camoes.pt/eaar/coloquio/comunicacoes/claudia_chaves.pdf, capturado em 16/12/2010, às 19h32.

CHAYANOV, Alexander V. "Sobre a teoria dos sistemas econômicos não capitalistas." IN: SILVA, José Graziano & STOLCKE, Verena. *A questão agrária*. São Paulo: Brasiliense, 1981.

CIPOLLA, Carlo M. *História económica da Europa pré-industrial*. Lisboa: Edições 70, 1974.

COMISSOLI, Adriano. *"Os homens bons" e a câmara municipal de Porto Alegre (1767-1808)*. Porto Alegre: Câmara municipal de Porto Alegre, 2008.

COSTA, Emília Viotti da. "Introdução ao estudo da emancipação política" IN: MOTA, Carlos Guilherme (org.). *Brasil em perspectiva*. São Paulo: DIFEL, 1982.

CUNHA, Alexandre Mendes. "Tropa em marcha, mesa farta". In: *Revista de História da Biblioteca Nacional*. Rio de Janeiro, Ano 3, Nº 28, Janeiro de 2008, pp.64-65.

CUSTODIO SOBRINHO, Juliano. *Negócios internos: estrutura produtiva, mercado e padrão social em uma freguesia sul mineira. Itajubá – 1785-1850*. Juiz de Fora, MG: UFJF, 2009. (Dissertação de Mestrado).

DIAS, Maria Odila da Silva. "A interiorização da Metrópole (1808-1853)" In: MOTA, Carlos Guilherme. *1822: dimensões*. São Paulo: Editora Perspectiva, 1986.

DOBB, Maurice. *A evolução do capitalismo*. Rio de janeiro: LTC, 9ª ed. 2009.

ESPÍRITO SANTO, Cláudia Coimbra do. "Quando Deus cobra a fatura". In: *Revista de História da Biblioteca Nacional*. Ano 5, nº 44, maio de 2009. Disponível em: http://www.revistadehistoria.com.br/secao/artigos-revista/especial-credito-quando-de us-cobra-a-fatura, captado em 05/01/2014, às 8h00.

FARIA, Sheila de Castro S. *A Colônia em movimento: fortuna e família no cotidiano colonial*. Rio de Janeiro: Nova Fronteira: 1998.

________. "Família e fortuna em Bananal no século XIX". In: CASTRO, Hebe Maria Mattos de. & SCHNOOR, Eduardo. *Regaste: uma janela para o oitocentos*. Rio de Janeiro: Topbooks, 1995.

FERREIRA, Roquinaldo. "Terra de oportunidades". In: *Revista de História da Biblioteca Nacional*. Ano 4, nº 39, dezembro de 2008, pp. 21-23.

FLORENTINO, Manolo Garcia. *Em costas negras: uma história do tráfico Atlântico de escravos entre a África e o Rio de Janeiro (séculos XVIII-XIX)*. Rio de Janeiro: Arquivo Nacional, 1995.

FRAGOSO, João Luís Ribeiro. *Sistemas agrários em Paraíba do Sul (1850-1920): um estudo de relações não-capitalistas de produção.* Rio de Janeiro: UFRJ, 1983. (Dissertação de Mestrado).

______. *Homens de grossa aventura: acumulação e hierarquia na praça mercantil do Rio de Janeiro (1790-1830).* Rio de Janeiro: Civilização Brasileira, 2ª ed., 1998.

______. "Afogando em nomes: temas e experiências em história econômica" IN: Topoi: *Revista de História.* Rio de Janeiro, vol. 5, 2002, p. 41-70.

______. "Economia brasileira no século XIX: mais do que uma plantation escravista-exportadora". In: LINHARES, Maria Yedda (org.). *História Geral do Brasil.* Rio de Janeiro: Elsevier, 9ª ed., 2000.

______. "'Elites econômicas' em finais do século XVIII: mercado e política no centro-sul da América lusa. Notas de pesquisa". IN: JANCSÓ, István (org.) *Independência: história e historiografia.* São Paulo: Hucitec/FAPESP, 2005, pp. 849-879.

______. & FLORENTINO, Manolo. *O arcaísmo como projeto: mercado atlântico, sociedade agrária e elite mercantil em uma sociedade colonial tardia, Rio de Janeiro, c. 1790 – c. 1840.* Rio de Janeiro: Civilização Brasileira, 4ª ed. revista e ampliada, 2001.

______., ALMEIDA, Carla Maria Carvalho de & SAMPAIO, Carlos Antônio Jucá de. *Conquistadores e negociantes: história de elites no Antigo Regime nos trópicos. América Lusa, séculos XVI a XVIII.* Rio de Janeiro: Civilização Brasileira, 2007.

______. & MARTINS, Maria Fernanda. "Grandes negociantes e elite política nas últimas décadas da escravidão – 1850-1880". In: FLORENTINO, Manolo & MACHADO, Cacilda (orgs.) *Ensaios sobre a escravidão (I).* Belo Horizonte: Editora da UFMG, 2003.

______. & RIOS, Ana Maria Lugão. "Um empresário brasileiro do oitocentos" IN: CASTRO, Hebe Maria Mattos de. & SCHNOOR, Eduardo. *Regaste: uma janela para o oitocentos.* Rio de Janeiro: Topbooks, 1995.

______. & FERREIRA, Roberto Guedes. "Alegrias e artimanhas de uma fonte seriada. Os códigos 390, 421, 424 e 425: despachos de escravos e passaportes da Intendência de Polícia da Corte, 1819-1833". Rio de Janeiro: LIPHIS/IFCS/UFRJ & IPEA, 2000 (Relatório do projeto: Tráfico de escravos e relações comerciais no sudeste do Brasil, primeira metade do século XIX).

FRANCO, Sandra Aparecida Pires. "Tomás Antônio Gonzaga e sua história". In: *CELLI – Colóquio de Estudos lingüísticos e literários*. Maringá: UEM, 2009, pp. 886-897. Disponível no site: http://www.ple.uem.br/3celli_anais/trabalhos/estudos_literarios/pdf_literario/094.pdf, consultado em 25 de setembro de 2010.

FRANK, Zephyr. "Padrões de Riqueza no sudeste do Brasil, 1815-1860." In: *História Econômica e História das Empresas*. Vol. IX, Nº. 2. ABPHE/FAPESP/UNESP/FCLAr, Jul/Dez. 2006, p. 5-48.

FURTADO, Celso. *Formação econômica do Brasil*. São Paulo: Ed. Nacional, 20ª ed., 1985.

FURTADO, Júnia Ferreira. *Homens de negócio: a interiorização da metrópole e do comércio nas Minas setecentistas*. São Paulo: Hucitec, 1999.

_______. *Chica da Silva e o contratador dos diamantes: o outro lado do mito*. São Paulo: Cia. das Letras, 2003.

GINZBURG, Carlo. *O queijo e os vermes: o cotidiano e as ideias de um moleiro perseguido pela inquisição*. São Paulo: Cia. das Letras, 1987.

_______. *Mitos, emblemas e sinais: morfologia e história*. São Paulo: Cia. das Letras, 2ª ed., 2009.

_______. "O nome e o como" In: GINZBURG, Carlo. *A micro-história e outros ensaios*. Lisboa: Difel, 1991.

GODOY, Marcelo Magalhães & BARBOSA, Lidiany Silva. "Uma outra modernização: transportes em uma economia não exportadora (1850-1870)". IN: *Anais do XII Seminário sobre a Economia Mineira*. Diamantina: CEDEPLAR/FaCE/UFMG, 2006.

GOUBERT, Pierre. *Cent mille provinciaux au XVIIe. siècle – Beauvais et Beauvaisis de 1600 a 1730*. Paris: Flamarion, 1968.

GRAÇA FILHO, Afonso de Alencastro. *A Princesa do Oeste e o mito da decadência de Minas Gerais: São João del Reo (1831-1888)*. São Paulo: Annablume, 2002.

GRAHAM, Richard. *Escravidão, reforma e imperialismo*. São Paulo: Editora Perspectiva, 1979.

_______. *Clientelismo e política no Brasil do século XIX*. Rio de Janeiro: Editora da UFRJ, 1997.

_______. "O Brasil de meados do século XIX à Guerra do Paraguai". In: BETHELL, Leslie (org.). *História da América Latina: da Independência até 1870*. São Paulo: Edusp; Brasília, DF – Fundação Alexandre de Gusmão, 2001.

GRENDI, Edoardo. "Paradoxos da história contemporânea". In: OLIVEIRA, Mônica Ribeiro de & ALMEIDA, Carla Maria Carvalho de (orgs). *Exercícios de micro-história*. Rio de Janeiro: Editora FGV, 2009, p. 39-49.

______. "Microanálise e história social". In: OLIVEIRA, Mônica Ribeiro de & ALMEIDA, Carla Maria Carvalho de (orgs). *Exercícios de micro-história*. Rio de Janeiro: Editora FGV, 2009, p.19-38.

GUIMARÃES, Carlos Gabriel. *Bancos, economia e poder no segundo reinado: o caso da sociedade bancária Mauá, McGregor & Companhia (1854-1866)*. São Paulo: USP, 1997. (Tese de Doutorado).

HESPANHA, António. *Justiça e litigiosidade: história e prospectiva*. Liboa: Fundação Calouste Gulbenkian, 1993.

HOBSBAWN, Eric J. *A era do capital (1848-1875)*. RJ: Paz e Terra, 1996.

_______. *A era dos impérios (1875-1914)*. RJ: Paz e Terra, 1998.

HOLANDA, Sérgio Buarque de. "A herança colonial – sua desagregação". IN: HOLANDA, Sérgio Buarque de. *História Geral da Civilização Brasileira: o Brasil Monárquico*. São Paulo: DIFEL, 1985.

_______. "A Inconfidência Mineira". In: HOLANDA, Sérgio Buarque de. *História Geral da Civilização Brasileira: a época colonial*. São Paulo: DIFEL, 1985.

_______. "Metais e pedras preciosas". In: HOLANDA, Sérgio Buarque de. *História Geral da Civilização Brasileira: a época colonial*. São Paulo: DIFEL, 1985.

_______. *Raízes do Brasil*. Rio de Janeiro: José Olympio Editora, 18ª ed., 1986.

IGLESIAS, Francisco. *Política Econômica do Governo Provincial Mineiro (1835-89)*. Rio de Janeiro: Ministério da Educação e Cultura, Instituto Nacional do Livro, 1958.

_______. "Periodização da História de Minas Gerais". IN: *Revista Brasileira de Estudos Políticos*. Vol.29, julho de 1970.

_______. "Minas Gerais" In: HOLANDA, Sérgio Buarque de. *História Geral da Civilização Brasileira: o Brasil Monárquico – Dispersão e Unidade*. Rio de Janeiro: Bertrand Brasil, v. 2, t. 2, 1997.

JANCSÓ, István. "A sedução da liberdade: cotidiano e contestação política no final do século XVIII" In: SOUZA, Laura de Mello e (org. do vol). *História da vida privada no Brasil: cotidiano e vida privada na América Portuguesa*. São Paulo: Cia. das Letras, 1997.

_______. "Independência, independências" In: JANCSÓ, István (org.) *Independência: história e historiografia.* São Paulo: Hucitec/FAPESP, 2005, pp.17-48.

KULA, Witold. *Teoria econômica do sistema feudal.* Lisboa: Editora Presença / São Paulo: Martins Fontes, 1979.

_______. "Da tipologia dos sistemas econômicos". In: FOURASTIÉ, Jacqueline et. Al., *Economia.* Rio de Janeiro: FGV, 3ª ed., 1981.

LARA, Silvia. "Conectando historiografias: a escravidão africana e o Antigo Regime na América portuguesa." In: BICALHO, Maria Fernanda & FERLINI, Vera Lúcia A. *Modos de governar: ideias e práticas políticas no Império português (século XVI ao XIX).* São Paulo: Alameda, 2005.

LARA SAEZ, Hernán Enrique. *Nas asas de Dédalo: um estudo sobre o meio circulante no Brasil entre os anos de 1840 e 1853.* São Paulo: USP, 2008 (Dissertação de Mestrado).

LENHARO, Alcir. *As tropas da moderação: o abastecimento da Corte na formação política do Brasil (1808-1842).* Rio de Janeiro: Biblioteca Carioca, 1993.

LEONZO, Nanci. "As instituições" In: SILVA, Maria Beatriz Nizza da (coord.) *Nova história da expansão portuguesa: O Império luso-brasileiro (1750-1808).* Lisboa: Editorial Estampa, 1986, vol. 8, pp. 301-331.

LEVI, Giovanni. *A herança imaterial: trajetória de um exorcista no Piemonte do século XVII.* Rio de Janeiro: Civilização Brasileira, 2001.

_______. "Sobre micro-história" In: BURKE, Peter (org.) *A escrita da história: novas perspectivas.* São Paulo: Editora da UNESP, 1992.

LIBBY, Douglas Cole. *Transformação e trabalho em uma economia escravista: Minas Gerais no século XIX.* São Paulo: Brasiliense, 1988.

LINHARES, Maria Yedda Leite. *História do abastecimento; uma problemática em questão (1530-1918).* Brasília: BINAGRI, 1979.

_______. & SILVA, Francisco Carlos Teixeira da. *História da agricultura brasileira: combates e controvérsias.* São Paulo: Brasiliense, 1981.

LOVEJOY, Paul E. *A escravidão na África: uma história de suas transformações.* Rio de Janeiro: Civilização Brasileira, 2002.

LUNA, Francisco Vidal & CANO, Wilson. "Economia escravista em Minas Gerais". IN: *Cadernos do IFCH – Unicamp.* Nº 10, outubro de 1983.

LUNA, Francisco Vidal & COSTA, Iraci del Nero. *Minas colonial: economia e sociedade.* São Paulo: FIPE/Pioneira, 1982.

LUNA, Francisco Vidal & KLEIN, Herbert S. *Evolução da sociedade e economia escravista de São Paulo, de 1750 a 1850.* São Paulo: Edusp, 2005.

_______. Nota a respeito de medidas de grãos utilizadas no período colonial e as dificuldades para a conversão ao sistema métrico. In: *Boletim de História Demográfica*, ano VIII, no. 21, março de 2001. Disponível em: http://members.tripod.com/~Historia_Demografica/pesquisadores/paco/pdf-paco/ar47.pdf, captado em 15/02/2013.

MALERBA, Jurandir. *A Corte no exílio: civilização e poder no Brasil às vésperas da Independência (1808 a 1821).* São Paulo: Cia. das Letras, 2006.

MALINOWSKI, Bronislaw. *Crimes e costume na sociedade selvagem.* Brasília: UnB, 2ª Ed., 2008.

MARCONDES, Renato Leite. *A arte de acumular na economia cafeeira: Vale do Paraíba, século XIX.* Lorena, SP: Editora Stiliano, 1998.

_______. "Formação da rede regional de abastecimento do Rio de Janeiro: a presença dos negociantes de gado (1801-1811)". In: *Topoi.* Rio de Janeiro: 7 Letras, mar. 2001, p. 41-71.

_______. & SUPRIANYAK, Carlos Eduardo. "Movimentação de tropas no centro--sul da Colônia: aspectos estruturais do mercado de animais na segunda metade do século XVIII". In: *Anais do XII Seminário sobre a Economia Mineira.* Diamantina: CEDEPLAR/FaCE/UFMG, 2006.

MARTINHO, Lenira Menezes & GORENSTEIN, Riva. *Negociantes e caixeiros na sociedade da Independência.* Rio de Janeiro: Biblioteca Carioca, 1993.

MARTINS, Marcos Lobato. "A agricultura diversificada e a introdução do café na Vila Formosa de Alfenas, MG: décadas de 1850-1890". In: *Anais do XV Seminário sobre a economia mineira.* Diamantina, MG: CEDEPLAR-FaCE-UFMG, 2012.

MARTINS, Maria do Carmo Salazar. "Revisitando a província: comarcas, termos, distritos e população de Minas Gerais em 1833-1835". In: *Anais do V Seminário sobre a Economia Mineira.* Diamantina: CEDEPLAR-FaCE-UFMG, 1990.

MARTINS, Roberto Borges. *A economia escravista de Minas Gerais no século XIX.* Belo Horizonte: CEDEPLAR/FaCE/UFMG, 1982 (Texto para discussão Nº 10).

_______. "Minas e o Tráfico de Escravos no Século XIX, Outra Vez" IN: SZMRECSÁNYI, Tamás & LAPA, José Roberto do Amaral (orgs.). *História Econômica da Independência e do Império.* São Paulo: Hucitec/ABPHE/Edusp/Imprensa Oficial, 2002.

_______. "A transferência da Corte portuguesa para o Brasil: impactos sobre Minas Gerais". IN: *Anais do XIII Seminário sobre a Economia Mineira.* Diamantina: CEDEPLAR-FaCE-UFMG, 2008.

_______.; MARTINS, Maria do Carmo Salazar. "As exportações de Minas Gerais no séculoXIX". IN: *I Seminário sobre a Economia Mineira.* Belo Horizonte: UFMG/CEDEPLAR, 1982.

MARTINS FILHO, Amílcar; MARTINS, Roberto Borges. "Slavery in a Nonexport Economy: Nineteenth-Century Minas Gerais Revisited". IN: *Hispanic American Historical Review*, 63 (3), p. 537-68, 1983.

MATTOS, Hebe. *Ao sul da história: lavradores pobres na crise do trabalho escravo.* Rio de Janeiro: Editora da FGV-FAPERJ, 2ª ed., 2009.

_______. "Laços de família e direitos no final da escravidão". In: ALENCASTRO, Luiz Felipe de (org. do vol.) *História da vida privada no Brasil – Império: a Corte e a modernidade nacional.* São Paulo: Cia. das Letras, 1997.

MATTOS, Ilmar Rohloff de. *O tempo saquarema: a formação do Estado imperial.* São Paulo: Hucitec, 2004.

_______. "Construtores e herdeiros. A trama dos interesses na construção da unidade política". In: JANCSÓ, István (org.) *Independência: história e historiografia.* São Paulo: Hucitec/FAPESP, 2005, p. 271-300.

MATTOSO, Katia M. de Queirós. *Bahia, século XIX: uma província no Império.* Rio de Janeiro: Nova Fronteira, 1992.

_______. *Da Revolução dos Alfaiates à riqueza dos baianos no século XIX: itinerário de uma historiadora.* Salvador: Corrupio, 2004.

_______. *Bahia: a cidade de Salvador e seu mercado no século XIX.* São Paulo: HUCITEC, 1978.

_______. *Ser escravo no Brasil.* São Paulo: Brasiliense, 1982.

_______. "A opulência na província da Bahia" In: ALENCASTRO, Luiz Felipe de (org. do vol.) *História da vida privada no Brasil – Império: a Corte e a modernidade nacional.* São Paulo: Cia. das Letras, 1997.

MAXWELL, Kenneth. *A devassa da devassa: a Inconfidência Mineira – Brasil e Portugal (1750-1808).* São Paulo: Paz e Terra, 7ª ed., 2009.

______. "As causas e contexto da Conjuração Mineira". In: FURTADO, Júnia Ferreira. *Diálogos oceânicos: Minas Gerais e as novas abordagens para uma história do Império Ultramarino português*. Belo Horizonte: Editora da UFMG, 2001.

______. "Pombal e a nacionalização da economia luso-brasileira" IN: MAXWELL, Kenneth. *Chocolate, piratas e outros malandros*. São Paulo: Paz e Terra, 1999, pp. 89-123.

MELLO, Zélia Cardoso de. *Metamorfoses da riqueza: São Paulo, 1845-1895*. São Paulo: Hucitec, 2ª ed., 1990.

MOTTA, José Flávio. *Corpos escravos, vontades livres: posse de cativos e família escrava em Bananal (1801-1829)*. São Paulo: FAPESP-Annablume, 1999.

MUAZE, Mariana. *As memórias da viscondessa: família e poder no Brasil Império*. Rio de Janeiro: Jorge Zahar Ed., 2008.

MUNIZ, Célia Maria Loureiro. *A riqueza fugaz: trajetórias e estratégias de famílias proprietárias de terras de Vassouras, 1820-1890*. Rio de Janeiro: UFRJ, 2005. (Tese de Doutorado).

NOVAIS, Fernando A. "O Brasil nos quadros do Antigo Sistema Colonial". IN: MOTA, Carlos Guilherme (org.). *Brasil em perspectiva*. São Paulo: DIFEL, 1982.

NOVINSKY, Anita. *Cristãos novos na Bahia: a inquisição*. São Paulo: Editora Perspectiva, 1992.

OLIVEIRA, Felipe Rodrigues de. *Por homens e caminhos: o contrato de entradas e o comércio nas Minas – 1762-1789*. Juiz de Fora, MG: UFJF, 2009. (Dissertação de Mestrado).

OLIVEIRA, Mônica Ribeiro de. *Negócios de famílias: mercado, terra e poder na formação da cafeicultura mineira – 1780-1870*. Bauru, SP: Edusc; Juiz de Fora, MG: FUNALFA, 2005.

OLIVEIRA, Paulo de Salles. "O processo de Independência em Mias Gerais". IN: MOTA, Carlos Guilherme. *1822: dimensões*. São Paulo: Editora Perspectiva, 1986.

PAIVA, Clotilde Andrade. *População e economia nas Minas Gerais do século XIX*. São Paulo: FFLCH-USP, 1996. (Tese de Doutorado).

PEDREIRA, Jorge Miguel Viana. *Os homens de negócio da praça de Lisboa de Pombal ao vintismo (1755-1822)*. Lisboa: Universidade Nova de Lisboa, Faculdade de Ciências Sociais e Humanas, 1997. (Tese de doutorado).

PÉREZ, Mariana Alicia. *En busca de mejor fortuna: los inmigrantes españoles en Buenos Aires desde el Virreinato a la Revolución de Mayo.* Buenos Aires: Prometeo Libros, 2010.

PETRONE, Maria Thereza Schorer. *O Barão de Iguape: um empresário da época da Independência.* São Paulo: Ed. Nacional, 1976. (Brasiliana, v.361).

PINHEIRO, Fábio W. A. *O tráfico atlântico de escravos na formação dos plantéis mineiros, Zona da Mata (c.1809- c.1830).* Rio de Janeiro: UFRJ, 2007. (Dissertação de Mestrado).

POLANYI, Karl. *A grande transformação: as origens da nossa época.* Rio de Janeiro: Campus, 2ª ed. 2000.

_______. *A subsistência do homem e ensaios correlatos.* Rio de Janeiro: Contraponto, 2012.

POWELL, E. "A arbitragem e o direito na Inglaterra dos fins da Idade Média." IN: HESPANHA, António. *Justiça e litigiosidade: história e prospectiva.* Liboa: Fundação Calouste Gulbenkian, 1993.

PRADO JR., Caio. *História econômica do Brasil.* São Paulo: Brasiliense, 41ª ed., 1994.

_______. *A formação do Brasil contemporâneo: Colônia.* São Paulo: Brasiliense, 1987.

PUNTSCHART, William. *Os negociantes de grosso trato no Brasil colonial (1808-1822).* São Paulo: USP, 1992. (Dissertação de Mestrado).

RESTITUTTI, Cristiano Corte. *As fronteiras da Província: rotas de comércio interprovincial, Minas Gerais, 1839-1884.* Araraquara, SP: UNESP, 2006.

_______. "A circulação entre o Rio de Janeiro e o sul de Minas Gerais, c. 1800-1830". IN: *Anais do XVI Encontro nacional de Estudos Populacionais.* Caxambu, 2008.

REVEL, Jacques. "Microanálise e construção do social". In: REVEL, Jacques (org). *Jogos de escalas.* Rio de Janeiro: FGV, 1998.

REZENDE, Irene Nogueira de. *Negócios e participação política: fazendeiros da zona da Mata de Minas Gerais (1821-1841).* São Paulo: USP, 2008. (Tese de Doutorado).

RIBEIRO, Maria Alice Rosa. "A migração inter-regional de capitais: a formação da plantation açucareira de Campinas e a família Teixeira Vilella – riqueza e escravaria". IN: *Anais do XV Seminário sobre a economia mineira.* Diamantina, MG: CEDEPLAR-FaCE-UFMG, 2012.

ROCHA, Maria Manuela. "Crédito privado em Lisboa numa perspectiva comparada (séculos XVII-XIX)". In: *Análise Social.* Vol. XXXIII (145), 1988 (1º), 91-115. Disponível em: http://analisesocial.ics.ul.pt/documentos/1221842318L3xXJ0be1Cp50NU8.pdf, capturado em 18/04/2014.

_______. *Viver a crédito: práticas de empréstimo no consumo individual e na venda a retalho (Lisboa, séculos XVIII e XIX).* Lisboa: Gabinete de História Económica e Social, 1998. Disponível em: https://www.repository.utl.pt/handle/10400.5/909, capturado em 18/04/2014.

RODRIGUES, André Figueiredo. *Estudo econômico da Conjuração Mineira: análise dos sequestros de bens dos inconfidentes da comarca do Rio das Mortes.* São Paulo: USP, 2008. (Tese de Doutorado).

_______. "Os 'extravios que tão continuados tem sido...': contrabando e práticas comerciais ilícitas nas atividades do contratador João Rodrigues de Macedo". IN: *Locus: Revista de História.* Juiz de Fora, vol. II, n. 1 e 2, jan. – dez. 2005. Disponível em: http://www.histoecultura.com.br/artigos/01/AFR%20-%20 artigo%2 0Locus.pdf, capturado em 28/09/2012.

ROSENTAL, Paul-André. "Construir o 'macro' pelo 'micro': Fredrik Barth e a 'microstoria'". IN: REVEL, Jacques (org). *Jogos de escalas.* Rio de Janeiro: FGV, 1998.

SALGADO, Graça (coord.). *Fiscais e meirinhos: a administração no Brasil colonial.* Rio de Janeiro: Nova Fronteira, 1985.

SANTOS, Raphael Freitas. "O ouro e a palavra: endividamento e práticas creditícias na economia mineira setecentista". In: CARRARA, Ângelo Alves. À vista ou a prazo: comércio e crédito nas Minas setecentistas. Juiz de Fora: Editora da UFJF, 2010.

SCOTT, Ana Silvia Volpi. *Família, formas de união e reprodução social no noroeste português (séculos XVIII e XIX).* Guimarães: NEPS – Universidade do Minho, 1999.

SCHWARTZ, Stuart B. *Segredos internos: engenhos e escravos na sociedade colonial (1550-1835).* São Paulo: Cia. das Letras, 1988.

_______. *Burocracia e sociedade no Brasil colonial.* São Paulo: Editora Perspectiva, 1979.

SILVA, Ana Rosa Cloclet da. "Identidades políticas e a emergência do novo Estado nacional: o caso mineiro" In: JANCSÓ, István (org.) *Independência: história e historiografia.* São Paulo: Hucitec/FAPESP, 2005, pp. 515-555.

SILVA, Denílson de Cássio. "Compadrio e escravidão – São João del Rei, século XVIII e primeira metade do século XIX." In: CD-Rom do *III Congresso de Produção Científica da UFSJ*. São João del Rei, 2005.

SILVA, Francisco Carlos Teixeira da & LINHARES, Maria Yedda L. "Região e história agrária" IN: *Estudos Históricos*. Rio de Janeiro, vol. 8, n. 15, 1995.

SILVA, Maria Beatriz Nizza da. *Sistema de casamento no Brasil colonial*. São Paulo: Edusp, 1984.

_______. *Ser nobre na Colônia*. São Paulo: Editora da UNESP, 2005.

SILVA, Wlamir. *Liberais e povo: a construção da hegemonia liberal-moderada na província de Minas Gerais (1830-1834)*. São Paulo: Hucitec, 2009.

SLENES, Robert W. "Os múltiplos de porcos e diamantes: a economia escrava de Minas Gerais no século XIX." In: *Estudos Econômicos*. São Paulo, v. 18, Nº 3, IEP/USP, 1988, pp. 449-495.

_______. "Senhores e subalternos no Oeste Paulista". In: ALENCASTRO, Luiz Felipe de (org. do vol.) *História da vida privada no Brasil – Império: a Corte e a modernidade nacional*. São Paulo: Cia. das Letras, 1997.

SOBOUL, Albert. "Descrição e medida em história social". In: LABROUSSE, E. (org). *História social – problemas, fontes e métodos*. Lisboa: Cosmos, 1967.

SOUZA, Laura de Mello. *Norma e conflito: aspectos da história de Minas no século XVIII*. Belo Horizonte: Editora da UFMG, 2006.

_______. *Desclassificados do ouro: a pobreza mineira no século XVIII*. RJ: Edições Graal, 2005, 4ª Ed.

_______. *O sol e a sombra: política e administração na América portuguesa do século XVIII*. SP: Cia. das Letras, 2006.

SUPRINYAK, Carlos Eduardo. *Tropas em marcha: o mercado de animais de carga no centro-sul do Brasil Imperial*. São Paulo: Annablume/FAPESP, 2008.

SWEEZY, Paul Marlor. *Do Feudalismo ao Capitalismo*. Lisboa: Dom Quixote, 3ª ed., 1975.

TEIXEIRA, Maria Lúcia Resende Chaves. *Família escrava e riqueza na comarca do Rio das Mortes*. São Paulo: Annalume, 2006.

TEIXEIRA, Paula Chaves. *Negócios entre mineiros e cariocas: família, estratégias e redes mercantis no caso Gervásio Pereira Alvim (1850-1880)*. Niterói, RJ: UFF, 2009. (Dissertação de Mestrado).

_______. *Família e negócios: o caso Gervásio Pereira Alvim*. São João del Rei: UFSJ/DECIS, 2005. (Monografia de Bacharelado).

_______.; BRÜGGER, Silvia Maria Jardim & CARDOSO, Maria Tereza Pereira. *Família escrava e legitimidade em São João del Rei (1850-1880)*. São João del Rei: UFSJ - FAPEMIG, 2006. (Relatório Final de Pesquisa de Iniciação Científica).

THOMPSON, Edward Palmer. *Costumes em comum: estudos sobre a cultura popular tradicional*. São Paulo: Cia. das Letras, 2010.

_______. *A formação da classe operária inglesa: a maldição de Adão*. Rio de Janeiro: Paz e Terra, 2002, vol. 2.

XAVIER, Ângela Barreto & HESPANHA, António Manoel. "As redes clientelares". IN: MATTOSO, José (org. da coleção). *História de Portugal: o Antigo Regime*. Lisboa: Editorial Estampa, 1998.

WEBER, Max. *Economia e Sociedade: fundamentos da sociologia compreensiva*. Brasília, DF: Editora da UnB, 1999, vol. 2.

_______. *Gênese do capitalismo moderno*. SP: Ática, 2006.

ZEMELLA, Mafalda P. *O abastecimento da capitania das Minas Gerais no século XVIII*. São Paulo: Hucitec, 2ª ed., 1990.

Agradecimentos

Este livro é resultado da pesquisa elaborada entre os anos de 2010 e 2014, para obtenção do título de Doutora em História no Programa de Pós-Graduação em História, na área de concentração História Contemporânea I, da Universidade Federal Fluminense e financiada pelo Conselho Nacional de Desenvolvimento Científico e Tecnológico (CNPq).

Gostaria de registrar o importante papel de minha orientadora Prof. Sheila de Castro Faria na condução desta pesquisa. Para além da orientação marcada pelo carinho e estímulo constantes, as palavras de Sheila sempre acalmaram o meu coração apertado pelos desafios da escrita da tese. Nos momentos mais tensos, eu sabia que podia contar com ela - sempre. Enfim, não tenho palavras para descrever quão singular foi tê-la como orientadora, por isso, me resta dizer: foi e é uma honra ter sido sua orientanda, Sheila! Obrigada!

Registro o meu agradecimento aos professores que compuseram a banca de defesa de Doutorado, aos professores Carlos Gabriel Guimarães, Silvia Brügger, Hebe Mattos e João Fragoso. A leitura criteriosa e observações realizadas favoreceram muito o aprofundamento de questões centrais desse trabalho. Em especial, quero assinalar o agradecimento aos professores Silvia Brügger e Carlos Gabriel Guimarães que têm me acompanhado há alguns anos: sem o carinho e o constante apoio destes professores, a trajetória teria sido mais árdua. E ainda, ao professor Renato Leite Marcondes, presidente da comissão do concurso de

Tese e Dissertação da ABPHE do biênio 2014-2016, no qual o presente trabalho recebeu menção honrosa, pelo incentivo à publicação e pelas considerações na orelha desta publicação.

Agradeço ao Programa de Pós-Graduação em História da UFF, instituição que me acolheu e ao Conselho Nacional de Desenvolvimento Científico e Tecnológico (CNPq) pelo fomento a essa pesquisa.

Aproveito para registrar o meu agradecimento à Prefeitura Municipal de Resende Costa, na pessoa do prefeito Aurélio Suenes, e à Associação de Amigos da Cultura de Resende Costa (AmiRCo), através de seus representantes Edésio Lara, André Eustáquio e Taína Resende, pelo financiamento da publicação do presente livro.

Deixo registrado o agradecimento aos funcionários das instituições de pesquisa que percorri ao longo dos anos de elaboração da tese, no Arquivo Histórico do IPHAN, em São João del Rei, na Biblioteca Nacional e Arquivo Nacional, no Rio de Janeiro, e no Arquivo Público Mineiro, em Belo Horizonte. E, especialmente, gostaria de agradecer ao Dênis Gualberto de Paula, proprietário da documentação privada do fazendeiro Gervásio Pereira Alvim, o acesso a ela nos idos de 2003. Muito obrigada!

Gostaria de agradecer aos meus pais, Jorge Teixeira e Maria Lúcia, pelo constante e incondicional apoio. E aos meus irmãos, Ana Amélia e Jorge Eduardo, cunhados, Hiroshi Adachi e Alcione Valéria, e às minhas sobrinhas, Maria Eduarda e Bebel, pelo carinho e torcida de sempre.

Ao meu marido, Jáder Pinto, um agradecimento especial. Desde 2011, um parceiro, um amigo e um amor. E aos meus sogros, Vanderlei Camilo e Dalva Mendonça, pelo carinho com que me receberam.

Registro um agradecimento aos meus amigos que, de longe, torceram por mim: Rivia Bianca, Maísa Cunha, Antônia Denita, Lidiany Barbosa, Luiz Fernando e Rita Almico, Jonis Freire e Luz Coelho. E, ao amigo José Márcio, agradeço a epígrafe que brinda este livro.

Agradeço aos professores do Departamento de Ciências Sociais da Universidade Federal de São João del Rei pela acolhida nos dois anos em que fui professora substituta na Graduação em História. E assim, deixo registrado o meu carinho aos alunos da graduação da UFSJ com os quais tive a oportunidade de conviver e trabalhar, incentivando-me a pesquisar sempre.

Por último, reitero a menção carinhosa aos alunos do esquadrão Manda Bala (M13) da Escola Preparatória de Cadetes do Ar (EPCAR-FAB). E aos amigos que lá fiz.

Paula Chaves Teixeira Pinto
Araraquara, dezembro de 2017

Alameda nas redes sociais:

Site: www.alamedaeditorial.com.br
Facebook.com/alamedaeditorial/
Twitter.com/editoraalameda
Instagram.com/editora_alameda/

Esta obra foi impressa em São Paulo no outono de 2019. No texto foi utilizada a fonte Minion Pro em corpo 10,5 e entrelinha de 15,5 pontos.